UTOPIAS
LATINO-AMERICANAS
política, sociedade, cultura

Conselho Acadêmico
Ataliba Teixeira de Castilho
Carlos Eduardo Lins da Silva
Carlos Fico
Jaime Cordeiro
José Luiz Fiorin
Tania Regina de Luca

Proibida a reprodução total ou parcial em qualquer mídia
sem a autorização escrita da editora.
Os infratores estão sujeitos às penas da lei.

A Editora não é responsável pelo conteúdo deste livro.
A Organizadora e os Autores conhecem os fatos narrados, pelos quais são responsáveis,
assim como se responsabilizam pelos juízos emitidos.

Consulte nosso catálogo completo e últimos lançamentos em **www.editoracontexto.com.br**.

MARIA LIGIA PRADO
(org.)

UTOPIAS
LATINO-AMERICANAS
política, sociedade, cultura

editora**contexto**

Copyright © 2021 da Organizadora

Todos os direitos desta edição reservados à
Editora Contexto (Editora Pinsky Ltda.)

Ilustração de capa
Detalhe alterado de
Alfredo Ramos Martínez, *Mulher com flores*, 1932

Ilustrações das aberturas
Detalhes alterados de Alfredo Ramos Martínez, *Vendedoras de Frutas*, 1937 (p. 17); *The First Born*, 1930 (p. 107); *Los Viejitos del Pueblo*, 1935 (p. 179); *No méxico*, sem data (p. 245); *Mujeres con flores*, 1946 (p. 335)

Montagem de capa e diagramação
Gustavo S. Vilas Boas

Preparação de textos
Lilian Aquino

Revisão
Vitória Oliveira Lima

Dados Internacionais de Catalogação na Publicação (CIP)

Utopias latino-americanas : política, sociedade, cultura /
organizado por Maria Ligia Prado. – 1. ed., 1ª reimpressão. –
São Paulo : Contexto, 2025.
416 p.

Bibliografia
ISBN 978-65-5541-000-6

1. América Latina – Aspectos sociais – Utopias
2. América Latina – Aspectos políticos – Utopias
3. América Latina – Cultura I. Prado, Maria Ligia

20-4148   CDD 980

Andreia de Almeida CRB-8/7889

Índice para catálogo sistemático:
1. América Latina – Ensaios

2025

EDITORA CONTEXTO
Diretor editorial: *Jaime Pinsky*

Rua Dr. José Elias, 520 – Alto da Lapa
05083-030 – São Paulo – SP
PABX: (11) 3832 5838
contexto@editoracontexto.com.br
www.editoracontexto.com.br

Para os meus queridos netos:
Gabriel, Bruno, Giovanna, André

SUMÁRIO

Prefácio 11
Fabiana de Souza Fredrigo

UTOPIAS ÉTNICO-RACIAIS E DE GÊNERO

Violência política contra as mulheres 19
Maria Ligia Prado e Romilda Costa Motta

Palavras que libertam 37
Stella Maris Scatena Franco

Resistências indígenas, zonas autônomas
e os Estados argentino e chileno 55
Gabriel Passetti

Mestiçagem como utopia de nação?
Narrativas do samba em tempos de ditadura 69
Tânia da Costa Garcia

O continente da *blanquidad* e a
ascensão dos sujeitos negros no Brasil e na Colômbia 87
Flavio Thales Ribeiro Francisco

UTOPIAS DO CONHECIMENTO

Educação, Estado e Igreja na Colômbia do Século XIX.............109
Maria Ligia Prado e *Valdir Santos*

A Antiguidade do Novo Mundo:
arqueologia e identidades no começo do século XX...................127
Gabriela Pellegrino Soares

Políticas sanitárias e pesquisa médica
no mundo rural latino-americano.............143
Marta de Almeida e *Marcos Cueto*

Museu e memória em tempos de guerra na Colômbia............163
Camilo de Mello Vasconcellos e *William Alfonso López Rosas*

UTOPIAS, REPRESENTAÇÕES E IMAGINÁRIOS

Aprendendo com a América Latina:
Frank Tannenbaum e uma releitura da utopia......................181
Barbara Weinstein

Utopias latino-americanas em
Pedro Henríquez Ureña e Xul Solar.............197
Patricia Funes

Ricardo Piglia e a utopia de América Latina
em *Os diários de Emilio Renzi*.............215
Júlio Pimentel Pinto

Fotografias da utopia latino-americana:
Sebastião Salgado e Enrique Bostelmann.............233
Carlos Alberto Sampaio Barbosa

UTOPIAS POLÍTICAS

DEMOCRACIA E SOCIALISMO NO CHILE 247
Maria Helena Capelato

INTELECTUAIS, POLÍTICA CULTURAL E REVOLUÇÃO CUBANA 257
Sílvia Cezar Miskulin

UTOPIAS E NEOLIBERALISMO NA AMÉRICA CENTRAL 275
Luiz Felipe Viel Moreira

O "BEM VIVER" COMO UMA NOVA UTOPIA LATINO-AMERICANA 295
Tereza Maria Spyer Dulci

O FRACASSO DA UTOPIA BOLIVARIANA 313
Sylvia Colombo

UTOPIAS DA INTEGRAÇÃO
E DA IDENTIDADE LATINO-AMERICANA

A DEFESA DA SOBERANIA E AS RELAÇÕES ENTRE OS ESTADOS UNIDOS
E A AMÉRICA LATINA NO INÍCIO DO SÉCULO XX 337
Mary Anne Junqueira

A INTEGRAÇÃO LATINO-AMERICANA
COMO PROJETO UTÓPICO EM MANUEL UGARTE 355
Kátia Gerab Baggio

A DIMENSÃO LATINO-AMERICANA NO PROJETO DO CEBRAP 373
José Luis Beired

PROJETOS DE INTEGRAÇÃO DO BRASIL NA AMÉRICA LATINA:
REALIDADE OU UTOPIA? 391
Regina Aída Crespo

OS AUTORES 409

PREFÁCIO

Fabiana de Souza Fredrigo

> *O que é o homem*
> *se pergunta Pascal:*
> *Uma potência de expoente zero.*
> *Nada*
> *se comparado com o todo*
> *Tudo*
> *se comparado com o nada*
>
> (Nicanor Parra, "Pensamentos")

Tempos e narrativas transpõem e dão significado à operação historiográfica. A escrita sobre um tema emerge organizando as margens, visto que todo texto esconde – querendo revelar – os rastros do que nos despertou a atenção, a labuta por sentido e orientação no tempo, os nossos firmes afetos e desejos pelo urdimento de laços. Enfim, a escrita é a procura por um outro. Até mesmo quando o encontro marcado mais importante é com o outro que vive em nós, não há escapatória: materializamo-lo antes, fora de nós, estabelecendo relações que marcam, sobremaneira, a cultura circundante. Aproximamo-nos e socializamo-nos porque o outro nos encanta e nos assombra, complexa e irreversivelmente.

De uma ânsia profunda em compreender, emerge a escrita e, quando ela afeta um desconhecido, nos sentimos em casa.[1] Esperançosas, as palavras se plasmam no papel convidando leitores decifradores, aqueles que se conectam ao processo de elaboração dos ruídos do mundo, ressonando-os. O mundo, lugar para o qual pretendemos devolver algum equilíbrio e racionalidade, fica mais compreensível – ou menos caótico – quando nos damos conta de que os outros, em outros tempos, tiveram dúvidas, inventaram buscas, imaginaram pessoas e cenários alternativos. O que realizaram os sujeitos de ontem e como o realizaram? Na inflexão do evento histórico, de que forma o sonho (revelado e segredado), a imaginação (concretizada e abandonada), a palavra (dita e morta), o desejo (vivenciado e sublimado), as viagens (feitas e desfeitas), a natureza (conhecida e indomada) e a beleza (vista e escondida) funcionaram como estopins para a subjetivação da experiência? Quando tratamos de utopia, seja qual for o lugar e o cenário, essa me parece a pergunta fundamental. Quando tratamos de utopias latino-americanas, soma-se à pergunta fundamental a constatação – incômoda, porém fértil – de que a própria América, assim indistintamente nomeada por outrem, foi, igualmente, a utopia de outrem. Antes de nascer como traçado cartográfico, o continente nutriu a imaginação aventureira.

Portanto, se considerarmos os tempos e as narrativas que nos envolvem, ambos atravessados pela fantasmagoria do ontem e pelo sequestro ameaçador do futuro, concluiremos que vaguear pelas utopias que perpassam este lugar, a América, é ato histórico urgente e acurado. Exatamente porque vivenciamos tempos distópicos, voltamo-nos ao exame das utopias. A historicidade nos encontra neste cruzamento. Antes de tomarmos a utopia como *cenário irrealizável* ou como um *vir a ser*, um *horizonte possível*, a nos manter caminhando em linha reta e sem bifurcações, trata-se de nela enxergar o ato histórico constituinte. Nesse sentido, não interessa recensear os argumentos que validaram ou criticaram a própria existência da utopia, na vazão dos projetos utópicos. Esse seria um passo atrás. O passo adiante está em reconhecer que a utopia, carregada de historicidade, ampara a realização de subjetividades múltiplas, que, coletivamente, encontram cenários para se inscreverem. Sei que nesse passo adiante estou acompanhada pela organizadora desta obra e pelos autores que com ela contribuíram, como se constata pelo exame do sumário.

Prefácio

Eu poderia pensar diferente sobre a apreensão e a trajetória da utopia, mas a América é incontornável, logo, demarca minha experiência no tempo. Isso significa que, em terra de reinvenções, transplantes e multiplicidades, não me parece possível desprezar os projetos utópicos ou identificá-los, ideologicamente, com o selo da irrealização. Vezes sem conta neste Extremo Ocidente, passado o calor dos acontecimentos e desenrolado os eventos até certo clímax, não é incomum nos depararmos com sentenças que, categoricamente, anunciam: "tal empreitada malogrou porque esteve amparada por utopias; essas, irrealizáveis, condenavam o projeto em sua origem". A esse tipo de sentença imputo o selo ideológico, a começar pela referência capciosa à existência de uma origem, discursivamente naturalizada. Afinal, com que justeza podiam os revolucionários cubanos prever os dilaceramentos do homem novo ou a Unidade Popular adivinhar as chamas do La Moneda? A cobrança que se direciona aos projetos – caracterizados utópicos porque "o realismo lhes falta" – não seria própria da faina do tempo? Até mesmo o fracasso dos projetos utópicos tem uma história, que não é a da sua irrealização, mas a de suas mudanças de rota. A utopia – a forma como a concebemos e a buscamos – é, em si, paradoxalmente, histórica. Por exemplo: ressentido com os fins inesperados do projeto que norteava sua ação no mundo, Simón Bolívar teria proclamado uma "América ingovernável", devoradora dos anseios de homens ousados que não fariam mais do que "arar no mar".[2] No entanto, nada foi mais *utopicamente realizável* do que as independências. É esse um dos mecanismos que nos provoca a revisitar, de tempos em tempos, o projeto bolivariano. A historiografia que o captura e os contextos que o acolhem não têm como registrar uma narrativa substancial, sem que a utopia componha a trama.

As imagens da utopia como um lugar de realização plena, criado para uma comunidade de escolhidos e localizado em tempo e espaço sacralizados, demarca um tipo ideal de experiência utópica. Embora críticos tenham reiterado que o ideal utópico é universal (aparece em variadas comunidades, organizadas sob temporalidades diversas) e excludente (a comunidade, ao imaginar a sua utopia, pontilha fronteiras), resistimos na busca[3] – histórica e coletivamente. Em razão disso, a América produziu, em qualidade e profusão, cronistas, ensaístas e literatos, cuja imaginação poderosa registrou uma realidade assombrosa.[4] Com eles, aprendemos que a utopia nos projeta além da comodidade, ao mesmo tempo em que desafia nosso cotidiano descomunal. Macondo nunca nos informou tanto como agora.[5] Mobiliza-me o frequente alento de que "as estirpes condenadas a cem anos de solidão tenham, enfim e para sempre, uma segunda oportunidade sobre a terra".[6] Diante de intensas narrativas, pergunto: como não imaginar outro mundo, não só mas sobretudo, em tempos distópicos? Mais: como criar outro mundo sem, antes, imaginá-lo, exaustivamente projetá-lo? Ainda: como aceitar instituir um mundo apenas para minha satisfação pessoal? É possível – e, aqui, o dilema é também ético-político – que a plenitude me alcance sem passar pelo outro? E, então, voltamos ao começo deste prefácio: no outro materializo o encontro comigo, sinto o contentamento em partilhar a compreensão dos ruídos do mundo e, quiçá, de seus silêncios.

De algum modo muito preciso, essas perguntas se inscrevem no credo estadunidense, quando "palavras mágicas" são invocadas no preâmbulo da Declaração da Independência. Entre os direitos inalienáveis, estão "a liberdade, a vida e a procura da felicidade". Depois de constrangidos pelo direito à procura da felicidade, os céticos advertiriam que se trata apenas de um registro no papel, uma "declaração de princípios", nada (de) mais. Historiadores, no entanto, observadores das coletividades, acrescentariam: o registro é, simultaneamente, expressão e fruto da fundação de uma comunidade peregrina, e nela assentou-se a ponto de instituir o espaço planetário como lugar aberto ao desejo de consumir a felicidade.

Os textos deste livro esquadrinham os porquês de a utopia não poder ser apreendida como sinônimo de ilusão, apartamento ou exclusão. Ao restituir à utopia a veste temporal, os autores reconhecem-na entranhada em nossas construções político-culturais, emprestando a essas sentido e orientação. Se dos projetos utópicos emerge o desvio, não sentenciam a utopia a uma pena injusta. Ao contrário disso, exercitam a compreensão, trazendo a contingência para o campo histórico.

A um prefácio cabe tão somente capturar o movimento que concede unidade ao livro que apresenta. Dividido em 5 seções que abrigam 22 capítulos, *Utopias latino-americanas: política, sociedade, cultura* ousa ao propor examinar a historicidade da utopia, com vistas a iluminar a distopia do presente. Na elaboração de eventos que testam a operação historiográfica e os limites do sentido, este livro coloca em movimento a mudança. Na visita às utopias, anunciam os autores que o tempo distópico cederá, mas é preciso entretecer sua compreensão.

Em minha opinião, um prefácio exige brevidade. Deve servir para anunciar que o melhor está por vir – e não tenha dúvidas disso, leitor. Contudo, ainda me restam algumas palavras, que devem ser dirigidas, especialmente, à organizadora da coletânea, a professora Maria Lígia Prado. Eu a conheci em meados da década 1990, no II Encontro da Associação Nacional de Pesquisadores e Professores de História das Américas (ANPHLAC), em Brasília. Mais exatamente, o ano era 1996 e eu sequer imaginava que o cerrado seria o lugar em que fixaria residência. Era uma jovem mestranda, surpresa em dividir uma mesa-redonda com Maria Lígia Prado. De lá para cá, ela esteve presente em momentos fundamentais da minha carreira acadêmica. A admiração por ela, tantas vezes anunciada, só fez crescer ao longo do tempo. Dos laços acadêmicos brotaram os afetivos, e qual não foi minha alegria ao receber o convite para prefaciar este livro! E não se trata apenas de mais um livro, em sua profícua produção bibliográfica. Não, este tem como objetivo comemorar os 80 anos de Lígia. Generosa, ela decidiu marcar a data com a organização de uma obra em que os autores celebrassem uma trajetória dedicada à pesquisa e à docência em História das Américas. Lígia formou gerações, fez cada um de nós – e eu sei que posso falar pelos autores dos capítulos deste livro – seguir, com entusiasmo, sem temer desvios de rota. Mostrou-nos que a trilha da História das Américas é cheia de bifurcações, *reveladas em tramas, telas e textos*. Instituiu conosco diálogos intelectuais que reverberam incessantemente. Com Lígia, todos nós, afetivamente, estabelecemos vínculos que, a distância ou não, alicerçam um profundo sentido de pertencimento. Isso é raro, na academia ou fora dela. Em sua forma e conteúdo, a concepção de um livro sobre utopias, nestes tempos, dá-nos a exata medida da inquietude e paixão de Maria Lígia Prado, por seu ofício e pelos caminhos da América. Parabéns, Lígia! O encontro com você, definitivamente, fez-me descobrir *formas de voltar para casa*,[7] enriquecida, confiante e mais inteira. Espero que o leitor possa experimentar sensações parecidas, na leitura dos capítulos que integram este livro.

Notas

[1] "O que resta? Resta a língua": uma conversa com Günther Gauss. Entrevista de Hannah Arendt, transmitida pela televisão da Alemanha Ocidental, ocorrida em 28 de outubro de 1964. In: Hannah Arendt, *Compreender: formação, exílio e totalitarismo – ensaios (1950-1964)*, São Paulo, Companhia das Letras/ Belo Horizonte, Editora da UFMG, 2008, p. 33.

[2] Trechos da carta escrita para o general Juan Flores, datada de 9 de novembro de 1830, após a morte de Sucre. Em: Vicente Lecuna (org.), *Cartas del Libertador (1829-1830)*, 2. ed., Caracas, Fundación Vicente Lecuna; Banco de Venezuela, 1969, t. VII, p. 585-588.

[3] Ricardo Goldenberg, "Demanda de utopias", em Irene Cardoso et al. (org.), *Utopia e mal-estar na cultura: perspectivas psicanalíticas*, São Paulo, Hucitec, 1997, p. 91-98.

[4] Gabriel García Márquez, "A solidão da América Latina. Estocolmo, Suécia", em *Eu não vim fazer um discurso*, Rio de Janeiro, Record, 2011, p. 25.

[5] A Fundação Gabo produziu um curta, *La peste del Insomnio: el sueño que vivimos*, que conta com 30 atores de sete diferentes países da América Latina, que leem trechos de *Cem anos de solidão*, obra literária consagrada de García Márquez. Este prefácio é devedor, entre outras referências, das imagens, palavras e sons que me comoveram, quando assisti ao filme dirigido pelo venezuelano Leonardo Aranguibel. Sugiro ao leitor uma breve visita a Macondo, disponível em: https://bemblogado.com.br/site/video-alice-braga-e-ricardo-darin-estrelam-curta-com-texto-classico-de-garcia-marquez-sobre-a-pandemia/, acesso em: 6 set. 2020.

[6] Gabriel García Márquez, op. cit., p. 28.

[7] Aproveito para fazer alusão ao belíssimo romance de Alejandro Zambra, que merece atenção do leitor interessado em história das Américas. Ver: *Formas de voltar para casa*, São Paulo, Cosac Naify, 2014.

UTOPIAS ÉTNICO-RACIAIS E DE GÊNERO

VIOLÊNCIA POLÍTICA CONTRA AS MULHERES

Maria Ligia Prado
Romilda Costa Motta

Nos tempos atuais, o tema da violência contra as mulheres, nos mais diversos âmbitos da vida social, tem sido denunciado e já alcançou um lugar de destaque nos debates políticos nacionais. As lutas pelos direitos das mulheres – numa perspectiva que pode ser interpretada como utópica – desempenharam e continuam a desempenhar papel central para que tal violência ganhe visibilidade e sofra veemente condenação.

Partindo dessa perspectiva, voltamo-nos ao passado para refletir sobre uma faceta particular da mencionada violência: aquela perpetrada pelo Estado contra mulheres consideradas rebeldes. Escolhemos apresentar as trajetórias de três mulheres latino-americanas: a argentina Camila O'Gorman, que viveu no século XIX; a brasileira Patrícia Rehder Galvão, ou "Pagu", e a argentina Azucena Villaflor de De Vincenti, no século XX.

Queremos mostrar como se cruzam as problemáticas específicas da História das Mulheres e das relações de gênero com as da História Política, tomando espaços e temporalidades diversas na América Latina. A despeito de distâncias geográficas, de tempos históricos e de trajetórias individuais distintas, alguns elementos aproximam essas mulheres. Em comum, o fato de terem sido consideradas pelos poderes estabelecidos – Estado, Igreja ou família – como "rebeldes". Suas escolhas e ações políticas ou morais fizeram com que se tornassem alvos da violência política perpetrada pelo Estado, com o consentimento de outros poderes. Foram mulheres rebeldes que se posicionaram contra as normas estabelecidas, assumiram riscos e sofreram as dramáticas consequências de seus atos. Pretendemos enfatizar nos três casos questões específicas relativas às relações de gênero, elegendo a maternidade – tema da História das Mulheres que ocupa lugar fundamental nas definições históricas e culturais do feminino – como eixo nuclear de nossas análises.

CAMILA O'GORMAN

Durante as lutas pela independência da América espanhola, muitas mulheres foram presas e submetidas a castigos diversos. Algumas delas foram fuziladas. No entanto, no vice-reinado do Rio da Prata, não se conhecem registros de qualquer mulher condenada à morte pela Coroa espanhola durante as lutas pela independência.

Mas 30 anos após a conquista da Independência, Camila O'Gorman se tornou a primeira mulher a ser fuzilada no país. Ela morreu ao lado de seu amado, o padre Uladislao Gutiérrez, em 18 de agosto de 1848, em Santos Lugares, noroeste da província de Buenos Aires, por ordem do todo-poderoso governador de Buenos Aires, Juan Manuel de Rosas. Tinha pouco mais de 20 anos e estava grávida.

Para entender o desenlace desse episódio trágico se faz necessário entender o complexo cenário político em que ele aconteceu. Nesse período, a Argentina estava organizada como uma federação de províncias. Havia uma profunda divisão política entre aqueles que propunham um governo centralizado – os unitários – e os que advogavam a autonomia das províncias – os federalistas.

Em Buenos Aires, o estancieiro Juan Manuel de Rosas chegou ao governo da província em 1829. Com um breve intervalo, ali permaneceu

Violência política contra as mulheres

até 1852, quando, na grande Batalha de Caseros, foi derrotado por um exército comandado por Justo José de Urquiza. Em 1835, Rosas recebeu a *"suma del poder público"* ("súmula do poder público") pela qual passou a ter plenos poderes sem precisar prestar contas de seus atos a nenhuma outra instância institucional. Não aceitava contestação a seu governo. A lealdade a ele devia ser pública com o uso obrigatório de variados emblemas com a cor vermelha, a cor dos federalistas; aos inimigos, a degola, a prisão, o exílio.

Para escapar da repressão por parte do regime rosista, seus opositores foram empurrados ao exílio. Fugindo de uma possível prisão ou mesmo da morte, instalaram-se, em geral, no Uruguai ou no Chile, onde se organizaram e mantiveram, por intermédio da publicação de jornais e de outros escritos, forte resistência política contra o governador.

Camila nasceu em 1827/1828[?] e era filha de Adolfo O'Gorman, rico comerciante de Buenos Aires, cuja família chegara da Irlanda no final do século XVIII. Sua mãe, Joaquina Ximénez Pinto, pertencia a uma família de origem espanhola da elite tradicional de Buenos Aires. O casal teve três filhas e três filhos. Camila foi educada dentro dos padrões mais tradicionais, dedicando-se ao piano, aos bordados e à religião. Mas também se deleitava com a leitura de muitos livros comprados nas livrarias da cidade, sendo, segundo algumas fontes, leitora do filósofo francês Lamennais.

Uladislao Gutiérrez, também pertencente a uma tradicional família de Tucumã, chegou a Buenos Aires em 1846 recomendado por seu tio, governador federalista da Província, Celedonio Gutiérrez. Foi designado, com apenas 23 anos, para a paróquia de Socorro e apresentado à família O'Gorman por seu colega de seminário, Eduardo, irmão de Camila.

Camila e Uladislao se apaixonaram perdidamente e, depois de alguma hesitação, decidiram fugir. No começo de dezembro de 1847, puseram o plano em prática e escaparam a cavalo em direção ao norte. Quando o pai de Camila tomou conhecimento da sua fuga, enfurecido, escreveu em 21 de dezembro uma carta ao governador de Buenos Aires pedindo que ele tomasse as devidas providências para encontrar o casal. Afirmava Adolfo O'Gorman que levava ao conhecimento de Rosas "o ato mais atroz e nunca ouvido no país, [...] pois a ferida que este ato produziu é mortal para minha desgraçada família. [...] Assim, Senhor, suplico a Vossa Excelência que dê ordens para que se mandem requisições em todas as direções para precaver que esta infeliz se veja reduzida ao desespero e sabendo-se perdida se precipite na infâmia".[1]

O juiz eclesiástico da Igreja do Socorro, Miguel Garcia, também escreveu a Rosas relatando "o acontecimento lamentável" e apontando que via nele tanto a ruína e a desonra do padre Uladislao, quanto da família a que pertencia a jovem. E continuava: "mas o mais lamentável é a infâmia e o vilipêndio que traz para a idoneidade do Estado Eclesiástico".[2]

De pleno acordo com o conteúdo dessas solicitações, Rosas enviou aos governadores de todas as províncias e aos juízes de paz uma ordem para que o casal fosse encontrado, preso e levado a Buenos Aires.

A notícia sobre a fuga dos amantes atravessou as fronteiras e chegou aos unitários exilados no Chile e no Uruguai. Em Montevidéu, Valentín Alsina escreveu uma série de artigos no *El Comercio del Plata* atacando Rosas e afirmando que esse caso amoroso era uma demonstração do "grau de corrupção" que reinava em Buenos Aires.[3] Na mesma linha, no *El Mercurio* do Chile, Domingo Faustino Sarmiento, futuro presidente da Argentina, afirmava: "Chegou a tal extremo a horrível corrupção dos costumes sob a espantosa tirania do Calígula do Prata, que os ímpios e sacrílegos sacerdotes de Buenos Aires fogem com as moças da melhor sociedade sem que o infame sátrapa adote medida alguma contra essas monstruosas imoralidades".[4]

Alheios aos desdobramentos políticos causados por sua fuga, Camila e Uladislao dirigiam-se para o norte, pretendendo atravessar a fronteira para chegar ao Brasil ou à Bolívia. Tomando os caminhos menos movimentados, dormindo ao relento, com parcos recursos, finalmente, em março, conseguiram instalar-se na pequena localidade de Goya, Província de Corrientes. Ali, com nomes falsos, se passaram por professores e criaram uma pequena escola, sendo bem aceitos pelos moradores do lugar. Assim, viveram quatro meses. Nesse período, Camila ficou grávida.

Os dois foram convidados para uma festa na casa do juiz de paz da cidade. E foi então que o padre Michael Gannon, também de origem irlandesa, os reconheceu e imediatamente os denunciou. Eles foram presos e, a mando de Rosas, enviados em carruagens separadas para a prisão no sombrio Santos Lugares.

Antes de ser levada para Santos Lugares, Camila foi interrogada pelo juiz de paz de San Nicolás de los Arroyos. Em seu depoimento, disse que fugira da casa de seus pais em companhia de Uladislao Gutiérrez com o objetivo de contrair matrimônio com ele. Ao invés de se mostrar arrependida e culpada, atendendo às expectativas alheias, Camila afirmava que estavam ambos em paz diante dos olhos da Providência e que se este acontecimento era considerado "um crime", ela se sentia com "a consciência tranquila".[5]

Rosas solicitou a quatro juristas – entre eles Dalmacio Vélez Sarsfield, futuro autor do Código Civil argentino de 1869 – que opinassem sobre a pena a ser aplicada ao casal. Era preciso levar em conta o fato de Camila estar grávida. De acordo com as leis das *Siete Partidas* de Afonso X de Castela (1252-1284) – muito antigas, mas ainda em vigência na República do Prata –, uma mulher grávida não poderia ser condenada à morte. A pena só seria aplicada após o nascimento da criança. O veredito final de três desses homens da lei, entretanto, foi pela condenação de Camila e Uladislao.[6]

Depois desse sumário julgamento, Juan Manuel de Rosas condenou o casal à morte por fuzilamento como "castigo exemplar". Porém, antes de morrer, um padre deu à Camila água benta para batizar o feto. Numa situação comum, seria absolutamente concebível uma punição que redundasse na separação do casal e no envio de Camila a um convento. Esse ato, representativo de "morte metafórica",[7] atendia ao objetivo de dar o castigo às mulheres que ousavam romper regras morais, e ainda atingia o resultado de "limpar a honra" da família que se sentia ultrajada, deixando-a distante dos olhos inquisitoriais da sociedade.

Entretanto, o caso Camila/Uladislao envolvia questões mais complexas que impõem considerar as imbricações entre assuntos políticos em jogo e os códigos morais que regiam as instituições igualmente poderosas – família e Igreja – para que se compreenda o seu desfecho. Movidos por interesses políticos, mas também por códigos morais muito demarcados, os adversários políticos de Rosas insistiam nas relações entre a "desonra" de Camila, a imoralidade sacrílega de Uladislao e a desordem da Nação, sob a direção do ditador. De modo semelhante, Igreja e família exigiam que a honra e a moral das duas instituições fossem reestabelecidas.

A história de Camila O'Gorman e Uladislao Gutiérrez deixou uma marca negativa nos anos finais do governo de Rosas. Logo após sua derrubada em 1852, muitas vozes se levantaram para contar o iníquo crime do ditador. O caso foi tema de artigos de jornais, de poemas e

Utopias latino-americanas

de romances. Também se manifestaram os unitários que, anteriormente, culpavam Rosas pela "lassidão dos costumes em Buenos Aires". O próprio Sarmiento agora dizia que o "bárbaro tirano [...] fez fuzilar a bela Camila O'Gorman, de uma distinguida família, estando ela grávida, pelo delito de amar a um homem [...]. Que horror! Que iniquidade!"[8]

Por que houve uma decisão tão drástica por parte de Rosas diante de um caso que passava por questões de ordem familiar e privada? Como é bem conhecido, durante o século XIX, era muito comum que os padres tivessem amantes e filhos, contanto que de forma velada.

O "crime" de Camila, filha de uma família da elite de Buenos Aires, foi o de torná-lo público. E mais que isso, o de não ter demonstrado arrependimento diante de uma atitude que afrontava a moral vigente.

Mas outra questão importante precisa ser salientada. Cruzando a História das Mulheres com a História Política, entendemos que o casal esteve no centro de um feroz embate político entre federalistas e unitários. A família de Camila era federalista, assim como a de Gutiérrez, motivo esse que justificava e reforçava a crítica dos unitários. Suas vidas foram atravessadas pelas injunções políticas de seu tempo que culminaram com seu trágico fim.

Estamos de acordo com a análise de Lelia Area sobre Camila. Segundo ela, uma mulher que decidiu sobre sua sexualidade e, por sua vontade, tomou uma decisão fora dos parâmetros estabelecidos se apresenta como o pior dos inimigos, um inimigo que está fora de qualquer grupo que lhe confira filiação ou identidade. É um monstro que se mostra e não se esconde. E ao fazê-lo se apresenta como utopia.[9]

Camila O'Gorman e Uladislao Gutiérrez estiveram sob o fogo cruzado de três instituições fundamentais da sociedade portenha: o Estado e a violência de seu poder; a Igreja e o peso de sua ação acusatória; e a Família e sua forte desaprovação moral. Tornou-se, assim, impossível escapar ao desfecho que aquelas três instituições lhes impuseram.

PATRÍCIA GALVÃO/PAGU

Chegamos ao século XX, quando expectativas de mudanças sociais, políticas e de costumes se ampliaram. As ebulições globais trouxeram impactos na política brasileira. Em 1930, Getúlio Vargas, depois de derrotado nas urnas pelo candidato da situação, Júlio Prestes, foi protagonista de um golpe que o levou ao poder. Chegava representando a ruptura da lógica vigente da "Política do Café com Leite", desestabilizando forças de antigas oligarquias e com promessas de contemplar antigos pleitos da classe trabalhadora. Após a malograda tentativa de um levante comunista, em 1935, aproveitou-se da situação para imprimir ao governo uma marca autoritária, estabelecendo, em 1937, o Estado Novo, sob o argumento da necessidade de conter a "ameaça comunista".

A fase de militância política da segunda personagem, a brasileira Patrícia Rehder Galvão (1910-1962), ou "Pagu", coincide quase que integralmente com o período de atuação de Getúlio Vargas no poder, sendo sob aquele governo que ela viveu as mais duras experiências. Patrícia tornou-se conhecida nos meios intelectuais e artísticos quando se aproximou dos círculos modernistas paulistas, em 1929, num momento em que já se evidenciavam divisões entre os participantes, quando se iniciava a passagem das preocupações estéticas para aquelas de cunho social e político. Seu visual e comportamento ousados despertaram as atenções de Oswald de Andrade, que se tornou, posteriormente, seu companheiro e pai do seu primeiro filho, Rudá de Andrade. Entre as fases da jovem ousada do fim dos anos 1920 e a da jornalista discreta, dos anos 1940 e 1950, há uma mulher militante de esquerda que é relativamente pouco conhecida.

Entre 1930 e 1940, Patrícia Galvão envolveu-se de forma direta e intensa com os temas políticos de seu tempo. Por meio de obras que vinham, especialmente, da Argentina, tomou conhecimento das ideias marxistas. Em suas memórias, o encontro e longa conversa com Luiz Carlos Prestes, no Uruguai, levaram-na a se decidir a "trabalhar, combater até o aniquilamento, pela causa dos trabalhadores e pelo bem geral da humanidade".[10]

Iniciou sua participação em movimentos políticos numa manifestação grevista, em Santos, organizada pelo Sindicato da Construção Civil. Ali, sofreu a primeira de muitas outras prisões. Enquanto esteve envolvida com as atividades políticas, Pagu cumpriu à risca todas as diretrizes enviadas pelos Diretórios Regional e Nacional, buscando convencer os dirigentes de que era "comunista sincera" e, assim, obter as credenciais do Partido Comunista (PC), sonho de qualquer militante. Algumas tarefas eram comuns à maioria: participou de greves operárias, panfletou, atuou no Socorro Vermelho e "proletarizou-se".[11] Outras, destinadas a algumas mulheres, se analisadas sob o viés de gênero, merecem uma atenção especial. Interessados em obter informações, o Partido a incumbiu de seduzir figuras políticas – uma dessas, Adhemar de Barros –, fazendo-a se sentir, segundo suas palavras, como uma "Mata Hari provinciana".[12]

Ainda na primeira metade dos anos 1930, o Partido indicou que Patrícia deveria afastar-se de Oswald de Andrade e dirigir-se ao Rio de Janeiro, onde viveria o processo de "proletarização". Sabia que acatar a diretriz recebida representava ter que deixar Rudá para trás. Demonstrando que a maternidade não lhe trazia a plenitude presente nos discursos sobre mulheres e mais, seguindo convicções de que o interesse coletivo deveria se sobrepor ao particular, tomou sua decisão. Foi para o Rio de Janeiro, mesmo antes de Rudá completar o segundo ano de vida. Anos depois, na reconstrução de seus fios de memórias, registrados em texto autobiográfico, rememorou os contatos carinhosos com o filho e, ao mesmo tempo, de forma corajosa, tratou da ambiguidade de sentimentos. Escreveu que, se o Partido pedisse que deixasse o filho e partisse para a militância, "sofreria horrivelmente", já que Rudá representava tudo para ela *naquele momento*, mas "não haveria hesitação em ir". E assim fez, deixando-o, várias vezes e por longos períodos sob os cuidados do pai.[13]

No Rio de Janeiro, sob condições insalubres de moradia, alimentação precária e trabalho pesado numa fábrica de garrafas, adoeceu gravemente. Após a recuperação, desejando ficar longe de sua presença "escandalosa", o PC permitiu – desde que assumisse os custos – que viajasse à URSS, onde conheceria, *in loco*, os avanços da Revolução Social. Retornou dois anos depois, no fim de 1935, logo após a Intentona Comunista, mas foi presa em janeiro de 1936, como fruto das perseguições do governo Vargas a militantes de esquerda.

Os números referentes aos encarceramentos de Patrícia Galvão são controversos. O fato é que foram muitas prisões. A conquista da liberdade representava poder voltar à militância e, ao fazê-lo, ser presa novamente. Sob a vigência do Estado Novo, foi enquadrada no artigo 23 da Lei de Segurança Nacional, passando pelos Presídios Maria Zélia e do Paraíso e, por fim, após pedido da família, cumprindo o restante da pena, a partir de novembro de 1939, na Casa de Detenção de São Paulo. Naqueles anos de ditadura Varguista, como presa política, vivenciou violências física, psicológica, sequências longas de isolamentos e humilhações morais.

Violência política contra as mulheres

Tanto a imprensa da época quanto os agentes da repressão representavam-na como uma mulher eminentemente "perigosa". Seu prontuário, no Departamento Estadual de Ordem Política e Social (Deops), dá uma dimensão de algumas arbitrariedades e da violência política do Estado, a partir de seus órgãos repressivos. Também evidencia a visão de seus agentes sobre as mulheres militantes de esquerda. Num pedido de *habeas corpus*, feito por seu advogado, o juiz Bruno Barbosa, em um processo em que era acusada de "Propaganda comunista", acatou o argumento do seu defensor que apontava que os livros marxistas e outros documentos recolhidos pela polícia estavam guardados na casa de Patrícia, portanto, sem divulgação. Apesar do parecer do juiz, favorável à soltura, o delegado Venâncio Ayres, da Delegacia de Ordem Social, enviou um relatório à Superintendência de Ordem Pública e Social, contestando a decisão e pedindo a permanência da acusada nas dependências do órgão. No documento, se referia a Pagu como "comunista exaltada", argumentando que "não poderia se conformar em ver em liberdade uma mulher que merecia ser vigiada pela polícia em tempos normais e anormais". Afirmava, ainda, que era pública e notória a sua atuação contra a ordem pública e que se tratava de uma "mulher eminentemente rebelde aos poderes públicos e eficaz propagandista de ideias subversivas", pois era "[...] perigosa, e pode tornar-se perniciosa, graças à sua inteligência, atividade e atração que, no vulgo, despertam mulheres revolucionárias".[14]

De uma forma geral, militantes comunistas, independentemente do gênero, eram representados como "perigosos" ou "subversivos" pelos agentes repressivos da Ditadura Varguista, mas chama-nos a atenção os adjetivos destinados às mulheres, a partir da visão de gênero vigente. Colocavam em questão não somente as práticas políticas das ativistas políticas, mas, especialmente, a sua moral. Numa postura machista e misógina, entendiam que o lugar e o papel "natural" da mulher – mãe e esposa – haviam sido sufocados em nome de uma postura agressiva, tipicamente "masculina".[15] Importante destacar que a moral das mulheres militantes esteve em julgamento, inclusive, por parte de grupos progressistas. Os vínculos oficiais com o Partido Comunista, que há tempos eram tensos e frágeis, romperam-se. Quando expulsa, em 1937, ignorando sua trajetória de lutas pelas causas defendidas pela organização,

Patrícia foi definida por dirigentes como "mulher de atitudes escandalosas e degenerada sexual".[16]

As duras condições e experiências na prisão, sob o Estado Novo, levaram-na a adoecer gravemente. Temerosos de que não sobrevivesse, o advogado contratado pela família apelou para que ela fosse transferida para um hospital. Durante o longo período de convalescência – 3 meses – no Hospital Cruz Azul, em São Paulo, tramou um plano de fuga e, num momento de descuido dos guardas que a vigiavam, efetivou-o. Dirigiu-se ao Rio de Janeiro, juntando-se a um grupo de militantes leninistas-trotskistas, entre esses, Hílcar Leite. Em abril de 1938, foi recapturada, junto com outros seis militantes, sendo duas mulheres, além de Patrícia. As manchetes dos jornais da época anunciaram o fato em tons sensacionalistas, comparando a ação do grupo ao episódio de novembro de 1935. O nome de Patrícia Galvão recebeu destaque em algumas manchetes.[17] Passou por novo julgamento, recebendo outra condenação de dois anos de reclusão.

A violência experimentada em suas inúmeras prisões, ao longo de sua trajetória política entre 1930 e 1940, além das incompreensões encontradas no Partido Comunista deixaram marcas indeléveis em Patrícia Galvão. A retomada da relação com Rudá, marcada por afastamentos temporários voluntários, devido à militância e, posteriormente, por um rompimento determinado por Oswald, ocorreu somente em 1947. Mas o convívio que se estabeleceu esteve marcado por frequentes tensões e distanciamentos, até a sua morte, em 1962. Conviveu com depressões que a levaram a duas tentativas de suicídio. Ainda assim, em 1950, tentou voltar à política partidária, candidatando-se à deputada estadual pelo Partido Socialista. Nos últimos anos de vida, militou pelo teatro amador, em Santos.

Como outros homens e mulheres de seu tempo, Patrícia Galvão aderiu a utopias e projetos políticos que falavam de possibilidades reais da construção de um bem maior, que era uma "sociedade justa", sem fome e miséria, a partir da Revolução Social. Tal crença lhes deu sentido, levando-os a enfrentar situações adversas e sacrifícios pessoais em prol de um projeto coletivo.[18]

Pagu representa um grupo de mulheres que colocou em xeque alguns mitos e representações acerca do feminino: docilidade, submissão, religiosidade, completude do "ser mulher" a partir da maternidade, da domesticidade e do desinteresse pela política. Colocou em questão o modelo tradicional de mãe, assumindo tensões e ambivalências que envolvem a experiência da maternidade.

O fervor pelas causas coletivas a levou a abraçar a política como projeto de vida. Justificou estar considerando, também, os filhos e filhas dos grupos explorados. Ao fazê-lo, conforme já salientamos, desmistificou aspectos relacionados aos discursos circulantes sobre a maternidade, apontando para outras formas de experienciá-la.

AZUCENA VILLAFLOR DE DE VINCENTI

Ao longo dos anos 1960 e 1970, com o apoio dos Estados Unidos, setores conservadores implantaram ditaduras civil-militares em diversos países da América Latina. Na Argentina, depois da derrubada de Juan Domingo Perón, em 1955, o país passou por um período de grande instabilidade política com várias alternâncias no poder, além da ocorrência de dois golpes militares – o do General Juan Carlos Onganía, em 1966, e o de 1976 levado a cabo por uma Junta Militar, liderada pelo general do Exército, Jorge Rafael Videla.

As dimensões atingidas pela violência política durante a ditadura de Videla merecem destaque. Num curto espaço de tempo – entre 1976 e 1983 – foi colocado em prática um plano autoritário e repressor, denominado por alguns estudiosos de "terrorismo de Estado", que perpetrou prisões, torturas e assassinatos, dando cabo à vida de aproximadamente 30 mil pessoas.[19] A história de Azucena Villaflor de De Vincenti se passa nesse violento período.

Diferentemente de Patrícia Galvão, que questionou abertamente os papéis normativos de gênero, eximindo-se de atender às expectativas sociais sobre ser "moça de família" ou cumprir requisitos idealizados sobre como deveria ser uma "mãe virtuosa", Azucena Villaflor se enquadrava em todas essas exigências vigentes. Na juventude, trabalhou como telefonista, porém como não havia necessidades econômicas, seguindo a tônica da época, após o casamento passou a se dedicar exclusivamente aos afazeres domésticos e aos cuidados da família.

O casal teve quatro filhos e, embora nunca tivesse se envolvido em lutas de agremiações de classe, partidos políticos ou qualquer manifestação de rua, em nome da maternidade, no ano de 1976, aos 53 anos, se viu impulsionada a mover uma luta histórica. Tornou-se conhecida como uma das fundadoras de um dos movimentos mais vibrantes e importantes na história daquele país: as *Madres de la Plaza de Mayo* (Mães da Praça de Maio). Ao longo do tempo, esse movimento sofreu muitas transformações, em termos de lideranças, objetivos, estratégias e finalidades políticas.

Em novembro de 1976, o filho mais velho de Azucena, Héctor de De Vincenti, então com 25 anos, integrante da organização Montoneros, grupo peronista que havia optado pela luta armada, foi sequestrado por agentes da ditadura civil-militar argentina. Como mãe de "desaparecido", Villaflor percorreu, individualmente, os passos seguidos por outras mães e familiares que viviam o mesmo drama: idas ao Ministério do Interior e distintas repartições públicas a fim de obter notícias do paradeiro de seus parentes. Rapidamente compreendeu que a luta seria infrutífera caso não se organizassem, agindo coletivamente. Ainda ignorante da faceta cruel dos governantes e dos detalhes da violência praticada pelo regime, Azucena imaginava que se conseguissem ser ouvidas pelo general Videla, informando-o sobre o número crescente de desaparecidos, seriam tomadas providências e a dor das famílias seria evitada. Assim, escolheram a Praça de Maio, local estratégico da capital, como lugar para os encontros. A partir dali, a Praça ganharia maior simbolismo e relevância como espaço de concentração de manifestações políticas históricas.

A primeira reunião das *Madres* aconteceu num sábado da última semana de abril de 1977 e, pelo medo que caracterizava o momento, contou com a participação de apenas 14 mulheres. Mas, devido à extensão do número de atingidos pela violência política, num curto espaço de tempo, as *Madres* já eram muitas.

A experiência do exercício da política foi dando àquelas mulheres condições para ajustes. Alteraram o dia dos encontros para quinta-feira, já que no sábado a praça ficava esvaziada. Se o estado de sítio as impedia de se aglomerarem, optaram por circular pela praça expondo fotos dos "desaparecidos", cobrando a verdade sobre o paradeiro das vítimas. A insistência em serem ouvidas pelos governantes e obterem a atenção da imprensa para divulgação do assunto era notória. Naquela fase inicial, segmentos importantes da imprensa noticiavam os atos com notas curtas e evasivas ou com manchetes sensacionalistas nas quais as mães eram referidas como "As loucas da Praça de Maio".[20] Essa atitude pode ser explicada, em parte, por uma visão de gênero que insiste em deslegitimar ações de mulheres que vão para o campo das lutas políticas – independentemente do tempo histórico. Não devem ser ignorados o temor pela repressão ou, ainda, uma atitude de anuência com o regime por parte de alguns órgãos.

Ao buscarem e alcançarem evidência, passaram a ser vistas como ameaça e presença incômoda. Os meios para dissuadi-las da causa encampada foram diversos: desde a colocação de canteiros de flores, ocupando os espaços por onde elas passavam, até a ação truculenta de militares que as empurravam, insistindo que desocupassem o local. Diante da resistência, o regime compreendeu que a repressão precisava ser mais efetiva.

Um dos casos emblemáticos da violência política aplicada pelo regime ficou conhecido como o "Caso de la Iglesia de la Santa Cruz"[21] e teve Azucena Villaflor entre as vítimas.

No dia 8 de dezembro de 1977, após um dos encontros semanais, as mães se dispersaram. Algumas para casa, outras dirigiram-se a congregações religiosas com intuito de recolher valores para a publicação da lista de desaparecidos na imprensa. Parte delas se dirigiu à Igreja de Santa Cruz, onde estavam outros familiares e demais pessoas que lutavam por descobrir o paradeiro dos "desaparecidos".

Os nomes dos principais capturados naquela operação foram definidos a partir da indicação de um agente infiltrado, Alfredo Astiz, um tenente da Marinha que se aproximou do grupo identificando-se como "Gustavo Niño", afirmando estar em busca de um irmão desaparecido. Ganhou a confiança da maioria das mães, sendo acolhido como um filho, já que tinha idade próxima aos filhos desaparecidos.[22] Ao todo, a operação prendeu 12 pessoas. Cinco jovens membros de Vanguarda Comunista,[23] que também buscavam respostas sobre o paradeiro de pessoas de suas relações, dois homens mais velhos – um deles, o artista Remo Berardo –, duas monjas francesas – uma delas com 61 anos de idade – [24] e três *Madres*: Azucena Villaflor, María Eugenia Ponce de Bianco e Esther Ballestrino de Careaga.

Azucena, que havia sido apontada por Astiz como principal líder das *Madres,* foi capturada dois dias depois, nas proximidades de sua casa, numa via pública. Ballestrino de Careaga e Ponce de Bianco eram exceções, pensando os históricos anteriores de militância política da maior parte das *Madres.* A última citada, que estava em busca da filha, de um sobrinho e sua companheira, havia militado, na juventude, no Partido Comunista. Ballestrino de Careaga, uma paraguaia radicada na Argentina, desde 1947, por perseguições políticas da ditadura de Higinio Morínigo (1940-1948), havia militado no Partido Socialista Febrerista e foi fundadora do primeiro Movimento Feminista em seu país, nos anos 1940. Em 1953, como bioquímica, havia trabalhado com Jorge Mario Bergoglio, atual papa, no laboratório Hickethier-Bachman. Na época, ele era um estudante em técnico-químico. A militância de Careaga, junto às *Madres,* traz um elemento que merece ser citado. Sua filha, Ana María Careaga, 16 anos, passou pela prisão e tortura, mas havia sido devolvida pelos militares em novembro de 1977, após um período de quatro meses. Diante da possibilidade de ir para o exílio, na Suíça, com os demais membros da família, Careaga havia decidido permanecer, somando forças às lutas de outras mães que continuavam sem seus/suas filhos/as.

Todos os presos daquela operação foram levados ao prédio que abrigou a temível Escola Superior de Mecânica da Armada (ESMA), também chamada de "Auschwitz argentino", um dos mais atrozes Centros Clandestinos de detenção, tortura e apropriação de bebês, filhos de grávidas sequestradas.

Depoimentos de sobreviventes dão conta de que Azucena, as freiras e outros do grupo foram barbaramente torturados antes de serem lançados ao mar, no dia 14 de dezembro de 1977, num dos "traslados" e terríveis "voos da morte". A violência aplicada a um núcleo composto, em parte, por mães denota que o governo não via fragilidade naquelas mulheres. O regime era pautado por valores abertamente conservadores e por um sistema de gênero altamente hierarquizado. Na perspectiva daqueles homens que dirigiam a política, as *Madres* haviam rompido duplamente tais limites. Como mães, haviam falhado na sua função de educar os filhos dentro da lógica que pautava a forma de ver a sociedade e a política. Teriam, portanto, formado "subversivos". Como mulheres, em lugar de estarem em casa, se ocupando dos afazeres domésticos, foram para as ruas fazer política. Portanto, distantes do modelo de mulher entendido como "ideal".

No dia 20 de dezembro, cinco corpos foram devolvidos pelo mar, no Balneário de Santa Terezita. A identificação só ocorreu em 2005, com o apoio de antropólogos forenses. Eram os corpos das três *Madres*: Azucena Villaflor, Esther Balestrino e Maria Eugenia Ponce de Bianco; a monja francesa Lénie Duquét e Angela Auad de Genovés, membro do grupo político Vanguarda Comunista.

O reconhecimento da identidade das religiosas e das *Madres* corroborou para explicitar a faceta cruel da violência política praticada pelos militares. A despeito do discurso em nome de uma moral religiosa, conservadora e defensora da família, o que a História registra é que os abusos e as arbitrariedades cometidos não respeitaram qualquer limite à aplicação da violência, atingindo, indiscriminadamente, grupos e pessoas que não possuíam, necessariamente, relações com a propalada "ameaça comunista".

A atuação das *Madres de la Plaza de Mayo* tem sido alvo de análises que passam pela História Política e de Gênero. Há consenso acerca das contribuições dadas pelo movimento para a queda do regime e para o fortalecimento da luta pelos direitos humanos na Argentina. No campo de estudos de gênero, entende-se que, de forma inédita, deram visibilidade a temas vistos até então como "apolíticos", apontando para o fato de que "o pessoal é político". Por sua vez, a "maternidade militante",[25] matriz explicativa para estudar esse tipo de agência, não é considerada emancipatória e transformadora das normas vigentes de gênero, posto que aquelas mulheres reproduziram, no campo da política, funções e temáticas que eram interpretadas como parte do universo feminino tradicional.

Quando analisamos os símbolos apropriados por aquele grupo de mães, é nítido que em suas ações políticas aquelas mulheres reproduziram, no espaço público, os ideais "marianistas" de maternidade – a mulher fragilizada e sofredora. O lenço branco na cabeça, numa referência à fralda dos filhos aos quais um dia dedicaram cuidados e proteção, tornou-se o símbolo do movimento. Como sublinhou Wolff, como estratégia de ação, "usaram as emoções e sentimentos que circundam a ideia de maternidade e família, como também as configurações de gênero do feminino para chegar aos corações da opinião pública".[26]

Não refutamos o argumento presente nas análises que se fixam no fato de que aquelas mulheres não pleitearam e nem teria ocorrido ali transformação das normas de gênero. Entretanto, queremos avançar afirmando que a força, a coragem e a ousadia – atributos comumente relacionados ao masculino – demonstrados pelas *Madres*, diante de um regime tão agressivo e violento, num momento em que vários setores da sociedade estavam acuados e amedrontados, foi também uma forma de colocar estereótipos femininos em xeque, mesmo que se apropriando, estrategicamente, da imagem de "fragilidade" de "pobres mães sofredoras". Em tempos sombrios e violentos, foram às ruas por seus filhos e de outras mães, enfrentaram a repressão, conectando o pessoal e o político e mostraram que, no que se refere à legitimidade, suas ações e formas de lutas políticas não deveram nada às demais.

CONSIDERAÇÕES FINAIS

Escolhemos três mulheres que de modos distintos se colocaram em atitude insubmissa aos olhos de diferentes poderes. Como resultado de atos e escolhas, experimentaram no corpo e na alma as consequências, tornando-se alvos de violências.

Procuramos mostrar que a violência política também se apresenta a partir de estratégias de anulação da mulher como sujeito político. Isso ocorre por meio da manipulação pública de um imaginário que pressupõe que a mulher que faz escolhas sobre sua vida, que reivindica uma voz e exige ser escutada, desafiando o poder hegemônico é quase uma "aberração". O incômodo deve-se porque ao fazê-lo, ela rompe com a dicotomia que a atrela ao âmbito privado, extrapolando uma visão de gênero que a configura como dócil, complacente, generosa. Essa invalidação ocorre criando-se representações do outro oposto, cujos estereótipos são antigos artifícios que buscam anular a mulher e, com isso, desqualificar suas demandas. As imagens mais utilizadas passam pela noção de destempero – a mulher "histérica", a "degenerada", a "louca" –, lançando ataques, em muitas ocasiões, à sua sexualidade, à sua aparência ou ao seu intelecto.

Em todos os períodos históricos houve resistências por parte de diferentes instâncias e grupos conservadores para aceitar que mulheres pudessem ascender aos distintos espaços, exercendo papéis que lhes fossem convenientes. Decidir sobre seus destinos e corpos, alçarem-se aos espaços públicos, exercerem atividades fora dos cânones dos papéis normativos ao gênero feminino ainda é realidade distante para muitas. Especialmente se a análise for realizada sob o viés interseccional, ou seja, estabelecendo o cruzamento das relações sociais a partir das categorias sexo, raça e classe.

A caminhada e a luta das mulheres para se verem e serem vistas como sujeitos plenos é longa, árdua e contínua. Como afirma Eleni Varikas, a parte de felicidade que "cada ser social tem direito de pedir da sociedade" é precisamente o que permite transformar o estado atual das coisas em algo que ainda não existe, fazendo com que a utopia se inscreva no aqui e no agora, nas "expectativas de uma época ou de um grupo social".[27] E essa inscrição só é possível pelo trabalho que consiste em explorar, dentre as possibilidades abertas pela utopia, aquelas que parecem corresponder aos desejos, aspirações e necessidades negados ou não realizados.

Notas

[1] Julio Llanos,. *Camila O'Gorman*, Buenos Aires: Ediciones de la Patria Argentina, 1883, apud Nazareno Miguel Adami, "Poder y sexualidad: el caso de Camila O'Gorman", em *Revista Todo ES Historia*, año XXIV, n. 281, pp. 6-31. Todas as traduções das citações deste capítulo são das autoras.

[2] Julio Llanos, *Camila O'Gorman*, op. cit., citado por Lelia Area, "De esto no se habla: el caso Camila O'Gorman en la novela argentina del siglo XIX", em *CiberLetras: Revista de crítica literaria y de cultura*, n. 10, 2003, p. 11, disponível em: www.lehman.cuny.edu/ciberletras/v10/area.htm, acesso em 5 maio 2020.

[3] O artigo de Alsina é de 27 de abril de 1848. Citado por José María Rosa, *El revisionismo responde*, Buenos Aires, Pampa y Cielo, 1964, p. 68.

[4] Artigo publicado em 3 de março de 1848. Citado por José María Rosa, op. cit., p. 68.

[5] Nazareno Miguel Adami, op. cit., apud Lelia, Area, op. cit., p.14.

[6] Viviana Kühne, "Camila y el Derecho Romano", em E. Höbenreich e V. Kühne, (eds.), *El Cisne: Derecho Romano, Biologísmo y algo más*, Lecce, Ediciones Grifo, 2013, p. 144. Ela afirma que já no Direito romano havia menção, em um fragmento de Marciano, à punição do aborto e, em dois fragmentos de Ulpiano, à proibição de aplicar a pena de morte à mulher grávida.

[7] A ideia de "morte metafórica" relacionada às mulheres e, em especial, ao feminismo está desenvolvida no texto de Mary Hawkesworth, "A semiótica em um enterro prematuro: o feminismo em uma era pósfeminista", *Estudos Feministas*, Florianópolis, v. 14, n. 3, set.-dez. 2006, pp. 737-763.

[8] Nazareno Miguel Adami, op. cit., apud Felipe Pigna, "El fusilamiento de Camila O'Gorman y Uladislao Gutiérrez", em *Mujeres tenían que ser: Historia de nuestras desobedientes, incorrectas, rebeldes y luchadoras. Desde los orígenes hasta 1930*, Buenos Aires, Planeta, 2011, pp. 302-309.

[9] Lelia Area, op. cit., p. 14.

[10] Patrícia Galvão, *Paixão Pagu: a autobiografia precoce de Patrícia Galvão*, Org. Geraldo Galvão Ferraz, Rio de Janeiro, Agir, 2005, p. 94.

[11] Sobre os processos de Proletarização e de Bolchevização, ver: Jorge Luiz Ferreira, *Prisioneiros do mito: cultura e imaginário político dos comunistas no Brasil (1930-1956)*, Niterói, EDUFF, Mauad, 2002, p. 81.

Utopias latino-americanas

[12] Patrícia Galvão, op. cit., p. 126.

[13] As tensões envolvendo militância política e maternidade na trajetória de Patrícia Galvão estão melhor desenvolvidas em Romilda Costa Motta, *Práticas políticas e representações de si: os escritos autobiográficos da mexicana Antonieta Rivas Mercado e da brasileira Patrícia Galvão/Pagu*, Tese (Doutorado em História Social) – FFLCH/USP, 2015.

[14] Data do documento é de 23 de março de 1936. Prontuário de Patrícia Galvão, nº1053, fundo DEOPS/APESP, fl. 36.

[15] Essa visão e prática ganhou maiores contornos, no Brasil, em documentos do Serviço Nacional de Informação (SNI), ao longo da ditadura civil-militar (1964-1985). Ver: Marionilde Dias Brepohl de Magalhães, "A lógica da suspeição: sobre os aparelhos repressivos à época da ditadura militar no Brasil", em *Revista Brasileira de História*, v. 17, n. 34, 1997, pp. 203-220.

[16] Prontuário de Patrícia Galvão, n. 1053, fundo DEOPS/APESP.

[17] Idem.

[18] Idem, p. 75. Compreender as decisões e ações de Patrícia Galvão e outros(as) militantes em prol da "causa" comunista naqueles anos exige que consideremos o contexto histórico, pensando-os a partir dos imaginários políticos que compunham o arcabouço da identidade e práticas de um comunista do período.

[19] Segundo Eduardo Duhalde, o fenômeno foi original em relação aos demais Estados modernos pois não foi somente um Estado autoritário ocupado pelo braço militar, mas um sistema que estruturou um Estado clandestino, incorporando aparatos coercitivos de forma permanente e paralela. Eduardo Luis Duhalde, *El Estado Terrorista Argentino: Quince años despues, una mirada crítica*, Buenos Aires, EUDEBA, 1999. Ver também: Maria Helena Capelato, "Memória da ditadura argentina: um desafio à História", em *Clío. Revista de Pesquisa Histórica*, n. 24, 2006, pp. 61-81.

[20] Ver Ulises Gorini, *Nem loucas, nem santas. La rebelión de las madres – História de las Madres de Plaza de Mayo, t. I (1976-1983)*, Buenos Aires, Norma, 2006. Gorini analisa a história do Movimento das *Madres*: as condições que possibilitaram o surgimento, características, lideranças e demandas de cada fase.

[21] Administrada por padres Passionistas, tornou-se um espaço de referência na luta por direitos humanos, servindo de apoio a familiares de desaparecidos políticos e também acolheu refugiados da ditadura chilena.

[22] Cf: Uki Goñi, *El infiltrado. Astiz, las Madres y El Herald,* Ed. aumen. Biblioteca Uki Goñi, Buenos Aires, Ariel, 2018.

[23] Grupo político muito pequeno, de tendência maoísta, que não aceitava a opção da luta armada adotada pelo ERP (Ejército Revolucionário del Pueblo) de orientação marxista e pelos Montoneros.

[24] A presença das religiosas francesas contribuiu para que horrores da ditadura argentina ganhassem maior visibilidade. O caso ganhou visibilidade na imprensa internacional, ficando conhecido como "As monjas voadoras". Cf: Uki Goni, op. cit., pp. 251-255.

[25] Ver Sonia Alvarez, "Politizando as relações de gênero e engendrando a democracia", em Alfred Stepan (org.), *Democratizando o Brasil*, Rio de Janeiro, Paz e Terra, 1988, p. 315-380.

[26] Cristina Scheibe Wolff, "Eu só queria embalar meu filho. Gênero e maternidade no discurso dos movimentos de resistência contra as ditaduras no Cone Sul", em *Aedos*, n. 13, v. 5, ago./dez. 2013, p. 117.

[27] Eleni Varikas, "O pessoal é político. Desventuras de uma experiência subversiva", em *Tempo*, Rio de Janeiro, v. 2, n. 3, 1996, p. 5.

PALAVRAS QUE LIBERTAM

Stella Maris Scatena Franco

APRESENTAÇÃO

Diferentemente da maior parte dos países latino-americanos que se tornaram independentes no início do século XIX, Cuba manteve seu estatuto colonial até 1898, quando se desvinculou da Espanha, tendo, entretanto, sido submetida à ingerência norte-americana, tanto em termos políticos quanto econômicos. A escravidão foi outro traço a permanecer em Cuba durante a maior parte do século. A economia era baseada principalmente na exploração da cana-de-açúcar, cultivada nas plantações em grandes propriedades de terra, o que se fazia mediante a utilização do trabalho dos africanos escravizados e seus descendentes. A sociedade cubana do período era marcada por um forte grau de estratificação social e de discriminação racial.

A despeito desse quadro tão rígido, sabemos que não há opressão, por mais forte que seja, que não possa sofrer contestações. Estas costumam vir à tona em situações de conflito social, sendo acionadas para denunciar as arbitrariedades e injustiças. Sempre há expectativas de mudanças dentro dos horizontes de cada tempo histórico. Nesse sentido, as críticas sociais e as expressões de revolta e indignação são movidas pela vontade e necessidade de transformação e ajudam a manter acesas as chamas das utopias. Também é interessante pensar que essas críticas e contestações percorrem caminhos nem sempre óbvios. Elas podem emanar dos setores mais explorados das sociedades, mas não só. Agentes de diferentes camadas sociais, mesmo as mais privilegiadas, podem também experimentar algum tipo de opressão, de ordem étnica, religiosa ou de gênero, por exemplo. Nesse sentido, é possível que também se coloquem em movimento de oposição a setores estabelecidos e que, por vezes, até manifestem adesão a grupos menos abastados.

Neste capítulo, abordaremos dois exemplos da literatura cubana crítica e atravessada por expectativas utópicas, analisando uma autobiografia, publicada em 1840 e escrita por Juan Francisco Manzano (1797-1854), um homem afro-cubano escravizado, e um romance, intitulado *Sab*, publicado quase contemporaneamente, em 1841, por Gertrudis Gómez de Avellaneda (1814-1873), uma mulher branca e da elite. Ambos lançaram, cada qual à sua maneira, críticas à sociedade em que viviam, contestando a escravidão. Gómez de Avellaneda realizou uma contestação dupla, pois ao mesmo tempo em que condenou a escravidão, também reprovou restrições que cerceavam as vidas das mulheres.

O caráter de crítica social nessas obras será um dos pontos trabalhados aqui. Procuraremos mostrar como os autores fizeram das palavras armas com potencial para a resistência e veículos para a projeção de um mundo livre das opressões que pesavam sobre eles. Também atentaremos para o fato de que a presença marcante dessa temática da escravidão na literatura nos anos 1830-1840 está relacionada a um contexto com forte marca da violência sobre os escravizados, bem como da revolta destes contra as pressões da aristocracia cubana e das autoridades metropolitanas. Por fim, evidenciar a coexistência dessas duas obras e relacioná-las ao momento em que foram criadas permite uma compreensão mais ampla do horizonte histórico sobre o qual se construíram, bem como das expectativas de mudanças almejadas.

JUAN FRANCISCO MANZANO: DESCREVER A VIDA E ENTRAR NA HISTÓRIA

Não é raro nos depararmos com o uso da expressão "vida das pessoas comuns" em referência a personagens que, não pertencendo ao mundo das elites, tiveram pouca ou quase nenhuma chance de "entrar para a História", isto é, de ter traços de suas trajetórias destacados de maneira relevante nos documentos, de modo que pudessem ser preservados ou rememorados na posteridade. Nesse caso, a expressão "pessoa comum" incorpora homens pobres, mulheres em geral, minorias étnicas, escravizados... Ao contrário do teor crítico que se pretende atingir quando a expressão é mobilizada, seu uso pode incorrer numa generalização, apontando para vidas tão ordinárias ou sem relevância que sequer teriam deixado marcas. Sabemos, hoje, que existem estratégias de eficácia comprovada para buscarmos certos traços nas trajetórias das ditas "pessoas comuns". Muitas vezes, trata-se de um trabalho árduo, quase arqueológico, que ocorre a partir do esforço de reunião dos pequenos fragmentos encontrados nas pesquisas. Por esse motivo, ganha enorme relevo o fato de Juan Francisco Manzano (1797-1854), afro-cubano, escravizado e escritor, ter produzido uma peça autobiográfica – que hoje entendemos ser parte das chamadas "escritas de si"[1] –, por meio da qual procurou inscrever na história o seu nome e os sofrimentos do seu grupo. Manzano trilhou uma dura jornada visando à aquisição da leitura e da escrita, que não eram instrumentos facilmente acessados pelos escravizados. Nesse sentido, mesmo que não concordemos com a noção de "excepcionalidade" em história – pois todos os personagens estão "no tempo" e não "à frente dele" –, pode-se dizer que produziu algo extremamente incomum aos integrantes de seu grupo social, pois, até hoje, trata-se do único exemplo conhecido, na América hispânica, da autobiografia de um escravizado.[2]

Manzano viveu entre Havana e Matanzas, na região ocidental da ilha. Provinha de uma família de escravizados domésticos das terras da Marquesa de Santa Anna. A mãe tinha sido criada de estimação de sua ama. Isso garantia ao menino um *status* que o diferenciava de um escravizado da plantação. Após o falecimento de sua senhora, no entanto, foi adquirido pela Marquesa de Prado Ameno e passou a sofrer uma infinidade de maus-tratos.

A autobiografia narra as primeiras duas décadas de vida de Manzano, perpassando as diferentes situações de cativeiro, bem como diversas atividades de trabalho, até o momento de sua fuga, aos 20 anos. A narração se concentra no relato sobre formas de aprendizado da leitura e da escrita. Além desse traço marcante, o texto também é atravessado pela narração dos maus-tratos sofridos, procurando deixar o leitor sensibilizado com sua situação. Relata que foi submetido à separação de sua família e narra os fortes castigos que sofreu entre os 13 e 14 anos.

O texto foi escrito em 1835, como uma encomenda feita pelo advogado e periodista Domingo del Monte (1804-1853), que era envolvido com o abolicionismo. O círculo delmontino colaborou para a alforria de Manzano, alcançada em 1836. A autobiografia foi então enviada por Del Monte ao abolicionista inglês Richard Robert Madden, que estava em Havana, em 1837, comissionado para vigiar o cumprimento de acordos hispano-britânicos de suspensão do tráfico.[3] Por intermédio de Madden, o livro foi publicado em Londres, em 1840, sob o título *History of the early life of the negro poet* (*A autobiografia do poeta-escravo*).[4] Em 1840, Manzano trabalhou por pouco tempo como cozinheiro na casa de Domingo del Monte, mas saiu daí depois de ganhar na loteria (quantia que não devia ser de grande monta, pois há notícia de que teve que trabalhar para viver e de que morreu na pobreza). Em 1844, foi acusado de ter participado da chamada *Conspiración de la Escalera* – que será comentada adiante. Tratava-se da articulação de uma insurreição de grandes proporções. Ficou preso um ano e saiu da cadeia com vida, mas pós o episódio, nunca mais publicou, passando a dedicar-se ao ofício de padeiro. Morreu dez anos depois, na pobreza, aos 57 anos de idade. Somente em 1937 sua autobiografia seria publicada em espanhol, em Cuba.

Por sua afixação à produção letrada e pelos contatos todos que estabeleceu em momento de intensa circulação de ideias abolicionistas, Manzano conseguiu escrever sobre si, sobre os seus logros e pesares, garantindo a divulgação das formas de opressão, mas também dos sonhos de pessoas como ele, cujas trajetórias são normalmente esquecidas.

Palavras que libertam

GERTRUDIS GÓMEZ DE AVELLANEDA: UMA ESCRITORA ENTRE DOIS MUNDOS

O romance *Sab*, de Gertrudis Gómez de Avellaneda (1814-1873), é outra obra de crítica à escravidão que foi escrita contemporaneamente à *Autobiografia*, de Manzano. Ela provavelmente começou a ser escrita no momento em que a autora partiu de Cuba para a Espanha com a família, em 1836, tendo sido publicada em Madri no ano de 1841.[5]

Dois fatos são lembrados como marcantes na decisão da mudança da autora para a Espanha. Muito cedo sua família quis casá-la com um parente distante, que era, segundo sua própria descrição, "o solteiro mais rico de Porto Príncipe" (atual Camagüey), sua cidade natal. Às vésperas do casamento, contra as pressões familiares, ela negou-se a contrair essa união, o que acarretou, para sua mãe e para ela, a perda da herança de seu avô materno. Por outro lado, ao referir-se à viagem à Espanha, a autora também fala do temor de seu falecido pai em relação a uma possível revolta de escravizados, nas proporções da que ocorrera no Haiti, décadas antes.[6] Essas informações ajudam a conhecer a autora e seu grupo social: tratava-se de uma mulher branca e da elite, cuja família, por ter posses e escravizados, temia uma grande revolta social. O fato de ter rechaçado um casamento de conveniência revela também que ela não gostava de se sujeitar às convenções sociais.

Foi já na própria metrópole que seu romance veio a público. Em 1844, ele foi proibido de entrar em Cuba pelo Censor Régio da Imprensa, o Licenciado Hilario de Cisneros Saco, que declarava conter a obra "as primeiras doutrinas subversivas do sistema de escravidão desta ilha, e contrárias à moral e bons costumes". A primeira edição cubana veio à luz somente em 1883, nas páginas da revista *El Museo*, de Havana.[7]

O romance trata da história do escravizado Sab, apaixonado pela jovem Carlota, sua senhora. Ele era filho de uma princesa congolesa transportada para Cuba como escrava e de um tio de Carlota. Era, portanto, mulato. Muito pequeno ficou órfão de mãe. O protagonista desconhece, ao longo de todo o romance, a identidade do pai que, antes de morrer, delegou a criança de 3 anos aos cuidados de seu irmão, dom Carlos, pai de Carlota. Este senhor de engenho logo transferiu a escritura de Sab para sua filha, que passou, portanto, a ser sua senhora. Ele se tornou capataz da propriedade de dom Carlos e cresceu ao lado de Carlota – seis anos mais nova do que ele. Foi ela quem o ensinou a ler e a escrever. A jovem, que desconhece o amor que o escravizado nutria por ela, era, por sua vez, apaixonada por Enrique Otway, filho de um comerciante inglês endividado e protestante. Enrique vê no amor de Carlota apenas a possibilidade de um casamento de interesses, razão da futura infelicidade do matrimônio. Ainda que Sab conheça os verdadeiros interesses de Otway, não os denunciou à sua amada para não lhe causar dor. Além disso, também omitiu o seu amor. Por não ser Otway de família tradicional, os parentes de Carlota negam a ela herança materna – dado certamente inspirado na trajetória biográfica da própria autora. Diante disso, os interesses do estrangeiro pela jovem diminuem, mas o casamento é salvo por Sab, que, tendo ganhado vultosa quantia na loteria, fez uma silenciosa troca de bilhetes, deixando para Carlota todo o seu prêmio. Apesar de Sab desprezar Otway, salvou-o em mais uma ocasião. Ao final, antes de morrer de infelicidade por não ser correspondido em seu amor, Sab deixa para Teresa, prima e agregada da casa de Carlota, uma carta na qual conta as reais intenções de Otway e declara seu amor por sua senhora. Após escrever a carta, o escravo morre, no mesmo instante em que se celebra o matrimônio de sua amada com o outro homem. Carlota só tomará conhecimento da carta e de seu conteúdo cinco anos depois.

Sab não é propriamente um escravizado revoltado. Uma certa moderação pode ser atribuída ao próprio lugar de enunciação da autora: uma mulher da alta sociedade cubana. No entanto, não se pode dizer que não haja críticas ferozes ao sistema escravista no romance. Inclusive, no que diz respeito às revoltas – ponto mais extremo das tensões existentes na história da escravidão –, o texto não omite uma adesão do protagonista. Sab chega a pensar em raptar Carlota e armar contra os opressores.[8] Ou seja, o herói é sensível ao problema dos negros. Isso não estava desconectado da realidade vivida no contexto em que o livro foi escrito. Como se mostrará adiante, as primeiras décadas do século XIX foram marcadas tanto pela violenta exploração da mão de obra escrava, quanto pela resistência dos escravizados.

RESISTÊNCIA À ESCRAVIDÃO

Este tema é extremamente extenso e não cabe aqui explorá-lo em toda a sua amplitude, mas podemos afirmar que, no Caribe, a resistência à escravidão é quase contemporânea à sua implementação, havendo

Palavras que libertam

registros de revoltas de escravizados já na primeira metade do século XVI. Durante o período colonial, a mais expressiva das insurreições ocorreu em fins do século XVIII, na colônia francesa de São Domingos. Ela teve início em 1791 e levou à independência da ilha, em 1804, quando foi rebatizada com o nome de Haiti. A expulsão de senhores brancos pelos escravizados fez com que algumas famílias escravocratas migrassem para Cuba, dificultando o desenvolvimento de processos que resultassem na extinção da escravidão e da colonização. O "haitianismo" disseminou o medo entre a aristocracia cubana, colaborando para a manutenção do sistema. Mas, como analisa Ada Ferrer, não foi só pelo terror que a influência haitiana se desenvolveu em Cuba. Sendo impossível se reprimir totalmente o trânsito das notícias sobre a revolução haitiana, ela acabou acompanhada por todos os setores sociais, inclusive entre os escravizados, para os quais o processo pode ter servido como uma fonte de inspiração.[9] A insurreição de São Domingos (Haiti) foi favorecida pela circulação do pensamento ilustrado, tendo, por isso, sido designada de "jacobinismo negro" por C. L. R. James, em seu clássico *Os jacobinos negros: Toussaint L'Ouverture e a revolução de São Domingos* (1938), no qual mostra as ligações dos rebelados com as ideias da Revolução Francesa, praticamente contemporânea aos acontecimentos na colônia. Mas trabalhos historiográficos mais recentes ressaltam também, ao lado das referências ilustradas, a presença das tradições quilombolas dos cativos no desenlace dos conflitos, bem como a importância religiosa e o uso de cerimônias vodus, o que teria ajudado a incitar os líderes escravizados a lutar pela liberdade.[10]

Outro movimento que absorveu as referências ilustradas europeias, aliando a luta contra a escravidão aos anseios de independência de Cuba, ocorreu em 1812, sendo liderado por José Antonio Aponte, negro liberto que vivia do ofício de carpinteiro. Houve destruição de propriedades e morte de senhores brancos. Foram espalhados panfletos divulgando declaração de independência da ilha. Uma vez descoberta, a repressão foi imediata, com a morte e prisão dos envolvidos. Aponte foi condenado à morte, decapitado e sua cabeça exposta em praça pública, em Havana, como medida de exemplaridade. De acordo com Rafael Marquese e Tâmis Parron, a conspiração de Aponte envolveu cruzamentos com a política espanhola, naquele momento imersa na reforma liberal que levaria à promulgação da Constituição de Cádiz, no mesmo ano de 1812. As discussões das Cortes de Cádiz sobre a escravidão negra e os direitos de cidadania das castas no Novo Mundo ecoaram de forma distorcida entre os escravizados. Para eles, a Espanha teria definido a libertação, sendo que seus senhores se recusavam a cumprir a normativa. Por instigarem as aspirações dos escravizados em prol da liberdade, representantes de Havana nas Cortes trataram de silenciar o debate sobre a escravidão e o tráfico.[11]

Ainda de acordo com Marquese e Parron, um endurecimento do controle dos escravizados e da censura foi notado a partir do acirramento dos conflitos ente os anos 1820 e meados da década de 1840. Uma incrível repressão foi se armando contra os escravizados. Ela estava fortemente embasada num esquema que atrelava as autoridades metropolitanas à aristocracia cubana. Em 1825, Madri atendeu aos pedidos dos senhores cubanos, concedendo ao capitão-geral da ilha faculdades extraordinárias (ou faculdades onímodas) para conservar, no plano político, a dependência e, no social, a tranquilidade pública. O capitão-geral podia degredar pessoas, sob a menor suspeita, sem necessidade de inquérito ou processo, além de suspender ordens e providências legais da metrópole. Intensificando esse controle, ainda em 1825, o governador da província de Matanzas estabeleceu um *Reglamento de Esclavos*, para a maior segurança dos senhores. Esse dispositivo proibia a entrada de negros livres para vender gêneros aos escravos, vetava o pernoite de estranhos nos alojamentos, obrigava o fechamento do portão das *plantations* às 21h, limitava a circulação dos cativos na propriedade e intensificava a vigilância sobre eles.[12]

Ainda assim, as rebeliões persistiram. Não só as mais orquestradas, como a de Aponte, tiveram lugar. Na década de 1830, houve casos tanto de rebeliões que correspondiam a um movimento mais "efêmero" – como analisado por Lienhard, no estudo de caso do cozinheiro Pomuceno, um escravizado de perfil melancólico, cuja punição moveu uma "revolta espontânea" de seus companheiros – quanto de movimentos que envolveram escravizados recém-chegados da África (*bozales*), que não falavam o espanhol e usavam símbolos da cultura de origem na preparação ritual dos alçamentos.[13]

Palavras que libertam

Foi justamente em meados dos anos 1830 que Gómez de Avellaneda e Manzano escreveram suas obras. Isso se deu, portanto, em meio a esse clima de intensas revoltas por parte dos escravizados. Quando seus livros estavam sendo publicados, no início da década de 1840, os movimentos ganhavam caráter explosivo. De acordo com Gabino Rosa Corzo, em 1841, 50 escravizados se sublevaram em plena Havana. No primeiro semestre de 1843, centenas se ergueram contra seus senhores, em diferentes engenhos e cafezais, tendo se unido à insurreição os que trabalhavam em obras de estradas de ferro. Soldados foram acionados para a repressão, mas alguns escravizados conseguiram fugir para os quilombos. "Fogo, morte e liberdade" era o lema adotado nas invasões às plantações. Em 1844, circulou a informação de que uma grande insurreição era programada para a Páscoa daquele ano. A notícia teria sido dada pela escravizada Polonia, em troca de sua carta de liberdade e 500 pesos. Autoridades e fazendeiros temiam uma nova Haiti. O capitão-geral da ilha, Leopoldo O'Donnell, iniciou investigações, adotando um método nada amigável: amarrar os suspeitos a uma escada e açoitá-los até que confessassem ou perecessem. Por isso, o evento ficou conhecido como *Conspiración de La Escalera*, embora Gabino La Rosa Corzo prefira chamá-la de *Represión de la Escalera*. Para esse autor, a repressão foi de tal envergadura que o governo metropolitano e a sacarocracia conseguiram frear as rebeliões. A repressão também se voltou contra os homens livres que vinham se envolvendo nos movimentos insurrecionais, o que era temido pela elite branca. Juan Francisco Manzano esteve preso por um ano e Domingo del Monte teve que se exilar de Cuba. Outros escritores cubanos, antiescravistas, sofreram perseguições. O administrador de Correios Félix Tanco, autor do romance abolicionista *Petrona y Rosalía*, foi aprisionado nos calabouços de um castelo. O poeta mulato Gabriel de la Concepción Valdés (apelidado Plácido) foi fuzilado em 1844, aos 35 anos de idade, sem que houvesse evidências de seu envolvimento.[14]

A abolição em Cuba tardaria a acontecer. Ela se concretizou somente em 1886, depois de determinações governamentais que apenas apaziguavam as opressões, tais como a Lei Moret, de 1870, que englobava a liberdade de ventre e a dos sexagenários, e a Lei do Patronato, de 1880, que previa a extinção gradual da escravidão até 1888 e que, apesar de obrigar o pagamento de ínfimos salários aos maiores de 18 anos, não quebrava os graus de dependência dos "patronos" em relação aos "patrocinados". De acordo com Rebecca Scott, não se deve interpretar a Lei do Patronato como um benefício concedido por Madri ou pela sacarocracia cubana. Propondo uma leitura que valoriza a agência dos escravizados, a autora assinala que, mediante a promulgação da lei, eles acorreram à justiça para solicitarem sua libertação, pressionando o governo a eliminar o patronato dois anos antes do previsto.[15]

O POTENCIAL CRÍTICO DAS OBRAS DE MANZANO E GÓMEZ DE AVELLANEDA

Por mais que o processo de libertação tenha tardado a ocorrer, não se pode negligenciar o papel histórico de diferentes ações combativas à escravidão. Apresentamos diversos tipos de revoltas que ocorreram no mesmo momento em que as obras de Manzano e Gómez de Avellaneda eram escritas. Isso não quer dizer que a análise da obra literária deva buscar correspondências imediatas da ficção na realidade. A perspectiva aqui é de considerar texto e contexto como instâncias interligadas e não passíveis de hierarquização.[16] As próprias obras são pensadas como uma forma de resistência, produzida nesse momento de intensos conflitos.

Os textos em questão carregam um forte potencial crítico à escravidão, ainda que em ambos possamos observar também negociações, mais ou menos sutis, com os poderes instituídos. Há neles uma forte crença de que as palavras poderiam plantar uma semente, abrindo uma fenda no regime de opressões (racial e de gênero), dando vazão a sonhos que não podiam ser realizados no momento em que seus autores viveram. É esse potencial crítico o nosso objeto de interesse.

A *Autobiografia do poeta-escravo* é um texto provocativo e, mesmo tendo sido escrito há tanto tempo, consegue deixar, ainda hoje, o leitor envolvido e indignado. Há nele uma lógica narrativa marcada por dois eixos. O primeiro deles é a expressão do desejo de letramento. Nota-se a dificuldade do autor, ao longo de sua trajetória, para dominar as ferramentas da leitura e da escrita, bem como todo o sacrifício para alcançá-las. Conta que a memória era sua principal ferramenta quando ainda não dominava a escrita: repetia o catecismo, compunha versos e

Palavras que libertam

os replicava, sempre de cor. Não possuía conhecimentos elementares, como cortar a pena, e não tinha materiais fundamentais para um aspirante a pessoa letrada, como papel, sendo obrigado a pegar os restos desprezados por seus senhores. Também usava tocos de vela para passar a noite tentando aprender, já que tinha que fazer isso às escondidas. Como a atividade intelectual era reprimida entre os cativos, estava proibido, sob ameaça de apanhar, de recitar a outros escravizados os versos que compunha. A autobiografia, no entanto, é uma peça interessante para observarmos como, a despeito de toda a privação de um conhecimento formal da escrita e da leitura, o saber letrado permeava a vida de Manzano. Filósofos franceses, como Rousseau e Voltaire, eram citados por ele, assim como a Constituição de Cádiz de 1812.

O segundo eixo da narrativa é composto por uma espécie de compilação de sofrimentos vividos por ele, o que é anunciado pelo próprio Manzano:

> Se fosse fazer um resumo exato da história da minha vida, seria uma repetição de acontecimentos todos semelhantes entre si, pois, desde a minha idade de treze ou catorze anos, minha vida tem sido um conseguimento de penitências, prisões, açoites e aflições.[17]

Poderíamos dizer que esta é a "leitura de si" que procura deixar para a posteridade.

Um de seus objetivos é, então, narrar os castigos a que era submetido em qualquer situação banal, mas considerada como delito por seus senhores. Numa ocasião, por ter tomado banho quando sua senhora não considerou conveniente, foi publicamente humilhado, tendo sua cabeça raspada e sendo obrigado a ficar com os pés descalços, e, o pior, na frente de uma – palavras suas – "mulatinha" de sua idade, por quem nutriu, pela primeira vez, um amor angelical.[18] Em outros momentos foi injustamente acusado de roubar dinheiro e víveres, tendo também sido penalizado por isso. Foi submetido ao isolamento, trancado em uma espécie de solitária fétida, foi obrigado a conviver com os ratos. Conta que levava açoites e era castigado duas ou três vezes por semana, tendo sempre o seu nariz quebrado. Por ter sido privado de comer por tanto tempo, desenvolveu hábito de glutão, devorando a comida sempre que podia. Viu sua mãe levar chicotadas e, tendo se insurgido contra os castigos, apanhou junto com ela, passando, depois, dias num calabouço sem poder comer. Como um criado doméstico, ficava à disposição da senhora para tudo o que ela precisasse, chegando a ser tratado como um cachorrinho fiel ao seu dono.[19] Por todos esses sofrimentos, diz ter se tornado uma pessoa taciturna e melancólica.

Na narração, o protagonista por vezes tem caráter mais dócil, colocando-se na defensiva, enquanto os brancos, que o vigiam e o castigam, estão no controle do processo. Por essa razão, alguns críticos apontam uma certa complacência com relação ao sistema.[20] Acreditamos, no entanto, que não há como negar a ferrenha condenação ao sistema escravista no interior dessa obra. Por meio de suas descrições críticas à escravidão, procura criar uma empatia com o leitor levando-o a solidarizar-se com o narrador. Concordamos com a reflexão de José Gomariz, segundo a qual, apesar da presença de algum sinal do discurso dominante na autobiografia, a resistência se impõe quando narra as opressões no espaço doméstico e na plantação, nos enfrentamentos físicos, levando a cabo a defesa do subalterno. Os atos de escrever e de fugir significam uma dupla tomada de consciência. Para Gomariz, a narração merece o título de antiescravista, pois o poeta narra sua saga, como mostramos, justamente quando ocorriam intensas rebeliões e quando qualquer divergência com as autoridades coloniais poderia levar a cárcere, exílio ou morte.[21]

Se na autobiografia de Manzano encontramos alguma negociação com as visões normativas da sociedade branca e aristocrática, isso está ainda mais presente no romance *Sab,* de Gertrudis Gómez de Avellaneda. Não podemos nos esquecer que ela era uma mulher de elite e que sua família era proprietária de escravos. Assim, muito possivelmente para se prevenir a retaliações por escrever e publicar sobre um tema político como o da escravidão, precisou lançar mão de uma série de estratégias. Seu romance é permeado por uma retórica de autodesqualificação, bastante comum entre as mulheres escritoras do século XIX.[22] Mesmo tendo escrito um texto em muitos aspectos críticos à escravidão, afirmou que aquela era uma pequena obra sem pretensões, nunca tendo pensado em dá-la ao público leitor. Também tentou se proteger informando que publicou certo tempo depois de tê-lo escrito e que possíveis arroubos poderiam ser atribuídos aos sentimentos "exagerados, mas generosos da primeira juventude".[23] Nessa mesma linha, poderíamos pensar que cria um personagem escravizado altamente altruísta. Para lembrar um exemplo, já comentado, Sab dá o seu prêmio da loteria ao adversário Enrique Otway, permitindo que este se case com Carlota. Além disso, salva Enrique após um acidente, quando poderia tê-lo abandonado à própria sorte.

Uma série de princípios morais afetados pelas normativas de gênero subjaz às condutas dos personagens dos romances. Ao mesmo tempo, o texto carrega um viés crítico inegável, que aqui também se apoia em dois pontos. O primeiro é o teor de denúncia da escravidão em Cuba. Há passagens de narrações que flagram o cotidiano dos escravizados e mostram as péssimas condições de vida e de trabalho às quais estavam submetidos. Em uma dessas passagens, o protagonista, Sab, descreve a vida do escravizado na lavoura de cana-de-açúcar. Trabalha durante extensas jornadas, carregando peso, debaixo do sol tórrido dos trópicos. Dorme poucas horas e ganha uma mínima porção de ração para se alimentar.[24] As condenações se encontram presentes também num momento em que, no romance, Sab associa a sua condição de escravo à de um animal. Olha para um cavalo e o compara com o escravo. Fala da mansidão daquele que carrega o peso de sua carga, pois nasceu destinado a servir e sofrer com resignação.[25] A autora também aproveitou seu romance para se posicionar de forma ácida em relação aos mercadores de escravos, chamando-os de "traficantes de carne humana". Ademais, condena o fato de o escravizado não conseguir fazer repercutir sua voz e seu pensamento.

Gómez de Avellaneda quer transmitir um sentimento de indignação em relação à condenação do escravizado ao cativeiro. A autora não defende que essa condenação à inferioridade era determinada pela natureza. Em sua visão, as diferenças entre brancos e negros eram decretadas pela sociedade. Nas palavras de Sab, aos olhos de Deus todos os indivíduos eram iguais, sendo as diferenças sociais criadas pelos homens. Junto a essa afirmação, há uma ferrenha crítica à Igreja Católica, por serem seus representantes incapazes de processar essa mensagem, já que comungavam com a ideia de que os escravizados deviam sempre "obedecer e calar, servir com humildade e resignação a seus legítimos donos e não julgá-los nunca".[26]

Esses ataques aos poderes instituídos e aos seus sistemas, da escravidão à Igreja Católica, mostram uma inconformidade com as regras do mundo em que a autora vivia e uma projeção de mudança. Sab é literalmente descrito como um pária. Sua identidade é dada pela negação. Mulato – nem negro, nem branco – e escravizado, era alguém sem pátria e sem direitos, sem lugar no mundo.[27] Pode-se dizer que Gómez de Avellaneda também devia se sentir um tanto quanto pária, pois tratava-se de uma mulher que não correspondia às normativas estabelecidas no momento. A imagem de pária, aliás, não era incomum nesse contexto e tinha sido usada naquele que se tornou um célebre relato de viagens do século XIX, o *Peregrinações de uma pária*, da francesa Flora Tristán, publicado em Paris, em 1838, isto é, no mesmo momento em que Gómez de Avellaneda escrevia seu romance. Assim como Tristán, que pregava contra os tradicionalismos que afetavam a vida das mulheres e dos trabalhadores subalternos, Gómez de Avellaneda procurava, com suas críticas, abrir espaços para a construção de um mundo para esses personagens que não tinham um lugar.

Ser escritora e defender uma maior emancipação das mulheres era algo possível, mas não esperado para as mulheres de sua condição. Este é o segundo ponto marcante de *Sab*, que pretendemos abordar aqui: a desaprovação dos códigos da sociedade tradicional em que vivia, no que diz respeito à opressão das mulheres. Cabe dizer que, embora a autora fosse branca e da elite, projetou cruzamentos identitários de gênero e de etnicidade, ao aproximar a figura da mulher branca e do escravizado, por compartilharem o fato de serem, ambos, desprovidos de liberdade.

Em diferentes momentos de seu romance, nota-se uma associação – velada ou mais direta – entre o escravizado e a mulher. Ambos se encontravam privados de autonomia e de direitos próprios. Em uma passagem do texto, Gómez de Avellaneda reflete sobre a temática da liberdade por meio de uma metáfora. Descreve Carlota divagando em seu jardim, que havia sido construído por Sab, quando é despertada por uma borboleta branca. Esta é impulsivamente capturada pela jovem senhora que, depois de certo regozijo, acaba por libertar o inseto.[28] Essa cena é seguida por outra, em que um grupo de escravizados passa perto da senhora, caminhando em direção aos seus locais de trabalho. A jovem senhora se compadece da situação desses personagens, ao mesmo tempo em que afirma a intenção de conferir a liberdade a eles.[29] Ainda que de forma velada, há uma crítica com duplo sentido nessas passagens: a autora trata da falta de liberdade dos escravizados, tolhidos do direito de escolha, mas também trata dos constrangimentos que pesam sobre as mulheres, mesmo as brancas. O inseto que instiga Carlota com seu "provocante voo" e que resiste em ser aprisionado é uma borboleta branca. A menção à cor do inseto parece sugerir a condição da mulher branca, se não a da própria autora, que vive a tensão entre prisão e liberdade, casamento e carreira literária, vida doméstica e projeção pública. Em outros momentos, essa aproximação entre o escravizado e a mulher se dá de forma mais direta, como no final do livro, quando, por meio de uma carta assinada por Sab, visualizamos a equiparação inequívoca da mulher e do escravizado:

> Oh, as mulheres! Pobres e cegas vítimas! Como os escravos, elas arrastam pacientemente sua cadeia e abaixam a cabeça sob o jugo das leis humanas. Sem outro guia que seu coração ignorante e crédulo, elegem um dono para a vida. O escravo, ao menos, pode mudar de amo, pode esperar que juntando ouro comprará algum dia a sua liberdade, mas a mulher, quando levanta suas mãos enfraquecidas e sua fronte ultrajada para pedir liberdade, ouve o monstro de voz sepulcral que grita da tumba. É a voz dos fortes que diz aos débeis: obediência, humildade, resignação...[30]

A autora embaralha, confunde, questiona, transgride as representações dominantes. Ao criar seu personagem paradoxal – escravo e capataz, subordinado e revolto, nem branco nem negro –, desestabiliza tanto as representações metropolitanas e etnocêntricas quanto o discurso masculino. Há, por trás disso tudo, um sonho de um mundo diferente. "Sim, o sol da justiça não está longe" é a frase de Sab, estampada por Gómez de Avellaneda, na carta que encerra o romance.[31]

CONCLUSÕES

Ao contrário de Manzano, Gómez de Avellaneda foi incorporada ao cânone da literatura romântica tanto na Espanha quanto na ilha. Sua produção, portanto, é bastante estudada, sendo *Sab* um dos principais focos das análises. No ensaio de Doris Sommer, que tem o sugestivo título de "Sab c'est moi", a autora ressalta que a identificação entre a trajetória de Gómez de Avellaneda e seu personagem passa pelo compartilhamento por ambos do exercício da escrita com o fito de transgredir uma determinada ordem e construir algo novo e diferente.[32] De fato, nas leituras que a própria Gertrudis fez sobre si em escritos autobiográficos, o "talento" para a leitura e a escrita fazia dela "um ser diferente".[33] É como se o exercício literário fizesse parte de sua própria essência. Não é desprezível que ela forjasse um escravizado-autor em seu romance, ainda que essa leitura não deva implicar qualquer análise simplista de paralelismos entre autor/realidade-personagem/ficção.

A prática de se escrever romances sobre escravizados não era uma novidade quando da publicação de *Sab*. Mary Cruz sugere que *Bug-Jargal*, primeiro romance de Victor Hugo, publicado em 1826 e que havia circulado em Cuba em 1836, quando Gómez de Avellaneda provavelmente começou a escrever o seu texto, foi antecessor direto de *Sab*.[34] Doris Sommer também assinala que *Sab*, com as devidas particularidades e inovações, segue numa linha de romancistas europeus que fizeram dos escravizados protagonistas de suas obras, como a escritora Aphra Behn, autora *Orinoco, ou o escravo real* (1688), e o já citado *Bug-Jargal*, de Victor Hugo.[35] Sem querermos negar tais correntes de inspiração, mas procurando acrescentar uma possibilidade ao rol de interpretações sobre os saberes circulantes no universo de construção dessas obras, não nos parece menosprezável o fato de que a autobiografia de Manzano tenha sido escrita e publicada quase que contemporaneamente à obra de Gómez de Avellaneda. Se é inegável que o escravizado letrado criado por ela nos remete a suas próprias frustrações, enquanto mulher aspirante ao mundo das letras, a criação de um personagem com essas características não era algo inverossímil. A existência do "poeta-escravo" Juan Francisco Manzano assim o comprova.

A Manzano, como a Gómez de Avellaneda (e, no plano da ficção, a Sab), estava supostamente vetado, em princípio, o exercício da leitura e da escrita. *Sab* e *A Autobiografia do poeta-escravo* foram escritos praticamente ao mesmo tempo e publicados fora de Cuba quase que contemporaneamente. Não podemos afirmar com todas as letras que Gómez de

Avellaneda leu ou ouviu falar de Manzano, mas não podemos ignorar os sincronismos. Mais importante, talvez, do que a incrível coincidência de Manzano e Sab terem ganhado na loteria é o fato do poeta-escravo e da poetisa terem lutado para fazer da leitura e da escrita seu *métier* e um meio que pudesse transportá-los a outro patamar. Obviamente, o desfecho dessa história foi mais promissor para ela – uma mulher branca que, ao fim, entrou para os cânones da literatura hispânica –, do que para ele, um negro recém-liberto que acabou morrendo pobre, perseguido e impedido de escrever. A despeito dos desfechos da vida de cada um, ambos desafiaram o destino, buscando um lugar diferente daquele estreito círculo que a sociedade lhes havia reservado. Com as palavras, os dois lutaram contra a escravidão, e Gómez de Avellaneda também se posicionou contra os constrangimentos que pesavam sobre as mulheres, que, como ela, não queriam se limitar a cozinhar, lavar, passar e costurar. A utopia de liberdade era inspiradora das projeções de novos mundos. As palavras eram lançadas ao ar, sem qualquer comprovação de que suas mensagens seriam ouvidas ou seguidas, ou de que seus desejos seriam realizados. Mesmo assim, ousaram, corajosamente, sonhar e agir, usando suas próprias armas, buscando abrir fendas em terrenos almejados e desconhecidos.

Notas

[1] Conforme perspectiva contemporânea, as autobiografias não devem ser analisadas buscando-se uma verdade a respeito da vida do indivíduo, nem se deve procurar detectar mentiras ou equívocos. Cabe, antes, tentar apreender "o que o autor diz que viu, sentiu e experimentou, retrospectivamente, em relação a um acontecimento". Ângela de Castro Gomes (org.), *Escrita de si, escrita da história*, Rio de Janeiro, Editora FGV, 2004. p. 15.

[2] Há um número relativamente grande de autobiografias de escravizados produzidas nos Estados Unidos durante o século XIX. Uma das mais conhecidas é a de Solomon Northup, *Twelve Years a Slave*, de 1853. Também há autobiografias de mulheres escravizadas, como a de Harriet Jacobs, *Incidents in the Life of a Slave Girl*, de 1863. No Brasil, há o caso de Mahommah G. Baquaqua, mas este nasceu na África, sendo escravizado no Brasil e se dirigido ao Canadá, onde publicou seu texto, *An interesting narrative, biography of Mahommah G. Baquaqua*, em 1854. Sobre o tema, ver: Rafael Domingos Oliveira da Silva, *Escrita de si, escrita de liberdade: autobiografias e memórias da escravidão negra na diáspora atlântica (1770-1890)*, dissertação de Mestrado, Departamento de História, Unifesp, 2016.

[3] José Gomariz, "El poeta esclavo: La *autobiografía* de Juan Francisco Manzano", em *Colonialismo e independencia cultural: La narración del artista e intelectual hispanoamericano del siglo XIX*, Madrid, Verbum, 2005.

[4] Edição utilizada: Juan Francisco Manzano, *A autobiografia do poeta-escravo*, São Paulo, Hedra, 2015.

[5] Edição aqui utilizada: Gertrudis Gómez de Avellaneda, *Sab*, La Habana, Editorial Arte y Cultura, 1976.

[6] Gertrudis Gómez de Avellaneda. *Autobiografia y cartas (hasta ahora inéditas) de la ilustre poetisa Gertrudis Gómez de Avellaneda*, Madrid, Imprenta Helenica, 1914. Tais informações estão entre as páginas 40 e 60 da autobiografia.

[7] Mary Cruz, "Prólogo", em Gertrudis Gómez de Avellaneda, *Sab*, op. cit., p. 52 e 56.

[8] Gertrudis Gómez de Avellaneda, *Sab*, op. cit., p. 75.

[9] Ada Ferrer, "Noticias de Haiti en Cuba", em *Revista de Indias*, Madrid, v. 63, n. 229, 2003.

[10] Carolyn Fick, "Para uma (re)definição de liberdade: a Revolução no Haiti e os paradigmas de Liberdade e Igualdade", em *Estudos Afro-Asiáticos*, v. 26, n. 2, maio-agosto 2004.

[11] Rafael Marquese e Tâmis Parron, "Revolta escrava e política da escravidão: Brasil e Cuba, 1791-1825", em *Revista de Indias*, Madrid, v. LXXI, n. 251, 2011.

[12] Idem.

[13] Martín Lienhard, *Disidentes, rebeldes, insurgentes: Resistencia indígena y negra en América Latina. Ensayos de historia testimonial,* Madrid, Iberoamericana; Frankfurt am Main, Vervuet, 2008.

[14] Gabino Rosa Corzo, "Matanzas, 1844: ¿Conspiración esclava o manipulación esclavista?", em *Revista Islas*, ano I, n. 3, 2006.

[15] Rebecca J. Scott, *Emancipação escrava em Cuba: a transição para o trabalho livre 1860-1899*, Rio de Janeiro, Paz e Terra, 1991.

[16] Lloyd S. Kramer, "Literatura, crítica e imaginação histórica: o desafio literário de Hayden White e Dominick LaCapra", em Lynn Hunt (org.), *A nova história cultural*, São Paulo, Martins Fontes, 2001, pp. 131-173.

[17] Juan Francisco Manzano, op. cit., p. 57.

[18] Idem, p. 83.

[19] Idem, p. 40.

[20] Martín Lienhard, op. cit., p. 27.

[21] José Gomariz, op. cit.

[22] Para o tema, ver Stella Maris Scatena Franco, *Peregrinas de outrora: viajantes latino-americanas no século XIX,* Florianópolis, Editora Mulheres/Santa Cruz do Sul, Edunisc, 2008.

[23] G. Gómez de Avellaneda, *Sab*, op. cit., p. 121.

[24] Idem, p. 129.

[25] Idem, p. 167.

[26] Idem, p. 115.

[27] Idem, p. 82.

[28] Idem, pp. 164-165.

[29] Idem, pp. 165-166.

[30] Idem, pp. 280-281.

[31] G. Gómez se Avellaneda, *Sab*, op. cit., p. 282.

[32] Doris Sommer, *Ficções de fundação: os romances nacionais da América Latina*, Belo Horizonte, Editora UFMG, 2004. p. 142.

[33] Sobre o tema, ver Stella Maris S. Franco, op. cit., cap. 3.

[34] Mary Cruz, "Prologo", em G. Gómez de Avellaneda, *Sab,* op. cit., pp. 44-46.

[35] Doris Sommer, op. cit., p. 150.

RESISTÊNCIAS INDÍGENAS, ZONAS AUTÔNOMAS E OS ESTADOS ARGENTINO E CHILENO

Gabriel Passetti

Cacique Valentín Saygüeque

Fonte: SOSA, Norma. *Mujeres indígenas de la Pampa y la Patagonia*. Buenos Aires: Emecé, 2001, p. 81.

A construção e a consolidação dos Estados latino-americanos no século XIX se deram através do contato e do conflito com os povos indígenas controladores das terras. Entre os países da região, dois deles não costumam ter associados às suas histórias os povos indígenas: a Argentina e o Chile.

Este capítulo tem como foco demonstrar como aqueles dois Estados ocuparam e dividiram uma região com intensa identidade indígena e como aqueles povos foram protagonistas de suas histórias. Ao longo da segunda metade do século XIX, grandes cacicados se formaram no que costumamos chamar de pampas, Patagônia e Araucania, e ali estabeleceram tensas e intensas relações com os Estados, conheceram e participaram da política e lutaram por suas autonomias e sobrevivências.

AS SOCIEDADES INDÍGENAS NOS PAMPAS E ARAUCANIA E A CONSTRUÇÃO DO WALL MAPU

Desde os tempos pré-coloniais, pessoas, produtos e ideias circulavam pelo sul da América, conectando a bacia do Prata, a região andina e a Patagônia. Caminhos indígenas, as chamadas *rastrilladas*, uniam diferentes povos e proporcionavam as mais amplas trocas e a mobilidade de grupos entre distintas regiões.[1]

Os estudos da Antropologia, da Arqueologia e da Etno-história indicam também intensa diversidade de povos e culturas na região, geralmente agrupados a partir de algumas características comuns.

Na Araucania, povos guerreiros de cultura mapuche resistiram aos avanços dos incas e depois dos espanhóis. Conseguiram garantir suas autonomias e soberanias e constituíram sociedades estruturadas em torno de poderosas chefaturas – os *longkos* –, habilidosas nas negociações internas e com os demais povos, em reuniões chamadas pelos espanhóis de *parlamentos*.[2]

Ao longo dos séculos, foram se intensificando os contatos e as migrações entre a Araucania e os pampas. Nessa região, alguns grupos – como os pampas e os quilmes – resistiram e foram combatidos pelos espanhóis, enquanto outros se mantiveram mais distantes das cidades e povoados que iam se estabelecendo, e ainda outros foram se miscigenando e se integrando aos sistemas produtivos coloniais.

Essas interações levaram a transformações nas próprias estruturas sociais, políticas e econômicas indígenas, com o fortalecimento de redes comerciais e de trocas entre os diferentes grupos dos pampas, da Araucania e as vilas e cidades dos dois lados da cordilheira. As relações de parentesco se expandiram, assim como as miscigenações, as trocas culturais e a disseminação do idioma mapuche – o mapugundum. Esta se tornou língua franca na imensa área que envolvia a Araucania, parte considerável dos pampas e a Patagônia: uma grande zona de trocas e interações, o Wall Mapu.

Regiões sob controle indígena e *criollo* no Wall Mapu

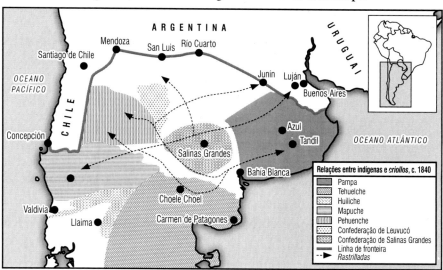

Fonte: JONES, Kristine. Warfare, Reorganization, and Readaptation at the Margins of Spanish Rule: The Southern Margin (1573-1882). In: SALOMON, Frank; SCHWARTZ, Stuart B. (ed.). *The Cambridge History of the Native Peoples of the Americas*, vol. III, part 2. Cambridge: Cambridge University Press, 1999. Adaptado.

Os indígenas passaram a incorporar a pecuária de animais de origem europeia e se tornaram importantes fornecedores, vendendo produção própria e animais conquistados em invasões de áreas dos *criollos* (como eram chamados os descendentes de espanhóis nascidos na América). O *weichán* (em idioma mapuche) ou *malón* (em espanhol), como essas invasões foram chamadas, passou a ter papel central para aquelas sociedades. Assim eram reafirmadas as relações sociais e suas estruturas e fortalecidas as estruturas políticas dentro dos diferentes grupos étnicos.

Diante de intensos e constantes ataques e pressões dos *criollos* e com a ampliação das redes comerciais, os cacicados foram se fortalecendo a partir da capacidade retórica, oratória, bélica e política.[3] As negociações com as autoridades civis e militares foram uma constante e exigiram cada vez mais o entendimento indígena das estruturas políticas ocidentais. Ocorreram adaptações e incorporações de práticas e a centralização política em grandes cacicados. Para os indígenas do Wall Mapu, diplomacia e *malón* eram complementares, assim como a política e a guerra eram para as sociedades de matriz europeia.

A conformação dessas relações tensas e intensas entre indígenas e *criollos* nessa imensa região sul da América foi marcada por negociações e conflitos, interações, comércio e guerra, violências e combates mútuos. Enquanto espanhóis e depois os Estados independentes pressionavam sistematicamente por terras e submissão, os caciques se organizavam e se militarizavam e respondiam a essas pressões, surgindo daí um sistema econômico pautado na guerra, nos ganhos e perdas de terras, no avanço e na perda de gado.

Já após as independências, estabeleceu-se na província de Buenos Aires, através da ação de seu controverso governador Juan Manuel de Rosas (no poder entre 1829 e 1832 e depois de 1835 a 1852),[4] um novo tipo de relação com os caciques. Após executar violentas campanhas militares, em 1833, ele procurou novos e antigos líderes indígenas e passou a negociar um outro tipo de tratado de paz, procurando garantir a ocupação dos territórios conquistados e bloquear novos *malones* através do fornecimento de gado e víveres diretamente aos indígenas, no que ficou conhecido como "negócio pacífico dos índios".[5]

A muitos caciques, isso pareceu interessante, já que o acordo era apenas com a província de Buenos Aires e, mesmo assim, de difícil controle, fornecendo, por outro lado, bens raros nos pampas, levando à consolidação de seus cacicados.

Talvez o mais importante novo aliado tenha sido um jovem e recém-chegado cacique oriundo do outro lado da cordilheira, agora estabelecido nas estratégicas "Salinas Grandes" (ao sul de Buenos Aires, na atual província de La Pampa), de nome Juan Calfucurá. A aliança entre o líder indígena e o *criollo* possibilitou a expansão do poder de ambos e estabeleceu vínculos estreitos entre os chamados *federalistas* argentinos e parte considerável dos caciques, criando consequentemente uma oposição entre estes e os *unitários* que se prolongaria até a década de 1880 e marcaria o tensionamento das relações a partir da queda de Rosas.

A migração daquele grupo indígena para os pampas demonstra a intensidade dos vínculos entre os grupos do Wall Mapu e também as próprias dinâmicas chilenas. O novo Estado que lá ia se constituindo era um dos principais mercados consumidores da carne oriunda dos pampas e também mantinha um distanciamento e isolamento da Araucania. Com relativa paz, não havia "negócio pacífico de índios" a ser proposto e também havia pressão demográfica que levava jovens caciques a quererem se transferir para o outro lado da cordilheira.

INTERAÇÕES, NEGOCIAÇÕES E CONFLITOS NAS ZONAS DE CONTATO

O ano de 1852 foi crucial para a transformação nas relações entre indígenas e *criollos* no Chile e na Argentina. No primeiro caso, o Estado elaborou uma renovação de sua estrutura administrativa e criou a província de Arauco onde antes era o território indígena autônomo. Ao fazê-lo, definiu autoridades *criollas*, pretendeu instalar vilas, cidades, militares e missionários e quebrar a autoridade dos caciques para ocupar suas terras.

Ao mesmo tempo, uma heterodoxa aliança entre as elites de Buenos Aires, de diferentes províncias e o Império brasileiro foi formada e, em campo de batalha, derrotou Juan Manuel de Rosas. Logo nova crise política se estabeleceu e houve um racha entre a província de Buenos Aires, que se proclamou independente (sem ter conseguido o reconhecimento internacional), e a Confederação Argentina, congregando todas as demais províncias, sob o comando de Justo José de Urquiza.

A década de 1850 foi, em todo o Wall Mapu, momento de transição, de participação ativa dos indígenas na política *criolla* como resposta a movimentos agressivos de expansão sobre suas terras. Tanto no Chile quanto na Argentina, houve cacicados que se mantiveram aliados aos governos, enquanto outros que se associaram a *criollos* que pareciam reconhecer suas autonomias e territórios.

A Confederação Argentina foi um desses grupos, reconhecendo-os como interlocutores políticos. Já os novos governantes de Buenos Aires partiram para uma política de oposição e enfrentamento, associando os caciques a Rosas. Enquanto isso, no Chile uma parcela considerável dos caciques se aproximou dos grupos regionais que faziam oposição ao centralismo do governo de Santiago e suas políticas agressivas de ocupação das terras da Araucania.

As alianças entre caciques e grupos *criollos* não pode ser entendida apenas como uma "manipulação". Naqueles tempos, havia alguns caciques alfabetizados e outros que contavam com secretários (indígenas ou mestiços) e tradutores para o estabelecimento e manutenção de comunicação sistemática com autoridades civis, militares e eclesiásticas. A análise dessa correspondência explicitou a articulação política dos cacicados, alianças assinadas, ações bélicas conjuntas e o reconhecimento, por parte dos *criollos* de autoridades e soberanias indígenas.[6]

Essas alianças não foram apenas conjunturais, mas, sim, refletiram intensa análise sobre alianças e inimigos comuns. Aos caciques, leitores dos jornais, ficou bastante claro que as novas elites de Buenos Aires e Santiago estavam interessadas na ocupação das terras e no fim de suas autonomias, recorrendo a uma dicotomia que foi muito forte à época e deu anteparo intelectual às políticas violentas: "civilização" ou "barbárie". Esse esquema binário atendia a interesses próprios daquelas elites liberais na supressão de outros grupos, do controle do campo e da expansão sobre as terras indígenas.[7]

De forma simultânea nos dois lados da cordilheira, o ano de 1859 ficou marcado por rebeliões e guerras em que os caciques tiveram participação ativa e consciente de suas opções. Enquanto no Chile parte considerável deles se associou ao general José María de la Cruz para tentar derrubar – sem sucesso – o governo centralista do presidente Montt, na Argentina a atuação conjunta dos caciques com Urquiza venceu as tropas de Buenos Aires. Esse sucesso, no entanto, não foi definitivo. Dois anos depois, novo enfrentamento levou à vitória derradeira dos unitários portenhos, materializada na unificação argentina e na eleição de seu primeiro presidente, o general Bartolomeu Mitre, em 1862.

As vitórias políticas e militares de Montt e de Mitre sobre alianças com ativa participação indígena deram força para aqueles que reafirmavam a oposição "civilização" e "barbárie" e que pretendiam ocupar pela força as terras indígenas. Esses grupos *criollos* dos dois lados da cordilheira tinham muito mais semelhanças do que diferenças: pensavam no Estado no molde liberal, o que incluía naquele momento a definição clara do território, a afirmação da soberania sobre quaisquer grupos que contestassem o monopólio do uso da força.

Para eles, a permanência de terras sob controle indígena era uma afronta e ameaça ao Estado. Em seu entendimento, a permanência de regiões em que o Estado não podia se fazer presente, ou então se fazia mediado e tutelado por caciques, era o símbolo do fracasso. Em seus discursos, era necessário combater esses indígenas, garantir a soberania do Estado e o acesso a terras a investidores e colonos europeus.

O contato tenso e intenso entre indígenas e *criollos* fez com que os caciques não apenas conhecessem e reconhecessem os projetos elaborados para combatê-los, mas também com que eles cada vez mais se apropriassem da retórica, dos discursos e vocabulários políticos ibero-americanos para o estabelecimento também de estratégias discursivas de defesa de suas soberanias que passassem pela política *criolla*.

A análise dos usos e entendimentos indígenas do vocabulário político ibero-americano utilizado nas cartas é importante índice para o entendimento que eles tinham de suas relações com os Estados e de como eles viam os poderes *criollos*.

Para eles, "Gobierno", por exemplo, era a autoridade momentânea com quem se negociava (visto que seus cacicados se mostravam muito mais longevos e estáveis do que sucessivos grupos que se alternavam no poder *criollo*). Da mesma forma, "República" não era indicada como uma forma de organização política, mas, sim, as terras sob o controle daquele grupo de *criollos* (a "República" da Argentina e a "República" do Chile). Nesse mesmo sentido, "Argentina" e "Chile" não estavam associados a um ou outro Estado, mas eram nomes dados às terras de um lado e de outro da cordilheira – inclusive às terras indígenas. Eles conheciam esses nomes desde os tempos coloniais. Para eles, "República Argentina" eram as terras controladas pelos *criollos* nos pampas, enquanto "República do Chile" eram as terras controladas pelos *criollos* a oeste da cordilheira.[8]

Podemos ver como, entre os caciques do Wall Mapu, havia um claro entendimento dos grupos *criollos* em disputa e como eles não identificavam o controle estatal sobre suas terras. A eles era corriqueiro informar sobre idas e vindas de "índios argentinos" ou "índios chilenos", sem isso significar a submissão a tal ou qual Estado, mas apenas uma procedência geográfica. Dessa forma, é possível verificarmos como, naquela segunda metade do século XIX, apesar de negociarem recorrentemente com os representantes dos Estados e conhecerem os planos de avanços sobre suas terras, os caciques permaneciam se referindo às terras indígenas como autônomas do poder *criollo*. Para eles, não deveria haver algum tipo de autoridade indígena superior a todos os demais (um Estado indígena), mas, sim, era preciso lutar e se unir para enfrentar o contínuo assédio sobre suas terras, poderes e riquezas.

TERRITÓRIO, SOBERANIA E RESISTÊNCIAS

No Chile e na Argentina, a década de 1860 foi marcada por conflitos internacionais e esforços para a reorganização do Estado. Enquanto a Espanha declarava guerra a Chile, Peru, Bolívia e Equador – na Guerra Hispano-Sul-americana de 1865-1866, a Argentina ingressava – com o Império brasileiro e o Uruguai – na Guerra da Tríplice Aliança contra o Paraguai (1865-1870, na cronologia argentina).

De uma forma geral, esses conflitos internacionais fizeram momentaneamente os Estados tirarem seus focos sobre as terras indígenas, mas também proporcionaram o equipamento, treinamento e crescimento dos exércitos que logo na sequência seriam mobilizados contra as soberanias dos cacicados.

O Estado chileno havia intensificado seu avanço militar sobre a Araucania no início da década, com uma estratégia denominada de transposição da fronteira, levando a área sob controle estatal do rio Bíobio para outro mais ao sul, o Malleco, e instalando ali uma série de fortes, cujo marco foi a refundação da vila de Angol (1862). O início das tensões com a Espanha suspendeu temporariamente as ações, mas em 1868 ocorreu o segundo avanço, novamente com muita resistência de parte considerável dos mapuches das terras mais altas, cujo símbolo foi o cacique Quilapán.

Na Argentina, a Guerra da Tríplice Aliança significou o deslocamento de parte considerável dos soldados dos fortes da "fronteira indígena" para o Paraguai. Os caciques logo perceberam a movimentação e passaram a pressionar por novos tratados, em melhores condições. No entanto, em 1867, o Congresso, inspirado pelas operações militares executadas na

Araucania, aprovou uma lei para a ocupação dos pampas após o encerramento do conflito internacional. Ao tomarem conhecimento, os grandes cacicados da região – em especial os de Salinas Grandes e de Leuvucó – superaram rivalidades e passaram a articular atuação conjunta não apenas para a defesa de seus territórios, mas inclusive para a expulsão dos *criollos*.

A análise dessa articulação é importante para entendermos o que os próprios indígenas concebiam como Wall Mapu. Para eles, apesar das muitas e históricas rivalidades entre os diferentes grupos regionais e dos dois lados da cordilheira, ficou muito claro que o território indígena era um só e sob ataques paralelos e que pareciam coordenados, provenientes dos Estados argentino e chileno.

Derrotados e enfraquecidos, parte dos caciques araucanos ingressou, em novembro de 1870, em uma inédita articulação indígena que reuniu guerreiros dos mais diversos grupos dos pampas e da Araucania em um ataque único e coordenado contra uma única região, a de Bahía Blanca, na província de Buenos Aires, já que os produtores e políticos daquela região eram os mais hostis aos indígenas.

Naquela oportunidade, a articulação, a mobilização e a escolha de um ponto específico e simbólico eram claros: uma vez que o Estado argentino havia declarado guerra e pretendia ocupar militarmente os pampas e que a situação já estava bastante desfavorável no Chile, os indígenas agora resistiriam unidos. O resultado foi materializado em correspondência do novo comandante militar do forte, enviado após o ataque. Para ele: "Sinto manifestar que aqui não encontrei absolutamente nada. Não há soldados nem cavalos, a ponto de não ter como enviar esta mensagem".[9]

O sucesso daquela ação estimulou nova e semelhante ação, em março de 1872. Mais uma vez contando com guerreiros de diferentes grupos, o foco foi então a região de San Carlos, novamente na província de Buenos Aires. Milhares de guerreiros organizados e coordenados sitiaram a região, saquearam as *estancias*, roubaram gado, demonstraram poder e o objetivo de permanecer retomando terras na guerra contra os *criollos*.

No entanto, dessa vez o resultado foi o oposto. As táticas do Exército Argentino se atualizaram com a Guerra da Tríplice Aliança, assim como sua infraestrutura. Naquele ano de 1872, o telégrafo já conectava as vilas e fortes da "fronteira sul" e possibilitou a circulação instantânea da informação da chegada do *malón*, dando tempo para a coordenação do contra-ataque. As tropas saíram de diferentes fortes e atuaram coordenadas. Os soldados, armados de rifles, enfrentaram os indígenas que usavam lanças. O embate campal resultou em estrondosa e sangrenta vitória do Estado e o que se seguiu foi um rápido declínio da outrora poderosa força indígena.

A derrota militar na chamada Batalha de San Carlos marcou inflexão na correlação de forças entre indígenas e *criollos* nos pampas. A diminuição do poder dos caciques forçou a readequação de sua política diante dos Estados, mas não significou o desaparecimento da defesa de autonomias e soberanias. Nessa nova conjuntura, carta de Juan Calfucurá ao presidente argentino Domingo Faustino Sarmiento, em janeiro de 1873, é simbólica do esforço para o uso do vocabulário político ibero-americano. Para ele, em contundente afirmação: "Nós somos os donos desta América: não é justo que nos deixem sem campos".[10] Ao recorrer a uma das mais abstratas e genéricas construções discursivas europeias – a "América" –, o cacique demonstrou não apenas conhecer e compreender esse conceito, como também sua força e a possibilidade de usá-lo para reivindicar a manutenção do controle das terras – ou, ao menos, de parte delas – pelos indígenas.

OS ESTADOS E OS ATAQUES MILITARES AO WALL MAPU

Na década de 1870, no entanto, havia uma combinação de forças intensa atuando entre os *criollos* que tensionava cada vez mais a situação. Nas zonas de contato[11] entre o Wall Mapu e as terras controladas pelos *criollos*, os colonos (fossem mestiços, *criollos* ou imigrantes europeus) estavam se armando e executando pequenas e médias operações de expansão sobre as terras indígenas.

Apoiados pelos comandantes militares locais, eles mantinham a tensão constante, perpetravam pequenos ataques, boicotavam tratados, executavam violências e eram submetidos à violência. Essa estratégia interessava a muitos: aos próprios colonos, que mesmo submetidos ao risco de morte realizavam avanços que pareciam pequenos na escala do Estado, mas eram enormes para seus ganhos pessoais, e também aos militares da "fronteira" que se mantinham no centro das atenções dos ministérios de guerra e também conseguiam a ocupação de terras para si próprios.

A difusão sistemática de relatos, notícias e histórias das violências entre indígenas e *criollos* em romances, obras de arte, textos políticos e na imprensa ajudou a disseminar o entendimento de que havia um choque entre a "civilização" e a "barbárie".

Naquela década de 1870, havia uma quantidade enorme de prioridades entre os políticos argentinos e chilenos: a modernização do Estado, a dinamização da economia e sua inserção mais aprofundada nos circuitos internacionais, a atração de imigrantes, o modelo étnico nacional pretendido e a área sob controle do Estado. As notícias e os relatos vindos da fronteira com o Wall Mapu lidavam e tencionavam intencionalmente estes pontos: afirmavam haver um embate entre o que se pretendia como Argentina e Chile modernos, liberais e europeizados a um futuro possível de submissão a "indígenas bárbaros", com violências e perdas de territórios.

Ao divulgar notícias sobre as reuniões de guerreiros contra o Estado, os colonos e os militares associaram a "barbárie" à violência, à perda de poder por parte dos *criollos* e a contestações à soberania do Estado sobre aqueles territórios. Sendo um embate de bases tão profundas, abria-se a possibilidade de mobilizar, nas capitais, os sentimentos, discursos e recursos para a execução de grandes expedições militares para a submissão dos indígenas. Essas expedições resultariam em ganhos imediatos aos próprios instigadores das violências: os *estancieros*, os imigrantes e os militares – os "colonos". A esta mobilização denominamos de *colonização da barbárie.*[12]

Esse discurso sobre a necessidade de uma submissão militar dos indígenas, da superação de suas resistências e da imposição derradeira da soberania do Estado sobre o Wall Mapu foi sendo disseminado ao longo das décadas de 1860 e 1870. As elites políticas e econômicas da Argentina e do Chile receavam a possibilidade de alguma potência imperialista europeia vir a se estabelecer naquelas terras naquele momento de rápida e violenta expansão sobre o globo.

No entanto, além de recearem essa expansão, elas também faziam parte dos círculos de elites intelectuais que debatiam esses temas, acompanhavam a expansão para o Oeste dos EUA, a ocupação da Índia e da Oceania, a partilha da China, a abertura do Japão e as incursões sobre a África. Para aquelas elites latino-americanas, a expansão dos Estados "modernos, liberais e civilizados" sobre territórios ocupados por povos nativos "atrasados e bárbaros" era o esperado, o óbvio, "uma missão". Para argentinos e chilenos, não havia Wall Mapu, mas, sim, indígenas que resistiam à civilização, à modernidade e bloqueavam o enriquecimento e o progresso, ocupavam territórios que eram "naturalmente" dos Estados argentino e chileno e deveriam, por isso, se submeter ou se render ou ser eliminados.[13]

Grande parte do Wall Mapu esteve em disputa entre os dois Estados até o final da década de 1870. Como não havia clareza nos documentos coloniais espanhóis se aqueles territórios respondiam ao Vice-Reino do Rio da Prata ou à Capitania do Chile, e tampouco havia presença *criolla* na região, houve intenso debate sobre a qual Estado aqueles territórios corresponderiam.[14] Nesse sentido, instalar postos militares, conseguir a submissão efetiva de caciques ao Estado, ou então ocupar militarmente a região passaram a ser opções discutidas cotidianamente. Difundir que aqueles mesmos indígenas eram inimigos "bárbaros" era bastante conveniente para que seus interesses fossem desconsiderados e se desse início a longas negociações por tratados para a definição de fronteiras e, simultaneamente, ocorresse uma corrida militar para a ocupação da região por tropas e combate às resistências nativas.

Na Argentina, sucessivos avanços e ocupações militares ocorreram nos pampas depois da Batalha de San Carlos (1872). Até 1876, optou-se por estratégia semelhante à chilena, de avanços sistemáticos da fronteira com a instalação de uma rede de fortes (em uma área muito maior do que a chilena).

Em 1878, vencia uma série de tratados com caciques e, nova política do general Julio Argentino Roca colocou em execução a lei de ocupação territorial de 1867. Nas chamadas Campanhas do Deserto (1878-1879), o Exército argentino ocupou os pampas até os rios Negro e Limay traindo caciques aliados, atacando indiscriminadamente aqueles que encontrava com o objetivo declarado de "extirpar o mal pela raiz e destruir esses ninhos de bandoleiros que o deserto protege e mantém".[15] Em questão de meses, foi assassinado ao menos um terço dos indígenas, sendo que outro terço morreu nos meses seguintes em marchas pelo país, no que hoje é chamado de um genocídio.[16]

Processo muito semelhante ocorreu no Chile. No mesmo ano de 1878, nova campanha militar atacou novamente, ocupou mais territórios e levou a fronteira ao rio Traiguén, aprofundando o cerco sobre os cacicados autônomos, sufocando-os economicamente e levando à morte de milhares. Um último esforço conjunto de resistência ainda ocorreu em 1881, com indígenas que fugiam dos ataques e da morte dos pampas e da Araucania, mas uma vez mais eles foram derrotados, agora pelo exército chileno, dando fim a um processo denominado, pelos *criollos*, de "Pacificação da Araucania". Símbolo final dessa derrota militar indígena foi a refundação, por parte do Estado chileno, da cidade de Villarica, destruída pelos mapuches em 1602.

No início da década de 1880, com a rápida expansão dos Exércitos argentino e chileno sobre os pampas, a Araucania e a Patagônia, as chancelarias dos dois Estados negociaram um tratado de fronteiras que, em 1881, separou em duas, ao menos no papel, aquela imensa região indígena.

CONCLUSÃO: WALL MAPU HOJE

O genocídio argentino resultou em baixa presença indígena no sul do país até hoje e em estratégias das mais diversas de sobrevivência e adaptação daqueles que permaneceram quase sempre vivendo nas periferias de pequenas e médias cidades dos pampas. No Chile, os mapuches se submeteram, mas não foram exterminados fisicamente, apesar das milhares de mortes. Sofreram inúmeras perdas e invasões, foram subalternizados e desqualificados pelo Estado, por imigrantes e pelas novas companhias de exploração que se estabeleciam na região.[17]

Desde o final do século XX e com muita força no século XXI, ganharam proeminência e destaque os movimentos indígenas do Wall Mapu, seja em terras sob o controle do Estado chileno, seja naquelas sob a bandeira argentina. Organizados em torno de suas comunidades, passaram a reivindicar o controle de terras outrora sob os cacicados, além de autonomia diante do Estado e oposição aos projetos de exploração intensiva dos recursos naturais e de implementação de monoculturas para a exportação. Suas ações de política direta, muitas vezes com a interrupção das unidades produtivas e da infraestrutura, têm sido classificadas e combatidas como "terrorismo", levando a inúmeras mortes e prisões de indígenas e à manutenção de uma tensão que parece jamais deixar aqueles povos viverem tranquilos em suas terras. Para eles, aquela guerra secular contra o invasor está apenas em nova fase.

Notas

[1] Raúl Mandrini e Sara Ortelli, *Volver al país de los araucanos*, Buenos Aires, Sudamericana, 1992.

[2] Jorge Pinto Rodríguez, *La formación del Estado y la nación, y el pueblo mapuche: De la inclusión a la exclusión*, Santiago, DIBAM, 2003; José Bengoa, *Historia del Pueblo Mapuche*, Santiago, Sur, 1996; G. Foerster e J. I. Vergara, "¿Relaciones interétnicas o relaciones fronterizas?", em *Revista de Historia Indígena*, v. 1, 1996, pp. 9-33.

[3] Martha Bechis, "Fuerzas indígenas en la política criolla del siglo XIX", em Noemi Goldman e Ricardo Salvatore (comps.), *Caudillismos rioplatenses: nuevas miradas a un viejo problema*, Buenos Aires, Eudeba, 2005.

[4] Raúl Osvaldo Fradkin e Jorge Daniel Gelman, *Juan Manuel de Rosas: La construcción de un liderazgo político*, Buenos Aires, Edhasa, 2019.

[5] Silvia Ratto, "¿Finanzas públicas o negocios privados? El sistema de racionamiento del negocio pacífico de índios en la época de Rosas", em Noemi Goldman e Ricardo Salvatore (comps.), op. cit.

[6] Muitas destas cartas estão compiladas em: Jorge Pavez Ojeda (comp.), *Cartas mapuche: siglo XIX*, Santiago, CoLibris/Ocho Libros, 2008. Para análises sobre esta documentação: Marcela Tamagnini, *Los ranqueles y la palabra. Cartas de frontera en tempos del federalismo cordobés (1840-1852)*, Buenos Aires, Aspha, 2015; Julio Vezub, *Valentín Saygüeque y la Governación Indígena de las Manzanas: poder y etnicidad en la Patagonia Septentrional (1860-1881)*, Buenos Aires, Prometeo, 2009; Ingrid De Jong, "Las prácticas diplomáticas en los procesos de expansión estatal: tratados de paz y parlamentos en Pampas", em Ingrid De Jong e Antonio Escobar Ohmstede (coord. e ed.), *Las poblaciones indígenas en la conformación de las naciones y los Estados en América Latina decimonónica*, México DF, El Colegio de México, 2016; Gabriel Passetti,. *Indígenas e criollos: política, guerra e traição nas lutas no sul da Argentina (1852-1885)*. São Paulo: Alameda, 2012.

[7] Maria Ligia Coelho Prado, "Para ler o Facundo de Sarmiento", em Domingo Faustino Sarmiento, *Facundo: civilização e barbárie*, Petrópolis, Vozes, 1997.

[8] Gabriel Passetti, "'El Gobierno' y 'la República': vocabulario político iberoamericano en cartas de caciques ranqueles de la segunda mitad del siglo XIX", em *Revista Tefros*, v. 16, n. 2, 2018.

[9] Servicio Historico del Ejército (Argentina). Fondo Guerra contra el índio, 12 nov. 1870.

[10] Juan Calfucurá ao Presidente Domingo Faustino Sarmiento, em 30 de janeiro de 1873, em: Jorge Pavez Ojeda, (comp), op. cit., p. 527.

[11] Zonas de contato são "espaços sociais onde culturas díspares se encontram, se chocam, se entrelaçam uma com a outra, frequentemente em relações extremamente assimétricas de dominação e subordinação". Mary Louise Pratt, *Os olhos do Império: relatos de viagem e transculturação*, Bauru, Edusc, 1999, p. 27.

[12] Gabriel Passetti, *O mundo interligado: poder, guerra e território nas lutas na Argentina e na Nova Zelândia (1826-1885)*, Tese em História Social, Programa de Pós-Graduação em História Social, Universidade de São Paulo, 2010.

[13] Alberto Harambour Ross, *Soberanías fronterizas. Estados y capital en la colonización de Patagonia (Argentina y Chile, 1830-1922)*, Valdivia, Universidad Austral de Chile, 2019.

[14] Pablo Lacoste, *La imagen del otro en las relaciones de la Argentina y Chile (1534-2000)*, Santiago/Buenos Aires, Universidad de Chile/FCE, 2003.

[15] Juan Carlos Walther, *La conquista del Desierto*, Buenos Aires, Círculo Militar, 1964, p. 809.

[16] Ingrid De Jong , "Guerra, genocídio y resistencia: apuntes para discutir el fin de las fronteras en Pampa y Norpatagonia, siglo XIX", em *Habitus*, v. 16, n. 2, 2018.

[17] Claudia Tarquini, *Largas noches en la pampa: itinerarios y resistencias de la población indígena (1878-1976)*, Buenos Aires, Prometeo, 2010.

MESTIÇAGEM COMO UTOPIA DE NAÇÃO? NARRATIVAS DO SAMBA EM TEMPOS DE DITADURA

Tânia da Costa Garcia

Os movimentos de independência que levaram à formação das nações na América Latina, inspirados pelos ideais iluministas e seu grande feito, a Revolução Francesa, estão situados no grande arco que se inicia com a crise do *modus operandi* do Antigo Regime e culmina com a hegemonia das ideias liberais. Os revolucionários latino-americanos, após colocarem um fim ao pacto colonial, rompendo com a Europa ibérica e seus reis católicos, elegeram o liberalismo e o positivismo como pilares de sustentação das novas nações a serem erigidas. No Brasil, destoando do restante da América hispânica, antecedeu à independência o deslocamento da Corte portuguesa para sua colônia americana. A longa sobrevida da monarquia em terras tropicais não impediu, todavia, convivências do pensamento liberal com a cultura política do Antigo Regime.

Utopias latino-americanas

Destarte as singularidades entre a América portuguesa e hispânica, o grande desafio das elites governantes, pautadas pelo modelo civilizatório europeu, era a superação dos entraves de toda ordem que nos distanciavam das antigas metrópoles e nos "condenavam ao atraso". As teorias evolucionistas interpretavam a mistura de raças, isto é, a herança dos povos nativos, como o grande mal a ser combatido. O dilema "civilização ou barbárie", emblemático na Argentina, atravessou outras nações e provocou discursos e ações, muitas vezes semelhantes. A imigração de europeus foi largamente incentivada por diversos governos a fim de branquear a raça e povoar "territórios vazios" de gente apta a colaborar com o progresso e o engrandecimento das novas nações.

Nesse contexto, a mestiçagem – leia-se o branqueamento – tornava-se um vetor de exclusão dos grupos nativos (indígenas) e dos africanos e seus descendentes – trazidos compulsoriamente para as Américas pelo tráfico de escravos – do projeto civilizatório. Sua inserção, condicionada ao cruzamento entre raças, pressupunha o desaparecimento desses grupos. Se figuras como José Marti (Cuba) e Manuel Bonfim (Brasil) negavam em seus escritos as teorias racialistas e as hierarquizações entre grupos étnicos, não era essa a tônica dominante do período, cujas marcas se estenderiam no tempo para além dos argumentos científicos contrapostos nas primeiras décadas do século XX.

A Primeira Grande Guerra e seus efeitos devastadores no plano material e espiritual colocavam em xeque estruturas de pensamento do século XIX – o absoluto (razão), a civilização (progresso) e o genérico sujeito liberal[1] – abrindo caminho para um novo modelo civilizatório. A modernidade, na América Latina, avançaria sobre novas bases, apostando na diferença da nossa singularidade, até então vista como empecilho para inserção no concerto das nações civilizadas, como valor a ser destacado na configuração de uma nova identidade. Tornava-se imperioso evocar tradições, revisitar o passado a fim de se construir uma literatura, uma música e uma pintura nacionais.

Nessa perspectiva, desde o centro de poder, mas também fora dele, são formuladas novas concepções sobre o ser nacional. Dispositivos utópicos, ideias-guias[2] projetam nações possíveis dentro de suas singularidades. No México, José Vasconcelos rompe com o positivismo e aposta na criatividade da barbárie frente à decadência do Ocidente.[3] Contestando as teorias racialistas[4] que viam a mestiçagem como degeneração e freio ao progresso, anuncia a raça cósmica constituída de uma cultura mestiça.[5] Na Argentina, a figura do *gaúcho*, do poema épico "Martín Fierro" de José Hernandez, é regenerada pelo polêmico intelectual Leopoldo Lugones e apropriada como símbolo identitário. Foram inúmeros os romances, as peças teatrais, os filmes e as canções que incorporaram e colaboram na configuração e propagação desse personagem icônico da identidade argentina. José Carlos Mariátegui, no Peru, marcando oposição ao grupo hegemônico sem se alinhar definitivamente com indigenistas mais radicais, defende a configuração de um socialismo indígena, reconciliando-se com o passado e projetando um novo porvir para o seu país. No Brasil, Mário de Andrade e outros intelectuais e artistas, de mãos dadas com as chamadas vanguardas modernistas latino-americanas, engajaram-se na produção de uma arte ao mesmo tempo nacional, isto é, enraizada no folclore local, e moderna, atrelada ao movimentos artístico-culturais que, na Europa, se contrapunham ao *establishment*. O *Manifesto Antropofágico* usa a figura do índio antropófago como metáfora da apropriação criativa da cultura do *outro* pela cultura nacional. Nas palavras de Oswald de Andrade, "para sermos modernos temos que ser nacionais". Sobre o deslumbramento do modernismo europeu com a arte africana, constata Oswald em conferência na Sorbonne em 1923: "no Brasil o negro é um elemento realista", algo de dentro, nosso. Em que pese a crítica de Emanuel Araújo, já na virada do século XX para o XXI, sobre a exotização do corpo negro pelo modernismo brasileiro,[6] é inegável a radical mudança estético-ideológica que marca a arte latino-americana de início do século XX.

No campo científico, as teorias racialistas seriam, então, superadas por novos paradigmas. As teorizações do antropólogo norte-americano Franz Boas influenciam intelectuais latino-americanos, como o brasileiro Gilberto Freire, que propõe uma nova concepção de mestiçagem a partir do conceito de cultura e, posteriormente, o cubano Fernando Ortiz, que, contrapondo a hierarquia inerente ao conceito de aculturação, apresenta a ideia de transculturação. Nessa nova chave, a mestiçagem perde seu caráter degenerativo e passa a ser assimilada como forma de inclusão das contribuições oriundas dos distintos grupos étnicos e suas respectivas singularidades culturais para a formação da nação.

A primeira metade do século XX registra mudanças intensas no plano social, político e cultural, atreladas aos contínuos fluxos migratórios do campo para as cidades e às levas de estrangeiros que chegam ao continente americano no período correspondente às duas grandes guerras. No Brasil, especificamente no Rio de Janeiro, a diáspora africana adensaria outras variáveis a essa nova ordem. Com a decadência do açúcar brasileiro no Nordeste e a abertura de um novo ciclo econômico já nos estertores do modelo escravagista, assiste-se a um intenso deslocamento desta mão de obra para o sudeste. Com a abolição, desprovidos de qualquer propriedade para além de sua força de trabalho, os africanos e seus descendentes sentiriam na pele as contradições da modernidade nos trópicos.[7] Tempos de adaptação, de resistência e de construção de novas identidades, contribuindo, entre outras tantas, na produção de uma cultura musical urbana. Sobre essa temática, se debruça uma das monografias premiadas pelo Projeto Lúcio Rangel, levado a cabo pela Divisão de Música Popular da Fundação Nacional de Arte (Funarte), órgão criado pela política cultural da ditadura militar, nos anos de 1970.

Roberto Moura[8] – hoje professor de Comunicação da Universidade Federal Fluminense e autor de obras sobre a indústria do espetáculo no Brasil –, em *Tia Ciata e a pequena África no Rio de Janeiro*, livro publicado em 1983 pela Funarte, tece uma narrativa bastante singular ao eleger como protagonista de sua história uma das comunidades de negros, formadas no pós-abolição, em torno das casas das tias baianas, mulheres de poder nos terreiros de candomblé e esteio destas novas grandes famílias. Antecedendo aos estudos pós-coloniais – provavelmente influenciado pelas reflexões de Roger Bastide –, Moura analisa o lugar da cultura africana, concebida como identidade diaspórica, na forja de uma identidade de Brasil, desconstruindo, até certo ponto, o discurso harmônico de "cadinho de raças", caro ao nacionalismo dos militares.

POLÍTICA CULTURAL COMO MEDIADORA DE DISSENSOS

Após o golpe de 1964 e o subsequente desmonte de todo setor cultural, entendido pelo regime civil-militar como reduto da esquerda, seguiu-se uma série de ações do governo no sentido de incentivar e desenvolver a área de cultura no país a partir de novas diretrizes. Reunindo intelectuais conservadores, já em 1967 era criado o Conselho Federal de Cultura. Em 1973, na gestão do ministro Jarbas Passarinho no Ministério da Educação e Cultura, entrava em cena o Programa de Ação Cultural (PAC). Com o propósito de mudar a imagem negativa do governo frente à opinião púbica, associada à repressão e aos primeiros sinais de crise econômica, o PAC teve como "meta a implementação de um ativo calendário de eventos patrocinados pelo Estado, com espetáculos nas áreas de música, teatro, circo, folclore e cinema com circulação em diversas regiões do país".[9] Sem quadros à direita do espectro político e empenhados em amainar as resistências da sociedade civil ao regime, os militares acenaram para a classe artística com incentivos tentadores, dispostos a financiar projetos e ideias que, de alguma forma, coadunavam-se ao ideário nacionalista do regime. Vale lembrar da Embrafilme, empresa pública de cinema, criada em 1969, que abrigou nomes importantes da segunda geração do cinema novo.

A retomada da vida cultural prosseguiria no governo do general Ernesto Geisel (1974-1979) com a Política Nacional de Cultura (1975). Durante a gestão do ministro Ney Braga foram criados o Conselho Nacional de Direito Autoral, o Conselho Nacional de Cinema, da Campanha de Defesa do Folclore e a Fundação Nacional de Arte (Funarte). A Funarte, com início de suas atividades em 1976, abrigava as áreas de artes plásticas, música[10] e folclore. Além da preservação do patrimônio cultural, cabia à Fundação incentivar atividades artísticas, ampliando a oferta de trabalho, sobretudo para aqueles que não encontravam respaldo do mercado e tinham como foco a cultura brasileira.[11] A Funarte seria, durante anos, o órgão central da política cultural do regime militar.

Para diretor-adjunto da Divisão de Música Popular Brasileira da Fundação foi convidado o produtor artístico Hermínio Bello de Carvalho, que lá esteve por quase 20 anos.[12] Nos anos de 1960, inserido no meio artístico carioca, Carvalho viveu o engajamento das artes às ideologias de esquerda que, no campo musical, significou a aproximação de músicos dissidentes da bossa nova, oriundos das camadas médias e com formação musical, de músicos "espontâneos", negros pobres, ligados às escolas de samba do Rio de Janeiro.

Alinhados à Política Nacional de Cultura, de 1975 – que apostava no financiamento de manifestações culturais desinteressantes ao mercado, investindo na "[...] necessidade de ativar a criatividade, reduzida, destorcida e ameaçada pelos mecanismos de controle desencadeados através dos meios de comunicação de massa e pela racionalização da sociedade industrial",[13] Carvalho e sua equipe logo propuseram quatro projetos, com vistas a preservar a memória da música popular brasileira, dando projeção ao rico acervo de compositores populares alijados do *mainstream*.

Entre eles estava o concurso de monografias, que, desde 1979, passou a se chamar Projeto Lúcio Rangel, em homenagem ao jornalista, pertencente à ala dos folcloristas urbanos,[14] falecido naquele ano. Da perspectiva do que seus idealizadores entendiam como a "autêntica música popular brasileira", era preciso dar curso ao projeto de oficialização do samba carioca e de seus compositores como patrimônio da cultura nacional. O concurso de monografias também tinha a intenção de despertar o interesse de novos pesquisadores sobre o tema e incrementar a escassa bibliografia existente. A história a ser narrada pelas monografias, entretanto, era previamente definida por Carvalho e sua equipe. O edital do concurso trazia uma espécie de roteiro a ser seguido pelos concorrentes.

Assim, o concurso de monografias elencava basicamente sambistas do Rio de Janeiro, na sua maioria compositores ligados às escolas de samba e geralmente excluídos ou com pouca inserção no mercado musical. Mas sem desacatar as diretrizes governamentais que tinha como premissa a "diversidade regional da nação", Carvalho e seus assessores contemplaram, algumas poucas vezes, nomes fora do circuito carioca: o compositor de frevo Capiba (Lourenço da Fonseca Barbosa), de Pernambuco; o músico e compositor Waldemar Henrique, de Belém; o cantor e compositor de música caipira Capitão Furtado, do interior do estado de São Paulo; e Adoniram Barbosa, da capital paulista.

SAMBA: REPRESENTAÇÃO DE UMA IDENTIDADE MESTIÇA DE NAÇÃO

Como bem afirma Homi Bhabha, a identidade nacional e seu advento "[...] como um sistema de significação cultural, como uma representação da vida social, põe em relevo sua instabilidade [...]."[15] Nesse sentido, "a história do nacionalismo é uma história de luta entre os que buscam uma narrativa coerente da existência nacional e aqueles cuja presença, ideia, cor ou cultura questionam a possibilidade de tal coerência".[16] Essa tensão persistente tem como efeito "a conversão das fronteiras e limites em espaços intersticiais (*in between*) nos quais se negociam os significados da autoridade política e cultural".[17]

A cada período da história, as leituras do passado, com o propósito de conferir integridade às narrativas sobre a nação, são atravessadas tanto pela necessidade de grupos que intencionam preservar sua hegemonia, como pelas demandas de setores que, não se sentindo identificados com tais representações, exigem mudanças.

O projeto Lucio Rangel, em particular o livro de Roberto Moura, *Tia Ciata e a pequena África no Rio de Janeiro*, submetido às diretrizes da Política Nacional de Cultura, opera taticamente nesses espaços intersticiais (*in between*). Se, por um lado, sua obra faz emergir imagens que se reportam à miscigenação, por outro, não deixa de revelar a face perversa e excludente do mito da democracia racial, ancorado no discurso da mestiçagem.

Diferentemente da maioria das monografias da Funarte, devotada a um personagem específico da história do samba carioca – preferencialmente alijados do *mainstream* –, Moura se debruça sobre um coletivo, enfocando a complexa relação desta comunidade de negros baianos com a constituição de uma cultura moderna e nacional.

Ao conceber o "encontro de raças" como submissão de uma cultura desterrada à outra hegemônica, Moura disserta sobre as formas que assumem essa negociação para os grupos subalternos, os quais resistem, explícita ou implicitamente, ao apagamento de sua identidade, por uma sociedade branca, patriarcal e racista.

Logo nas primeiras páginas da monografia, antes de abordar a vida do negro no Rio de Janeiro após a abolição, o autor chama a atenção para as táticas de sobrevivência das quais lançaram mão os africanos vindos para o Brasil com o tráfico de escravos e, posteriormente, seus descendentes:

> A própria sobrevivência do indivíduo escravizado dependia de sua repersonalização, da sua aceitação relativa das novas regras do jogo, mesmo para que pudesse agir no sentido de modificá-la, ou pelo menos de criar alternativas para si e para os seus dentro das possibilidades existentes na vida do escravo. [...] redefinir a sua cultura de origem elaborando uma cultura de escravo do mundo ocidental cristão.[18]

A produção de uma identidade diaspórica se coloca como condição para preservação do próprio grupo. A relação entre africanos originados das mais diversas etnias leva à formação de novas comunidades, as quais se reorganizam a partir dos legados culturais disponíveis. Destoando das interpretações ufanistas da mestiçagem, a obra de Moura aponta, desde o início, para as tensões e lutas envolvidas nesse processo doloroso e ao mesmo tempo criativo.

Se, durante o Império e a escravidão na Bahia, a religiosidade constituiu um espaço propício para fusões identitárias, após a abolição, já no Rio de Janeiro, não deixam de ser as festas religiosas, tanto aquelas ocorridas nas casas das tias baianas, com seus atabaques e batuques, assim como a popular Festa da Penha, promovida pelos fiéis católicos, espaços para negociação dessa identidade mestiça.

Em sua narrativa, Ciata, Hilária Batista de Almeida, é apresentada como um tipo social, um modelo do poder feminino da comunidade baiana localizada na região central da capital da República. A casa dessa matriarca, mulher ligada ao candomblé, festeira, casada com João Batista – com mais instrução que a média dos negros, mantinha-se em empregos estáveis, "alcançando um posto privilegiado de baixo escalão no gabinete do Chefe da polícia"[19] – é percebida por Moura e outros autores que o antecedem como livre dos constrangimentos da polícia, favorável, portanto, às distintas manifestações da cultura negra, sobretudo à sua musicalidade ligada à vida religiosa e cada vez mais ao mundo urbano do entretenimento.

Não por acaso, o primeiro samba gravado que alcançou sucesso – "Pelo telefone", da autoria de Donga – teria sua origem, segundo narrativa consagrada pela tradição e endossada por Moura, nas rodas de bambas da casa de Tia Ciata.

Mestiçagem como utopia de nação?

Ao discorrer sobre os frequentadores dessas festas, Moura aponta para a mescla de classes e culturas:

> estivadores, artesão, alguns funcionários públicos, policiais, mulatos e brancos de baixa classe média, gente que progressivamente se aproximava pelo lado do samba e do Carnaval, e por doutores gente boa, atraídos pelo exotismo das celebrações.[20]

Sobre a dinâmica da casa nos dias de festa,[21] a fim de proteger seus frequentadores das perseguições e conspirações contra as tradições africanas, descreve o autor:

> na sala de visita, por onde circulava toda gente, acontecia o baile animado por sambas de partido alto e pelos chorões, atrás da casa, "o quintal com um centro de terra batida para se dançar e um barracão de madeira com as coisas do culto." [também no fundo da casa], "No terreiro, o samba raiado e às vezes as rodas de batuque entre os mais moços".[22]

Orquestrados a partir da identidade negra, fundamentada na força de sua religiosidade[23] – elemento decisivo para preservação e perpetuação das tradições dos povos africanos na modernidade carioca –, esses diferentes ambientes constituíam-se num entrelugar (*in between*), no sentido que lhe atribui Bhabha, favorável à negociação entre diferentes culturas e classes sociais. Desta negociação resultariam reconfigurações identitárias, que submetidas à dinâmica das fusões culturais do mundo urbano, tornavam-se cada vez mais estilizadas. "As grandes figuras negras da cena musical carioca, Pixinguinha, Donga, João da Baiana, Heitor dos Prazeres, surgem ainda crianças lá nas rodas, aprendendo as tradições musicais baianas às quais dariam novas formas cariocas."[24] Figuras estas coroadas pelos folcloristas urbanos como precursoras da música popular brasileira.

Para que essa cultura dos redutos negros pudesse encontrar lugar na cidade moderna, foi importante a "conversão das fronteiras e limites em espaços intersticiais". A migração do rancho da Folia de Reis[25] para o Carnaval constitui num desses deslocamentos que permite a permanência – "aceitando em sua estrutura interna algumas de suas regras"[26] – e inserção dessa cultura negra na identidade nacional, forjada na República e atrelada à modernidade. Com bem analisa Moura:

O Carnaval perdia sua feição bruta (de entrudo) da primeira metade do século XIX, [...] chegando até a criação das escolas de samba, [...] valendo-se da estrutura dramática do enredo, personagens e alas já definidos pelos ranchos, com as novidades rítmicas do samba e sua coreografia.[27]

Aliás, é possível afirmar que em *Tia Ciata...* o Carnaval se constitui como espaço concedido, dentro da ordem hegemônica, para a existência e presença da cultura negra na modernidade brasileira. Eis aí o lugar permitido, construído para este encontro entre tradição e modernidade. É durante os dias de folia – quando as normas e regras sociais encontram-se suspensas, permitindo que as inversões se sobreponham às hierarquias sociais[28] – que o batuque, o samba, as danças que movimentam os corpos, suspendam a moral cristã e a ordem branca patriarcal, ganhando projeção e representação diante de um público mais amplo.

Moura não faz, entretanto, uma apologia à fusão dessas diferentes temporalidades. Ao contrário, é bastante conservador quanto aos processos que submetem a cultura dos redutos negros ao mercado do entretenimento. A bem da verdade, essa aproximação é percebida como ameaça potencial às tradições: "Também a indústria de diversões, que incorporaria muitos desses indivíduos, e redefiniria a produção artística tornando-a rentável, criaria uma série de impasses no meio negro."[29] E conclui: "Questões pessoais entre grandes individualidades, artistas populares, lideranças, teriam força desintegradora entre a baianada e seus primeiros aliados cariocas."[30] Alinha-se, nesse aspecto, ao pensamento folclorista de Carvalho e sua equipe na Divisão de Música Popular da Funarte e atende às diretrizes da Política Nacional de Cultura do regime militar, que percebia a indústria do entretenimento como um canal aberto para a propagação de culturas alienígenas, deformadoras das singularidades nacionais.

Sobre a Festa da Penha, descreve Moura: "frequentada por cariocas das mais diversas classes sociais"[31], após a missa solene e cerimônias de benção, havia as "barraquinhas de prendas, jogos e comidas". Aproveitando o feriado religioso, os negros subiam para o arraial para participar dos festejos. "Ao lado de portugueses que comiam e cantavam seus fados na grama, estimulados pelo vinho [...], começava a se ouvir o samba de roda dos negros animados pela "branquinha" nacional, a se armar as batucadas [...] jogadas pelos capoeiras".[32]

Com o passar dos anos, a presença dos negros, segundo Moura, tornou-se preponderante: "por volta da primeira década do século [XX], mais de 100 mil pessoas visitavam a Penha durante os 4 ou 5 finais de semana de outubro, atraídos principalmente pela música, dança e comida dos negros".[33] No entanto, essa invasão inicialmente consentida da festa católica pelos rituais religiosos africanos, logo encontraria limites. Em 1920, as diretivas da alta cúpula da Igreja endossavam a expulsão dos blocos, cordões e rodas de batucada da Penha.[34] As tais mesclas culturais, resultante desses "encontros míticos" fundadores da alma nacional, se processavam em meio a repressão e a violência da polícia, submetendo o negro à ordem branca dominante.

Sobre as reformas urbanas no Rio de Janeiro, integradas a um amplo projeto de modernização, Moura chama atenção para o movimento de remodelação cujo resultado seria a reprodução, no plano espacial, da cisão social. "Proletariados europeus, brancos e mestiços pobres se encontrariam nas cenas da cidade em bairros de trabalho e moradias que progressivamente vão se afastando dos setores aristocráticos."[35] O fio da narrativa desloca-se da questão étnica para a luta de classes.

Referindo-se à vida política republicana, comenta o autor: "Como num outro Brasil, as classes populares são mantidas fora da vida política nacional, a maioria absoluta da população, negros, índios e brancos se mestiçando alheios às grandes cenas da vida nacional e ausentes da história oficial."[36] Novamente Moura desliza para o discurso da mestiçagem.

Moura, em tom de denúncia, chama atenção para aspectos de "Uma história [do negro] mal contada ou omitida, que só aparece no pragmatismo estatístico dos serviços de repressão [...]."[37] A fim de romper com este silêncio, nosso autor busca dar voz àqueles "que viveram ou ainda estão no mundo dos vivos [e que], por sua posição, são memórias vivas da comunidade".[38]

O depoimento de Carmen T. Conceição, Tia Carmen, recuperado por Moura nos arquivos da Corisco Filmes, conta um pouco sobre as formas de exclusão sofrida pelos negros após a abolição. Embora alinhados com outros segmentos subalternos, ao serem associados à escravidão, passado cujos vestígios se queria banir da vida nacional, eram sistematicamente excluídos do proletariado urbano: "[...] havia a preferência pelos trabalhadores europeus. Não era fácil, eles não gostavam de dar emprego pro pessoal preto da África, [...] eles tinham preconceito".[39] Sem lugar na estrutura capitalista que se consolidava, "os negros vão se dedicar a profissões autônomas, sem horário, nem patrão, [...] oferecendo serviços como marceneiro, tintureiro, costureira, cozinheira, ambulantes, entre outras".[40]

Como forma de sobrevivência, pelos menos nesta primeira fase da modernidade carioca, a coesão desse grupo, que se dá não só por afinidades identitárias, mas também pela dificuldade de inserção na sociedade branca e patriarcal, termina por propiciar, nas palavras de Moura

> a formação de uma verdadeira cultura popular carioca definida por uma densa experiência sócio-cultural que, embora subalternizada e quase que omitida pelos meios de informação da época, se mostraria, juntamente com os novos hábitos civilizatórios das elites, fundamental na redefinição do RJ moderno.[41]

Nesse aspecto, a obra de Moura alinha-se a outras monografias premiadas pelo concurso Lúcio Rangel, que, dedicadas à história do samba, contribuíram a seu modo, para romper com esses silêncios. Em que pese o amadorismo de muitos de seus autores, ao elegerem como fonte de depoimentos orais – uma vez que havia escassos documentos –, terminaram por dar visibilidade a relatos desse cotidiano, em grande parte desconhecido.[42] Mesmo quando não se opunham ao discurso de uma nação harmônica, produto do encontro pacífico entre diferentes etnias, caro à constituição do pensamento brasileiro e ao nacionalismo dos militares, seus autores apresentavam um retrato mais aproximado das agruras do negro no Brasil.

Quase ao final da obra, Moura retoma as revoltas sociais do começo do século XX – primeiramente, a Revolta da Vacina (1904) e depois a Revolta da Chibata (1910) –, construindo em retrospecto uma espécie de síntese de nossa história republicana conservadora, para o autor, perpetuada pelos governos militares. Em sua releitura, situa o lugar do negro entre os grupos subalternos dessa sociedade e afirma sua resistência

Mestiçagem como utopia de nação?

tanto aos violentos processos de exclusão, quanto às formas autoritárias e humilhantes de inclusão no projeto civilizatório republicano. Sobre a Revolta da Vacina, conclui:

> A luta sangrenta, não registrada numa história voltada ao mito nacional da harmonia e da passividade frentes aos governantes, terminaria em muitas mortes e prisões, episódio relevante no processo de reestruturação da cidade, que se valeria do cimento à pólvora para impor sua racionalidade civilizatória.[43]

Já a Revolta da Chibata é recontada por Moura como emblema da resistência negra, enfatizando sua capacidade de organização, a partir de um líder negro, o marinheiro João Candido, contra as altas patentes da Marinha. Na intenção de fazer a ponte entre passado e presente, recorre à canção de João Bosco e Aldir Blanc, "O mestre sala dos mares", de 1974, cuja letra fecha majestosamente a narrativa. Referindo-se aos enfretamentos deste samba com a censura imposta pelo regime militar, Aldir Blanc, em entrevista ao jornal *O Globo,* já em 2016, lembra: "O funcionário – que era negro – disse que o problema [...] era primeiro o 'almirante negro', 'o navegante negro', o problema era a palavra negro. [...]. Foi minha primeira vez ao lidar com um racismo oficial".[44] A justificativa do censor expõe o quanto o discurso da mestiçagem evocado pelo nacionalismo dos militares, em sintonia com os grupos mais reacionários de nossas elites apoiadoras do golpe, perpetuava políticas excludentes.

Mas em quais autores Moura se pauta para respaldar sua abordagem? Os estudos do sociólogo francês Roger Bastide sobre as religiões africanas são recorrentemente citados, sobretudo sua concepção do candomblé como lugar de sincretismos das diferentes culturas africanas e, num certo sentido, de afirmação identitária diaspórica. Dentre os históricos estudiosos da cultura africana na Bahia, apoia-se no abolicionista Manuel Quirino, que partilhava com seu contemporâneo Nina Rodrigues – também citado por Moura – da preocupação com o desaparecimento do autêntico legado cultural africano entre os negros no Brasil – as ditas "sobrevivências" do ponto de vista do discurso folclorista. De Nina Rodrigues, Moura acata a tese de que os negros sudaneses teriam maior peso na preservação da cultura africana. De Edison Carneiro, folclorista marxista, defensor da liberdade religiosa, traz a porosidade do grupo banto, mais aberto às miscigenações. Faz uso dos trabalhos etnográficos de Arthur Ramos, que, focados na formação étnica, religiosa e cultural do brasileiro, introduz "renovadas perspectivas de análise, desafiando as teorias pseudocientíficas que autorizavam o racismo e as teorias sobre desigualdades raciais e culturais"[45]. De Gilberto Freire de *Casa-Grande e Senzala,* evidencia a contribuição da culinária africana, destacando os quitutes de tabuleiro das negras forras; do mesmo autor, de *Ordem e Progresso,* Moura cita excertos sobre as formas de sobrevivência do negro no Brasil, destacando sua subordinação humilhante à ordem estabelecida, sem deixar de assinalar formas de resistência e luta por igualdade jurídica. Especificamente sobre a escravidão na Bahia, apoia-se nas pesquisas acadêmicas de Katia Queiroz Mattoso.

O autor ainda faz uso de alguns cronistas do Rio de Janeiro, como João do Rio, Jota Efegê, além de outros jornalistas e memorialistas alinhados em defesa da música popular carioca como "a" música popular brasileira, como Francisco Guimarães (Vagalume), Orestes Barbosa, Almirante (Henrique Foréis Domingues). Aliás, alguns deles presentes entre aqueles que assessoravam Carvalho na Divisão de Música Popular na Funarte, como Sérgio Cabral e Ary Vasconcelos. De Mário de Andrade – guru de Hermínio Belo de Carvalho, nas palavras do próprio –, recorta de *Música doce música,* obra de 1933, as discussões sobre as origens da modinha. No mais, apoia-se fortemente em arquivos de história oral, coletados pelo Museu da Imagem e do Som do Rio de Janeiro e pela produtora cinematográfica Corisco Filmes. Os depoimentos utilizados são basicamente de homens e mulheres ligados à comunidade de negros baianos do Rio de Janeiro e à música popular carioca, o samba. Ainda sobre música popular, Moura faz uso de uma das primeiras obras produzidas dentro da academia, *Música popular e a moderna poesia brasileira* (1978), de Afondo Romano de Sant'Anna. No plano estritamente teórico, a única obra citada na bibliografia é *A economia das trocas simbólicas*, de Pierre Bourdieu.

Portanto, localizo o livro de Moura entre as renovadas discussões pautadas pelo movimento negro que, entre as décadas de 1970[46] e 1990, passavam à elaboração do que viria a ser denominado "cultura da consciência negra", cuja forja de políticas afirmativas resultaria num reposicionamento desse grupo frente à sociedade civil, impulsionando releituras de nossa história no meio acadêmico.

Roberto Moura, taticamente – no sentido que atribui ao termo Michel de Certeau[47] –, ao apropriar-se do espaço aberto pelo concurso de monografias Lúcio Rangel, incentivado pela Política Nacional de Cultura, revisita não somente a história do samba, como também recupera a trajetória de seus protagonistas sem personificações. O autor não nega a mestiçagem, entretanto destaca as condições subalternizadas e adversas em que tais fusões culturais foram produzidas, destoando tanto do sentido harmônico de "cadinho de raça", inaugurado por *Casa-Grande e Senzala*, como do nacionalismo anacrônico, sustentado ideologicamente pela Escola Superior de Guerra.

Se, por um lado, *Tia Ciata, a pequena África no Rio e Janeiro* confunde o leitor ao destacar as contribuições do negro nesse encontro fértil de raças que funda a nação, aparentando alinhar-se ao dispositivo ideológico da Política Nacional de Cultura; por outro, não o faz sem antes denunciar a violência do opressor nesse coito primordial.

No rastro da cultura negra baiana no Rio de Janeiro, o autor traz à luz depoimentos e excertos bibliográficos que revelam os revezes dessa mestiçagem dolorosa que, sem escolha, não deixa outra opção ao negro senão submeter-se. Sobreviver, resistir às agruras desta nação que o recebe como escravo e, depois de liberto, o exclui do projeto civilizatório, resulta na invenção de uma nova cultura, lugar de superação da humilhação e reconstrução de sua identidade, reinventada dentro dos novos limites demarcados (*in between*).

Em uníssono com as tendências do movimento negro de finais de 1970,[48] Moura não isola o problema racial do social. Sem ignorar o racismo, ainda trata a questão no plano mais amplo de luta de classes.

Assim, a mestiçagem como utopia de nação e o próprio sentido de nação encontram seus estertores no período de redemocratização, quando as representações do nacional e do popular, contidas na Política Nacional de Cultura, não mais dão conta de afastar as fissuras sociais adiadas pelo golpe de 1964.

Diferentemente da Era Vargas, a qual incorpora o ideário modernista às representações de brasilidade, o discurso da mestiçagem evocado anacronicamente pela Política Nacional de Cultura não tinha por objetivo integrar populações ou consolidar fronteiras, tampouco contemplar as demandas de grupos sociais que reivindicavam sua participação na vida política da nação – condição básica para o exercício de uma política de massas –, mas sim dirimir pressões internas em prol da redemocratização. Esvaziada de seu caráter utópico, ideia-guia que forja a nação nas primeiras décadas do século XX, a alegoria da mestiçagem revisitada nos anos de 1970, cristaliza-se como dispositivo ideológico em nome da "segurança nacional", contra os imaginários inimigos da pátria.

Notas

[1] Patricia Funes, *Salvar la nación. intelectuales, cultura y política en los años veinte latinoamericanos*, Buenos Aires, Prometeo libros, 2006, p. 75.

[2] B. Baczko, "Utopia", em *Enciclopédia Einaudi*, Lisboa, Imprensa Nacional/Casa da Moeda, 1985, v. 5.

[3] Idem, p. 77.

[4] Sobre o assunto cf: Lilia M. Schwarcz, *O espetáculo das raças: cientistas, instituições e questão racial no Brasil (1870-1930)*, São Paulo, Cia. das Letras, 1993.

[5] Patricia Funes, op. cit., p.77.

[6] Manoel Araújo, Catálogo *Negro de corpo e alma*. Mostra do redescobrimento, São Paulo, Fundação Bienal, 2000, p. 53, apud J. Schwartz, "Lasar Segall. Um ponto de confluência no itinerário afro-latino-americano nos anos 20", em *Revista Literatura e Sociedade*, n. 7, São Paulo, 2004, p. 199.

[7] Sobre o assunto cf: Garcia Canclini, "Contradições latino-americanas. Modernismo sem modernização?", em *Culturas hibridas*. São Paulo. Edusp, 1998.

[8] Atualmente é professor titular da Universidade Federal Fluminense. Realizador de cinema e vídeo, pesquisador e escritor. Tem trabalhado principalmente com os seguintes temas: cinema brasileiro, cinema e história, análise cinematográfica, cultura negro-brasileira, indústria cultural e Rio de Janeiro.

[9] Lia Calabre, "Políticas Culturais no Brasil: balanço e perspectivas", em A. A. C. Rubim e A. Barbalho, (orgs.), *Políticas Culturais no Brasil*, Salvador, EDUFBA, 2007, p. 91.

[10] Vale lembrar que, em 1965, foi criado, pela prefeitura do Rio de Janeiro, o Museu da Imagem e do Som (MIS). O MIS, ativo até hoje, abriga em seu acervo a coleção de discos e documentos impressos de importantes figuras da música popular brasileira.

[11] As áreas de teatro e cinema, mais bem organizadas, possuíam seus próprios órgãos representantes.

[12] Até o desmonte da Fundação pelo presidente Collor de Mello em 1990.

[13] Política Nacional de Cultura. Ministério da Educação e Cultura – Departamento de Documentação e Divulgação Brasília, DF – 1975. p. 8, disponível em http://www.dominiopublico.gov.br/download/texto/me001728.pdf, acessado em 14 fev. 2019.

[14] Defensores do samba urbano carioca como folclore nacional.

[15] H. K. Bhabha, "Introducción: narrar la Nacion", em H. K. Bhabha (org.), *Nación y narración. Entre la ilusión de una identidad y las diferencias culturales*, Buenos Aires, Siglo Vientiuno Editores, 2010, p. 12.

[16] L. Kramer, apud E. Palti, *La Nación como problema. Los historiadores y la cuestión nacional*, Buenos Aires, Fondo de Cultura Economica de Argentina, 2002, p. 122.

[17] H. Bhabha, apud Palti, op. cit, p. 121.

[18] R. Moura, *Tia Ciata e a pequena África no Rio de Janeiro*, Rio de Janeiro, Funarte, 1983, p. 14.

[19] Idem, p. 64.

[20] Idem, p. 68.

[21] Vale notar aqui que Moura não lança mão dos chamados "biombos culturais", termo cunhado por Muniz Sodré em seu livro *Samba – o dono do corpo*, Rio de Janeiro, Codecri, 1979, alguns anos antes da monografia de Moura. Aliás, sequer o livro consta de sua bibliografia. Sodré analisa esta divisão dos festejos "como metáfora viva da resistência adotada pela comunidade negra, a casa continha os elementos

ideologicamente necessários ao contato com a sociedade global [...]: os bailes na frente da casa (já que ali se executavam músicas e danças mais conhecidas, mais respeitáveis), os sambas (onde atuava a elite negra da ginga e do sapateado), nos fundos; também nos fundos, a batucada [...] bem protegida por seus biombos culturais [...]".

[22] R. Moura, op. cit., p. 67.

[23] O Terreiro é o espaço manifesto da ancestralidade, aspecto simbólico da resistência negra onde o movimento negro e a luta pela igualdade racial reafirmam as suas origens. Em Andrea L. C. Guimarães, "Os terreiro como espaço da diferença: análise sobre as intervenções do Estados sobre as comunidades tradicionais de matriz africanas", em *Revista Calundu*, v. 2, n. 1, jan.-jun. 2018.

[24] R. Moura, op. cit., p. 68.

[25] Conforme Moura, "as origens próximas dos ranchos com os pastoris, sua ligação com a festa natalina cristã caracterizada pela saída no dia de Reis e a forma dionisíaca com que o negro se apropria das festas católicas, provoca protestos e interdições que teriam como consequência o deslocamento das principais festas processionais negras para o tempo desinibido do Carnaval, e sua definitiva profanização" (op. cit., p. 59).

[26] R. Moura, op. cit., p. 60.

[27] Idem, p. 61.

[28] Mikhail Bakhtin, *A Cultura popular na Idade Média e no Renascimento: o contexto de François Rabelais*, São Paulo, Hucitec, 2008.

[29] R. Moura, op. cit., p. 70.

[30] Idem, p. 70.

[31] Idem, p. 71.

[32] Idem.

[33] Idem, p. 73.

[34] Idem, p. 74.

[35] Idem, p. 34.

[36] Idem, p. 12.

[37] Idem.

[38] Idem, p. 58.

[39] Idem, p. 44.

[40] Idem, p. 45.

[41] Idem, p. 57.

[42] Para ficar em apenas três exemplos, cito as monografias escritas por Marilia Barbosa da Silva e seus parceiros: *Silas e Oliveira, do jongo ao samba*; *Paulo da Portela: traço de união entre duas culturas* e *Cartola: os tempos idos*.

[43] R. Moura, op. cit., p. 98.

[44] Entrevista do Aldir Blanc ao jornal *O Globo* em 28 ago. 2016.

[45] Martha Abreu, "Da cultura popular à cultura negra", em *Cultura negra: trajetórias e lutas de intelectuais negros*, Rio de Janeiro, EDUFF, 2020. p. 22.

[46] Os anos 1970 assistem aos movimentos de libertação na África que nutrem o surgimento de novas perspectivas de discussão sobre as identidades africanas por intelectuais de diversos lugares do mundo.

[47] M. De Certeau, *A invenção do cotidiano: artes de fazer*, Petrópolis, Rio de Janeiro, 1994, p. 97.

[48] Como bem analisa Cunha Jr., "o emergente movimento unificado de 1978 não continha na sua sigla a palavra 'negro', porque o seu propósito era o combate ao racismo por intermédio de uma frente política ampla que reunia grupos de esquerda externos aos movimentos negros, dentre eles a Convergência Socialista." H. Cunha Jr., "Movimento de Consciência Negra na década de 1970", em *Educação em Debate*, ano 25, v. 2, n. 46, 2003, p. 52.

O CONTINENTE DA *BLANQUIDAD* E A ASCENSÃO DOS SUJEITOS NEGROS NO BRASIL E NA COLÔMBIA

Flavio Thales Ribeiro Francisco

Na década final do século XIX, algumas figuras da intelectualidade argentina como José Ingenieros celebravam a *blanquidad* da nação argentina, promovida pelo fluxo de imigrantes europeus. Nesse sentido, consolidava-se um longo processo de civilização na região do Prata, ameaçado pela "barbárie" de povos indígenas e pela presença de africanos escravizados na cidade de Buenos Aires.[1] O esforço para a criação de uma sociedade racialmente homogênea reforçou uma narrativa interessante na capital argentina, que anunciava o desaparecimento dos negros da cidade no momento em que os descendentes de africanos compunham ainda uma parte relevante da população. O historiador George Andrews identificou, em sua pesquisa sobre as experiências negras de Buenos Aires, um longo processo de apagamento do legado negro entre os argentinos. Paralelamente ao enquadramento da população negra como parte da barbárie, práticas como o recrutamento de negros para a linha de frente em guerras e a marginalização dessa população nos espaços mais insalubres da cidade contribuíram para o seu declínio em um momento de europeização com a chegada de trabalhadores imigrantes. Todo esse processo criaria, anos depois, o que Andrews chama de "enigma do desparecimento da população negra", resultado da naturalização do processo de embranquecimento da sociedade.[2]

A Argentina, no momento em que consolidava o seu projeto de Estado Nacional, concluía a formação de uma sociedade majoritariamente branca em uma América Latina com países de maioria de ascendência indígena e negra. Assim, conseguiu implementar, de maneira acentuada, ações de diferentes países do continente para eliminar ou marginalizar as populações não brancas. Esse é um período no qual o pensamento ilustrado havia incorporado conceitos biologizantes para interpretar as condições e as experiências das populações não europeias, categorizando-as como sub-humanos incapazes de se ajustarem aos impulsos civilizatórios liderados pelas elites crioulas. Alguns anos mais tarde, nações latino-americanas, a partir das mudanças de perspectivas desses grupos, se engajaram na construção de identidades nacionais que valorizaram a mistura cultural, oferecendo um espaço simbólico para negros e indígenas, mas apontando para um futuro no qual prevaleceria a superioridade dos descendentes de europeus.

Por outro lado, as populações negras, seja através de atos individuais ou da mobilização coletiva, resistiram à escravidão e às estruturas sociais no pós-abolição que recontextualizaram as hierarquias raciais. As elites latino-americanas se esforçaram para manter os negros como cidadãos de segunda classe, entretanto as lideranças negras, se apropriando de noções e do léxico do liberalismo, articularam organizações e redes capazes de conter os impulsos oligárquicos e autoritários, possibilitando, ao longo do século XX, a constituição de bases populares que redefiniriam os termos de participação política nas repúblicas da América Latina. Assim, as populações negras, enquanto sujeitos políticos, também disputaram as narrativas nacionais, enfatizando o papel dos africanos escravizados na formação da nação.

O continente da blanquidad e a ascensão dos sujeitos negros no Brasil e na Colômbia

As sociedades latino-americanas criaram um padrão próprio de relações étnico-raciais, apresentando diferentes dinâmicas do racismo estadunidense. Fatores como demografia, geografia, direito, instituições, ideologias e culturas políticas definiram outros fundamentos para os discursos sobre a superioridade branca latino-americana que são diferentes dos de políticos, intelectuais e organizações racistas dos Estados Unidos. Em países com maiorias indígenas ou negras, as populações que se constituíram socialmente como brancas não conceberam um projeto de nação que reivindicava, ao longo do século XX, o exercício do poder por uma raça superior. A retórica da pureza racial deu lugar a narrativas de miscigenação cultural que sustentaram a subalternidade negra e indígena de uma outra forma.[3] Se não houve a mobilização de políticas de segregação, a marginalização das populações negras e indígenas foi promovida através de legislações sobre o controle do trabalho, faltas de iniciativas para a expansão do ensino público, avanço do poder privado sobre as terras coletivas, além de políticas de segurança que enquadravam indivíduos e grupos racializados. Nesse sentido, as peças do quebra cabeça das relações étnico-raciais da América Latina, apesar de distintas do universo racializado estadunidense, também definiram uma inserção subalternizada dos povos não europeus.

Neste capítulo, acompanharemos a trajetória de duas das maiores populações da diáspora negra nas Américas: a afro-brasileira e a afro-colombiana. O objetivo é o de, a partir das experiências desses dois grupos, apontar para algumas similaridades que possibilitem a compreensão da constituição de hierarquias raciais na América Latina. Sendo assim, trataremos do esforço de articulação de negros colombianos e brasileiros para enfrentar as agendas nacionais da virada entre os séculos XIX e XX, orientadas pelo racismo e concebidas para conter e controlar o acesso à cidadania de primeira classe. Em um primeiro momento, o foco será sobre as primeiras articulações políticas de lideranças negras ou organizações que lançaram mão de diferentes estratégias para desconstruir as representações negativas e pautar o debate político na primeira metade do século XX. Posteriormente, acompanharemos o processo de constituição de identidades negras que questionavam a harmonia racial e impulsionaram as agendas multiculturais que ganharam espaço na América Latina na década de 1990.

RACISMO NO BRASIL

O Brasil, que recebeu cerca de 4 milhões dos milhões de africanos escravizados, tem a maior população negra fora do continente africano. Nesse sentido, as soluções para controlar as populações de origem não europeia tiveram de ser diferentes dos processos ocorridos na Argentina e nos Estados Unidos. A ideia de *blanquidad* ou *white supremacy* não foram alternativas viáveis, o que perturbou parte da intelectualidade brasileira que pensava a construção do Estado e a formação da nação a partir de conceitos raciais. Um dos problemas que se apresentavam naquele momento era o da pequena quantidade de descendentes de europeus, que poderia comprometer o progresso e inviabilizar um processo civilizatório como o ocorrido nas nações europeias. O pensamento racista em voga na virada dos séculos enquadrava as populações indígenas, africanas e asiáticas como naturalmente inferiores e inaptas para acompanhar a evolução das instituições da raça superior.

Nesse momento, portanto, o conceito de raça passa a estruturar o pensamento de estadistas e intelectuais que procuravam conter o que era compreendido como barbárie. Ao longo da história da América hispânica e da América portuguesa, as instituições coloniais criaram a prática de nomear e classificar os grupos populacionais, organizando diferentes modalidades de regime forçado de trabalho para as populações não europeias. Assim, as sociedades da América Latina desenvolveram as suas próprias tecnologias de diferenciação que, na segunda metade do século XIX, seriam recontextualizadas pelo pensamento racial.[4] A tradição das classificações étnicas do período colonial não foi necessariamente incorporada pelos Estados independentes, mas as noções de diferenças raciais orientaram a construção de status sociais e, consequentemente, a constituição de cidadanias hierarquizadas.

Em meio a multidões de populações negras que se concentravam nos grandes centros urbanos, as autoridades reprimiram os espaços nos quais os negros cultivavam elementos culturais de matriz africana. Em estados com condições de aderir à política de promoção de imigração, o fluxo de trabalhadores europeus foi incentivado com a justificativa de modernização das relações de trabalho e diminuição da influência das populações negras. Na cidade de São Paulo, que se transformou em um dos grandes laboratórios da engenharia racial brasileira, a indústria que dava os seus primeiros passos, passou a empregar sistematicamente os trabalhadores imigrantes, relegando os negros aos trabalhos informais e domésticos.[5] À medida que a economia industrial se organizava e as leis trabalhistas se consolidavam, a partir da década de 1930, os brasileiros socialmente brancos foram incorporados ao universo do trabalho regulamentado, enquanto a maioria dos negros encarava a instabilidade dos empregos informais. Desse modo, a modernização brasileira, ainda reproduzindo e naturalizando as diferenças raciais, reorganizou hierarquias que nasceram e se estruturaram com o sistema escravista que sobreviveu até 1888.

Nas três primeiras décadas do século XX, as narrativas sobre a nação se deslocaram da melancolia de uma intelectualidade preocupada com perfil racial da nação para a celebração da mistura racial brasileira. No entanto, essa mudança não se deu sem reproduzir a subalternidade de negros e indígenas. A perspectiva negativa de Nina Rodrigues, que interpretava a miscigenação como um processo de degeneração da população, foi superada pelas visões de figuras como João Lacerda Batista, que enxergaram na mistura racial a grande solução para formação do povo brasileiro. Batista acreditava que, a partir da promoção da imigração europeia, a população branca poderia prevalecer sobre negros e mestiços, apostando na emergência de uma população sem traços africanos num longo período.[6] Nesse sentido, o discurso da mistura racial estava em disputa, entre os que projetavam um futuro de convivência harmônica entre as "raças" e aqueles que a consideravam uma solução para o embranquecimento do povo brasileiro.

O repertório do sistema racial brasileiro, aplicado em diferentes esferas sociais, foi enfrentado por lideranças e organizações negras. É possível identificar as primeiras articulações antirracistas já nos primeiros anos do pós-abolição, embora o que se pudesse considerar como um campo amplo do movimento negro tenha apenas se configurado nas primeiras décadas do século XX. Em um espaço vasto como o território brasileiro, que apresenta uma grande diversidade cultural e étnica, as estratégias e as agendas das mobilizações negras revelaram diferentes respostas contra o racismo brasileiro. Em Salvador, uma cidade majoritariamente negra, grupos como a Embaixada Africana utilizaram a ideia de cultura africana para se mobilizar politicamente. Em São Paulo, onde a paisagem foi marcada pelo associativismo das colônias de imigrantes, a ideia de "raça negra" orientou as organizações políticas que denunciavam o "preconceito de cor" sofrido pelos negros da cidade.[7]

Na primeira metade do século XX, de acordo com Petrônio Domingues, o movimento negro ficou marcado por uma lógica assimilacionista, no qual as lideranças advogavam a incorporação de elementos da cultura dominante e criticavam práticas culturais de matriz africanas que não estavam supostamente alinhadas com a modernidade.[8] A Frente Negra Brasileira (FNB, 1931-1937), entre as organizações negras do período, procurou difundir entre os seus membros estratégias de "modernização negra", desconstruindo estereótipos de negros associados à pobreza. Por outro lado, a FNB, além de combater as práticas racistas do cotidiano, criticava enfaticamente a promoção da imigração de trabalhadores europeus, reivindicado a valorização dos nacionais, principalmente dos trabalhadores negros. A *Voz da Raça*, jornal que divulgava as ações da Frente, reforçava o discurso de uma nação constituída por três diferentes matrizes raciais (negra, indígena e branca) para se contrapor aos projetos de nação baseados no embranquecimento.

As agendas do movimento negro, obviamente, variaram no espaço e no tempo, determinando uma diversidade de visões sobre as relações étnico-raciais no Brasil. Se na década de 1930 havia uma orientação assimilacionista, a partir de 1950 a tendência foi de uma retórica integracionista. A diferença estava no fato de que a militância negra passou a valorizar as matrizes culturais africanas, o discurso sobre a nação não se tratava mais de uma história de encontro entre as raças, mas de três matrizes culturais distintas. Esse deslocamento se revelou em diferentes contextos nacionais. Em Cuba, por exemplo, Fernando Ortiz, adepto da ciência racista na juventude, destacou-se entre os intelectuais latino-americanos que passaram a enquadrar as experiências negras a partir de uma dimensão cultural. No Brasil, tal processo está associado à trajetória do sociólogo Gilberto Freyre, que consolidou o seu espaço com a obra *Casa-Grande e Senzala*, em 1933.

O continente da blanquidad e a ascensão dos sujeitos negros no Brasil e na Colômbia

Entre a intelectualidade negra, a celebração da cultura de matriz africana foi acompanhada pelo debate sobre o preconceito racial no Brasil. Abdias do Nascimento, assim como Guerreiro Ramos, apontaram os limites do discurso da harmonia racial brasileira, identificando a reprodução do preconceito nas próprias dinâmicas das relações sociais; ou seja, havia um problema da sociedade, e não somente de indivíduos preconceituosos. A partir do Teatro Experimental do Negro (1941-1961), que expandiu as suas atividades para além da dramaturgia, Nascimento pautou o debate sobre a questão do negro, dialogando com figuras como Gilberto Freyre e Darcy Ribeiro. A sua emergência como intelectual negro, entretanto, foi restringida pelo regime militar instaurado no golpe de 1964. Em 1968, Abdias do Nascimento, que reclamava de um ambiente político insustentável para o debate sobre a questão racial, apelou para autoexílio e mudou-se para os Estados Unidos.[9]

Tanto o período do regime autoritário de Getúlio Vargas quanto a Ditadura Militar desmobilizaram a militância negra. As agendas das duas primeiras gerações do movimento negro conseguiram, apesar das limitações, criar uma rede de apoio, como foi o caso da Frente Negra Brasileira, ou influenciar o debate acadêmico, como no caso do Teatro Experimental do Negro. Entretanto, devido à crença em uma harmonia racial das elites e as restrições das instituições na promoção de um regime democrático, o ativismo negro não foi capaz de influenciar as políticas sociais e institucionalizar um programa de apoio à população negra. A mudança viria somente com a transição do regime autoritário para o democrático na década de 1980.

RACISMO E CULTURA NA COLÔMBIA

A trajetória da população afro-colombiana apresentou diferenças relevantes quando comparada com a afro-brasileira. A primeira delas está associada à abolição da escravidão em um período anterior, no ano de 1851. A Colômbia fez parte de uma primeira onda de supressão do sistema escravista, não devido ao esforço de uma ampla rede de abolicionistas, mas por conta de outros fatores como a conquista da liberdade entre os negros que participaram das guerras de independência da

América hispânica. Esse processo intensificou a resistência de escravizados que articularam insurreições ou fugiram para espaços remotos em quilombos. Além disso, grande parte das populações negras estavam envolvidas em atividades secundárias, sem a força da agricultura de exportação, o que levou à diminuição da demanda pelo tráfico de escravizados.[10] Sendo assim, o modelo escravocrata dessas regiões perdeu o fôlego antes da primeira metade do século XIX. Na América do Sul, somente o Brasil deu continuidade à escravidão, já que o trabalho de escravizados era essencial para as *plantations*, assim como nos Estados Unidos e Cuba.

Um outro aspecto que ressalta a singularidade da experiência afro-colombiana é a regionalização da população negra, mais acentuada que a brasileira. Os negros na Colômbia se concentraram na região do Pacífico, tendência que foi reforçada com a fuga de escravizados e a constituição de *palenques* (quilombos). Essa região era formada basicamente por terras estatais, que foram ocupadas por uma maioria escravizada e exploradas a partir da mineração e outras atividades extrativas. Após a abolição da escravidão, esse espaço se transformou em um território negro da Colômbia, permitindo uma certa autonomia para a população, porém com o custo de invisibilização por parte das autoridades. Assim, as áreas ocupadas pelas populações negras não foram tratadas como um espaço integrado e formado por um contingente populacional específico, mas um vazio ignorado pelas autoridades.

Esse processo, quando levado em consideração na formação da nação, encaminhou a construção de um imaginário sem a presença da população afro-colombiana. A mesma questão racial que promoveu a imigração europeia no Brasil, na Colômbia se revelou através do isolamento dos descendentes de africanos. No momento em que as elites latino-americanas se engajavam na constituição de populações homogêneas, senão de fato, pelo menos simbolicamente, a colombiana promoveu o desaparecimento das populações que habitavam as regiões remotas. Por outro lado, o distanciamento dos negros proporcionou o cenário adequado para o surgimento de uma identidade afro-colombiana que posteriormente se transformaria em recurso discursivo para mobilização política. Esse movimento se iniciaria a partir de 1930,

O continente da blanquidad e a ascensão dos sujeitos negros no Brasil e na Colômbia

momento em que as instituições começaram a ampliar a participação política no país.[11]

Na década de 1890, quando se iniciava o domínio de Partido Conservador, que se estenderia até 1930, o governo colombiano dava início à integração do território nacional, avançando sobre as ocupações tradicionais dos afro-colombianos na região do Pacífico. Esse movimento teve impacto sobre as atividades de extração, assim como na estrutura social que passou por um processo de estratificação com o avanço da urbanização. As fazendas que operavam numa lógica de subsistência passaram a reproduzir a lógica comercial, propiciando a ascensão de uma elite negra que se mobilizaria a partir de uma agenda regional. O diálogo com o governo central não seria mediado ainda por uma identidade negra, mas pela ideia de uma região de maioria negra que, fundamentada num discurso de valorização da mestiçagem, se integraria ao resto da nação para consolidar a construção de uma nação constituída a partir da mistura entre as raças.

A identidade regional se intensificou com uma campanha para transformar a intendência de Chocó, parte da área de maioria negra do território colombiano, em Departamento. O procedimento para a mudança do *status*, entretanto, esbarrou no contingente populacional de 150 mil habitantes, o exigido era 250. Foi necessário o esforço da elite política de Chocó para que a transição fosse aprovada. A elevação a Departamento não foi somente uma mudança administrativa, mas teve grande impacto político, pois significava a ampliação da participação política da região através da representação de senadores e deputados. A partir dessa iniciativa, o Departamento de Chocó poderia reivindicar de maneira formal o investimento em infraestrutura, acelerando o processo de integração nacional.[12]

A projeção de Chocó, que propiciaria a emergência de uma agenda negra, se deu com o fim do domínio do Partido Conservador e a ascensão do Partido Liberal, que tinha um quadro mais heterogêneo em termos de classe e a proposta de aumentar a participação política na Colômbia. Todo esse processo impulsionou a emergência de intelectuais negros que seriam responsáveis pelas primeiras propostas de promoção de uma cultura negra na Colômbia. A figura mais importante desse período foi Diego Luís Córdoba, filósofo e político que protagonizou a luta pela mudança de *status* do Departamento de Chocó. Córdoba também se empenhou na criação de uma universidade tecnológica, mas a sua grande contribuição foi no campo do ativismo afro-colombiano através da promoção de estudos sobre as populações negras do país. Apesar de ter sido um político com origem em uma família rica da região litorânea, sofreu com o preconceito racial fortemente presente entre a elite colombiana. Esses aspectos da sua trajetória individual tiveram impacto em suas ações políticas, sobretudo quando começou a pautar as desigualdades raciais no país.

A geração de Córdoba acompanhou a emergência de estudos antropológicos sobre indígenas e negros na América Latina a partir de 1930. Se no Brasil e em Cuba, Gilberto Freyre e Fernando Ortiz tiveram destaque no debate sobre a influência das matrizes culturais africanas, na Colômbia intelectuais como Manuel Zapata Olivella, Delia Zapata e Marino Viveiros organizaram os estudos sobre as experiências afro-colombianas incorporando perspectivas da *negritude* trabalhadas por caribenhos e africanos como Aimé Cesaire, Leon Damás e Leopold Senghor. Dentre os afro-colombianos, uma das figuras mais importantes foi Manuel Zapata Olivella, médico e escritor, que explorou em sua literatura as tradições africanas, destacando os elementos culturais bantos e iorubás. Na obra *Changó, el gran putas*, Olivella constrói uma narrativa que se propõe a mesclar elementos místicos e históricos para traçar a trajetória das populações de origem africana, tratando da criação dos deuses africanos, a constituição do sistema escravista nas Américas, as resistências dos escravizados e, ainda, da importância de lideranças políticas negras desde o cubano Antonio Maceo até o estadunidense Malcom X.[13]

A proposta de Manuel Zapara Olivella, que se enveredou entre o culturalismo de 1930 e a autodeterminação dos negros de 1960, ofereceu subsídios para a construção de identidades negras positivas e, consequentemente, para a politização da questão racial no país. O processo de independência dos povos africanos e o Movimento pelos Direitos Civis se transformaram em referência para as militâncias negra da Colômbia e do Brasil que se deslocaram de uma agenda especificamente cultural para uma agenda de reivindicação de direitos.

MOVIMENTO NEGRO CONTEMPORÂNEO NO BRASIL

No caso do Brasil, as mudanças nas agendas do movimento negro aconteceram ao longo da década de 1970. Várias iniciativas em diferentes partes do território brasileiro contribuíram para a construção de identidades negras estruturadas a partir de discursos sobre a diferença. Sendo assim, a militância negra passou a questionar sistematicamente a "ideologia" ou a "mitologia" da democracia racial, demonstrando como a celebração da "mistura entre as raças" disseminada entre os brasileiros estava dissociada da realidade. O imaginário social brasileiro que havia constituído representações de harmonia e fraternidade racial como uma contraposição ao *apartheid* sul-africano e o segregacionismo estadunidense estava em descompasso com as dinâmicas sociais brasileiras que constituíram um padrão singular de racismo. Os ativistas negros se engajaram na difícil tarefa de desconstruir a identidade nacional brasileira, que em diferentes circunstâncias foi chancelada pelo governo brasileiro, e denunciaram as práticas cotidianas de discriminação racial articuladas à estrutura do racismo brasileiro.

Além das lutas pela descolonização no continente africano e a ascensão do Movimento pelo Direitos Civis nos Estados Unidos, outra influência importante foi a incorporação do marxismo por parte de alguns intelectuais negros para organizar a análise das relações raciais no Brasil. A ideia de consciência racial, por exemplo, dialogava com o conceito de "consciência de classe", e foi aplicada para enfatizar o processo de alienação dos brasileiros, principalmente os identificados como negros, em relação à constituição de hierarquias raciais no país.[14] Um dos centros mobilizadores do movimento negro contemporâneo surgiu da Convergência Socialista, organização marxista que tinha em seus quadros militantes negros que incorporaram a luta contra o racismo a uma luta revolucionária anticapitalista. Dentre as figuras que estiveram presentes nesse processo podemos citar Hamilton Cardoso, Milton Barbosa, Neuza Pereira, Flávio Carrança, Rafael Pinto e Jamu Minka.

Em outras frentes da militância negra, as lideranças organizaram uma agenda para a promoção de estudos africanos e afro-brasileiros, o que estimularia as propostas de inclusão desses temas em projetos pedagógicos das escolas públicas. Esse processo foi acompanhado da reelaboração de símbolos articulados pelo movimento negro, descartando a imagem da Mãe Preta, que celebrava a fraternidade racial, e elevando figuras como Zumbi dos Palmares, que representavam uma posição aguerrida diante das injustiças sociais. Manifestações culturais de matrizes africanas foram politizadas na construção de discursos que inseriam o samba, a capoeira e as religiões afro-brasileiras em um repertório de resistências históricas no período da escravidão e no pós-abolição.

Em 1978, a militância negra iniciou a mobilização das organizações negras no país que operavam regionalmente através da fundação do Movimento Negro Unificado. O evento fundacional foi o protesto nas escadarias do Teatro Municipal de São Paulo, em que entidades dos movimentos negros denunciaram a morte de um trabalhador negro torturado e assassinado em uma delegacia e a discriminação racial sofrida por jovens atletas no Clube de Regatas Tietê. Em diferentes localidades do Brasil, seguindo diferentes históricos de organização política, militantes negros articularam entidades antirracistas e iniciaram a aproximação com partidos políticos no processo de democratização pelo qual o país passaria. O objetivo da militância era o de garantir a pauta da questão racial na reconstrução da sociedade civil brasileira.

Apesar da organização do Movimento Negro Unificado, o ativismo antirracista continuou a apresentar características locais, impactando circunstancialmente nas agendas dos governos estaduais. Entretanto, entre 1986 e 1989, as organizações negras, em meio à articulação da Constituinte brasileira, impulsionaram debates sobre a participação política e a incorporação de princípios antirracistas na Constituição de 1988. A militância negra passou a articular candidatura de negros, porém os resultados não foram satisfatórios. Coube a Edimilson Valentim, Carlos Alberto Caó, Benedita da Silva e Paulo Paim a missão de incluir a agenda dos movimentos negros nos debates realizados na Constituinte. A partir da articulação em uma "subcomissão de minorias", os deputados que pautaram as agendas do movimento negro conseguiram criminalizar a discriminação racial e reconhecer os territórios quilombolas.[15]

Além disso, em 1988, no centenário da abolição da escravidão, organizações negras desafiaram as narrativas tradicionais que tratavam a assinatura da Lei Áurea como o início de um processo de integração efetiva da população negra, sem problematizar o racismo da sociedade brasileira. Os militantes negros enfatizaram a "farsa da abolição" e a importância de se desconstruir o mito da democracia racial.

Na década de 1990, porém, a agenda negra deu um grande salto. Com a pressão da Marcha Zumbi, em 1995, o Estado passou a reconhecer o racismo e abriu-se um espaço para a discussão de políticas de promoção da igualdade racial e reparação histórica. Nesse sentido, o movimento negro começou a transcender o denuncismo e mobilizar os seus quadros mais qualificados, dentre eles os coletivos de mulheres negras, para elaboração de políticas públicas. Durante os oito anos do governo do presidente Fernando Henrique Cardoso (FHC), a militância foi maturando a ideia de aplicação de ações afirmativas nas universidades brasileiras. Em 2001, na realização da III Conferência sobre o Racismo, Discriminação Racial, Xenofobia e Intolerância Correlata, o movimento negro brasileiro assumiu o protagonismo do processo de construção de uma agenda internacional antirracista, que impulsionaria no Brasil políticas públicas nas áreas da saúde, educação e direitos humanos.[16]

As políticas de ações afirmativas não foram aplicadas no governo de FHC, mas o debate ganhou uma outra projeção com o governo do presidente Luiz Inácio Lula da Silva. As primeiras experiências começaram a ser aplicadas em universidades estaduais até chegarem às universidades federais, transformando-se em um programa amplo. Essa política estimulou um debate acirrado entre militantes, acadêmicos e políticos que problematizaram a criação de inciativas específicas para negros em um país que ainda celebrava a harmonia racial. Desse modo, a identidade nacional constituída desde a década de 1940 foi desafiada por uma aliança antirracista costurada pelo ativismo negro, que procurava redirecionar o imaginário da democracia racial para um outro orientado por um multiculturalismo recontextualizado para a realidade brasileira. A lógica assimilacionista da mistura de matrizes culturais brasileira foi confrontada por uma proposta de convivência de diferentes matrizes culturais norteadas pela ideia de diversidade étnica.

COLÔMBIA NO CAMINHO
DO MULTICULTURALISMO

Assim como no Brasil, a militância negra da Colômbia a partir de articulações políticas na década de 1970 começou a questionar as práticas racistas da sociedade colombiana. Por outro lado, o país não havia incorporado simbolicamente os negros ao imaginário nacional, como os brasileiros haviam feito com a construção da ideia de democracia racial. Os colombianos reconheceram a cultura indígena e paralelamente invisibilizaram a contribuição cultural dos negros. Em 1975, os ativistas afro-colombianos começaram a organizar uma agenda para promover a consciência racial, mobilizando elementos para uma crítica consistente ao racismo no país. A partir do Centro de Pesquisas e Desenvolvimento da Cultura Negra (CIDCUN, do espanhol), Amir Smith Córdoba estimulou a leitura de escritos e discursos de Frantz Fanon, Malcom X e Angela Davis, associando a experiência afro-colombiana às dinâmicas antirracistas e anticoloniais da diáspora negra.[17]

Outra organização importante no período foi a Soweto, fundada em 1976 por Juan de Dios Mosquera, obviamente inspirada pelo movimento antiapartheid de repercussão internacional. Essa foi uma iniciativa estimulada pela insatisfação de alunos universitários com a abordagem da esquerda sobre as relações raciais, obrigando-os a criar um espaço específico para refletir sobre estratégias de enfrentamento do racismo na Colômbia. Em 1982, o grupo Soweto se transformou no Movimento Cimarrón, construindo uma articulação antirracista baseada em experiências negras urbanas. A organização incorporou o simbolismo dos levantes contra a escravidão protagonizados pelos negros, enfatizando princípios como igualdade e liberdade e os associando à formação dos *palenques* (quilombos, em espanhol). A partir da ideia de cultura negra e da mobilização de narrativas históricas, o grupo também tinha o objetivo de difundir a consciência negra entre os afro-colombianos. Nesse processo, o movimento se transformou de grupos de estudos para centro de formação de ativistas.

No entanto, a militância ganharia força com as articulações nos espaços rurais, onde estava concentrada a maioria dos afro-colombianos. Se no Brasil são os movimentos negros dos grandes centros urbanos que impulsionam as agendas de combate ao racismo, na Colômbia acompanhamos um outro padrão de organização étnica-racial da América Latina, como em Nicarágua, Honduras e Equador, em que as organizações rurais vão demonstrar uma capacidade de mobilização muito maior. Na Colômbia, lideranças associadas à Igreja Católica – que havia organizado grupos indígenas anteriormente – começaram a criar estratégias específicas para o campesinato negro localizado em terras da região do Pacífico. Como observa Catalina Zambrano, o ativismo rural articulou temas como terra, meio ambiente e etnia, em um momento em que o governo colombiano, a partir de uma visão que considerava as terras ocupadas por afro-colombianos como espaços baldios, legitimou a operação de madeireiras na região.[18]

Com o apoio do Movimento Cimarrón a partir dos espaços urbanos, as organizações de campesinos negros começaram a proliferar e a mobilizar redes inter-regionais, configurando um movimento de amplitude nacional de Organizações de Bases (OB). Ao mesmo tempo que essas populações planejavam uma agenda de enfrentamento da violência da exploração madeireira, articulavam símbolos culturais étnicos que reforçariam uma alteridade afro-colombiana. Ou seja, em uma nação que historicamente ignorou a presença da população negra na sua construção, os descendentes de escravos, frente a uma ameaça sobre as suas terras, criaram uma identidade negra associada à terra e a uma tradição de preservação e de desenvolvimento econômico sustentável. Em meio a esse processo, as OBs não ganharam somente o reconhecimento e o apoio de grupos católicos progressistas, mas também de organizações não governamentais de direitos humanos apoiadas pela Comunidade Econômica Europeia.

Os afro-colombianos, portanto, iniciam um processo de construção de etnoterritórios que seria impulsionado pela constituição jurídica da ideia de comunidade negra. Essas comunidades campesinas eram formadas por uma multiplicidade de identidades, mas quando dão os primeiros passos no processo de politização, o eixo estruturador passa a ser a identidade negra. Por meio da construção de uma alteridade, os negros constroem uma distinção identitária a partir da ascendência africana, além de práticas orientadas por valores pós-materiais – em que o desenvolvimento material está circunscrito ao mínimo necessário para sobrevivência. A construção dos etnoterritórios contaria com a atuação fundamental de Carlos Rosero, antropólogo negro que assumiria liderança ao reforçar uma "diferença cultural negra" e associá-la à conquista de uma autonomia territorial negra nas áreas rurais do litoral do Pacífico.

Todo o esforço das organizações negras teria como desafio a inclusão de uma agenda de reivindicação na Assembleia Nacional Constituinte (ANC), no início da década de 1990. A articulação da ANC era uma resposta para problemas políticos, sociais e econômicos na Colômbia em um momento em que diferentes atores clamavam por uma reforma constitucional capaz de democratizar o Estado e fortalecer a sociedade civil. O presidente Virgilio Barco Vargas, no final da década de 1980, procurou pacificar a sociedade por meio de acordo com grupos armados, mas resistiu à convocação de uma Assembleia Constituinte. A pressão, no entanto, foi mobilizada por estudantes e professores universitários através do movimento "Todavia podemos salvar a Colombia", articulando outros setores sociais interessados na reforma constitucional.[19] Como proposta para encaminhar a Constituinte, surgiu a ideia de acrescentar nas cédulas de voto a opção de dizer sim ou não à reforma. Assim, em dezembro de 1990, organizou-se a eleição dos membros da ANC para 1991.

Apesar do empenho ao longo dos anos para articulação de uma agenda comum, as organizações negras revelaram suas limitações no momento de mobilizar recursos para a construção de uma representação para ANC e dependeram da aliança com os indígenas. Entre a sociedade colombiana, a causa indígena era muito mais legítima do que a dos negros, já que havia a percepção de que estes estavam integrados e não precisavam de políticas que contemplassem demandas específicas, qualquer promoção de agenda negra poderia estimular tensões raciais. Francisco Rojas Birry, liderança indígena que tinha um longo histórico de cooperação com organizações negras da região de Chocó, cumpriu o papel de defensor dos interesses afro-colombianos. A aproximação com as organizações indígenas rendeu marchas e campanhas para a inclusão de uma legislação específica para os negros. No entanto, o processo da constituinte foi finalizado com apenas um artigo que indicava a formação de uma comissão formada por representantes das comunidades negras para a proposição de uma legislação futura.[20]

O continente da blanquidad e a ascensão dos sujeitos negros no Brasil e na Colômbia

Em 1993, o presidente César Gavíria sancionou a Lei 70, que reconheceu o direito das comunidades negras de posse coletiva sobre as terras da Costa do Pacífico, afirmando as suas identidades étnicas e estabelecendo também políticas de proteção social e econômica. Contudo, os avanços da lei contemplaram muito pouco as experiências negras urbanas, não organizando, como no Brasil, uma legislação de criminalização do racismo que pudesse fundamentar o combate às desigualdades raciais e políticas de ações afirmativas. Em cidades como Cali e Bogotá, as autoridades locais promoveram canais para a participação política dos afro-colombianos e, consequentemente, a concepção de políticas sociais e culturais em distritos de grande presença de negros, mas tais iniciativas não se generalizaram pelo território colombiano. Além disso, a formalização da cidadania étnica foi apenas um primeiro passo para as comunidades negras rurais que encaravam cotidianamente a violência de grupo paramilitares que promoviam o deslocamento em massa dos povos negros e indígenas.

CONCLUSÃO

As populações negras e indígenas da América Latina, no processo de construção dos Estados nacionais, foram submetidas a hierarquizações baseadas na ideia de raça que recontextualizaram subalternidades constituídas a partir de diferentes modalidades de trabalhos forçados no período colonial. Apesar das dinâmicas sociais não apresentarem fenômenos como o da supremacia branca, em que as classes populares dos Estados Unidos celebraram a superioridade racial sobre as minorias, os países da América Latina, por meio de diferentes tradições institucionais e culturas políticas, estabeleceram os seus próprios mecanismos de racialização, transformando a ascendência europeia em capital social que determinaria as disputas em torno da construção das cidadanias das sociedades latino-americanas. O desafio dos grupos subalternizados racialmente foi o de forçar a participação política frente a Estados orientados por políticas autoritárias de controle do trabalho.

No caso da Colômbia e do Brasil, as populações de origem africana enfrentaram políticas de marginalização, eliminação cultural e esquecimento. A virada na década de 1930, em que intelectuais latino-americanos passam a incorporar simbolicamente os elementos culturais negros e indígenas para pensar a nação, não foi suficiente para a criação de ordem sociais inclusivas, reforçando apenas o caráter funcional da raça que, de maneira dinâmica, se adequou às transformações culturais e políticas ao longo do século XX. No caso dos dois países, é possível identificar um processo de mudança na década de 1970, em que as lideranças negras passam a construir novas agendas em diálogo com o processo de independência dos povos africanos e o Movimentos pelos Direitos Civis nos Estados Unidos. Nesse sentido, os movimentos negros passam a se reimaginar como sujeitos políticos, e não somente culturais, reivindicando agendas específicas em um momento de democratização dos regimes políticos na América Latina.

Tanto no Brasil como na Colômbia, a mobilização nacional de organizações negras não foi suficiente para a construção de uma representação nos debates sobre as reformas constitucionais. Os poucos deputados negros brasileiros da Constituinte foram obrigados a se articular com outros atores da sociedade civil; já os colombianos, sem nenhum representante, apostaram na aliança com os indígenas para garantir a formalização de uma agenda negra na Constituição. A incorporação parcial dessas agendas possibilitou o acesso das organizações a um campo mais amplo de disputas que, no caso do Brasil, promoveu políticas mais ambiciosas como as ações afirmativas nas universidades públicas e no funcionalismo público. A formalização de direitos das populações negras colombianas e brasileiras obrigou as duas sociedades a se repensarem como nações multiculturais, no entanto, ainda é necessário que os ativismos negros enfrentem as várias práticas racistas que compõe os racismos estruturais da América Latina.

Notas

[1] Ver Camila Bueno Grejo, *Entre o científico e o político: pensamento racial e identidade nacional na Argentina (1880-1920)*, São Paulo, Cultura Acadêmica, 2009.

[2] George Reid Andrews, *The Afro-Argentines of Buenos Aires, 1800-1900*, Madison, University of Wiscosin, 1980.

[3] George Reid Andrews, *América Afro-Latina, 1800-2000*, São Carlos, Edufscar, 2014.

[4] Richard Graham, *The idea of race in Latin America, 1870-1940*, Austin, University Press, 1990; Nancy P. Appelbaum, Anne S. Macpherson e Alejandra Rosemblatt, *Race & Nation in Modern Latin America*, Chapel Hill, The University of North Carolina Press, 2003.

[5] Ver Petrônio Domingues, *Uma história não contada: negro, racismo e branqueamento em São Paulo no pós-abolição*, São Paulo, Ed. Senac, 2004; George Reid Andrews, *Negros e brancos em São Paulo, 1888-1988*, Bauru, Edusc, 1998.

O continente da blanquidad e a ascensão dos sujeitos negros no Brasil e na Colômbia

[6] Lilia Moritz Schwarcz, *O espetáculo das raças: cientistas, instituições e questão racial no Brasil, 1870-1930*, São Paulo, Companhia das Letras, 2007.

[7] Kim Butler, *Freedoms given, freedoms won: afro-brazilians in post-abolition São Paulo and Salvador*, New Brunswick, Rutgers University Press, 1998.

[8] Petrônio Domingues, "Movimento negro brasileiro: alguns apontamentos históricos", em *Tempo. Revista do Departamento de História da* UFF, v. 12, pp. 113-136, 2007.

[9] Márcio de José Macedo, *Abdias do Nascimento: a trajetória de um negro revoltado (1914-1968)*, São Paulo, dissertação de Mestrado, Programa de Pós-Graduação em Sociologia da Universidade de São Paulo, 2005.

[10] Nina de Friedemann, *La Saga Del Negro. Presencia Africana En Colombia*, Bogotá, Pontificia Universidad Javeriana, 1993.

[11] Peter Wade, *Blackness and race mixture: the dynamics of racial identity in Colombia*, Baltimore, Johns Hopkins University Press, 1993.

[12] Catalina Gonzalez Zambrano, *De Negros a Afrocolombianos: oportunidades políticas e dinâmicas de ação coletiva dos grupos negros na Colômbia*, dissertação de Mestrado, Programa de Pós-Graduação em Sociologia da Universidade de São Paulo, 2012.

[13] Denilson Lima Santos, "Abdias do Nascimento y Manuel Zapata Olivella: intelectuales del siglo XX en el sendero de la discursividad ancestral yoruba y bantú", em *Estudos de literatura brasileira contemporânea*, n. 44, pp. 223-248, jul./dez. 2014.

[14] Amilcar Pereira, *O Mundo Negro: relações raciais e a constituição do movimento negro contemporâneo no Brasil*, Rio de Janeiro, Pallas/Faperj, 2013.

[15] Flavia Rios, *Elite política negra no Brasil: relação entre movimentos social, partidos políticos e Estado*, tese de Doutorado em Sociologia, Programa de Pós-Graduação em Sociologia da Universidade de São Paulo, 2014.

[16] Idem.

[17] Ver Cristiano dos Santos Rodrigues, *Movimentos negros, Estado e participação institucional no Brasil e na Colômbia em perspectiva comparada*, tese de Doutorado em Sociologia, Departamento de Sociologia da UERJ, 2014.

[18] Catalina Zambrano, op. cit., p. 109.

[19] Cristiano dos Santos Rodrigues, op. cit., p. 129.

[20] Ver Marcio André de Oliveira Santos, *Políticas raciais comparadas: movimentos negros e Estado no Brasil e na Colômbia (1906-2006)*, tese de Doutorado em Estudos Políticos e Sociais, Instituto de Estudos Políticos e Sociais, 2012.

UTOPIAS DO CONHECIMENTO

EDUCAÇÃO, ESTADO E IGREJA NA COLÔMBIA DO SÉCULO XIX

Maria Ligia Prado
Valdir Santos

J á há algumas décadas, os historiadores têm buscado problematizar as narrativas evolucionistas da História. No Ocidente, concepções relacionadas ao progresso inexorável do gênero humano e à linearidade do desenvolvimento das sociedades que as conduziria a futuros brilhantes têm servido, desde meados do século XVIII, como bases para formulações utópicas dos mais diversos matizes não somente políticos e ideológicos, mas também historiográficos.

Independentemente se tendendo ao liberalismo ou ao socialismo, à iniciativa individual ou ao coletivismo, à constituição de um mundo sem fronteiras ou ao imperativo dos Estados nacionais, começaram a se estabelecer, a partir do Século das Luzes, perspectivas que previam a constituição de um mundo ideal e perfeito não mais no Céu, como vindicava a teleologia cristã, mas em um futuro material e terreno. Não importando se regido pela mão invisível do mercado ou pela propriedade coletiva dos meios de produção, a modernidade ocidental, achando-se liberta dos elos que a prendiam às matrizes religiosas, criou suas próprias utopias.[1]

A emancipação paulatina da humanidade de uma visão teológica da vida não deixa de ser, ela também, na modernidade, uma utopia. *Grosso modo*, acreditou-se por muito tempo que a evolução das ciências e da tecnologia resultaria não apenas no "desencantamento do mundo", nos termos do sociólogo alemão Max Weber,[2] mas na plena secularização e laicização das sociedades contemporâneas.[3] Na órbita dessas perspectivas, a educação, entendida desde então como algo que deveria ser público e laico, era concebida, de maneira bastante incisiva, como uma das pedras angulares desse novo mundo que se desejava construir, pois infundiria esses princípios desde cedo nas gerações mais jovens.

Embora, na marcha dos acontecimentos, as práticas sociais não se encadeiem de maneira tão coerente, essa narrativa continua ainda a ser encontrada em diversos meios, incluídos aqui os estudos relacionados à História da Educação. Em linhas gerais, o Iluminismo se apresenta, em muitos desses textos, como marco essencial da vitória da Razão, em sua batalha contra o domínio da Fé. Não somente pelas ideias defendidas pelos *philosophes* como Voltaire, Rousseau ou Condorcet, mas também pelas reformas promovidas pelos chamados déspotas esclarecidos, sintetizadas pelo banimento, na segunda metade do século XVIII, da Companhia de Jesus dos países católicos e de suas colônias nas Américas. Os séculos XIX e XX seriam, consequentemente, o momento da imposição paulatina da secularização e da laicização sob a égide dos Estados nacionais, muitos dos quais pautados pelas ideias liberais.[4]

As coisas, entretanto, não se dão de maneira tão simples, e o confronto entre a Razão, a secularização, a laicização e a ciência, de um lado, e a Fé, as respostas sobrenaturais e a religião, de outro, não estão fadados necessariamente à vitória dos primeiros.

A América Latina do século XIX se apresenta ao historiador como um espaço bastante desafiador para se discutir essas dinâmicas históricas.

Entre os diversos países da região, a Colômbia das décadas que se seguiram à independência se apresenta como um dos casos mais relevantes a serem estudados no âmbito das disputas acerca da laicização e da secularização nas Américas, em especial na área da educação. Em primeiro lugar, pois, ao longo de décadas, vivenciou conflitos bastante acirrados entre os conservadores, fortemente vinculados à Igreja Católica, e os liberais, defensores de reformas contrárias aos interesses dessa instituição. A situação colombiana se mostra ainda como paradigmática porque cada um dos partidos vivenciou períodos relativamente longos de hegemonia, implantando seus projetos políticos e impondo determinados valores sociais na esfera do Estado nacional.

O caso colombiano merece ser analisado, pois, em meados do século XIX, esse país vivenciou uma série de reformas liberais que ampliaram a participação política a vários setores da sociedade e promoveram transformações bastante impactantes para a época não somente quando comparadas aos seus vizinhos latino-americanos, mas também quando colocadas lado a lado a políticas vigentes em muitos países europeus e aos Estados Unidos no mesmo período.

Na área educacional, houve um esforço dos governos liberais para combater o analfabetismo e promover uma educação pública, gratuita e sem a interferência da Igreja Católica na Colômbia. Além disso, a Educação não somente se apresenta como campo privilegiado para a compreensão desses embates, mas também como a responsável por um dos principais enfrentamentos armados ocorridos entre liberais e conservadores no século XIX: a Guerra Civil de 1876-1877, também chamada de Guerra de las Escuelas.

Antes de seguir com a argumentação, é preciso fazer aqui um esclarecimento sobre os significados das chamadas "políticas liberais" no século XIX. Em primeiro lugar, ser "liberal" na América Latina nas décadas posteriores à independência não é algo homogêneo. Considerando que, em linhas gerais, o "liberalismo" está pautado por três características marcantes – o naturalismo, o racionalismo e o individualismo[5] –, pode-se dizer que, dentro do escopo daqueles que se definiam como "liberais", havia tanto reformadores mais radicais como defensores de medidas mais moderadas.[6] Embora, com muitas nuances, atuassem em favor de temas caros ao liberalismo desse período como as liberdades de expressão e de culto, além do livre comércio, não deixavam de entender a importância do Estado como promotor privilegiado das políticas educacionais.

111

Por outro lado, não há como se pensar a existência de doutrinas reformistas na América de colonização ibérica sem a percepção da importância do cristianismo na região, especialmente para as camadas populares desses países. Embora muitos dos próceres emancipacionistas e dos líderes dos processos de construção dos Estados nacionais da região apresentassem posturas anticlericais, se fazia muito complexa a execução de projetos que atacassem frontalmente a Igreja e o catolicismo, já que, como afirma o historiador norte-americano David Bushnell, o poder de persuasão do clero sobre a população tinha um alcance mais amplo que o das autoridades governamentais e dos intelectuais e letrados de forma geral.[7]

É importante também frisar que em cada país latino-americano as relações entre liberalismo, Estado, Igreja e educação se deram de uma forma específica. No caso brasileiro, por exemplo, o anticlericalismo, em particular na questão da instrução pública, não se apresentou como característica essencial dos liberais, ao contrário do que ocorreu na Colômbia ou no México, apenas para citar os dois casos mais evidentes de embate liberal com os setores eclesiásticos.

Da mesma maneira, a adoção da monarquia como forma de governo e a existência do padroado régio – união entre Igreja e Estado – durante todo o período imperial (1822-1889), fizeram com que o ensino religioso, independentemente se oferecido de forma obrigatória ou facultativa, fosse uma realidade nas instituições públicas de ensino do país até o fim do governo de D. Pedro II. Dadas as condições específicas do Império brasileiro e de suas relações umbilicais com a Igreja, embora houvesse nos discursos dos liberais, desde a Assembleia Constituinte de 1823, a defesa da importância do Estado no oferecimento da instrução, a presença da religião nos ambientes escolares não foi de fato posta em questão no Brasil até pelo menos a segunda metade do século XIX.[8]

É necessário também destacar que, ao contrário do que ocorre atualmente, em que as políticas educacionais chamadas "liberais" são associadas frequentemente à privatização do ensino, quando se fala do século XIX e das primeiras décadas do século XX na América Latina, incluído aqui o Brasil, os "liberais" se apresentavam, de maneira geral, como grandes defensores do ensino público, embora não necessariamente inclusivo e democrático. Nesse sentido, mesmo que o papel do Estado na instrução pública se apresentasse como um consenso nos projetos liberais do período em diversos países, a temática da "liberdade de ensino" e sua relação com a religião apresentava alguns matizes importantes quando comparados contextos específicos, como, por exemplo, os casos do Brasil e da Colômbia.

A despeito das diferenças, parece importante destacar que, tanto no Brasil quanto na Colômbia, as relações entre a Igreja e o Estado se tornaram mais complexas, em especial após 1864, com a publicação, sob o papado de Pio IX, do *Syllabus*, um anexo à encíclica *Quanta Cura*. Nesse documento eclesiástico eram condenados o liberalismo, o secularismo, a liberdade de pensamento e a tolerância religiosa. Encampado por setores relevantes do clero latino-americano, resultou em processos tão diversos quanto na intensificação da oposição dos conservadores às reformas liberais que vinham ocorrendo na Colômbia desde fins da década de 1840, como em um processo de crise do padroado régio no Brasil, estremecendo as relações entre o governo imperial e a Igreja Católica, estabelecidas pela Constituição de 1824.[9]

O caso específico da Colômbia do século XIX se caracterizou pelo embate ferrenho entre duas concepções sobre como deveria se organizar o Estado nacional: de um lado, havia o projeto "laico-liberal"; de outro, o "católico-conservador". O modelo "laico-liberal" defendia uma educação obrigatória, laica, gratuita, distante da influência da Igreja Católica e financiada pelo Estado. Inspirado nas ideias do filósofo inglês Jeremy Bentham, buscava uma educação prática, utilitarista e com o objetivo de formar força de trabalho para o desenvolvimento da economia. Em contraposição, o modelo "católico-conservador" desejava manter a Igreja como a principal responsável pela instrução, ofertando um ensino de viés religioso que não fosse obrigado a seguir as diretrizes impostas pelo Estado.[10]

Essas duas matrizes estruturaram, na segunda metade do século XIX, alguns dos principais pontos de divergência entre os dois partidos que disputaram o poder na Colômbia no período: o Liberal e o Conservador. As linhas gerais da formação dessas duas agremiações políticas começaram a se fazer presentes nos primeiros anos após a independência em relação à Espanha e podiam ser encontradas na rivalidade entre dois dos principais nomes do processo emancipacionista da região: Simón Bolívar (1783-1830) e Francisco de Paula Santander (1792-1840).[11]

Aliados no início do processo de formação da efêmera República da Grã-Colômbia, resultado da tênue união entre o Vice-Reino de Nova Granada, a Capitania Geral da Venezuela e a Audiência de Quito, Bolívar e Santander, respectivamente presidente e vice-presidente da nova jurisdição, romperam em meados da década de 1820. Os "bolivarianos" passaram a defender um aprofundamento do centralismo político com a criação da Presidência Vitalícia a ser ofertada ao Libertador. Em oposição, os "santanderistas" se posicionaram como defensores da Carta vigente à época, a Constituição de Cúcuta, que havia sido aprovada em 1821.

Após a dissolução da Grã-Colômbia, com a secessão da Venezuela e do Equador em 1831, a política da recém-estabelecida República de Nova Granada se organizou basicamente em três grandes facções: os "santanderistas", apoiadores do agora presidente da república Santander (1832-1837), defensores de medidas de viés mais liberal; os "bolivarianos", partidários de uma maior centralização política; e os "moderados", antigos críticos de Bolívar, mas que passaram após sua morte, em 1830, a pregar a conciliação. *Grosso modo*, se os "santanderistas" são frequentemente apontados como a principal corrente constitutiva do futuro Partido Liberal, os "bolivarianos" e "moderados" estariam na base da formação do Partido Conservador.

De acordo com David Bushnell, é bastante complexo definir, em termos sociais, as diferenças entre liberais e conservadores. Embora tenha se buscado muitas vezes analisar a adesão aos dois partidos por critérios essencialmente econômicos e relacionados às classes, uma análise mais aprofundada a esse respeito faz com que não seja possível constituir essas distinções de forma clara dentro dos diversos grupos existentes na sociedade neogranadina. Entretanto, dois fatores se colocam como centrais para a compreensão dos elementos de diferenciação entre os partidos: a maior ou menor centralização política e o papel que a Igreja e a religião de forma geral deveriam ocupar no país. Enquanto os liberais se posicionavam comumente de forma favorável a medidas mais próximas ao federalismo e ao anticlericalismo, os conservadores eram mais centralistas e alinhados aos interesses da Igreja.[12]

A despeito da adoção de medidas de viés anticlerical tomadas nas décadas de 1820 e 1830 por Santander e seus aliados, com o objetivo de limitar a ação educativa e diminuir as fontes de enriquecimento do clero, o resultado desse processo foi, frequentemente, nas primeiras décadas do século XIX, uma política de acomodação entre Estado e Igreja. Embora o regime republicano tenha buscado promover uma ética de distinção entre o público e o privado nas décadas posteriores à emancipação e gerado, de alguma forma, um certo declínio do poder eclesiástico, não conseguiu afastar de todo a Igreja da vida política de maneira geral e das atividades educacionais em particular.[13]

A ascensão ao poder dos liberais com a vitória de José Hilário López nas eleições de 1849 marcou o início de um período caracterizado, ao mesmo tempo, pela aprovação de uma série de reformas que pretendiam reestruturar a sociedade colombiana e pela intensificação das rivalidades com os conservadores.

Alguns historiadores, como o norte-americano James E. Sanders, defendem que na Colômbia em particular, mas também em outras partes da América Hispânica, como o México, por exemplo, as reformas de viés liberal implantadas em meados do século XIX teriam significado nesses países uma espécie de modernidade republicana alternativa. Além de ter representado um período de genuína inovação política e de intenso debate popular, esse momento histórico teria promovido projetos republicanos com a ampliação dos direitos dos cidadãos, fazendo com que a Europa estivesse, muitas vezes, a reboque das novas ideias postas em prática na região.[14]

Nesse contexto de grandes transformações, os embates entre o Estado e a Igreja se tornaram ainda mais frequentes que no período anterior. Diversas medidas tomadas pelo governo de López (1849-1853) e ratificadas posteriormente pela nova Constituição de 1853 foram vistas como afrontas por clérigos e leigos mais devotos. Durante os primeiros anos de domínio liberal, aboliu-se a escravidão, os jesuítas foram expulsos do país, o sufrágio universal masculino, a tolerância religiosa e a liberdade de expressão foram aprovados, assim como o casamento civil e o divórcio. Além disso, o padroado e o foro privilegiado do clero foram extintos.[15]

Na década de 1860, os liberais, em particular a partir do governo de José Cipriano Mosquera (1861-1864), aprofundaram suas reformas na direção da ampliação do federalismo e da diminuição dos poderes da Igreja Católica. No que se refere propriamente à questão religiosa, Mosquera decretou que o poder do clero passaria a ser tutelado pelo

Estado, expropriou e estatizou os bens eclesiásticos que não estivessem sendo utilizados como espaço de culto e aboliu a maior parte das ordens religiosas do país. Tais medidas, associadas a uma forte coloração federalista, foram cristalizadas na nova carta do país, promulgada em 1863, a chamada Constituição de Rio Negro, quando a Confederação Granadina passou a ser chamada de Estados Unidos da Colômbia.

Apenas a título de comparação, o início do processo de reordenamento da legislação colombiana na direção de políticas de viés mais liberal, embora um pouco anterior, não deixa de ser contemporâneo às reformas que começaram a ocorrer no México a partir de 1854 com eclosão da chamada Revolução de Ayutla.

Interessante mencionar que esses desdobramentos nos dois países guardam, como todos os processos históricos equivalentes, importantes semelhanças, mas também destacadas diferenças. Em ambos os casos, os liberais tomaram como seus principais alvos as corporações remanescentes do período colonial e seus foros privilegiados, procurando impor medidas, em especial nas áreas política e econômica, favoráveis às iniciativas individuais e privadas. Embora enfrentassem a maior de todas as corporações do período, a Igreja Católica, não deixaram também de atacar as propriedades comunais indígenas remanescentes da colônia, chamadas de *pueblos* no México e de *resguardos* na Colômbia.

Entretanto, algumas diferenças relevantes nos dois processos merecem também ser sublinhadas. Pode-se dizer, primeiramente, que as Reformas Liberais no México foram implementadas com ainda mais dificuldades que na Colômbia. Não bastasse o enfrentamento, desde 1854, de um período de permanentes guerras civis entre liberais e conservadores, os mexicanos sofreram ainda com intervenções estrangeiras e com a imposição de uma monarquia no país patrocinada pelos franceses entre 1864 e 1867. Por outro lado, o fim do período imperial, representado pelo governo de Maximiliano de Habsburgo, fuzilado pelos liberais republicanos em 1867, fez com que a imposição desse projeto se consolidasse como algo mais duradouro na história mexicana quando comparado ao que ocorreu na República de Nova Granada, posteriormente Colômbia.

No caso do México em particular, o liberalismo vitorioso, em busca de ordem, se aliou ao positivismo, resultando em um período de certa

Educação, Estado e Igreja na Colômbia do século XIX

conciliação com a Igreja durante o longo tempo em que Porfírio Díaz foi a principal liderança política do país (1876-1910). Não obstante, os processos iniciados em 1854 foram retomados, consolidados e, em grande medida, intensificados a partir da Revolução de 1910, demonstrando sua longa duração na sociedade mexicana. No caso colombiano, ao contrário, as Reformas Liberais, iniciadas em fins da década de 1840 e aprofundadas em seu federalismo e anticlericalismo nas décadas seguintes, não criaram raízes tão perenes como no México.[16]

Pode-se concluir, em linhas gerais, que, como a presença do invasor estrangeiro e da monarquia no México estava fortemente vinculada à atuação do Partido Conservador, criou-se, naquele país, uma associação direta entre "liberalismo", "republicanismo" e "nacionalismo", resultando na transformação dos antigos apoiadores do governo imperial de Maximiliano e da intervenção francesa em inimigos da pátria. No caso colombiano, por outro lado, nas dinâmicas da política interna, os liberais foram relacionados pelos conservadores, que se arrogavam o papel de defensores da "ordem" e da "tradição, ao radicalismo, à anarquia e ao ataque aos valores cristãos".

Principalmente a partir da década de 1870, esse discurso dos grupos mais tradicionalistas encontrou, nos embates educacionais, uma das vias de maior atrito com os liberais que até então ocupavam o poder.

Buscando enfrentar o fato de que, na segunda metade do século XIX, a Colômbia se constituía ainda como um país composto majoritariamente por analfabetos, o presidente recém-empossado Eustorgio Salgar Moreno (1870-1872) assinou, em 1870, o Decreto Orgánico de la Instrucción Pública, que previa o estabelecimento de escolas em todo o território nacional com o objetivo de promover uma educação pública, universal, gratuita, obrigatória e que prezasse pela "neutralidade religiosa".

Embora não excluísse o catolicismo do espaço escolar, a nova legislação rechaçava sua obrigatoriedade. Os pais que desejassem que seus filhos tivessem aulas de religião deveriam comunicar às instituições de ensino e seriam atendidos em horários alternativos. Além disso, ainda sob o governo de Salgar, novas escolas normais foram fundadas, e professores estrangeiros, em especial alemães, muitos dos quais protestantes, passaram a atuar na formação dos novos mestres.[17]

Dentro de um quadro mais amplo, vale a pena mencionar que as medidas educacionais defendidas pelo governo Salgar foram contemporâneas e guardavam diversas semelhanças com o que ocorria naquele que é considerado, dentro da perspectiva dos liberais do século XIX, um dos projetos educacionais mais bem-sucedidos da América Latina à época: a Argentina do presidente Domingo Faustino Sarmiento (1868-1874).

A defesa do ensino público, a abertura de escolas normais e o convite a pedagogos estrangeiros para a formulação de metodologias de ensino foram medidas comuns a ambos. Entretanto, diferentemente do que ocorria mais ao sul do continente, os colombianos não dispunham de tantos meios materiais e de uma economia tão pujante como a Argentina desse período. Da mesma forma, os projetos educacionais sarmientianos não encontraram em seu país tanta oposição e resistência como os que os liberais vinham tentando implementar na Colômbia. O resultado dessas clivagens foi um maior êxito das políticas argentinas quando comparadas com as medidas contemporâneas dos governos colombianos.[18]

O programa educacional do governo Salgar provocou a ira dos católicos e conservadores mais radicais que, incentivados pela já mencionada guinada ultramontana vivenciada pela Igreja Católica a partir da publicação do *Syllabus*, em 1864, passaram a incentivar as famílias, autoridades locais e adeptos em geral das doutrinas católicas a se afastarem das escolas públicas. Esses setores da sociedade colombiana afirmavam a intenção do governo central de querer instituir um sistema educacional alheio a Deus e aos valores tradicionais.

A temática da educação e o conflito entre Igreja e Estado são considerados ainda hoje dois dos principais vetores do levante conservador de 1876, mobilizado, em grande medida, pelo clero e encampado pelas massas cristãs que atenderam a seu clamor. O enfrentamento entre o governo central e os rebeldes resultou no início da Guerra de las Escuelas, conflito civil que perdurou até meados de 1877.

Embora os liberais tenham saído vencedores do confronto, seu projeto educacional caiu em desgraça. Os governistas, que já vinham divididos desde as eleições de 1876 entre oficialistas, também chamados de radicais, e independentes, começaram a ter seu poder cada vez mais enfraquecido. A aproximação entre a dissidência liberal e a oposição resultou na vitória, em 1880, do candidato conservador à presidência da república Rafael Nuñez (1825-1894), marcando o fim da hegemonia eleitoral dos liberais radicais e o início de um período dominado pelos conservadores que perdurou até 1930.

A ascensão de Nuñez ao poder, somada à crise econômica proveniente do declínio das exportações de produtos primários colombianos no mercado internacional, abriu caminho para o início de um período chamado por seus próprios promotores de Regeneração. O ponto principal dessa inflexão ocorrida na história política colombiana foi a aprovação de uma nova Constituição, em 1886, durante o segundo mandato de Nuñez.

Entre as diversas modificações promovidas pela Carta, destacavam-se uma maior centralização administrativa, o fortalecimento do poder executivo, a limitação do sufrágio universal masculino com a restrição do voto aos analfabetos, a proibição do divórcio, o restabelecimento da pena de morte e, como era de se esperar, a revogação de diversas medidas reformistas consideradas prejudiciais à Igreja Católica.

Além da nova Constituição, foi assinada em 1887 uma Concordata com o Vaticano, explicitando de forma ainda mais evidente a guinada conservadora que vivenciava a Colômbia. Embora na Carta de 1886 a tolerância religiosa tenha sido mantida, as propriedades eclesiásticas confiscadas nas décadas anteriores foram devolvidas, e aquelas que haviam sido privatizadas renderam o pagamento de indenizações ao clero. As ordens religiosas, em particular a dos jesuítas, foram restabelecidas, bem como elementos do foro privilegiado dos membros da Igreja. Por fim, mas não menos importante, a nova legislação previa que a educação deveria seguir as diretrizes das autoridades católicas que passaram a ter poder de veto em relação aos textos escolares e à nomeação de professores.[19]

Chama a atenção, nesse contexto, como a Colômbia – país que, mesmo com diversas contradições, parecia estar na vanguarda de uma série de reformas de teor liberal, bastante avançadas para a época, comparativamente ao que ocorria na Europa e em outros Estados nacionais das Américas – vivenciou em um período de poucos anos a derrota desses projetos. Não que os liberais chamados radicais não tenham tentado reagir. Em 1885, se sublevaram, por exemplo, contra a volta de Rafael Nuñez ao poder. Sua derrota, entretanto, nessa guerra civil praticamente selou o seu destino e o da Colômbia nos anos seguintes.

Mas quais foram as ideias que pautaram essa reação conservadora das últimas décadas do século XIX? Quais os argumentos utilizados para derrotar os liberais, em particular na área educacional? Quais concepções guiaram a redação da Constituição colombiana de 1886, signo da hegemonia conservadora que perdurou no país até 1930?

Como um projeto de secularização e laicização que parecia estar em processo de consolidação desde fins da década de 1840 foi tão facilmente derrotado?

Para responder a essas questões é importante destacar que, embora o grande patrocinador da nova Carta e das novas políticas de viés conservador na Colômbia tenha sido o presidente Rafael Nuñez, as diretrizes que guiaram a redação da Constituição de 1886 são atribuídas àquele que é possivelmente o principal ideólogo do conservadorismo colombiano à época, o escritor, filólogo e político Miguel Antonio Caro (1843-1909). Não há, portanto, como se compreender a ascensão ao poder dos conservadores colombianos de fins do século XIX sem discutir, mesmo que brevemente, esse personagem.

Caro foi um virulento opositor dos governos liberais ao longo da década de 1870, fundando, em 1871, o periódico conservador *El Tradicionalista*. Em seus editoriais, defendia projetos políticos que apontavam basicamente para três grandes direções: devolver à religião, especificamente à Igreja Católica, a centralidade da vida política, social e cultural de seu país; desenvolver a unanimidade de pensamento e de concepções; e, por fim, combater o papel do Estado como promotor de políticas públicas na área da educação.

Crítico da laicidade e da secularização, Caro defendia a unidade entre a Igreja e o Estado e afirmava que a autoridade e a lei sem a presença da religião levariam a Colômbia rumo à barbárie. Da mesma forma, entendia que a moral religiosa deveria se constituir como mediação entre o direito e o poder, promovendo no país uma unanimidade política e cultural.[20]

Além disso, Caro também foi um grande inimigo das ideias de Bentham, tão exaltadas pelos liberais colombianos. Defendia, assim como muitos de seus confrades conservadores e membros do clero, a proibição da leitura dos textos do filósofo inglês, apontado como um pensador perigoso por suas perspectivas consideradas materialistas, pragmáticas e sensualistas, e por suas afirmações que atribuíam a busca pela felicidade e pelo prazer como o objetivo principal da vida dos seres humanos. Para Caro, o benthamismo negava a religião, os sentimentos humanos e a ideia de sacrifício, noção fundamental não somente no cristianismo, mas em todo pensamento religioso. Como, na perspectiva do filólogo colombiano, o utilitarista inglês representava a negação da autoridade eclesiástica, deveria ser completamente abolido de seu país.

Além de Bentham, Caro também abriu uma frente de batalha contra outro filósofo muito lido no século XIX, o alemão Hegel, em particular por suas perspectivas que atribuíam à contradição o papel de motor da história. Para Caro, em sua cruzada pela unanimidade de pensamento na Colômbia, a contradição só poderia ser vista como um conceito nocivo para a vida política e social de seu país. Segundo ele, nada era "tão funesto nas instituições de um povo como a contradição", pois ela, quando presente "nas leis fundamentais de uma nação, se traduz logo em fatos, e a discórdia dos princípios semeada nas leis não tarda em germinar e aparecer ao fim em forma de discórdia civil efetiva". Para o ideólogo conservador, a contradição seria "o primeiro [princípio] de que devemos fugir, como do maior, do mais pernicioso de todos os erros".[21]

Miguel Antonio Caro produziu, em particular nas décadas de 1870 e 1880, uma série de textos que expunham suas críticas às reformas liberais, bem como suas ideias conservadoras em relação à educação. Para o editor de *El Tradicionalista*, ao encampar projetos de instrução pública, os liberais, também chamados pelo polemista de "anticatólicos", teriam sido responsáveis por transformar a temática do ensino em uma "questão de partido".[22]

Para ele, os projetos acerca da educação eram, de certa forma, responsáveis pela divisão do país: de um lado, estariam os "anticatólicos", partidários de uma instrução forçada e ateia, que vinham empreendendo uma guerra às ideias e aos valores cristãos; de outro, os "filhos da Igreja", caracterizados pela compreensão de sua missão e pelo cumprimento de seu dever como cristãos. Em texto crítico aos projetos educacionais do governo Salgar, publicado em 1872, afirmava que, enquanto os "liberais anticatólicos" eram movidos, em sua perspectiva, pelos assuntos de "partido", os católicos teriam sua atuação pautada unicamente pela defesa da religião:

> Quanto a nós, os que temos feito oposição decidida ao novo plano de educação [do governo Salgar], fazemos naturalmente por um sentimento religioso, sem que tenhamos querido mesclar neste assunto a política com a religião, mas unicamente enquanto a irreligião e a má política têm se apresentado coligadas para combater a fé católica. Nossa conduta foi de resistência; reduz-se a exercitar o elementar direito de dizer com a consciência: Não![23]

A "má política", no caso, seria a defesa realizada pelos liberais de uma educação gratuita e universal, questionada de forma bastante assertiva pelo filólogo conservador no seguinte excerto:

> Poderá se chamar a rigor *educação* a instrução irreligiosa? Não.
>
> Poderá se chamar *gratuita* uma instrução que custa ao povo boa parte das contribuições que paga, para além de prejuízos mais graves na ordem moral? Não.
>
> Poderá, por último, se chamar *universal* uma instrução que só se oferece aos que tem capacidade de concorrer às escolas públicas e que não é *católica* sendo católico o povo? Não.[24]

Note-se que a citação anterior evidencia três pontos cruciais para a compreensão do pensamento de Caro na área educacional. Em primeiro lugar, procura impedir a dissociação entre "educação" e "religião", ou seja, não pode haver educação sem uma perspectiva religiosa. Em segundo lugar, questiona a utilização de recursos públicos em projetos educacionais, ao menos em teoria, opostos ao cristianismo. Por fim, define que um ensino que se pretenda universal não pode prescindir do catolicismo, já que o povo colombiano seria essencialmente católico. Para o intelectual conservador,

> querer educar um povo fora da religião, prescindir da religião no ensino, ainda que este se chame laico, e ainda que trate de se apoiar na separação entre a Igreja e o Estado, é para os católicos, um crime social, uma pública apostasia, a que por nenhum título podemos contribuir.[25]

Em seus textos sobre educação, Caro não negava necessariamente o ensino das ciências nas escolas, mas afirmava que essas deveriam ser aprendidas juntamente com a religião. Em sua argumentação, querer ensinar "ciência" sem a presença da "religião" seria elidir "matéria" e "forma" ou, em outros termos, querer que um "corpo" pudesse subsistir despido de sua "alma". Segundo ele, "A educação do homem, como o próprio homem, tem alma e corpo. Educação sem religião é homem sem alma: cadáver e putrefação".[26]

O principal alvo de Caro, em seus textos educacionais, não era necessariamente a ciência *strictu senso*, da qual, segundo ele, a própria Igreja havia sido, muitas vezes, protetora, mas o Estado como agente interventor na área educacional. Em sua perspectiva, era inaceitável que, não interferindo nos experimentos científicos, essencialmente transitórios e passageiros, os governos resolvessem afirmar ou negar a validade dos assuntos de ordem moral e religiosa, considerados por ele perenes e eternos.

Para Miguel Antonio Caro, no momento em que o Estado passava a se ocupar de forma efetiva da instrução pública, confundia "a obrigação de educar, de formar o caráter nacional, de fomentar a ilustração com o direito de doutrinar (que pertence à Igreja) e com a profissão de ensinar as ciências (que corresponde às universidades, aos corpos científicos e aos organismos docentes)".[27]

É preciso que se atente aqui aos termos utilizados pelo polemista colombiano. O Estado, em sua perspectiva, ao querer ser o promotor da educação pública, além de se colocar como o responsável por "ensinar as ciências", o que não seria sua função, se apropriava de um papel de "doutrinador", usurpando um lugar que deveria caber exclusivamente à Igreja. De maneira bastante assertiva, Caro se apropriava, ironicamente, de diversos jargões que poderiam ser atribuídos ao liberalismo para criticar as reformas que vinham sendo promovidas pelo Estado colombiano no âmbito da educação. Em suas palavras:

> O Estado começa por fazer-se definidor: tal é o primeiro passo no caminho do abuso. Logo se faz professor, ensina o que define, dita lições por sua própria conta. Dispondo dos grandes recursos formados com as contribuições públicas, oferece ensino gratuito, mata a competição, e se alça ao monopólio de ensinar. Não contente com isso, decreta como obrigatória *sua* instrução. O Estado, armado com a espada da lei, impõe suas opiniões desautorizadas e caprichosas, como o maometano sua doutrina ao fio do alfange. Tal é a última

etapa da usurpação intelectual, que vemos desenvolver-se no Estado moderno, como gigantesca ameaça a toda honrada liberdade, e que mais cresce à medida que mais se seculariza o próprio Estado e que de maior independência se gaba.[28]

Embora Caro se posicionasse de forma contrária às contradições, elas são evidentes em seus textos. Ao mesmo tempo em que se utilizava do argumento da "liberdade", originalmente uma pauta dos liberais e não dos conservadores, para questionar o intervencionismo estatal no âmbito educacional, defendia, em oposição, a unanimidade de pensamento no campo religioso e moral. Não por acaso, como um dos líderes da chamada Regeneração da década de 1880 e um dos principais responsáveis pela redação da Constituição de 1886, Caro, ao ver suas ideias se transformarem em diretrizes oficiais do Estado colombiano após a aprovação na nova Carta, afirmava: "A cruz voltou a ver-se honrada no alto do capitólio [...] um só pensamento domina todos os espíritos e um só objeto guia todas as vontades".[29]

Parece importante destacar aqui que, em diversos países latino-americanos do século XIX, os chamados "liberais" foram, muitas vezes, os responsáveis pela construção institucional dos diversos Estados nacionais em oposição às estruturas dominantes anteriormente associadas ao período colonial. Em países como a Argentina, o México ou a própria Colômbia, a educação foi vista, na maior parte das vezes, como uma das formas de execução desse projeto. Mesmo no Brasil, onde havia uma vinculação umbilical entre a Igreja e o Estado durante o Império, a defesa da instrução pública como veículo para que a nação alcançasse as Luzes da Razão, ainda que não tenha resultado em políticas tão efetivas, também esteve na pauta de inúmeros políticos e intelectuais do século XIX.

No caso específico da Colômbia, entre as décadas de 1840 e 1880, os liberais buscaram impor uma série de reformas bastante arrojadas para o período em termos políticos, econômicos, sociais e culturais, muitas das quais pautadas por ideias de laicização do Estado e secularização da vida social. Mesmo que pareçam modestas de um ponto de vista do século XXI, estavam na vanguarda de uma série de medidas que seriam adotadas posteriormente por diversos países da Europa e das Américas. Entretanto, não foram capazes de suportar a intensa oposição dos grupos conservadores, tradicionalistas e clericais, responsáveis por uma profunda guinada na história colombiana das décadas seguintes, quando Estado e Igreja passaram a caminhar de mãos dadas no estabelecimento de políticas e no ordenamento dos costumes.

Analisadas tais reformas de uma perspectiva mais ampla, vale a pena destacar que, para além de alguns importantes processos revolucionários como os ocorridos no México em 1910 ou em Cuba em 1959, em momentos específicos da história dos séculos XIX, XX e XXI, movimentos reformistas, mais ou menos radicais, buscaram se impor por meio das vias institucionais e, mais especificamente, eleitorais, na América Latina.

Em países tão desiguais e repletos de complexidades como os do subcontinente, verdadeiras utopias, mesmo ambíguas e contraditórias, foram, muitas vezes, concebidas pelos mais variados setores sociais das mais diversas nacionalidades da região. Tanto as reformas liberais do século XIX como os governos reformistas, em geral simbolizados por lideranças ou movimentos populares, nos séculos XX e XXI, produziram, em diversas situações, grandes esperanças de transformação social e política. Entretanto, sem raízes muito profundas, muitas delas não subsistiram às menores reações conservadoras.

Sonhos utópicos se converteram, muitas vezes, na América Latina, em meio a crises de ordem econômica e política, em pesadelos alicerçados no medo. Em certos casos, como no Brasil atual, em verdadeiras distopias. A despeito desse quadro tão assustador, é importante nunca se esquecer, como nos ensinou Karl Mannheim, de que é a capacidade de acalentarmos as utopias que nos torna humanos. Apesar dos pesares, é importante que sigamos utópicos, pois só assim continuaremos reconhecendo nossa própria humanidade, resistindo a disparates que, infelizmente, têm sido cotidianos e acreditando que uma outra sociedade ainda é possível.

Notas

[1] Para o conceito de "utopia", ver, entre outros, Bronislaw Baczko, "Utopia", em *Enciclopédia Einaudi*, Lisboa, Imprensa Nacional – Casa da Moeda, 1985, v. 5, pp. 347 e355-356; Karl Mannheim, *Ideología y utopia: introducción a la sociología del conocimiento*, 2 ed., México, Fondo de Cultura Económica, 1987; Gregory Claeys, *Utopia: a história de uma ideia*, São Paulo, Edições SESC-SP, 2013; e Elias Thomé Saliba, *As utopias românticas*, São Paulo, Estação Liberdade, 2003.

[2] Max Weber, "A ciência como vocação", em *Ciência e política: duas vocações*, 18 ed., São Paulo, Cultrix, 2011, pp. 17-64.

[3] Embora não se pretenda aqui fazer uma ampla explanação sobre as diferenças entre "secularização" e "laicização", o sociólogo Luiz Antônio Cunha afirma, em um bom balanço sobre o tema, que, enquanto a "secularização" está relacionada aos aspectos culturais, a "laicização" se refere principalmente à esfera dos Estados. Ver Luiz Antônio Cunha, *A educação brasileira na primeira onda laica: do Império à República*, Rio de Janeiro, Edição do Autor, 2017, pp. 13-24.

[4] Ver, entre outros, Franco Cambi, *História da pedagogia*, São Paulo, Editora da Unesp, 1999; e Mário Alighero Manacorda, *História da Educação: da Antiguidade aos nossos dias*, 7 ed., São Paulo, Cortez, 1999.

[5] Ver André Vachet, *La ideología liberal*, Barcelona, Fundamentos, 1972, 2 v.

[6] Para a questão das ideias liberais na América Latina do século XIX, ver Maria Ligia Prado, "Mora e Echeverría: duas visões da questão da soberania popular", em *América Latina no século XIX: tramas, telas e textos*, 2 ed., São Paulo, Edusp, 2004.

[7] David Bushnell, *The Santander Regime in Gran Colombia*, Westport, Greenwood Press Publishers, 1970.

[8] Ver, entre outros, Dermeval Saviani, *História das ideias pedagógicas no Brasil*, 5 ed., Campinas, Autores Associados, 2019; e Luiz Antônio Cunha, op. cit.

[9] John Lynch, "A Igreja Católica na América Latina, 1830-1930", em Leslie Bethell (org.), *História da América Latina, v. IV: de 1870 a 1930*, São Paulo, Edusp; Brasília, Funag, 2001, pp. 430-475.

[10] Pedro Carlos Verdugo Moreno, "Educación y política en el siglo XIX: los modelo laico-liberal y católico conservador", em *Revista de História de la Educación Colombiana*, n. 6-7, 2004, pp. 81-98.

[11] Para a formação dos partidos colombianos, ver David Bushnell, *Colombia, una nación a pesar de si misma: de los tiempos precolombinos a nuestros días*, Bogotá, Planeta, 1994; e Cristiane Checchia, *Terra e capitalismo: a questão agrária na Colômbia, 1848-1853*, São Paulo: Alameda, 2007. Sobre a importância de Bolívar e Santander, é preciso destacar também os trabalhos de Fabiano Fredrigo. Da autora, ver *Guerra e escritas: a correspondência de Simón Bolívar (1799-1930)*. São Paulo: Editora da Unesp, 2010; e *Guerras de papel: Francisco de Paula Santander e Simón Bolívar, das peças autobiográficas à relação epistolar (1826-1837)*, Goiânia: Editora da UFG, 2017.

[12] David Bushnell, *Colombia, una nación a pesar de si misma*, Bogotá, Planeta, 1994, pp. 131-133.

[13] Olga Lucía Zuluaga Garcés, "Las escuelas normales en Colombia (durante las Reformas de Francisco de Paula Santander y Mariano Ospina Rodríguez)", *Revista Educación y Pedagogía*, n. 12-13, 1994, pp. 263-278.

[14] Ver James E. Sanders, *The vanguard of the Atlantic World: creating modernity, nation and democracy in nineteenth-century Latin America*, Durham, Duke University Press, 2014.

[15] David Bushnell, *Colombia: una nación a pesar de si misma*, op. cit., pp. 157-158.

[16] Para uma comparação entre as Reformas Liberais no México e em Nova Granada, ver José David Cortés Guerrero, "Desafuero eclesiástico, desamortización y tolerancia de cultos: una aproximación comparativa a las reformas liberales mexicana y colombiana de mediados del siglo XIX", em *Fronteras De La Historia*, n. 9, 2004, pp. 93-128.

[17] Gerardo León Guerrero Vinueza, "La educación colombiana en la segunda mitad del siglo XIX: del modelo educativo laico-utilitarista al modelo católico tradicional", em *História de la educación colombiana*, v. 3, n. 3-4, 2001, pp. 1-21.

[18] Bushnell, *Colombia: una nación a pesar de si misma*, op. cit., pp. 179-180.

[19] Idem, pp. 200-201.

[20] Rafael Rubiano Muñoz, "Derecho y política: Miguel Antonio Caro y la Regeneración en Colombia en finales del siglo XIX", em *Opinión Jurídica*, v. 6, n. 12, jul.-dic. 2007, pp. 141-162.

[21] Miguel Antonio Caro, "Los fundamentos constitucionales y jurídicos del Estado", em *Antología del pensamiento político colombiano*, Bogotá, Banco de la República, 1970, p. 158 (tradução nossa).

[22] Miguel Antonio Caro, "La religión y las esculeas (1872)", em José Luís Romero (org.), *El pensamiento conservador (1815-1898)*, Caracas, Biblioteca Ayacucho, 1978, pp. 65-66.

[23] Idem, p. 67 (tradução nossa).

[24] Idem, p. 66 (tradução nossa).

[25] Idem, p. 68 (tradução nossa).

[26] Miguel Antonio Caro, "La religión y las esculeas (1872)", op. cit., pp. 67-68 (tradução dos autores).

[27] Miguel Antonio Caro, "El Estado docente (1884)", op. cit., p. 78.

[28] Idem, p. 78 (tradução nossa).

[29] Miguel Antonio Caro, *Escritos Políticos*, Bogotá, Instituto Caro y Cuervo, 1990, v. 2, p. 6 (tradução nossa).

A ANTIGUIDADE DO NOVO MUNDO: ARQUEOLOGIA E IDENTIDADES NO COMEÇO DO SÉCULO XX

Gabriela Pellegrino Soares

Este capítulo abordará o contexto de um despertar científico, colecionista e político para o tema da História das sociedades originárias do continente americano. Enfocará itinerários de exploração arqueológica, disposições institucionais e disputas simbólicas que marcaram esse terreno, com especial atenção para o México e o Peru.

A construção desse campo de interesses, com desdobramentos vultuosos para o mundo das universidades, dos museus e das sociedades científicas, assim como para os embates públicos em torno da Memória e da História, baseou-se em interseções entre iniciativas nacionais e transnacionais, entre estratégias desenhadas por fundações privadas e por políticas públicas, entre biografias e dinâmicas culturais mais amplas. No plano das iniciativas individuais, o texto valorizará as trajetórias de dois exploradores e estudiosos alemães, Max Uhle (1856-1944) e Eduard Seler (1849-1922). Seus percursos nos ajudam a capturar os circuitos que se formaram em torno das expedições e coleções arqueológicas na passagem do século XIX ao XX.[1]

O Peru ocupou um lugar central nas expedições e discussões científicas voltadas a perscrutar a Antiguidade do "Novo Mundo". A história do movimento indigenista entrecruzou-se com as descobertas que emanavam do campo da arqueologia e que alimentavam o "ressurgimento" da consciência das populações indígenas sobre seu valor. O antropólogo Luis E. Valcárcel (1891-1987), professor de Etnologia da Universidad Nacional de San Antonio Abad del Cusco nos anos iniciais de sua brilhante carreira, e um dos idealizadores do movimento Ressurgimento, escreveu em suas *Memórias*,

> na medida em que se avançava no conhecimento da pré-história peruana, foram ficando de lado as velhas fantasias com que se queria ocultar o conhecimento dos fatos. [...] Se o indígena do presente recordasse seu passado, terminando com 5 séculos de inconsciência, recobraria suas potencialidades de construtor. Por isso, a cruzada indigenista queria tirar o índio dessa amnésia que o havia feito esquecer seu passado glorioso. [...] Cooperação e solidariedade sustentaram as comunidades agrárias andinas.[2]

As ações do Estado, todavia, no cenário dos governos civilistas que se consolidaram no poder nas duas primeiras décadas do século XX, na esteira da derrota peruana na Guerra do Pacífico (1879-1884), foram mais tímidas e titubeantes nesse sentido do que as desenroladas no México.[3] Lá, o tema das riquezas arqueológicas ganhou proeminência durante o chamado Porfiriato (1876-1911). As ações de Porfírio Díaz nesse âmbito foram interrompidas pela Revolução Mexicana (1910-1917), mas retomadas e reformuladas pelos grupos vitoriosos que assumiram a tarefa de construir uma nova ordem.

A criação do Instituto Nacional de Antropología e Historia (INAH) em 1939, idealizado pelo eminente arqueólogo Alfonso Caso (1896-1970), expressou o vigor da atuação do Estado mexicano pós-revolucionário com vistas a explorar, interpretar, proteger e difundir os legados materiais e simbólicos do passado.

O NOVO MUNDO EM NOVOS PRISMAS

Embora os missionários e cronistas que desembarcaram no Novo Mundo desde 1492 não tenham deixado de levantar indagações sobre as origens das populações americanas, e de buscar respondê-las, o século XIX forjou novas e preciosas ferramentas para que se desenrolassem fios em direção a um passado longínquo. Ferramentas que não ganharam vida exclusivamente nas Américas, mas que fizeram parte de um movimento maior, fortemente europeu no início, de interesse pela Antiguidade, com suas misteriosas ruínas e tesouros cintilantes.

Como foi próprio daquela época, o espírito de aventura e a cobiça de muitos exploradores encontrou desdobramentos sólidos no campo das Ciências, da Arqueologia e da Etnologia, na formação de acervos museológicos imponentes em Londres, Paris ou Berlim... e logo também em cidades da costa leste dos Estados Unidos, nas capitais dos países latino-americanos, em meio a dinâmicas que expressavam as relações imperiais e, crescentemente, as pressões anticoloniais.

No século XIX, esse interesse ganhou corpo acompanhado da pergunta sobre as próprias origens do homem, especialmente em meio às controvérsias irradiadas pela obra que Charles Darwin concebeu no seu retorno da expedição a paragens americanas. O Egito, o Oriente Médio e a bacia do Mediterrâneo foram alvos preferenciais de investidas que pouco a pouco definiram os contornos da Arqueologia e da Etnografia, com o apoio fundamental de museus, universidades e sociedades científicas dos grandes centros.

As Américas, por sua vez, foram envolvidas nesses circuitos, em empreitadas exploratórias que ressignificavam imaginários consolidados por relatos de cronistas, viajantes e naturalistas. Ressignificavam um repertório forjado a partir do esforço de apreensão do Novo Mundo pelos europeus – de *invenção* da América, como definiu o filósofo mexicano Edmundo O'Gorman.[4] Entre as muitas narrativas que ao longo dos séculos ocuparam esse território, destaca-se a célebre obra *Viagem às regiões equinociais do Novo Continente*, de Alexander von Humboldt e Aimé Bonpland, publicada originalmente em Paris, em 1807.

A "redescoberta" da História das populações americanas em épocas anteriores à conquista europeia teve desdobramentos de grande envergadura. De um lado, relacionados às próprias estratégias de afirmação por parte dos velhos e novos impérios que disputavam seu lugar ao sol, entre outros, no domínio do conhecimento. De outro lado, relacionados aos anseios de construção de narrativas identitárias que fortalecessem as nações americanas e grupos sociais específicos que nelas conviviam.

As narrativas produzidas por exploradores, cientistas e coleções museológicas – no exterior e em cada país americano – constituem tanto na perspectiva das "projeções imperiais" como na perspectiva dos esforços para contrapor aos discursos hegemônicos afirmações identitárias nacionais, regionais e étnicas, um universo estratégico em que se travavam as disputas simbólicas e políticas de poder. Pois na passagem do século XIX ao XX, quando as expedições arqueológicas ganhavam robustez, as escavações nas impressionantes ruínas no altiplano andino ou nas planícies e vales mesoamericanos prestavam-se a apropriações com muitas camadas de sentidos.

Destaco a viagem pioneira de John Lloyd Stephens (1805-52), natural de New Jersey, que, acompanhado do artista britânico Frederick Catherwood (1799-1854), desbravou as ruínas de Copán, em Honduras, Palenque e Uxmal, no México. O relato sobre os achados, *Incidentes de viagem na América Central, Chiapas e Yucatan*, publicado por Lloyd Stephens em 1841, tornou-se um *best-seller* nos Estados Unidos.[5] A narrativa sustentava a tese de que os construtores de Copán, Palenque e Uxmal partilhavam uma cultura comum, e que sua arte rivalizava com as mais finas obras das civilizações do Mediterrâneo. E se encerrava com uma clara afirmação, baseada em observações e em testemunhos colhidos junto aos habitantes dos entornos – as ruínas que haviam visto tinham origem local e haviam sido construídas pelos ancestrais das populações maias do presente.

A viagem de Lloyd Stephens e Catherwood inaugurou um período marcado por incursões exploratórias em diferentes sítios arqueológicos em regiões do México e da América Central, as quais lançavam luz sobre os tesouros em jogo. As notícias sobre saques perpetrados instavam declarações e medidas dos governos locais em reação.

Um dos mais dramáticos casos de extravios teve lugar, já na passagem do século XIX ao XX, nas ruínas da cidade maia de Chichén

Itzá, no Yucatán. O responsável pela ação, anos mais tarde descoberto e denunciado, foi Edward H. Thompson, que atuou como cônsul dos Estados Unidos nesse estado por dois períodos entre a década de 1880 e os primeiros anos do século XX. A fazenda Chichén era propriedade de Thompson desde 1894 e o diplomata empreendeu escavações clandestinas com vistas a repassar valiosos artefatos ao Museu Peabody, da Universidade de Harvard. Muitas das peças expatriadas eram parte do chamado Cenote Sagrado, o enorme poço onde se depositavam os restos humanos das vítimas de sacrifícios.

O escândalo veio a público nos anos 1920, quando o governo de Porfirio Díaz, empenhado em desenhar políticas de Estado que assegurassem formas de controle e de valorização política desse manancial arqueológico, havia muito fora deposto pelos ventos da Revolução Mexicana.[6]

Os Estados Unidos haviam se lançado com determinação ao campo transnacional aberto pela Arqueologia, medindo forças com os centros europeus já revestidos de autoridade e prestígio. Pois embora as Américas não escapassem ao seu radar, os arqueólogos europeus vinham realizando proezas na exploração de sítios no Egito, na antiga Mesopotâmia, na Grécia e em todo o Mediterrâneo.

Seguindo o argumento do brilhante artigo do historiador mexicano Guillermo Palacios, "Los Bostonians, Yucatán y los primeiros rumbos de la Arqueología americanista estadounidense, 1875-1894", exploradores, arqueólogos e etnólogos que orbitavam em torno de museus, associações e universidades do eixo Boston, Nova York e Chicago fizeram do Yucatán e de zonas adjacentes da América Central o seu "mediterrâneo" clássico, alavancando a "área maia" ao patamar das grandes civilizações da Antiguidade.[7] Para além da grandeza em si dos legados maias, argumenta Palacios, seu reconhecimento fez parte de uma estratégia norte-americana para se afirmar no restrito círculo dos grandes centros internacionais de pesquisa, em que se debatiam as origens do homem e das primeiras civilizações, e das grandes e arrebatadoras coleções museológicas.[8]

Segundo o autor, entre 1870 e 1885, diversas missões institucionais europeias e anglo-americanas, ao lado de viajantes individuais, foram transformando península do Yucatán e áreas próximas da América

Central em um espaço geográfico e exploratório que se converteria, a partir de 1885, em um canteiro arqueológico dos museus, fundações e Universidades estado-unidenses. Palacios chama a atenção para o lugar periférico ocupado pelos norte-americanos e o seu Archeological Institute of America, o qual mantinha escolas em Roma e em Atenas, onde os sítios eram dominados por arqueólogos europeus.

Por isso as ruínas do sul do México e do norte da América Central lhes abriam tantas possibilidades, em face das quais logo se organizavam ágeis sistemas de financiamento vindos, sobretudo, de corporações privadas. Entre outros, George W. Peabody (1795-1869), rico empresário de Salem, doou fortunas a Harvard para a criação de um museu de Arqueologia e Etnologia com seu nome.

Embora expedições de origem europeia não deixassem de se fazer presentes nas escavações e debates envolvendo a Antiguidade do Novo Mundo, pesquisadores alemães como Max Uhle e Eduard Seler, como veremos, também buscaram o apoio de instituições e cientistas dos Estados Unidos para prosseguir com suas incursões exploratórias americanistas.

Ao mesmo tempo, aventureiros e *scholars* estrangeiros interagiram de formas multidirecionais com as instituições e com os homens de saber e política dos países sobre cujo passado se debruçavam.

O México da passagem do século XIX para o XX viu se intensificarem os esforços para a valorização do legado pré-hispânico. O interesse histórico e científico conjugava-se com os usos simbólicos da ideia de mestiçagem como definidora da nação no presente.[9] Como destacam Jaime Litvak e Sandra López Varela,

> um caso específico da projeção do romantismo e da política no âmbito da arqueologia foi a escavação empreendida na cidade de Teotihuacan, em 1905 por Leopoldo Batres, primeiro arqueólogo que ocupou o cargo de inspector geral de Monumentos Arqueológicos. Uma das finalidades do governo de Porfirio Díaz, que então brindou apoio oficial para realizar escavações em Xochicalco, Monte Albán e Mitla, era enaltecer com essas tarefas as festivas de comemoração do centenário da independência (1910), promovidas com uma grande convocatória internacional que incluía convites a dignatários estrangeiros. A comemoração foi ocasião propícia para divulgar, uma vez mais, nos

meios cultos e populares, a síntese histórica que se havia formulado no Porfiriato e que, a fim de abarcar toda a trajetória de seu país na via de ascensão ao progresso, incorporava as culturas indígenas anteriores à conquista espanhola. O patrocínio do governo à escavação das ruínas não somente institucionalizou a arqueologia e fomentou seu desenvolvimento, mas a converteu em um símbolo nacional.[10]

Pesquisadores mexicanos como o filólogo Cecilio Robelo (1839-1916) e o médico e cientista Antonio Peñafiel (1839-1922), responsável pela Dirección General de Estadísticas fundada durante o Porfiriato, encabeçaram programas oficiais relativos ao conhecimento das antigas civilizações mesoamericanas. Mas os investimentos materiais e simbólicos do Estado Nacional privilegiavam os legados culturais das populações nahuas, deixando em segundo plano os vestígios que iluminavam a História de outros grupos. No caso dos maias, cuja trajetória se associava aos territórios "distantes" ao Sul, atravessados por guerras de castas no fim da época colonial, resistentes à integração nacional, esses vestígios reluziam o suficiente para atrair o olhar dos exploradores estrangeiros.

ITINERÁRIOS BIOGRÁFICOS

Passo a abordar itinerários de pesquisa nos quais se entrecruzou o florescimento de um novo campo do conhecimento, voltado à Antiguidade, na Europa e nas Américas. Os caminhos percorridos por dois exploradores alemães, Friedrich Max Uhle (1856-1944) e Eduard Seler (1849-1922), que escolhemos analisar, expressam a forma pela qual as incursões de cientistas estrangeiros se articularam com as dinâmicas que conferiam à Arqueologia um lugar proeminente nas sociedades nacionais americanas, na passagem do século XIX ao XX.

Os Estados Unidos despontaram como um ator relevante nesse contexto, como apontamos anteriormente, reunindo instituições empenhadas em conquistar um lugar respeitável na formação de acervos e de saberes que ultrapassassem suas fronteiras nacionais. Rivalizaram, entretanto, com as missões europeias, as quais aos poucos cravaram um espaço, nas Universidades e Museus imperiais de onde provinham, para ramificar o conhecimento e seus troféus ao contemplar também – e uma vez mais – a América.

Utopias latino-americanas

O arqueólogo alemão Friedrich Max Uhle nasceu em Dresden e desenvolveu seu doutorado em Filologia na Universidade de Leipzig. Em 1892, já com experiência acumulada como pesquisador assistente junto ao Museu de Antropologia e Zoologia de Dresden e havendo se tornado membro do Museu Real Etnológico de Berlim, Uhle foi convidado a integrar uma expedição científica à América do Sul.

A expedição percorreu o noroeste da Argentina através da Bolívia e do Peru. Seu primeiro relato sobre as descobertas, realizadas em colaboração com o geólogo alemão Alphons Stübel (1835-1904), a quem Max Uhle havia assistido em Dresden, foi dedicado à antiga civilização de Tiwanaku.[11] A civilização de Tiwanaku desenvolvera-se a partir do século VI em regiões da cordilheira dos Andes alguns séculos mais tarde dominadas pelo Império Inca. O cronista espanhol Pedro Cieza de León (1520-1554) foi o primeiro a localizar, em 1549, a grande cidade que conservava registros de sua relevância simbólica e de sua sofisticação material. As ruínas dessa cidade, nas proximidades de La Paz, na Bolívia, hoje atraem visitantes de todo o mundo.

Em 1896, Uhle retornou ao Peru para escavar os sítios de Ancón e Pachacámac, nas redondezas de Lima, na costa margeada pelo oceano Pacífico. Alguns anos antes, quando da construção da estrada de ferro na província, tumbas funerárias haviam sido localizadas em Ancón, lançando luz sobre a presença de povos pescadores na região que remontava ao período Lítico. Pachacámac, por sua vez, desenvolveu-se desde épocas remotas como um lugar sagrado no qual diferentes culturas pré-incaicas erigiram templos e ritualizaram suas oferendas. Encontrou seu apogeu sob domínio dos huaris, entre os séculos VII e XI.

A missão de Max Uhle para escavar nesses sítios arqueológicos foi apoiada pela Universidade da Pensilvânia, estado natal de sua secretária e futura esposa Charlotte Grosse. Os extraordinários artefatos recolhidos foram submetidos a métodos estratigráficos de datação. Uhle, então, produziu sua consagrada interpretação sobre a evolução das civilizações pré-incaicas no Peru, dos primitivos pescadores ao Tawantisuyo – o Império Inca – em cinco etapas.

A hipótese que a sustentava esteve mais tarde no centro de uma controvérsia com o arqueólogo peruano Julio C. Tello (1880-1947).

Tello discordou da concepção de que as antigas civilizações haviam se estabelecido nos Andes a partir de movimentos migratórios vindos da América Central. Segundo Uhle, os movimentos migratórios trouxeram consigo padrões mais elevados de vida social e material.

As teses de Tello sobre o desenvolvimento autóctone de civilizações avançadas no antigo Peru melhor correspondiam às preocupações da chamada Geração do Centenário – a geração de destacados intelectuais que, em face da proximidade do Centenário da Independência, a celebrar-se em 1921, produziu um balanço crítico da história do Peru e de seus horizontes futuros. A visão de um passado glorioso ajudava a moldar o corpo da nação no presente.[12]

Após os progressos obtidos em Ancón e Pachacámac, Uhle permaneceu na Filadélfia entre 1897 e 1899 a serviço do Museu de Arqueologia e Paleontologia da Universidade da Pensilvânia – o Penn Museum. A posição colocou-o em estreito contato com especialistas norte-americanos e estrangeiros em diferentes campos do conhecimento sobre o mundo antigo, do Oriente longínquo às Américas.

Em 1898, todavia, com a morte de William Pepper (1843-1898), reitor da Universidade, sua posição foi afetada. Max Uhle procurou alternativas e aceitou a missão proposta pelo Museu Hearst, da Universidade da Califórnia, para voltar ao Peru em busca de artefatos para a coleção sul-americana da instituição.

O apoio do Museu Hearst possibilitou que Uhle escavasse novos sítios na costa peruana e nas regiões mais ao norte das cordilheiras. Suas contribuições à Arqueologia peruana já eram bem reconhecidas e lhe renderam o convite para assumir a direção de uma seção do Museu Nacional, cargo no qual se manteve até 1911.[13] O Museu havia sido criado pelo general San Martín em 1822, pouco após a independência do país. Muitos anos depois da partida de Uhle, sob a direção de Julio C. Tello, passou a chamar-se Museo Nacional de Antropología y Arqueología.

Max Uhle deixou o Peru para trabalhar no Museu de Etnologia e Antropologia em Santiago do Chile, instituição à qual esteve vinculado de 1912 a 1919. Partiu do Chile para assumir um novo posto em um museu do Equador. Viveu em Quito até 1933, quando retornou à Europa. Faleceu em Loeben, em 1944, aos 86 anos.

A trajetória de Uhle como arqueólogo, etnólogo e diretor do Museo Nacional do Peru deve ser considerada à luz da atmosfera intelectual e política de Lima no início do século XX, no tempo do chamado Segundo Civilismo (1899-1919). Após a derrota do Peru e da Bolívia, na Guerra do Pacífico (1879-1884), a humilhação teve efeitos culturais e políticos importantes. Por outro lado, recrudesceu-se a presença de capital estrangeiro na economia primária peruana.[14]

Embora as elites limenhas experimentassem uma atmosfera de *Belle Époque*, a República civilista deixava entrever, da cidade murada, fraudes eleitorais e a violenta marginalização das populações indígenas. Vozes críticas emergiram, denunciando as assimetrias sociais, o problema do imperialismo e o descaso frente à questão indígena.

Uma dessas vozes foi a de Manuel González Prada (1844-1918), escritor anarquista que veio a tomar o lugar de Ricardo Palma (1833-1919), prestigiado letrado das elites civilistas, na direção da Biblioteca Nacional do Peru, em 1912. Um ano após Max Uhle deixar o Museo Nacional, o legado de González Prada inspirou José Carlos Mariátegui (1894-1930) e o projeto radical que ele mais tarde imprimiria na revista *Amauta*. Ambos acreditavam que a reforma agrária era uma medida urgente no país e que a identidade nacional já não poderia ignorar a dimensão indígena da formação social peruana.

As contribuições de Max Uhle para o conhecimento das antigas civilizações do Peru alimentavam e iam ao encontro dos movimentos de renovação que atravessavam a sociedade peruana de princípios do século XX. Foram balizadas, ao mesmo tempo, pelas tendências e controvérsias científicas internacionais, que aproximavam os pesquisadores peruanos de seus colegas estrangeiros.

Passemos agora ao segundo dos itinerários biográficos. O antropólogo, etnólogo, historiador e linguista Eduard Seler (1849-1922) realizou seis viagens ao México entre 1887 e 1911, durante as quais reuniu importantes coleções arqueológicas e uma coleção botânica. É considerado o fundador dos estudos mesoamericanos na Alemanha.

Eduard Seler nasceu em Crossen-Oder, na região de Brandemburgo, em 1849. A partir de 1876, trabalhou como professor de Ciências Naturais em escolas secundárias de Berlim. Interrompeu a carreira aos 30 anos por problemas de saúde que o acompanhariam durante toda a vida. Passou, então, a aprofundar-se em campos do conhecimento que pavimentariam sua carreira futura, da Mineralogia à Botânica, Paleontologia e Filologia. Em 1887, finalizou uma tese junto à Universidade de Leipzig sobre as estruturas linguísticas maias.

Seu interesse pela Antiguidade americana parece ter sido despertado pela leitura da obra do Marquês de Nadaillac (1818-1904) e, naturalmente, pelos referidos volumes que perfaziam o impactante relato da *Viagem às regiões equinociais do Novo Continente*, de Humboldt e Bonpland. Os códices e artefatos recolhidos por Humboldt (1769-1859) em sua expedição às Américas do Sul, Central e do Norte, entre 1799 e 1804, seriam, anos mais tarde, objeto de um livro publicado por Seler – *Os pictoglifos mexicanos de Alexander von Humboldt na Real Biblioteca de Berlim*.

No mesmo ano de 1887, Seler realizou sua primeira viagem ao México, país ao qual retornaria outras cinco vezes. O filólogo esteve sempre acompanhado pela esposa Caecilie Seler-Sachs, cujo apoio foi fundamental em muitos sentidos. Do ponto de vista das realizações científicas, Seler-Sachs, filha de um reconhecido médico prussiano e detentora de sólida formação intelectual, foi responsável pelos registros fotográficos dos itinerários cumpridos nas Américas, que integram o acervo documental conservado pelo Ibero-Amerikanisches Institut (IAI), em Berlim.

Em suas viagens, o casal formou coleções de materiais botânicos, linguísticos e arqueológicos. Após a morte de Eduard, Caecilie seguiu organizando e publicando trabalhos inacabados do marido, ao mesmo tempo em que produzia o livro *Sobre viagens de pesquisa ao México*, lançado pela editora Ullstein em 1925.[15]

Eduard Seler realizou estudos sobre as ruínas de Palenque, em Chiapas, e Uxmal, no Yucatán, na chamada "área maia". Enveredou por regiões das etnias huasteca e mixteca no estado de Oaxaca e por regiões do estado de Veracruz. Produziu interpretação sobre o Templo Mayor e as pirâmides de Teotihuacán na Cidade do México. Ainda, escreveu comentários sobre conjuntos de fontes de relevo para seu campo de investigação, como o Códice Borgia, pertencente à coleção do Cardeal Stefano Borgia legada à Biblioteca do Vaticano. É de sua autoria a obra *Ensaios reunidos sobre a língua e a Antiguidade americanas*, cuja primeira edição por A. Asher & co., em alemão, data de 1902. Também, *A cultura Teotihuacan do altiplano do México*, de 1915.

De acordo com Rosa Brambila Paz, em "El Teotihuacan de Eduard Seler", no início do século XIX, "comparar as pirâmides de Teotihuacan com as do Egito foi uma prática comum". Era usual que os estudiosos invocassem outras culturas da Antiguidade para situar as pré-colombianas,

> seguindo a ideia da universalidade das culturas americanas e insistindo, ao mesmo tempo, que se tratava de um desenvolvimento local [...]. Dentro desse contexto, houve incontáveis temas que buscavam descobrir o fio condutor para explicar a monumentalidade de Teotihuacan. Considerava-se de vital importância a definição de elementos diagnósticos da cultura e sua distribuição no território mesoamericano para estabelecer formas de relação com o resto dos vestígios encontrados nessa parte do continente. Nesse sentido, Seler [...] estabeleceu um processo espacial e temporal que daria origem, trinta anos mais tarde, a uma das subáreas culturais de Mesoamérica. A magnificência dos edifícios o obrigou a falar da arquitetura, de seu estilo, das técnicas de construção [...].
>
> Nas discussões sobre a população originária de Teotihuacan, a contribuição de Seler consistiu em organizar os dados dispersos em *corpus* coerente. As diferentes posições sobre os construtores da urbe pré-hispânica culminaram, no fim do porfiriato, com o estabelecimento de uma continuidade histórica: a grandiosidade de Teotihuacan desdobrou-se na força de México-Tenochtitlan [a capital do Império Asteca]. Esses elementos, argumentados e descobertos "cientificamente", foram facilmente convertidos em material simbólico, que se cristalizou em uma mitologia nacional. A partir desse momento, Teotihuacan passou a ser parte estrutural do mito fundador que se requeria para unificar o país. Esta visão centralista ajudou a neutralizar, para dizer o mínimo, as investigações nacionais sobre as potencialidades culturais dos outros grupos étnicos autóctones e sobre seu papel na história pré-hispânica.[16]

As incursões americanas de Eduard Seler no mundo das explorações e construções narrativas sobre o passado remoto do México foram intercaladas com sua carreira como pesquisador e mais tarde professor de prestigiosas instituições de Berlim. Em 1892, tornou-se assistente do diretor do Museu Real Etnológico de Berlim. Dois anos depois, terminou sua tese de habilitação sobre os manuscritos pictóricos mexicanos, a qual lhe abriu o caminho para a docência. Enfrentou o desinteresse da Universidade Humboldt pela História Antiga das Américas e a ausência de recursos para a criação de uma cátedra nesse campo.

Foi fundamental, nesse sentido, a intervenção do mecenas das Ciências Joseph Florimond, o duque de Loubat (1831-1927). Loubat forneceu os recursos para acolher, no âmbito acadêmico, a fronteira de pesquisa aberta por Seler. Os recursos foram alvo de acesas disputas na Universidade, que alcançaram o parlamento de Berlim e o imperador do Império Germânico, Wilhelm II. Afinal, prevaleceu, em 1899, a fundação da cátedra dedicada a Línguas Americanas, Antropologia e Estudos da Antiguidade, sob a responsabilidade de Seler.

Em 1903, tornou-se também responsável pela Seção Americana do diretor do Museu Real Etnológico de Berlim e, em 1919, membro honorário da Sociedade de Berlim para Antropologia, Etnologia e História Antiga. Faleceu em Berlim em 1922.

A bibliografia dedicada à avaliação de sua obra ressalta a condição de marginalidade que os estudos americanistas ocupavam na Alemanha do período. Enfrentou incontáveis obstáculos também no México para fazer avançar e publicar seus trabalhos – das restrições para escavar no país à interdição, por parte do governo Porfirio Díaz, para que publicasse sua tradução de parte da obra do frei Bernardino de Sahagún, *Historia general de las cosas de Nueva España*. A interdição deveu-se ao projeto do governo porfirista de fazer preparar uma edição comemorativa e exclusiva do texto no contexto do centenário da independência. Os capítulos traduzidos por Seler vieram a público em 1927, postumamente.

Além disso, a eclosão da Revolução Mexicana, em 1910, e as trincheiras abertas pela Primeira Guerra Mundial, em 1914, tornaram as coisas difíceis para os pesquisadores alemães no México, como em toda parte. Seler limitou-se a investir na aquisição de artefatos originais das ruínas pré-hispânicas, provenientes das escavações conduzidas por outros arqueólogos. Paralelamente, com Caecilia, produziu ricos registros por meio de desenhos, aquarelas, fotografias, rascunhos e maquetes arquitetônicas.

As coleções de Seler tiveram desdobramentos importantes para o Museu Real Etnológico de Berlim e também para o Museo Nacional do México.[17] É densa a história das relações estabelecidas pelo pesquisador alemão com as redes intelectuais, científicas e institucionais do México porfirista (1876-1911), onde os anseios dos "Científicos" confluíam para as correntes de racionalidade e empirismo que provinham do pensamento e da ciência europeus.

Particular interesse repousa sobre sua atuação junto à Escuela Internacional de Arqueología y Etnología, formalmente instituída no México, em 1910, com apoio do Estado alemão e de Universidades norte-americanas. A Escola teve vida curta em virtude do curso da Revolução. Mas nos seus quatro anos de funcionamento, Eduard Seler desempenhou um papel de destaque em sua gestão, ao lado do prestigiado Professor da Universidade de Columbia, o antropólogo de origem alemã Franz Boas (1858-1942), e de Ezequiel Chávez (1868-1946), subsecretário de Instrução Pública e Belas Artes de 1905 a 1911, depois reitor da Universidade Nacional Autônoma de México.

Nessa breve existência, *a Escuela Internacional de Arqueología y Etnología* foi formadora de quadros decisivos como o antropólogo e arqueólogo Manuel Gamio (1883-1960), protagonista, ao lado de Alfonso Caso, do processo de "interiorização" da arqueologia pelo Estado mexicano no período pós-revolucionário.

A correlação de forças no domínio da produção de conhecimentos arqueológicos, da formação de coleções e da construção de narrativas reservava, a essa altura, outro lugar às sociedades e aos Estados latino-americanos.

Notas

[1] Agradeço ao CNPq a bolsa de Produtividade em Pesquisa nível 1d (2019-2022) que está na base deste projeto de investigação.

[2] Luis E. Valcárcel, *Memorias*, Lima, Instituto de Estudios Peruanos, 1981, pp. 217-218.

[3] As políticas públicas voltadas à construção da narrativa histórica e à afirmação da identidade nacional no ambiente da chamada Geração do Centenário no Peru foram problematizadas na dissertação de mestrado de meu orientando Rafael Dias Scarelli, intitulada *Nos altares da pátria: Monumentos a Cristóvão Colombo (1860), ao Combate Dos de Mayo (1874) e a Francisco Bolognesi (1905) em Lima*, (Programa de Pós-Graduação em História Social, USP, 2019).

[4] Edmundo O'Gorman, *La invención de la América: el universalismo de la cultura de Occidente*, México/D.F., Fondo de Cultura Económica, 1958.

[5] John Lloyd Stephens, *Incidents of Travel in Central America, Chiapas and Yucatan,* Cambridge, Cambridge University Press, 2011 [1841]. O livro de Stephens foi publicado dois anos antes da clássica obra *Conquista do México (Conquists of Mexico),* do historiador de Boston, William H. Prescott (1843). Prescott referiu-se a Stephens e às recém-descobertas cidades mesoamericanas. Sua interpretação, entretanto, privilegiava o lugar dos conquistadores espanhóis e suas extraordinárias proezas na subordinação das populações nativas. Sobre a obra fundacional de Prescott, ver Luiz Estevam de Oliveira Fernandes, "Criando a Conquista do México: o trabalho de William H. Prescott (1843)", em *Anais do XXVI Simpósio Nacional de História.* ANPUH-São Paulo, julho 2011.

[6] Entre 1923 e 1926, estourou um escândalo em torno das explorações do Cenote Sagrado em Chichen Itzá por Edward H. Thompson. Enviada pelo jornal *New York Times* cobrir os trabalhos arqueológicos levados a cabo pela Carnegie Institution de Washington (CIW), a jornalista Alma Reed fez uma entrevista com Thompson, publicada em 1923, que veio a se tornar o pivô do escândalo. A repercussão do caso se agravou quando da publicação, em 1926, de *The City of the Sacred Well,* por T. A. Willard, que descreveu em detalhes o extravio de peças maias. Thompson e o Museu Peabody foram formalmente acusados pelo governo mexicano e a fazenda Chichén, confiscada.

[7] Guillermo Palacios, "Los Bostonians, Yucatán y los primeros rumbos de la Arqueología americanista estadounidense, 1875-1894", em *HMex,* LXII, 1, 2012, pp. 105-193.

[8] De acordo com Palacios, "era evidentemente uma extrapolação conceitual, posto que 'maia' era um denominador somente usado pelos grupos indígenas da península do Yucatán, enquanto as outras coletividades se identificavam com nomes diferentes (lacandones, tzotziles, choles, tojolabales etc.)". Tratava-se não apenas de dar a conhecer o "maia" ao mundo ocidental, mas de situá-lo no contexto do universo estético das antiguidades. Para o autor, a construção epistemológica da "área maia" que se iniciara nos anos 1870 concretizou-se nos anos 1920. G. Palacios, op. cit., pp. 111-113 (tradução nossa).

[9] Ver Luiz Estevam de Oliveira Fernandes, *Patria mestiza: a invenção do passado nacional mexicano (séculos XVIII e XIX),* Jundiaí, Paco Editorial, 2012.

[10] Jaime Litvak e Sandra López Varela, "El patrimonio arqueológico: conceptos y usos", em Enrique Florescano (org.), *El Patrimonio Nacional de México,* México DF, Consejo Nacional para la Cultura y las Artes, Fondo de Cultura Económica, 1997, v. 2, pp. 186-187 (tradução nossa).

[11] Percy Dauelsberg H., "Cuadragésimo aniversario de la muerte de Max Uhle, 11.5.1944-11.5.1984", em *Revista Chungará,* n. 12, Universidade de Tarapacá, Arica-Chile, ago. 1984.

[12] Alejandra Ramos, "Max Uhle – Julio Tello: una polémica académico-política en la conformación de la Arqueología peruana", em *Runa,* v. 34, n. 2, Ciudad Autónoma de Buenos Aires, dic. 2013.

[13] David L. Browman, "Max Uhle and the Museo de Historia Nacional – Lima", em *Anthropological Papers,* University of Utah, n. 31, Salt Lake City, 1999. Ver também Max Uhle, *Pachacamac: Report of the William Pepper, M.D., LL.D., Peruvian Expedition of 1896,* Philadelphia, University of Pennsylvania Museum of Archeology and Anthropology, 1991.

[14] Laura J. Hosiasson, *Nação e imaginação na Guerra do Pacífico,* São Paulo, Edusp, 2011.

[15] Ver Renata von Hanffstengel e Cecilia Tercero Vasconcelos (eds.), *Eduard y Caecilie Seler: sistematización de los estudios americanistas y sus repercusiones,* México D.F., Unam, Conaculta/INAH, Ediciones Gráficos Eón, 2003.

[16] Rosa Brambila Paz, "El Teotihuacan de Eduard Seler", em. Renata von Hanffstengel e Cecilia Tercero Vasconcelos (eds.), op. cit., pp. 263 e 270 (tradução nossa).

[17] Ver J. Litvak e S. L. Varela, op. cit., p. 188. Também, Felipe Solís, "Eduard Seler y las colecciones arqueológicas del Museo Nacional de México", em R. von Hanffstengel e C. T. Vasconcelos, (eds.), op. cit., p. 211. E Ana Carolina Machado Souza, *A escrita da História e os Anales del Museo Nacional de México: história e memória em construção (1877-1909),* Tese de Doutorado, Programa de Pós-Graduação em História (Unicamp), 2020.

POLÍTICAS SANITÁRIAS E PESQUISA MÉDICA NO MUNDO RURAL LATINO-AMERICANO

Marta de Almeida
Marcos Cueto

Este capítulo abordará alguns exemplos de atuações médicas locais na América Latina mescladas com a própria complexidade do fazer científico na região. Paralelo ao crescimento da demanda por ações sanitárias, ocorria o processo de especialização e profissionalização que motivou não só a criação de escolas de Medicina, como também associações, revistas e congressos específicos da área. Essa dimensão das conquistas científicas e o crescimento das políticas institucionais de saúde na região se impõem na narrativa. No entanto, é preciso destacar que ao lado dessas grandes transformações ocorriam também importantes incursões médicas nas zonas rurais e distantes dos centros urbanos, havendo muitas tensões e negociações para a realização de pesquisas e para a implementação de medidas sanitárias, onde os agentes locais – formados e não formados em Medicina – teriam papel fundamental.

A historiografia sobre saúde pública no continente latino-americano já demonstrou o quanto esteve relacionado o crescimento do comércio, da imigração e das cidades com o avanço de epidemias, favorecendo a circulação de doenças em diversas partes do seu território e, por consequência, atemorizando diversos países. Com a crescente atividade exportadora da região para Europa e Estados Unidos, medidas fundamentais de controle sanitário foram adotadas pelos países latino-americanos, visando proteger o comércio e, ao mesmo tempo, garantir a entrada de imigrantes como promessa de mão de obra em novas terras. O uso de desinfecções, quarentenas e isolamentos, a construção de hospitais e a organização de serviços sanitários fizeram parte de um arcabouço bastante inovador em termos de saúde e profissionalização, uma vez que havia na América Latina profissionais formados, organizados em associações científicas e promotores de intensos intercâmbios internacionais, fundamentais à medida que os desafios e espaços de atuação sanitária se ampliavam no processo de consolidação dos Estados nacionais e do sistema republicano na região.

Um dos problemas mais relevantes no continente e muito relacionado a essa dinâmica foi, sem dúvida, a febre amarela, que, embora não sendo novidade no continente, intensificou-se ainda mais com as grandes ondas imigratórias do final do XIX e início do século XX. Sabe-se atualmente que a febre amarela é uma doença infecciosa febril aguda, causada por um vírus transmitido por mosquitos vetores, e possui dois ciclos de transmissão: silvestre (quando há transmissão em área rural ou de floresta) e urbano. Neste caso, o potencial disseminador é o mosquito *Aedes aegypti*. Mas, naquele período, o conhecimento sobre essa doença transitava entre as teorias miasmáticas, contagiosas e microbiológicas, essas últimas pautadas na experimentação laboratorial e focada na busca pelo agente causal – no caso, um micróbio – em diversos centros de pesquisa, inclusive aqui na América Latina. Nesse mesmo período, os trabalhos do médico escocês Patrick Manson (1844-1922) desenvolvidos em Amoy/Xiamen, na China, relativos à filariose (elefantíase) – doença parasitária causada por vermes e transmitida através da picada de insetos como mosquitos e moscas – foram inspiradores aos trabalhos do pesquisador inglês Ronald Ross (1857-1932) sobre o papel do mosquito na transmissão da malária – doença infecciosa febril aguda, causada por protozoários transmitidos pelo mosquito *Anopheles* – publicados anos mais tarde, doença essa também muito frequente e devastadora na América Latina. A fundação de institutos de pesquisa em Medicina tropical e sua inserção no ensino médico na Europa e nos EUA ocorreram a partir de finais do século XIX.[1]

Carlo Finlay (1833-1915) fez parte da geração de médicos cubanos que mais se destacou nos estudos sobre a febre amarela nos anos finais do século XIX, num momento em que os médicos estavam atuando para conquistar a independência. Fez os primeiros estudos em Paris e formou-se médico no Jefferson Medical College da Filadélfia em 1855. Dois anos depois teve o diploma reconhecido em Cuba e passou a clinicar. Em 1872, foi admitido na Real Academia de Ciencias Médicas, Físicas y Naturales de Havana, fundada em 1861, onde ocorriam intensos debates médicos e políticos sobre a autonomia nacional. Foi nessa mesma associação que Finlay apresentou e publicou seu importante trabalho sobre a possibilidade de o mosquito *Culex* (conhecido também como *Stegomyia fasciata* e, mais tarde, como *Aedes aegypti*) ser o agente transmissor da febre amarela em 1882, após ter apresentado sua hipótese na Conferência Sanitária Internacional, em 1881, na cidade de Washington. A receptividade pela comunidade médica internacional e mesmo cubana foi de ceticismo e questionamento sobre falta de rigor nos experimentos realizados. As ideias de Finlay estavam respaldadas em seus estudos epidemiológicos sobre a doença entre 1879 e 1881, quando compôs uma comissão médica formada por espanhóis, cubanos e norte-americanos, interessados na doença, sobretudo após uma devastadora epidemia ocorrida em Nova Orleans, em 1878. Por ocasião da ocupação norte-americana de Cuba, foi criado um Conselho da Febre Amarela, que contou com a participação de destacados médicos cubanos especialistas na doença, entre eles Finlay e Diego Tamayo (1853-1926), que estavam colaborando com as forças de ocupação, projetando em seguida a independência de Cuba. Havia também uma comissão de pesquisadores médicos militares sob a direção de Walter

Reed (1851-1902), que reconheceu o papel dos mosquitos em trabalho publicado em inglês nos Estados Unidos, destacando as experiências ocorridas com as picadas dos insetos para comprovar a transmissão e, ao mesmo tempo, refutando a possibilidade de transmissão por contágio através de roupas e dejetos de doentes. Num curto espaço de tempo, a doença foi debelada com o combate aos mosquitos e destruição da larva do *Aedes*, principalmente em recipientes domésticos de água.

O controle da febre amarela no Caribe esteve profundamente ligado ao processo político de independência de Cuba da Espanha – um processo em que participaram médicos e soldados dos Estados Unidos – e do surgimento do imperialismo norte-americano.[2] Essa atuação, ocorrida principalmente em Havana no início do século XX, foi um dos mais importantes episódios na moderna história da Medicina tropical, e, embora a narrativa dominante seja a dos Estados Unidos como responsável pela realização a partir da intervenção médico-sanitária-militar de seu exército durante a ocupação norte-americana em Cuba, mesmo havendo participação de médicos do local, houve uma forte reação por parte dos cubanos e de outros países latino-americanos que reivindicavam que as ideias que embasaram a teoria de transmissão da febre amarela por mosquitos eram de Finlay.

As teorias havanesas fizeram sentir-se na região sul-americana. O Brasil foi um dos países que participou ativamente não só dos debates, como também atuou no combate aos mosquitos como medida sanitária mais importante para debelar a febre amarela.[3] Se havia a preocupação imediata com relação ao controle das doenças e a noção de que não bastava controlar os focos epidêmicos dentro de suas fronteiras, havia também o desejo de fortalecer as bases institucionais e científicas no continente. Algumas dessas iniciativas previam atividades de constante parceria entre os países, caso das comissões voltadas para a fundação de ligas contra a tuberculose e a lepra – nas quais as ligas e associações locais teriam papel central na articulação e difusão dos trabalhos –, para a organização do ensino médico ou mesmo para a fundação de revistas especializadas.

São notórios o entusiasmo e a amplitude de acordos firmados durante os congressos médicos organizados na região com preocupações voltadas para a zona rural, muitos deles firmados por expoentes médicos que fizeram parte da administração pública de saúde em seus respectivos países. É o caso de Emílio Coni (1855-1928), importante higienista da Argentina que assumiu a presidência da Comissão Internacional Permanente de combate à tuberculose em 1901, de Emílio Ribas (1862-1925), diretor do Serviço Sanitário de São Paulo, e de Oswaldo Cruz (1872-1917), diretor do Instituto Soroterápico Federal e da Direção Geral de Saúde Pública. Em 1909, por ocasião do Quarto Congresso Médico Latino-Americano, ocorrido na cidade do Rio de Janeiro, os três propuseram o estabelecimento de ligas e associações nas zonas endêmicas de malária com finalidades de instrução e tratamento dos doentes.[4]

Outro exemplo refere-se ao acordo entre Brasil e Peru por ocasião do Quinto Congresso Médico Latino-Americano, ocorrido em Lima, em 1913, visando a uma política comum de combate às enfermidades na região amazônica, com especial ênfase para o caso da febre amarela. Uma matéria a respeito do seu desdobramento foi publicada na revista *Brazil-Medico*, no dia 8 de abril de 1914, comentando sessão da Sociedade de Medicina e Cirurgia na qual se fez referência a uma audiência da comissão médica do Brasil, chefiada por Theophilo Torres, com o presidente do Peru. A revista informou ainda que o governo peruano já contava com uma comissão médica agindo em Iquitos, e havia pedido ao governo do Brasil cópias das obras realizadas por Oswaldo Cruz sobre a profilaxia da febre amarela no Rio de Janeiro, a fim de que medidas idênticas fossem ali tomadas. Observa-se aqui o apelo político da argumentação científica de seus interlocutores, ao afirmarem que o combate à febre amarela na região amazônica era assunto prioritário aos países envolvidos, repercutindo de forma eficaz entre as autoridades públicas envolvidas.[5]

Com o foco das atenções centrado nos problemas locais, boa parte da pesquisa médica desenvolvida nos países latino-americanos reforçava as peculiaridades das agendas médicas nacionais, inserindo-as no debate internacional sobre o tema, sobretudo através da circulação de pesquisadores em centros de investigação da Europa e dos EUA e das publicações em periódicos internacionais. Dessa forma, muitos cientistas latino-americanos buscavam o reconhecimento entre pares, ao mesmo tempo que divulgavam, em espaços internacionais, a precária situação sanitária de seus respectivos países, agravada pela ocorrência de enfermidades locais. Tal imagem não era a mais desejada por médicos e intelectuais do período, imbuídos da tarefa de inserir a América Latina no rol das nações civilizadas. No entanto, o processo constitutivo das ciências médicas no continente não podia encobrir tal realidade.[6] E esse anseio coincide também com o momento de maior atuação da Fundação Rockefeller (FR) nos países latino-americanos. Era uma instituição filantrópica fundada em 1914, financiada por recursos acumulados de uma abastada família de Nova York, derivados dos negócios de petróleo nos Estados Unidos. Com programas de tratamento e combate às doenças, a FR se irradiava em vários países do continente e, ao mesmo tempo, ampliava o intercâmbio médico e a possibilidade de formação especializada em centros norte-americanos, a partir da concessão de bolsas de estudo, além de apoiar faculdades de Medicina e Saúde Pública através de doações, objetivando formar uma elite médica técnica e profissional latino-americana nos moldes da Universidade Johns Hopkins de educação médica, saúde pública e pesquisa científica.[7]

Essa atuação norte-americana não se dava em um contexto vazio nem apenas adverso às ciências. Ao contrário, nas primeiras décadas do século XX, depois da consolidação da microbiologia entre as elites médicas, emergiu uma capacidade de pesquisa médica na América Latina que vinculou a ciência com a saúde pública e os discursos de progresso nacionais. Nesse período, a relação entre as comunidades médicas e o Estado foi consolidada, assim como seu prestígio com seus pares internacionais. Pesquisadores que se consolidaram nas cidades criticaram o preconceito que havia sobre os camponeses, tidos como ignorantes, famintos, depauperados e primitivos, e afirmaram que podiam ser uma força para o desenvolvimento do país. A pesquisa e o trabalho médico rural coincidiram com a ascensão de movimentos nacionalistas em áreas rurais que reclamavam maior importância para suas regiões. Além disso, os médicos e sanitaristas alertavam que os cuidados de saúde com as pessoas em áreas rurais deveriam ser diferentes daqueles direcionados aos habitantes das áreas urbanas, uma vez que, além dos fatores geográficos adversos, distância dos hospitais urbanos, havia maior exploração e abandono político das populações nessas áreas. Em resumo, alertavam que a pesquisa, a Medicina e a saúde pública poderiam colaborar na superação do atraso socioeconômico.[8]

Políticas sanitárias e pesquisa médica no mundo rural latino-americano

A tendência em mesclar medidas sanitárias e pesquisa científica consolidou-se no Brasil com Carlos Chagas (1879-1934), principal discípulo de Oswaldo Cruz no Instituto Oswaldo Cruz – o qual, na segunda década do século XX, já abrangia uma série de pesquisas biomédicas no Rio de Janeiro e a fabricação de produtos biológicos para uso medicinal e veterinário. Chagas estudou Medicina no Brasil e não fez nenhuma especialização no exterior. Em 1905, Chagas recebeu um pedido de ajuda de Cruz para controlar uma epidemia de malária que tinha interrompido a construção de um projeto hidrelétrico no porto de Santos. Seu trabalho com a malária o levou, em 1907, ao norte de Minas Gerais, onde fez uma descoberta fundamental. Chagas montou um laboratório na vila de Lassance para estudar não apenas a malária, mas quaisquer outras doenças transmitidas por insetos. Um engenheiro que trabalhava na construção da ferrovia o encorajou a estudar um inseto conhecido como "barbeiro" (porque gostava de dar picadas nos rostos das pessoas), que infestava os barracos dos camponeses e sugava seu sangue. Chagas, então, enviou a Cruz, que estava na sede do instituto, no Rio, alguns exemplares do inseto e as primeiras amostras contendo um micro-organismo na forma de um tripanossomo. Cruz confirmou que os insetos tinham se alimentado do sangue de macacos cobaias e que, pouco depois, alguns dos mesmos micróbios haviam sido encontrados no sangue dos animais. As descobertas fizeram Chagas voltar ao Rio para examinar aquilo que acabaria sendo uma nova espécie de tripanossomo, ao qual ele deu o nome de *Trypanosoma cruzi*, em homenagem a seu mentor. Convencido de que os organismos eram patogênicos para os seres humanos, Chagas retornou a Lassance para procurar mais vetores. De acordo com a história oficial, em 1909 ele descobriu o parasita em uma criança com febre altíssima que passou para a história médica como o primeiro caso documentado de tripanossomíase americana, ou doença de Chagas. O pesquisador brasileiro teve o cuidado de publicar seus resultados não só em âmbito nacional, mas também numa revista francesa e numa alemã. Chagas havia alcançado em poucos meses uma nova entidade clínica, um novo vetor e um novo micro-organismo patogênico. Foi um caso que mostrou mais uma vez que nem toda a chamada "ciência da periferia" era periférica para a ciência mundial. Em nível nacional, a descoberta legitimou os planos de transformar o Instituto Oswaldo Cruz em um destinatário preferencial de apoio governamental e privado. Em termos de ciência nacional, a nova doença criou uma agenda de pesquisa para descobrir diversos aspectos da enfermidade, bem como os meios para a sua prevenção e tratamento. Em 1912, Chagas recebeu o mais importante reconhecimento internacional de sua carreira, o Prêmio Schadinn, concedido pelo Instituto de Medicina Tropical, sediado em Hamburgo. Mesmo assim, Chagas recebeu críticas. Em uma conferência realizada na Argentina, o parasitologista austríaco Rudolf Kraus pôs em dúvida a própria existência da doença. Em 1923, a Academia Nacional de Medicina do Brasil realizou uma sessão em que o quadro clínico sinalizado por Chagas foi criticado, especialmente com as alegações de que a enfermidade tinha uma vasta distribuição geográfica. Segundo seus detratores, esta última afirmação era, no mínimo, um exagero. Muitos na comunidade científica, especialmente Rudolf Kraus (1868-1932), discordaram veementemente e questionaram a própria existência da doença. Apesar de tudo, Chagas resistiu com sucesso às críticas, fez algumas mudanças em sua tese inicial e manteve sua proeminência na área de ciência e saúde em seu país. Alguns anos depois, uma nova pesquisa mostrou que, ainda que algumas das suas interpretações estivessem equivocadas, Chagas havia feito uma grande descoberta sobre uma doença que afetava não só grande parte do interior do Brasil, mas também muitas regiões de países vizinhos.[9]

O trabalho de Chagas e do Instituto Oswaldo Cruz assumiu uma nova cara graças a Belisário Penna (1868-1939), médico que fazia parte de um movimento mais amplo de médicos, engenheiros e políticos que queriam modernizar e integrar socialmente o país. Juntamente com Arthur Neiva (1880-1942), em 1912, Penna realizou uma expedição de seis meses pelo interior do Brasil, promovida pelo Instituto Oswaldo Cruz. O objetivo era não só denunciar, mas também indicar quais intervenções o governo federal deveria realizar na área rural. Penna e Neiva tinham uma tese: a de que, embora os camponeses fossem vítimas de infecções e fome, sua constituição física era robusta, resistente e capaz de melhoria em um contexto sanitário favorável. Essa ideia se opunha às noções europeias racistas sobre a inferioridade dos grupos étnicos locais. A publicação dos seus relatórios na revista do Instituto Oswaldo Cruz foi o prelúdio de uma cruzada em favor da "profilaxia" rural e da vinculação do desenvolvimento nacional à saúde pública. A profilaxia causou uma reviravolta na noção de higiene; era um termo que ia além da prevenção ou do tratamento médico, abrangendo uma ideia de desenvolvimento, educação e eliminação dos fatores que, para os higienistas, provocavam a pobreza. O impacto que esses relatórios tiveram quando publicados, em 1916, e a frase "O Brasil é um imenso hospital" – cunhada na mesma época por outro médico, Miguel Pereira – levaram à criação, em 1918, da Liga Pró-Saneamento do Brasil, movimento nacionalista em favor da reforma sanitária, que criticava o sistema federalista descentralizado e frágil característico da República fundada em 1889. A crítica era de que a solidariedade entre os estados havia sido posta de lado, não havia o reconhecimento de uma autoridade central e o camponês tinha sido esquecido. Ao mesmo tempo, insistia-se na tese de que o atraso da população devia ser explicado pela pobreza extrema, e que o governo federal deveria fortalecer sua capacidade de intervenção em questões sanitárias que transcendiam os limites de um único estado. A campanha empreendida por esse movimento explica em parte a decisão do Congresso, em 1920, de criar um Departamento Nacional de Saúde – no âmbito do Ministério da Justiça e Comércio Interior, onde Penna foi trabalhar –, ampliando o poder e a jurisdição de um governo federal que até então tinha se restringido a medidas sanitárias na capital e nos portos. O prestígio dos dirigentes sanitaristas e médicos brasileiros cresceu quando Epitácio Pessoa, presidente da República entre 1919 e 1922, nomeou Chagas para dirigir o novo Departamento de Saúde Pública. Graças ao apoio de Pessoa, o novo organismo seria a maior e mais poderosa repartição sanitária federal (Chagas permaneceu no cargo até 1926). Assim como Cruz, Chagas acumulou o cargo com a direção do Instituto Oswaldo Cruz. Graças ao fortalecimento do poder estatal na saúde, aprovou-se um código sanitário que enfatizava a ação do governo nas áreas rurais. O trabalho nas áreas rurais foi dirigido ao combate de certas doenças endêmicas rurais. Para o Brasil, naquele momento, a tentativa de estender a autoridade sanitária federal aos estados, especialmente às áreas rurais, e de dar coerência à saúde pública dentro do modelo federalista, fez parte de um processo mais amplo, no qual o poder central buscava retirar legitimidade das autoridades estaduais.

O médico colombiano Roberto Franco (1874-1958) é outro exemplo do interesse na América Latina em vincular o estudo das doenças locais com ideais nacionalistas de progresso. Segundo ele, as doenças rurais podiam se propagar pelas cidades e muitos problemas sociais e de saúde dos camponeses eram consequência da falta de centros médicos e do desconhecimento dos funcionários de governo que atuavam no interior. Formado em seu país antes de se especializar na França, Tunísia e Inglaterra, ele foi um dos poucos que acreditaram na possibilidade de se criar uma Medicina tropical da América Latina, e defendeu essa tese enquanto foi titular da cadeira de Medicina tropical na Universidade Nacional de Bogotá, de 1904 a 1940. Ele montou, ainda, um laboratório de bacteriologia e medicina tropical no Hospital San Juan de Dios, também localizado na capital colombiana, onde seus discípulos podiam trabalhar diretamente com casos de pacientes acometidos por doenças tropicais que chegavam de várias partes do país. Nos anos seguintes, Franco estabeleceu a relação das doenças rurais com a diminuição na capacidade produtiva dos camponeses, alertando que, se os governos pretendessem aumentar as exportações agrícolas do país, era necessário haver parceria com os médicos. Em 1907, Franco analisou uma epidemia de febre nas minas de esmeralda de Muzo, nas proximidades dos Andes. Ele e sua equipe chegaram à conclusão de que se tratava de febre amarela, contraída pelos trabalhadores na floresta próxima, e, embora não pudessem identificar o mosquito que a havia transmitido, consideraram a doença um perigo real na região. Interessante notar que, naquele período, cientistas da Fundação Rockefeller (FR) de 1916 afirmaram que a febre amarela não era endêmica na região, recomendando apenas alguma vigilância no porto de Buenaventura, uma vez que, eventualmente, ocorria a contaminação via Equador. Esse foi um dos primeiros relatos sobre a existência de uma febre amarela "silvestre" em áreas rurais, embora os médicos colombianos, desde a década de 1880, já tivessem analisado e debatido febres em áreas rurais que alguns classificavam como febre amarela. Os especialistas norte-americanos resistiram a essa ideia por algum tempo. Em 1934, Frederick Lowe Soper (1893-1977), que então trabalhava para a FR, anunciou que tinha redescoberto a febre amarela silvestre no Brasil, reconhecendo, de certa forma, a originalidade de Franco ao utilizar o termo por ele cunhado, mas ignorando outros cientistas médicos colombianos que, após o trabalho de Franco, destacaram a presença da febre em áreas rurais.[10]

Alguns países experimentaram descontinuidades bruscas em suas trajetórias de pesquisa. Cuba, por exemplo, que tivera uma cultura *créole* de pesquisa médica multifacetada e brilhante durante as últimas décadas de domínio colonial espanhol, e cujos principais médicos deram contribuições para desvendar o mistério da transmissão da febre amarela, começou sua vida republicana com pouco brio científico, embora fossem cientistas cubanos os que conseguiram fazer as principais pesquisas sobre a febre amarela no começo do século XX. Por um lado, isso foi resultado da falta de recursos públicos para a pesquisa básica, e, por outro, deveu-se ao fato de que a energia dos cientistas de renome estava sendo redirecionada para as novas instituições de saúde pública estatais e para trabalhos de rotina que pagavam bem e davam prestígio. Ironicamente, a efetiva erradicação da febre amarela em Cuba e, especialmente, em Havana fez com que os pesquisadores da ilha perdessem a vantagem comparativa de que gozavam no passado. No entanto, com a explosão de oportunidades comerciais para os médicos na ilha açucareira, que então florescia, um dos pontos fortes da nova Faculdade de Medicina da Universidade de Havana foram as especialidades clínicas e cirúrgicas, para as quais havia maior demanda no mercado médico. A maior parte da atenção criativa desses médicos se voltou para a criação de pacotes de tratamento atraentes para as elites, então em voga, ou para ganhar a vida como profissionais em um dos hospitais e clínicas administrados pelas sociedades mútuas que atendiam a uma parcela cada vez maior da população urbana. Foi só em 1937 que um dinâmico centro de pesquisa médica surgiu em Cuba, o Instituto de Medicina Tropical, sob o comando de Pedro Kourí Esmeja (1900-1964), um jovem e vibrante parasitologista.[11]

Em alguns países mais do que em outros, a saúde estatal e a pesquisa médica começaram a se projetar das cidades para as zonas rurais, com maior intensidade, a partir de 1930, até mesmo estabelecendo nessas áreas ou em cidades do interior a sua sede principal. Essa mudança para o interior geralmente tinha como objetivo controlar doenças que eram típicas das áreas rurais e ameaçavam se espalhar para as cidades, mas também foi resultado do interesse de alguns médicos, por motivos humanitários, de se colocar a serviço das populações mais marginais. Essas atividades foram reforçadas por dois fatores médico-políticos: a resposta para a crise econômica de 1929 e a influência da medicina social.[12] O primeiro desses fatores, a saber, a crise econômica, levou a uma quebra, em muitos países, do velho modelo político oligárquico e à irrupção de demandas das classes médias e trabalhadoras, que reivindicavam políticas sociais. Tais políticas incluíram a formação de governos nacionalistas e populistas que prometiam integrar, ou melhor, assimilar as populações rurais e os pobres em geral ao mercado e à cultura urbana. A Medicina social, entendida em muitos países como uma extensão da higiene, definiu-se como um meio para alcançar reformas sociais que pudessem ajudar na integração das sociedades nacionais.

Na América Latina, foram criadas publicações acadêmicas, assim como institutos universitários e órgãos oficiais, que defendiam a bandeira da Medicina social, considerada por eles como uma higiene coletiva e estatal, dotada de dimensão nacional. Carlos Enrique Paz Soldán (1885-1972), um médico sanitarista do Peru, formado na Universidade de San Marcos, foi um exemplo emblemático desse movimento. A partir de 1915, ele publicou, de forma irregular, um periódico chamado *La Reforma Médica*,[13] e em 1927 criou o Instituto de Medicina Social San Marcos. A revista era uma mistura de periódico acadêmico e boletim de notícias e anúncios, em que programas de prevenção e sobre higiene eram publicados regularmente. Embora Paz Soldán tenha realizado poucos trabalhos nas áreas rurais do Peru, outros médicos ligados ao instituto consideravam os problemas nessas zonas uma oportunidade para demonstrar o valor da saúde como medida política para solucionar as más condições de vida das pessoas que moravam nesses locais.[14]

Nos anos que se seguiram à violência da Revolução Mexicana, e com o idealismo gerado pela luta, em 1935, o governo de Lázaro Cárdenas começou uma importante batalha contra a malária, doença que ocorria nas áreas rurais. O programa deu grande prioridade à educação da população, à continuidade do saneamento ambiental, como a drenagem de pântanos,

Políticas sanitárias e pesquisa médica no mundo rural latino-americano

e à criação de ambulatórios de malária para fornecer tratamento gratuito com quinino. Isso levou à Primeira Conferência Regional contra a Malária, em 1938, na qual foram estabelecidas normas para restringir o uso de água no cultivo de arroz, o que provocou um conflito com os produtores, uma vez que o uso de água em grandes quantidades nos campos causava a proliferação de criadouros para o vetor *anopheles*. Também foram promovidas "casas de higiene", com folhas de metal nas portas e janelas, juntamente com mosqueteiros sobre as camas, serviços antilarvas e plantações de quinino. Ao mesmo tempo, o governo tinha consciência da má distribuição de médicos entre as zonas urbanas e as áreas rurais desfavorecidas, por isso estabeleceu um programa através do qual os médicos recém-formados passavam um período de seis meses em uma localidade rural determinada pela Secretaria de Saúde. Dois anos depois, criou-se a Faculdade de Medicina Rural, para formar profissionais na área. Tudo isso foi feito com o objetivo de impedir a mortalidade e aumentar a população do país. Intelectuais influentes na época acreditavam que o principal problema para a modernização do país era o despovoamento, um tema presente no discurso da saúde pública na região durante quase todo o século XX e que evocava um velho dogma da medicina iluminista: o de que o crescimento demográfico é uma condição, bem como um efeito, para o desenvolvimento de um país. Essas medidas indicam que houve um esforço, antes da Segunda Guerra Mundial, para reunir recursos voltados para uma estratégia de saúde pública mais abrangente, parte integrante do modelo de saúde em condições adversas.[15] Uma das pessoas que promoveu essas mudanças e processos foi Miguel Bustamante (1898-1986). Oriundo de uma família pobre, com 14 filhos, do estado de Oaxaca, onde a população era majoritariamente rural, ele ascendeu socialmente graças à Medicina. Em 1928, obteve um doutorado em saúde pública – foi o primeiro de seu país a fazê-lo, somando-se aos demais latino-americanos que estudaram com uma bolsa da FR, num dos principais centros mundiais de pesquisas médicas, o Johns Hopkins Hospital. Em 1933, Bustamante, buscando acabar com a tradicional falta de planejamento do setor, organizou um plano de trabalho de seis anos na área da saúde para criar a infraestrutura necessária nas zonas rurais para melhorar a produção e oferta de alimentos e ampliar a educação higiênica.

Ainda que sem apoio governamental semelhante, observam-se também em outros países iniciativas interessantes de algumas personalidades médicas como Salvador Mazza (1886-1946), no nordeste da Argentina, e Manuel Núñez Butrón (1900-1952), no sul dos Andes peruanos. Ambos foram notáveis exemplos do modelo de promover a saúde sob condições adversas. O argentino Mazza tinha talento para conectar o uso criativo de recursos limitados à participação em redes internacionais de conhecimento médico.[16] Ele iniciou suas atividades sanitário-científicas quando ainda era estudante (obteve o diploma universitário da Universidade de Buenos Aires em 1910), trabalhando no laboratório da colônia de leprosos da ilha de Martín García, que depois iria dirigir. Mais tarde, realizou uma viagem de estudos a vários países europeus e, quando regressou, tornou-se professor de bacteriologia na Universidade de Buenos Aires (UBA). Em 1923, retornou à França, a fim de continuar sua especialização, mas, em vez de ir para Paris, como muitos de seus compatriotas faziam, Mazza viajou para Tunísia, na época, uma colônia francesa. Lá, trabalhou no Instituto Pasteur local, sob a direção de Charles Nicolle (1866-1936), famoso por seus estudos sobre o tifo exantemático. Por sugestão de Nicolle e do médico argentino José Arce (1881-1968), em 1926, a Faculdade de Medicina da UBA estabeleceu a Missão de Estudos de Patologia Regional Argentina, ou Mepra, com sede em Jujuy e com Mazza como seu primeiro diretor. A Mepra utilizava um laboratório móvel instalado em um trem e identificou e tratou centenas de portadores da doença de Chagas (confirmando as conclusões de Chagas). Além disso, contando com o talento local, a Mepra formou a Sociedade Científica Jujuy e realizou os primeiros diagnósticos de tripanossomíase americana (doença de Chagas) e de leishmaniose tegumentar americana na Argentina, durante a segunda metade da década de 1920. Embora o controle da tripanossomíase americana tenha se concentrado no combate ao vetor – o barbeiro, ou *Triatoma infestans* –, os principais fatores para a sua propagação continuavam a ser as precárias condições econômicas, educacionais e de higiene das populações rurais do norte da Argentina. Em uma reunião da Mepra em 1935, o médico argentino Cecilio de Romaña (1899-1997) descreveu um sintoma específico de conjuntivite que era o sinal clínico típico da

Políticas sanitárias e pesquisa médica no mundo rural latino-americano

fase inicial da doença. O "sinal de Romaña", como a descrição veio a ser conhecida, permitiu a identificação fácil e imediata de casos agudos da doença. Infelizmente, parte da elite médica e política de Buenos Aires recusou-se a reconhecer o trabalho abnegado de Mazza e não lhe deu a ajuda necessária. Mazza morreu de um ataque cardíaco enquanto participava de um congresso no México.

Oriundo do planalto peruano, Manuel Núñez Butrón iniciou seus estudos de Medicina no Peru, mas terminou a maior parte de sua formação na Universidade de Barcelona, na Espanha, onde permaneceu até 1925.[17] Resistindo à tentação de se estabelecer em Lima, decidiu voltar às suas raízes, em Puno, como médico do Estado, e logo descobriu a insuficiência dos recursos à sua disposição nas áreas rurais. A grande maioria das pessoas tinha pouco acesso à saúde, comparado às contrapartes urbanas. Seu trabalho em saúde ocorreria em um contexto marcado por uma população de maioria indígena, pela tensão entre fazendeiros e comunidades em relação à posse da terra e por uma incipiente ideologia indigenista, que valorizava novamente a cultura e a estética dos moradores originais dos Andes. Por seu lado, Puno era afetada pela influência de missionários norte-americanos e argentinos da Igreja Adventista do Sétimo Dia, que promoviam a higiene corporal e a educação bilíngue. O progresso comercial e uma relativa paz social possibilitaram que diferentes atores sociais colaborassem uns com os outros em prol do trabalho de Núñez Butrón. A distribuição esparsa da população indígena em pequenos povoados e a falta de pessoal de apoio o levaram, em 1933, a formar brigadas de voluntários itinerantes, que foram agentes não profissionais de saúde. Eram recrutados entre líderes comunitários, adventistas, professores bilíngues e ex-soldados. O voluntariado foi fundamental no arranjo que permitiu a utilização da educação sanitária como instrumento de diálogo e persuasão. O trabalho tornou-se cada vez mais radicalizado, com uma postura crítica em relação aos vendedores de bebidas alcoólicas, ao analfabetismo e aos abusos dos advogados. Seu trabalho sanitário era complementado com a construção de escolas rurais e bibliotecas móveis e com a produção de espetáculos ao ar livre em que canções populares com letras sobre a saúde eram cantadas nas línguas nativas. No entanto, essas iniciativas nunca chegaram a ser reproduzidas em âmbito nacional, como Núñez Butrón esperava. Isso, em parte, permitiu que o próprio movimento sanitário de Puno se enfraquecesse.

A Venezuela oferece mais um caso de saúde na adversidade que ilustra a intensidade da circulação de ideias médicas e práticas de saúde entre o interior e a capital, bem como entre um país latino-americano e os principais centros internacionais de saúde. O exemplo é o de Arnoldo Gabaldón (1909-1990), que obteve seu doutorado em medicina na Universidade Central da Venezuela, em 1930, e, no ano seguinte, formou-se como especialista no Instituto de Medicina Tropical de Hamburgo.[18] Graças a uma bolsa da FR, estudou no Johns Hopkins, onde recebeu um doutorado em higiene e especializou-se em protozoologia. Em 1936, retornou ao seu país para chefiar a Direção Especial de Malariologia (mais tarde, Divisão de Malariologia), no âmbito do Ministério da Saúde e Assistência Social, que tinha sido criado no mesmo ano. No início da carreira, o carismático Gabaldón liderou uma equipe multidisciplinar contra a malária nas áreas mais pobres da Venezuela. A equipe classificou milhões de mosquitos para definir a ecologia dos vetores, realizou milhares de visitas em busca de pessoas com a febre, a fim de tratá-las, e recorreu à engenharia para o saneamento do meio ambiente, com o objetivo de diminuir os reservatórios de larvas do mosquito. A equipe de Gabaldón também distribuiu gratuitamente tratamentos com quinino. Para fazer isso, os profissionais de saúde contavam com a ajuda de professores, funcionários dos correios e autoridades federais e locais. Gabaldón familiarizou-se com os novos inseticidas e medicamentos utilizados contra a malária perto do fim da Segunda Guerra Mundial e, em 1945, começou uma campanha de fumigação de DDT, de alcance nacional – a primeira desse tipo –, que conseguiu interromper a transmissão por um longo tempo e reduziu drasticamente o número de pessoas infectadas com a malária. Tão importante quanto isso, foi o fato de as medidas contra a malária terem sido apontadas como responsáveis pelo súbito desenvolvimento econômico da Venezuela. Muitos políticos venezuelanos acreditavam que a campanha de controle da doença havia possibilitado a abertura do rico setor de petróleo, cujas reservas estavam localizadas em zonas de malária.

Políticas sanitárias e pesquisa médica no mundo rural latino-americano

Os esforços de médicos, sanitaristas e higienistas no combate às enfermidades sociais, especialmente rurais, fizeram com que a saúde pública tivesse um papel importante na construção institucional da pesquisa biomédica, nos discursos de progresso e na formação das nacionalidades. Os problemas de saúde passaram a ser vistos como uma questão nacional, mesclando tradições médicas locais e estrangeiras na montagem dos serviços de saúde de escopo nacional. Surgiram movimentos reformistas que possibilitaram um modelo de atenção à saúde voltado para a promoção do higienismo, da educação e do desenvolvimento regional. As lideranças médicas fizeram parte de um processo de circulação da ciência médica e saúde global que permitiu que tivessem maior legitimidade local. Esse modelo viria a se tornar importante nos países da América Latina, mas sinalizava problemas sociais maiores. Os casos de medicina rural revelam um problema persistente na história da saúde pública da América Latina no século XX: a má distribuição dos profissionais. Isso causou enormes desigualdades no acesso à saúde, que tem sido um dos aspectos da desigualdade social mais ampla que assola todo o continente. Embora, de acordo com estatísticas da Organização Pan-Americana de Saúde (OPAS), o número médio de médicos para todos os países da América Latina em 1962 fosse de 5,8 por 10 mil habitantes, sua distribuição varia imensamente de um país para o outro e, dentro de cada país, entre as áreas rurais e as urbanas. Nas grandes capitais, havia entre 7,3 e 28,8 médicos por 10 mil habitantes, taxa comparável à de qualquer país desenvolvido. No entanto, no interior, predominantemente rural, o número médio de médicos era de 0,5-8 por 10 mil habitantes, e, nas regiões mais remotas, havia apenas 1 médico para cada 50 mil ou 60 mil habitantes.

Ao mesmo tempo em que se identifica essa "ausência", por outro lado, é notável a resiliente capacidade de pesquisadores da ciência médica e biológica em buscar e preservar a continuidade institucional de estudos de alto nível, aliada muitas vezes aos movimentos sociais, que buscaram quebrar o ciclo vicioso pobreza-autoritarismo-doença em favor de uma saúde pública mais abrangente no continente latino americano. Trata-se de um processo muitas vezes desmotivador porque ideais sanitários imaginados e aplicados com intensidade em seu período inicial, quando tem um impacto mais forte e resultados visíveis sobre a população, posteriormente, são abandonados ou substituídos por novos programas ou reformas, praticamente sem nenhum cuidado com avaliações mais criteriosas que embasem tais mudanças. Muitas vezes, a ideia de erradicação de uma doença ou o foco apenas em uma ação ou tratamento por meio das inovações tecnológicas encobre o conceito mais amplo de saúde e a responsabilidade maior dos órgãos públicos em intervir nas melhorias das condições de vida dos mais vulneráveis, adiando sempre essa dimensão porque entendida como realidade difícil de ser superada. Desse modo, vários segmentos das sociedades latino-americanas e de outras partes do mundo acabam acreditando que a saúde pública de fato é somente uma resposta às emergências, sejam elas hospitalares ou epidemiológicas.

Observando os primeiros movimentos de organização sanitária no continente e a formação de redes científicas, constatou-se que os países latino-americanos se abriam às inovações e aos projetos de cooperação na área médica, mas isso não garantia sucesso para a implementação de seus anseios. Era necessário um complexo envolvimento político-cultural entre os próprios profissionais, as autoridades públicas, os educadores e demais setores sociais, no sentido de alcançar maior integração científica latino-americana, o que de fato ocorreu muito timidamente.

A possibilidade de um programa de saúde pública pautado na prevenção, junto ao acesso aos cuidados médicos e outros serviços sociais, foi negligenciada ao longo do século XX pela opção política dos governos latino-americanos em não possibilitar a igualdade de oportunidades, independentemente de classe social, gênero ou etnia. Tal situação também invisibilizou histórias fascinantes de agentes e trabalhadores da saúde em terras mais distantes das cidades latino-americanas, bem como as adaptações de outras tradições de conhecimento das zonas rurais em novos contextos de atuação sanitária, demarcando diferencial protagonista e inédito do continente latino-americano no manuseio das ciências, na produção de conhecimento e na relação de populações locais de grande pluralidade étnica com agentes externos e sistemas oficiais sanitários, muitas vezes, limitados.

* * *

Em tempos de pandemia de covid-19, esses escritos pedem atenção aos estudiosos de história da América Latina, ao levar em consideração não só o protagonismo desta região nas relações com o meio ambiente e biodiversidade, mas também na reordenação mundial, ao assumi-lo na interrupção da exploração desastrosa dos recursos naturais e do pressuposto da miséria da maior parte da população que vive na região em prol do crescimento econômico concentrador de riqueza. O século XXI já está sendo marcado pela defesa das ciências, pela autonomia e valorização de pesquisas nas mais diversas áreas de conhecimento. A inação governamental diante da deterioração das condições sociais e ambientais em nosso continente e em outras partes do planeta refletiu-se no resultado das catástrofes de muitas epidemias, e novas ameaças se entrelaçam através do manejo irresponsável dos recursos naturais e desrespeito às condições ambientais, favorecendo o contato entre espécies de animais oriundos de diferentes regiões. Estamos em plena era do (des)encontro casuístico de patógenos com novos hospedeiros, cujos efeitos podem levar a recombinações virais ameaçadoras. O conhecimento sobre a história das ciências no continente pode ser um poderoso aliado para estimular uma consciência crítica frente à responsabilidade dos humanos não só no crescimento da desigualdade social, mas também na origem de epidemias, comumente associadas apenas aos aspectos biológicos do fenômeno. Ao mesmo tempo, reconhece na capacidade humana seu potencial para se organizar, se preparar e reinventar a utopia de uma América Latina mais justa, na qual as ciências dialoguem com sua heterogeneidade social, e a saúde seja, de fato, um direito alcançado por todas e todos.

Notas

[1] Algumas das principais instituições voltadas para a Medicina tropical naquele período eram: London School of Tropical Medicine (Londres, 1899) e Liverpool School of Tropical Medicine (Liverpool, 1899); Institut für Schiffs- und Tropenkrankheiten (Instituto de Doenças Marítimas e Tropicais; Hamburgo, 1900); Institute of Tropical Medicine (Bruxelas, 1906); Institut de Médecine Coloniale (Paris, 1901); Harvard University (cadeira de Patologia Geral e Doenças Tropicais; EUA, 1900); University of New Orleans (cadeira de medicina tropical; EUA, 1902). Conferir em: Michael Worboys, "Tropical diseases", em W.F. Bynum e R. Porter (ed.), *Companion encyclopedia of the history of medicine*, London, Routledge, pp. 512-536, 1993. Complementa-se ainda com a Escola de Medicina Tropical, fundada em Lisboa em 1902.

[2] Mariola Espinosa, *Epidemic invasions: yellow fever and the limits of Cuban independence, 1878-1930*, Chicago, Univ. of Chicago Press, 2009.

[3] Depois de ter sido nomeado diretor do Serviço Sanitário de São Paulo, Ribas, orientado pelas medidas de combate à febre amarela em cidades do interior paulista, pelas leituras dos trabalhos de Finlay, pelas

correspondências com os médicos norte-americanos, inseriu-se no que havia de mais atual em termos de explicações para a doença. Em 1902 e 1903, refaz as experiências realizadas em Havana na cidade de São Paulo, nas dependências do Hospital de Isolamento. Essas realizações repercutiram também na atuação sanitária de Oswaldo Cruz cidade do Rio de Janeiro. Marta de Almeida "Combates sanitários e embates científicos: Emílio Ribas e a febre amarela em São Paulo", *História, Ciências, Saúde-Manguinhos*, Rio de Janeiro, v. 6, n. 3, pp. 577-607, 2000.

[4] Marta de Almeida. *Da Cordilheira dos Andes à Isla de Cuba, passando pelo Brasil: os congressos médicos latino-americanos e brasileiros (1888-1929)*, Tese de Doutorado em História Social, FFLCH, Universidade de São Paulo, São Paulo, 2004, pp. 76 e 89.

[5] *Brazil-Medico*, ano XXVIII, 1914, n. 14, p. 139.

[6] Marta de Almeida, "A criação da cátedra de medicina tropical no Peru e no Brasil", *História, Ciências, Saúde -Manguinhos*, Rio de Janeiro, v. 18, n. 2, pp. 355-376, jun. 2011.

[7] Marcos Cueto (org.), *Missionaries of Science:the Rockefeller Foundation and Latin America*, Bloomington, Indiana University Press, 1994.

[8] Gilberto Hochman, *A era do saneamento: as bases da política de saúde pública no Brasil*, São Paulo, Hucitec, 2012.

[9] Simone Kropf, *Doença de Chagas, doença do Brasil: ciência, saúde e nação, 1909-1962*, Rio de Janeiro, Editora Fiocruz, 2009.

[10] E. Quevedo, C. Manosalva, M. Tafur, J. Bedoya, G. Matiz e E. Morales, "Knowledge and Power: The Asymmetry of Interests of Colombian and Rockefeller Doctors in the Construction of the Concept of 'Jungle Yellow Fever'", *Canadian Bulletin for the Medical History*, v. 25, n. 1, pp. 71-109, 2008.

[11] Marcos Cueto e Steven Palmer, *Medicine and Public Health in Latin America, a History*, Cambridge, Cambridge University Press, 2015.

[12] Dorothy Porter e Roy Porter, "What Was Social Medicine? An Historiographical Essay", *Journal of Historical sociology*, v. 1, n. 1, pp. 90-106, 1988.

[13] "Reforma Médica" era o mesmo nome do periódico alemão publicado no século XIX por Virchow, considerado precursor da medicina social.

[14] Marcos Cueto, "Social Medicine in the Andes, 1920–50", em Esteban Rodríguez-Ocaña, E. (org.), *The Politics of the Healhty Life*, AN *International Perspective*, Sheffield, EAHMH Publications, 2002, pp. 104-138.

[15] Ana Maria Kapeluz-Poppi, "Rural Health and State Construction in Post-Revolutionary Mexico: The Nicolaita Project for Rural Medical Services", *The Americas*, v. 58, n. 2, pp. 261-283, 2001.

[16] Jonathan Leonard, "Research in the Argentine Outback: The Health Quest of Salvador Mazza", *Bulletin of the Pan American Health Organization*, v. 26, n. 3, pp. 256-270, 1992.

[17] Marcos Cueto, "Indigenismo and Rural Medicine in Peru: The Indian Sanitary Brigade and Manuel Nuñez Butrón", *Bulletin of the History of Medicine*, Baltimore, v. 65, pp. 22-41, 1991.

[18] Ana Teresa Gutiérrez, *Tiempos de guerra y paz: Arnoldo Gabaldón y la investigación sobre malaria en Venezuela 1936-1990*, Caracas, CENDES, 1998.

MUSEU E MEMÓRIA EM TEMPOS DE GUERRA NA COLÔMBIA

Camilo de Mello Vasconcellos
William Alfonso López Rosas

Embora o contexto político colombiano tenha sido particularmente destrutivo com as iniciativas de configuração social da memória de origem popular e/ou comunitária, elas mostraram não só uma grande capacidade de sobreviver em meio à mais agressiva violência armada, mas também uma admirável criatividade para construir processos de resistência, além de estabelecer e perpetuar dinâmicas culturais que protegeram e reativaram as relações sociais e, principalmente, a solidariedade dos grupos em que estas estão inseridas. Apesar dos atores armados e dos setores mais conservadores da sociedade colombiana, sua maior força, sem dúvida, reside nos processos de reparação que essas iniciativas de memória fundaram nas regiões onde estão assentados.

No presente capítulo,[1] discutiremos a trajetória social de um dos grupos mais significativos no cenário do movimento social

Utopias latino-americanas

e dos direitos humanos dos últimos 20 anos na Colômbia: o Coletivo de Comunicações de Montes de Maria Linha 21,[2] fundado em 1994, cujo escopo de ação está concentrado em um dos territórios mais atingidos pela guerra de baixa intensidade que durante mais de 60 anos a Colômbia viveu. Podemos estabelecer uma primeira diretriz de análise da mais recente iniciativa lançada por essa organização: o Museu Itinerante da Memória e Identidade de Montes de Maria,[3] O Mochuelo, cujo nome refere-se a um pássaro típico dessa região do Caribe colombiano que, apesar de seu pequeno porte, possui um belíssimo canto e alcança grandes alturas com seu voo. Além de reconhecermos e valorizarmos a originalidade e o poder museológico desse projeto institucional à luz das duras discussões que estão ocorrendo hoje sobre as políticas da memória no país, faremos considerações sobre os efeitos profundos que a abertura do Museu começou a ter não só no território montemariano, mas também no âmbito nacional, em sua intensa relação com a Rede Colombiana de Lugares de Memória.

Mapa da Colômbia com a localização da sub-região denominada Montes de María (Departamentos de Bolívar e Sucre).

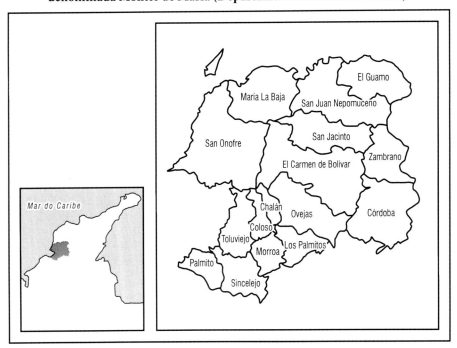

Fonte: María Aguilera Díaz com dados do Instituto Geográfico Agustín Codazzi (IGAC).

AS RAÍZES DE O MOCHUELO: AS ORGANIZAÇÕES SOCIAIS E A CONSTRUÇÃO DE UMA ESFERA PÚBLICA ALTERNATIVA EM MONTES DE MARIA

Na Colômbia, como apontam os especialistas, certas comunidades populares procuraram e adotaram formas de construir a paz e a democracia a partir de opções civis, apesar do contexto de violência política e da degradação virulenta dos ataques de diferentes atores armados na sociedade civil. São iniciativas que, em muitos casos, são expressão de processos duradouros, profundamente enraizados nas dinâmicas histórico-políticas dos territórios e regiões onde estão localizados, e que coletivamente visam a expansão, aprofundamento e fortalecimento das práticas democráticas. São experiências que suscitam não apenas formas de resistência ativa à violência exercida pelos diferentes grupos armados legais e ilegais, mas também estratégias de reconstrução de comunidades, o que implica o surgimento de um poder social, organizado no campo local, com profundas raízes nas diferentes mobilizações populares ocorridas ao longo do século XX.[4]

Nesse contexto geral, o surgimento de uma iniciativa de memória como o Museu Itinerante de Memória e Identidade de Montes de Maria, O Mochuelo, não está marcado apenas pela vocação civil e pacifista do grupo de intelectuais, jornalistas, camponeses e jovens que, liderados por Soraya Bayuelo e Beatriz Ochoa, começaram a conceituá-lo a partir dos últimos anos da década dos anos 90 do século passado, mas também na longa tradição de mobilização política que esta região possui.

Tradição que possivelmente remonta à primeira década do século XX, quando o professor Eduardo Arango y Córdoba fundou, em 1913, o primeiro sindicato agrário do país.[5] Essa primeira organização, segundo os especialistas, é fundamental para entender os sindicatos camponeses dos anos 1930 e 1940, formalizados pela Lei 83 de 1931, sob o primeiro governo liberal após quase 50 anos de hegemonia do Partido Conservador, mas também para entender as ações da Federação Agrária Nacional nas décadas de 1950 e 1960 e, finalmente, interpretar de maneira justa o profundo impacto que teve, a partir de 1967, a criação da Associação Nacional de Usuários Camponeses (ANUC), no marco político, ideológico e institucional configurada pela última e frustrada reforma agrária liderada pelo Estado nacional pelo governo do presidente liberal Carlos Lleras Restrepo.[6]

O Mochuelo, como será referido a partir de agora, aparece marcado pela interseção de uma longa tradição de mobilização popular de natureza camponesa e pacífica e de uma tradição jornalística radicalmente ligada à comunicação para transformação social. Segundo Soraya Bayuelo, Italia Samudio Reyes e Giovanny Castro, protagonistas do processo de conceituação e realização de O Mochuelo:

> Por meio da metodologia de trabalho "treinamento transformador", são promovidas a geração e o fortalecimento de exercícios de liderança comunitária com responsabilidade social, que superam a lógica da resignação, silêncio, dependência e opressão que infelizmente vive o território após muitos anos de exclusão política e econômica, discriminação social, empobrecimento, corrupção, estigmatização, impunidade, injustiça, violência, intervencionismo e negligência do Estado, que, juntos, moldaram a consequência mais perversa para qualquer projeto democrático: o silêncio político de suas comunidades. O *status quo* da sua real participação em órgãos públicos, a ausência de projetos da sociedade autônomos, dignos e responsáveis, e o medo e o terror impostos com controle violento resultam na ausência de agências cidadãs informadas, coletivas, participativas e eficazes de incidência política, econômica e pública.[7]

A complexidade e a audácia dessa aposta não podem ser entendidas sem dimensionar, ainda que de maneira muito breve, o tamanho dos danos causados pela conjunção dos poderes políticos e militares que viam nesse tipo de empoderamento uma ameaça aos seus interesses econômicos e ao controle territorial que eles exerceram e exercem ainda hoje, mas, sobretudo, a amplitude e profundidade mórbidas do impacto de sua ação desumana contra a sociedade. De acordo com o Observatório de Memória e Conflito do Centro Nacional de Memória Histórica, desde o final dos anos 1960, em Montes de Maria, participaram praticamente todos os grupos armados ilegais de caráter guerrilheiro ou paramilitar, unidos a seções da Força Pública e a grupos interligados com o tráfico de drogas. Entre 1985 e 2017, nesta zona foram cometidos 3.197

Museu e memória em tempos da guerra na Colômbia

assassinatos seletivos, 104 massacres, 1.385 pessoas desapareceram e houve 657 vítimas de violência sexual – na maioria dos casos, mulheres.[8] A esses números devem ser somadas as 200 mil pessoas deslocadas temporária ou permanentemente da área e que, na prática, também foram vítimas da desapropriação de suas terras.[9] Para que tenhamos uma noção do impacto desses massacres junto à população local, em 1973, essa região era habitada por 337.626 pessoas. Em 1986, o número de habitantes havia crescido para 867.821, um indicador que demonstra que essa região possuía potencial de desenvolvimento sustentável que resultou num atrativo para as populações da circunvizinhança. No entanto, e especialmente por conta dos efeitos da violência e dos deslocamentos forçados de pessoas, essa mesma região apresenta atualmente uma população de aproximadamente 438.119 pessoas.[10]

Esses números assustadores devem ser contextualizados na atmosfera de terror que cada um desses crimes estava moldando e contra a qual o Coletivo de Comunicações de Montes de Maria Linha 21 e outras organizações sociais nessa área tiveram que enfrentar.

Talvez o massacre de *El Salado,* como é conhecido na Colômbia, ocorrido entre 16 e 21/02/2000, e situado na mesma região de Montes de Maria, sirva como um caso emblemático para descrever, ainda que de maneira muito breve, o tipo de violência exercida, neste caso, por uma das frentes das Autodefesas Unidas da Colômbia. Segundo o estudo realizado pelo Grupo de Memória Histórica da Comissão Nacional de Reparação e Reconciliação,[11] esse massacre fazia parte de uma estratégia de ordem nacional elaborada e realizada pelos paramilitares para gerar violência massiva entre 1999 e 2001. Os pesquisadores apontam que a concentração temporária e territorial de massacres ocorridos na área era vista como uma marcha militar triunfante, que naquela época fez a opinião pública pensar em uma sólida divisão geopolítica do país entre um norte contrarrevolucionário e um sul guerrilheiro. O massacre de *El Salado* e sua demonstração pública de violência, segundo esse estudo, ilustra de forma evidente a estratégia político-militar baseada na disseminação do terror como instrumento de controle sobre o território e a população, e que, dentro da dinâmica geral do conflito armado nesse período, começou a tomar forma no final da década dos anos 80 do século passado, com massacres como o de Trujillo, no norte de Valle del Cauca.[12] Na verdade, os massacres ocorridos na região de Trujillo serviram como uma espécie de modelo enquanto método e prática de terror para os demais massacres ocorridos pelo território colombiano.

Vale citar, de maneira muito limitada, a passagem introdutória à análise do tipo de violência exercida pelos 450 paramilitares apoiados pelo sobrevoo de helicópteros em Montes de Maria, entre 16 e 21 de fevereiro de 2000, onde 59 pessoas foram aniquiladas e uma cena pública de terror generalizada foi montada no município de El Carmen de Bolívar, no município de Ovejas e no município de Córdoba.

> O massacre de El Salado ilustra as estratégias de exibição da violência, uma vez que não apenas expõe os corpos nos espaços públicos, mas também os transforma em marcadores de rotas de terror, em um rastro; as torturas foram realizadas em locais públicos, na frente das pessoas, e contraem o tempo e ampliam o espaço de representação, de modo que a magnitude e a natureza sistemática da violência sejam mais impactantes, e a informação proporcionada pelos informantes se misture ao uso de estereótipos, vestígios e casualidades de "escolher" as vítimas.

> O terror tornado público incorpora os sobreviventes e as testemunhas necessárias para que ele seja transmitido e difundido socialmente, explorando seus sentimentos de impotência por não ser capaz de agir para salvar suas vítimas; e a demonstração de força do opressor, capaz de desafiar os controles sociais e a vigilância pública.[13]

As dimensões do trauma, no nível pessoal e coletivo, enfrentadas por aqueles que faziam parte do Coletivo de Comunicações de Montes de Maria Linha 21 foram não apenas incomensuráveis, mas também versáteis, voltadas para diferentes facetas da vida individual e social, com uma longa duração no tempo. Seu impacto nas elaborações do luto e da memória, em oposição ao silêncio imposto principalmente pelos paramilitares, apareceu como o grande desafio em termos da comunicação transformadora que o Coletivo estava executando desde alguns anos antes do surgimento dos traços mais dramáticos dessa violência.

O MOCHUELO COMO APOSTA MUSEOLÓGICA

O Coletivo, então, com o acúmulo de depoimentos, construídos a partir de entrevistas elaboradas na intimidade e profundeza, decidiu começar a organizar reuniões muito limitadas, nos quintais e jardins das casas de Montes de Maria, que rapidamente se direcionaram, a partir de linhas pedagógicas, para o acesso aos direitos que as vítimas tinham, e principalmente as mulheres que haviam sido submetidas a algum tipo de abuso sexual. Eles também criaram técnicas para apoiar emocional e coletivamente as testemunhas, uma vez que, no contexto sombrio vivido, era muito difícil falar sobre as experiências terríveis pelas quais haviam passado. Tudo isso derivou, também, para o desenvolvimento de oficinas de comunicação e produção audiovisual, que finalmente foram a origem do coletivo de narradores da memória: os documentários, em todos os municípios da região, a partir dos quais O Mochuelo começou a ser criado.[14] Soraya Bayuelo, Giovanny Castro e Italia Samudio colocam desta maneira:

> Sob o postulado de potencializar "a voz" das comunidades, são promovidos mecanismos para fortalecer suas capacidades na apropriação de seu lugar político na sociedade. Sob a impressão de uma restauração baseada na recuperação da vida digna das vítimas e comunidades vulneráveis, esses processos incentivam iniciativas com metodologias de produção de rádio, audiovisual e cinematográfica a serviço de suas comunidades, divulgando suas experiências de vida, aprendizagens e projeções como organizações da população afetada pelo conflito armado no território.

> As imagens, histórias e relatos resultantes da memória são uma janela que permite entender como, no privado, no íntimo e no familiar, todas as mentiras da guerra são quebradas devido ao fato de serem narradas e ressignificadas por meio da memória coletiva. Dado que é nessa passagem entre o privado e o público que é disputada a definição de "ser" e "habitar" alguns territórios de uma maneira e com propósitos particulares, é essencial revelar que, durante esses anos, suas populações decidiram vivê-los e habitá-los com tenacidade, ainda cientes de que, em muitos casos, também se trata de recomeçar com muito menos do que começaram há muito tempo e agora levando consigo a dor de suas perdas e a incerteza sobre um território ainda em disputa.[15]

Paralelamente, a sistematização dos depoimentos envolveu a criação de bancos de histórias e também uma rede muito complexa de informação que foi se construindo a partir do cruzamento de informações com os bancos de dados dos observatórios de deslocamento forçado e outras organizações como a Rede Nacional de Bancos de Dados sobre Direitos Humanos e Violência Política do Centro de Pesquisa e Educação Popular, ou plataformas jornalísticas alternativas, como La Silla Vacía ou Verdad Abierta.[16] Com essa informação, outra tarefa importante foi empreendida para entender o tipo de projeto museológico que hoje anima O Mochuelo: a elaboração de uma série de linhas do tempo que deram uma ordem ao complexo panorama de violência vivenciado na região.

Contudo, o maior desafio que aqueles que faziam parte do Coletivo de Comunicações de Montes de Maria Linha 21 começaram a enfrentar estava relacionado à maneira como essas histórias se tornariam públicas e, acima de tudo, a forma como se construiria a narrativa geral que as explicaria a partir da perspectiva das vítimas.

Não se deve esquecer que eles estavam agindo no meio de uma atmosfera absolutamente aterrorizante. Colocar-se nesse contexto, mesmo de forma particular, como mediador da memória, envolvia um risco muito grande para a própria segurança pessoal. Eis aqui o X da questão, a chave museológica, que hoje coloca O Mochuelo como um caso emblemático de relevância e, sobretudo, de lucidez em sua inserção nas comunidades às quais deve sua origem e destino. Voltemos ao testemunho de Italia Samudio:

> Sempre tivemos o desafio de como contar esses processos, como converter todas essas informações em um dispositivo que cumprisse uma função digna do território, uma função exorcizante, mas que também desse forma e nome a algo que não podia ser mencionado e, nesse sentido, desse um horizonte mais claro para aqueles sonhos e projetos de vida que foram interrompidos durante a guerra. As perguntas feitas por nós que participamos no projeto eram mais do que óbvias... Nesse contexto, nasce a ideia de fazer um museu; um museu que narrasse a partir do território, com o território e para o território, a experiência do que significava ser um habitante dos Montes de Maria antes da guerra, no meio da guerra, e com a pergunta sobre o futuro.[17]

Do ponto de vista do Coletivo de Comunicações de Montes de Maria Linha 21, o caráter de museu da organização, que começou a surgir nos debates internos que tinham, corresponde à dimensão e complexidade do processo que o museu deseja assumir não apenas como sua matéria narrativa, mas como a missão de seu próprio projeto museológico. É uma nova instituição que está a serviço das comunidades montemarianas, no contexto do Caribe colombiano; e sua missão está comprometida com a identificação, preservação e comunicação dos depoimentos, conhecimentos e bens culturais associados à experiência de vida dessa comunidade e que hoje, segundo eles, fazem parte da memória coletiva nacional. Bayuelo Castellar, Castro e Samudio observam:

> O museu assim concebido torna-se uma forma de resistência ao esquecimento e em um mecanismo de não repetição, e ao mesmo tempo, um dispositivo pedagógico para a reconstituição social comunitária.
>
> O Museu Montes de Maria é concebido como itinerante, pois lhe permitirá manter o caráter participativo e vivo que teve desde a sua concepção com as comunidades e ir além da interação própria da nova museologia, para ser também uma opção de mobilização social, treinamento de públicos e visibilidade em toda a região do Caribe e em outras áreas do país. Nesse sentido, a locomoção torna mais fácil para as comunidades gerar mecanismos articulados de autorrepresentação e reparação simbólica, essenciais para a construção de projetos de vida dignos e autônomos no território.
>
> Além do exposto, também é itinerante porque visa, ao longo de seu caminho, promover a articulação de comunidades locais que ficaram totalmente desarticuladas como resultado da guerra. Lá, um museu itinerante "interrompe" a vida cotidiana e se insere na rotina das pessoas para gerar perguntas, questionar o que aconteceu, sair às ruas e conjurar o perigo de um confinamento que paralisa as memórias e as transforma em objetos desprovidos de significado.[18]

Sob esses parâmetros, o Museu começou a projetar-se no final da primeira década do século XXI e da sua idealização participam ativamente, além do Coletivo, instituições como a Agência Espanhola de Cooperação Internacional para o Desenvolvimento, o Movimento pela Paz, o Centro Ático da Pontifícia Universidade Javeriana, a empresa Caracola Consultores, a Unidade de Comunicações do Ministério da Cultura e o Ibermuseos.

Depois de uma etapa de quase cinco anos, que contou, inclusive, com o apoio do Centro Nacional de Memória Histórica em Bogotá, em 2011, e graças à intervenção de seu primeiro diretor, o historiador Gonzalo Sánchez, iniciou-se a segunda etapa de construção de O Mochuelo. A partir daí, o roteiro do museu foi revisto e foram realizadas as propostas de planejamento, gestão, desenvolvimento e remodelação das atividades do museu. A Embaixada da França na Colômbia realizou 90% da produção, até sua inauguração em 15 de março de 2019.

É, portanto, um dos museus colombianos mais pensados e que, sem dúvida, contou com a participação de um grande número de instituições e profissionais, tanto dos meios museológico, acadêmico e cultural, como da comunidade internacional, e, embora não seja necessário dizer, das comunidades que deram origem a ele. Isso não apenas o caracteriza como uma organização única que rompe significativamente o processo de guetificação ao qual estava submetida a recuperação da memória das vítimas e dos setores subalternos dentro da sociedade, mas também o coloca em uma nova posição no âmbito do complexo e contraditório campo da memória no país. Não devemos esquecer que, ao contrário de outros contextos nacionais, na Colômbia, a recuperação da memória não se baseia apenas num passado de repressão e violência, mas está enraizada também nos dramáticos conflitos do presente. O grande objetivo desse tipo de organização não é a construção de uma ordem democrática pós-traumática na qual os direitos culturais são garantidos para toda a população, mas o estabelecimento, em meio à guerra, de uma ordem social e principalmente política em que o exercício da memória no nível individual e coletivo não está associado à criminalização ou à morte. "Trata-se de construir memória em um estado de emergência."[19]

O ESPAÇO EXPOSITIVO DE O MOCHUELO E SUA INTERAÇÃO COM O PÚBLICO

O espaço curatorial e expositivo de O Mochuelo está projetado com base em três conceitos fundamentais: território, memória e identidade. Não se trata apenas de três eixos narrativos localizados um após o outro na narrativa espacial, mas sim de três matrizes temáticas que se entrelaçam de maneira sistemática, embora sejam efetivamente atribuídas a espaços específicos, e são desenvolvidas em 13 áreas, como segue:

Museu e memória em tempos da guerra na Colômbia

1. Boas-vindas.
2. Paisagens de Montes de Maria.
3. Contexto geográfico.
4. Linha do tempo.
5. Patrimônio imaterial.
6. Patrimônio material.
7. Vozes e memória.
8. Além da dor.
9. Histórias de vida, perfis e retratos.
10. Resistências.
11. Homenagem aos ausentes.
12. Diário de bordo.
13. Pátio.

Amplamente apoiada pela concepção do território como algo mais que um conceito cartográfico, e que traz consigo todo o conhecimento e produção cultural das pessoas como agentes ativos e construtores de sua história, a exposição apresenta painéis infográficos de diferentes regiões dos Montes de Maria e coloca as marcas que o conflito armado deixou em seus habitantes, fazendas, casas e, particularmente, nas estratégias de sobrevivência das vítimas, quando foram forçadas a se mudar para outros municípios nos *departamentos* de Sucre, Bolívar e Córdoba.

A memória, segunda matriz curatorial da exposição, estabelece o tom altamente emocional da história, uma vez que se materializa sobretudo nos depoimentos das vítimas do conflito armado na região, coletados por meio de alguns vídeos que medem o sofrimento pessoal imposto principalmente aos camponeses locais, que foram os mais afetados por toda essa situação trágica. Por outro lado, é importante notar que essa matriz ocupa o centro metafórico da história e também o centro da espiral do circuito expográfico. Através da chamada árvore da vida – um dispositivo que em cada uma das folhas lembra o nome, a idade, a data e o local do assassinato ou desaparecimento de uma vítima em particular –, o compromisso mais profundo do projeto no museu é resolvido: a homenagem aos mortos como ausências ativas no presente e no futuro.

Finalmente, há a terceira matriz curatorial: identidade. Por meio dela, o espaço expositivo é iluminado com as formas de organização e mobilização, os modos de pensar, as felizes e festivas formas de sociabilidade comunitária, as lúcidas imaginações artesanais, as elegantes danças ancestrais *cumbia*, *porro*, *bullerengue* e a *puya*, a poética aguda e muitas vezes melancólica *décima*, na qual é impossível não recordarmos a narrativa de Gabriel García Márquez. Nesse contexto, O Mochuelo funciona como um espelho digno e legitimador, no qual os montemarianos não podem deixar de se olharem. Então, as práticas culturais aparecem no discurso museológico não apenas como conteúdo, mas também como um meio que transforma o luto, a dor indescritível e inefável por tantos anos contida e reprimida, em profunda e humana solidariedade, no clamor carnavalesco da vida.

Não temos medo de salientar que O Mochuelo, hoje, é um dos exemplos mais evidentes dos ideais da museologia social, de uma museologia a serviço da vida. O diálogo produzido pelo e no Mochuelo permite renovar o contato com o vizinho para fortalecer o tecido social, estilhaçado pelo conflito armado. A interação com esse espaço expositivo é o ponto de partida para a restauração da esperança; como se fosse um fenômeno psicanalítico de resgate de algo que estava perdido, mas que a museologia social pode recuperar e trazer de volta ao presente.[20]

Imagem 1 – Aspecto da entrada de O Mochuelo.

Imagem 2 – Aspecto da visitação de O Mochuelo.

Imagem 3 – A "árvore da vida" com os nomes das vítimas dos massacres ocorridos.

Imagem 4 – Percurso de visitação de O Mochuelo.

W. A. López Rosas, Carmen de Bolívar (Colômbia), março de 2019.

Notas

[1] Texto apresentado originalmente na Reunião de Antropologia do Mercosul em Porto Alegre em julho de 2019. A versão para este capítulo foi atualizada e ampliada.

[2] A ideia inicial desse coletivo de comunicação era a criação de um jornal que teria por título *Línea 21*, por alusão ao novo século que estava por chegar. A partir disso, iniciou-se a formação de jovens comunicadores dessa região, que se apropriaram da linguagem audiovisual e das narrativas de memória numa perspectiva de participação transformadora do contexto local em que viviam.

[3] Montes de Maria é uma sub-região geográfica do Caribe colombiano situada entre os departamentos de Sucre e Bolívar. Fazem parte desta região alguns municípios como El Carmen de Bolívar (onde foi montado o Museu pela primeira vez), San Juan Nepomuceno, San Jacinto, Córdoba e outros. Essa região foi palco de muitos massacres perpetrados especialmente por grupos paramilitares.

[4] Tatiana Duplat Ayala, *Paz en la guerra. Reconciliación y democracia en el Alto Ariari*, Bogotá, Siglo del Hombre Editores/Universidad EAFIT/ Universidad del Rosario, 2019, p. 17.

[5] Apolinar Díaz-Callejas, *La reforma agraria en Colombia, Venezuela y Brasil. Nuestra Costa Caribe y el problema agrario*, Bogotá, Taller de Edición Rocca, 2006.

[6] María Aguilera Díaz, "Montes de María: una subregión de economía campesina y empresarial", em Centro de Estudios Económicos Regionales, *Documentos de trabajo sobre economía regional*, Banco de la República, Cartagena, 2013, p. 6; Daniel Moreno Raimondi, *Consecuencias políticas, económicas y sociales del desplazamiento forzado en Montes de María entre los años 1997 y 2003*, Ciudad de México, Facultad de Estudios a Distancia/Universidad Nacional Autónoma e Independiente de México, 2015, p. 6.

[7] As traduções de todas as citações, que no original se encontravam em espanhol, foram feitas pelos autores. Soraya Bayuelo Castellar, Giovanny Castro e Italia Samudio Reyes, "Museo itinerante de la memoria y la identidad de los Montes de María: tejiendo memorias y relatos para la reparación simbólica, la vida y la convivencia", em *Ciudad Paz-ando*, v. 6, n. 1, Instituto para la Pedagogía, la Paz y el Conflicto Urbano/ Universidad Distrital Francisco José de Caldas, Bogotá, pp. 160-161, 2013.

[8] Centro Nacional de Memoria Histórica. *Bases de datos del Observatorio de Memoria y Conflicto*. Centro Nacional de Memoria Histórica, Bogotá, disponível em http://centrodememoriahistorica.gov.co/observatorio/bases-de-datos/2018, acesso em fev. 2020.

[9] Daniel Moreno Raimondi, op. cit., 2018, p. 6.

[10] *Análisis regional de los Montes de María. Fundación Ideas para la Paz*, Bogotá, 2011.

[11] O Grupo de Memória Histórica da Comissão Nacional de Reparação e Reconciliação foi criado pela chamada Lei de Justiça e Paz (Lei 975 de 2005), sob o mandato presidencial de Álvaro Uribe Vélez. A duração de sua existência institucional, dentro desse marco legal, deveria ter sido prorrogada até 2013, mas com a edição da Lei das Vítimas (Lei 1448 de 2011) pelo governo de Juan Manuel Santos, os membros deste grupo de pesquisa tornaram-se parte do Centro Nacional de Memória Histórica.

[12] Grupo de Memoria Histórica, *La masacre de El Salado. Esa guerra no era nuestra*, 3. ed., Bogotá, Centro Nacional de Memoria Histórica/Taurus/Revista Semana, 2009, p. 16.

[13] Idem, p. 83.

[14] William Alfonso López Rosas, "La inauguración del Museo El Mochuelo: entrevista a Italia Samudio Reyes", em *Museos en contexto*, UNRadio, Bogotá, emisión del 14 de abril 2019, disponível em http://unradio.unal.edu.co/nc/detalle/cat/museos-en-contexto/article/inauguracion-del-museo-el-mochuelo-entrevista-a-italia-samudio.html, acesso em fev. 2020.

[15] Soraya Bayuelo Castellar, Giovanny Castro e Italia Samudio Reyes, op. cit., 2013, p.161.

[16] Conferir em https://lasillavacia.com; https://verdadabierta.com.

[17] López Rosas, op. cit.

[18] Soraya Bayuelo Castellar, Giovanny Castro e Italia Samudio Reyes, op. cit., pp.169-170.

[19] William Alfonso López Rosas, "Los museos en tiempos de conflicto: memoria y ciudadanía en Colombia", em Américo Castilla (comp), *El museo en escena. Política y cultura en América Latina*, Buenos Aires, Fundación TyPA/Paidós, 2010. pp. 207-222, disponível em https://www.academia.edu/5760410/Museos_en_tiempos_de_conflicto_memoria_y_ciudadan%C3%ADa_en_Colombia, acesso em fev. 2020.

[20] No momento, O Mochuelo já itinerou por três outros municípios colombianos próximos a Montes de Maria: Córdoba, San Jacinto e San Juan Nepomuceno. Em todos com grande êxito de visitação.

UTOPIAS, REPRESENTAÇÕES E IMAGINÁRIOS

APRENDENDO COM A AMÉRICA LATINA: FRANK TANNENBAUM E UMA RELEITURA DA UTOPIA

Barbara Weinstein

Uma caraterística marcante do campo de estudos da América Latina nos Estados Unidos tem sido a tendência a defini-la em termos de seus "problemas". Até recentemente, a maior parte dos estudiosos norte-americanos que dedicaram sua atenção aos seus vizinhos do continente analisaram a região com ênfase em suas "carências", seja a estabilidade, a democracia ou a modernidade. Explícita ou implícita nesse modo de pensar a América Latina está a perspectiva comparativa que coloca os Estados Unidos como uma nação bem-sucedida e a América Latina como o espaço das nações fracassadas ou falidas. Assim, muitos historiadores e cientistas sociais norte-americanos que estudaram a América Latina consideram que uma forma de explicar esses fracassos esteja no fato de que os latino-americanos copiaram práticas políticas, sociais e econômicas derivadas do "protótipo" norte-americano para resolver os problemas próprios de suas sociedades.[1]

Nesse sentido, o campo da História da América Latina, por muitos anos, ocupou uma posição marginal entre os historiadores nas universidades norte-americanas uma vez que a própria América Latina era vista como periférica e sumamente reativa aos eventos históricos nas regiões dominantes do "Ocidente" e, portanto, com importância secundária (se assim fosse) para compreender o espirito da História.[2] Contudo, uma das figuras pioneiras no campo da História latino-americana nos Estados Unidos, e talvez o mais destacado entre os primeiros estudiosos da América Latina *moderna,* Frank Tannenbaum, adotou uma postura muito diferente no que se refere à circulação do conhecimento entre a América Latina e os Estados Unidos. Tannenbaum encarou o conhecimento sobre a América Latina *não* como uma coleção de artefatos epistemológicos que poderiam servir para fortalecer a autoridade imperial,[3] mas como uma fonte de ideias e modelos para enfrentar problemas sociais e políticos das Américas. Em seus escritos, especialmente os das décadas iniciais de sua carreira, a América Latina é pensada como uma produtora de modelos, até mesmo utopias, e como uma fonte de inspiração para soluções de problemas da sociedade norte-americana, e não o contrário.

Frank Tannenbaum (1893-1969) é mais lembrado hoje em dia por seu inovador ensaio comparativo sobre as relações raciais nas Américas, *Slave and Citizen*, e por seus trabalhos definidores do campo de estudos sobre a Revolução Mexicana.[4] Filho de uma família judia austríaca que imigrou para os Estados Unidos (ele chegou a Ellis Island em 1905 aos 11 anos de idade), fez parte ainda jovem dos vibrantes círculos anarquistas e do grupo dos *wobblies*, que floresceram em Nova York nos anos 1910.[5] Aos 21 anos era um integrante do grupo de ativistas radicais que incluía Emma Goldman, Alexander Berkman e Elisabeth Gurley Flynn, e ganhou notoriedade como organizador de protestos de desempregados que repetidamente ocupavam igrejas no sul de Manhattan. Essas "ocupações" com o objetivo de obter contribuições para comida e abrigo durante o rigoroso inverno de 1913-1914 causaram uma agitação considerável e acabaram por levar Tannenbaum a ser condenado, em março de 1914, a um ano de prisão.

Graças à intervenção de duas figuras da Era Progressista, que se interessaram por Tannenbaum durante seu julgamento, ele foi admitido, poucos meses depois de sua libertação, como aluno "especial" na Universidade de Colúmbia, apesar de não ter cursado o ensino médio. Em agosto de 1915, ele frequentava as aulas de uma universidade de elite – integrante da tradicional Ivy League –, tentando alcançar seus privilegiados colegas. Como bacharel, se especializou em História e Filosofia. Em razão de sua futura ligação com a América Latina, seria de se supor que ele tivesse se aprofundado na história daquela região. Mas o campo da América Latina ocupava uma posição marginal no quadro profissional de historiadores acadêmicos norte-americanos, e não há indicação de que Tannenbaum tenha dedicado algum tempo, enquanto estudante, para o estudo da história ou da política da região. Seus principais mentores foram o eminente historiador do nacionalismo Carlton Hayes e o renomado filósofo da corrente pragmatista, John Dewey.[6]

Se Tannenbaum fez poucos estudos formais sobre a América Latina na Colúmbia, não foi por falta de interesse prévio na região. A julgar pelos discursos e manifestações pela cidade nos anos anteriores à sua prisão em 1914, a Revolução Mexicana estava bem presente no horizonte dos anarquistas e dos *wobblies* durante os anos 1910. Para muitos da esquerda em Nova York ela parecia tão significativa e potencialmente tão subversiva quanto a Revolução Russa.[7] Em especial para os *wobblies*, que estavam presentes no sudoeste do país e recrutavam trabalhadores nos dois lados da fronteira entre o México e os Estados Unidos, a insurreição no México foi um evento de grandes consequências. A Revolução Mexicana, portanto, ocupou um lugar importante no conjunto de temas que todo bom anarquista ou orador *wobbly* devia abordar, mas ainda assim não foi alvo dos primeiros escritos de Tannenbaum.

Entre 1921 e 1924, ele publicou três livros muito citados, nenhum deles dedicado à América Latina. Somente no último dos três, *Darker Phases of the South*, havia uma breve referência à América Latina. Essa ousada coleção de ensaios denunciava a pobreza e a violência racial no sudeste dos Estados Unidos, incluindo capítulos sobre a exploração dos trabalhadores brancos nas fábricas de tecidos do sudeste e sobre o regime de terror infligido aos não brancos pela Ku Klux Kan. O capítulo final é um resumo um tanto desesperançado do *status quo* nos antigos Estados Confederados, no qual Tannenbaum demonstra pouca expectativa de uma mudança ou de uma solução não violenta diante do extremo racismo e pobreza vigorosamente retratados nos ensaios. Mas ele aponta um raio de esperança: talvez aqueles nos Estados Unidos desejosos de resolver o problema do racismo pudessem se inspirar nos exemplos da América Latina e da França, onde, na sua opinião, o preconceito racial não era tão gritante.

A América Latina apareceu muito brevemente nos seus três primeiros livros, mas foi mais evidente na sua atividade jornalística no começo da década de 1920. Tannenbaum e sua primeira mulher, Esther, passaram o ano de 1921 viajando através dos Estados Unidos para relatar as condições das prisões para uma comissão de reforma penal, uma experiência que ofereceu poucos momentos alegres para o jovem casal. É provável, então, que Frank e Esther tenham ficado encantados em receber o convite do editor Paul Kellogg para passar algum tempo no México, que se tornara a meca de artistas e ativistas dos Estados Unidos. No final de 1922, o casal foi para a Cidade do México, onde Tannenbaum assumiu a tarefa de escrever artigos para as revistas de Kellogg, *Survey* e *Survey Graphic*, e outra publicação progressista, *Century Magazine*. Além disso, ele trabalhava como intermediário entre a American Federation of Labor e a Confederación Regional Obrera Mexicana (CROM).

O *EJIDO* MEXICANO COMO COMUNIDADE AGRÁRIA

Uma vez no México, os Tannenbaum rapidamente se tornaram membros do círculo de expatriados da esquerda na capital mexicana, que incluía o jornalista Carleton Beals, a escritora Katherine Anne Porter, a antropóloga Anita Brenner, o ativista radical Roberto Haberman e muitos outros. Além disso, no ambiente altamente cosmopolita do Distrito Federal nos anos 1920, a conexão com o movimento sindical permitiu-lhe penetrar nos círculos políticos, artísticos e intelectuais mexicanos. Além de Luis Morones, o secretário-geral do CROM, Tannenbaum se tornou próximo dos artistas Diego Rivera e Miguel Covarrubias, dos intelectuais Manuel Gamio e José Vasconcelos, e de várias figuras políticas poderosas, que ficariam conhecidas como a "Dinastia de Sonora".[8]

Sua correspondência indica o quanto ele apreciava sua amizade com os mexicanos e com os expatriados, mas também o quanto ele desprezava os *yankees* que lá estavam representando os interesses de negócios norte-americanos. *Seu* México era a terra da efervescência artística e política pós-revolucionária.

Dada sua experiência com a luta por justiça social, ele certamente sabia dos muitos desafios que o México enfrentava após a revolução. Sua introdução a uma edição do *Survey Graphic* sobre o México mencionava "problemas" mexicanos. O México pós-revolucionário estava lutando contra "uma igreja todo-poderosa... latifúndios, analfabetismo, negacionismo racial, despotismo, grupos fechados de militares, feudalismo". Mas, ao contrário de pensar o México como "problema", à maneira dos acadêmicos norte-americanos citados no parágrafo de abertura deste texto, ele rejeitou especificamente os Estados Unidos como modelo para o México porque as profundas transformações socioeconômicas requeridas para resolver a pobreza estrutural e a desigualdade ainda não haviam ocorridos nos Estados Unidos. Em vez disso, ele citou as mudanças que ocorriam no México pós-revolucionário como soluções não apenas para os desafios norte-americanos, mas para toda a América Latina.[9]

Uma das primeiras publicações surgidas de sua visita ao México foi um artigo sobre uma "escola milagre" nas empobrecidas periferias da Cidade do México, que apareceu na edição de agosto de 1923 da *Century Magazine*. Escrito em forma de fábula, ele abre com uma descrição da Colônia de la Bolsa [bairro] como um antigo "covil de ladrões" e reduto de delinquentes – um retrato certamente exagerado para realçar o caráter "milagroso" da escola que ali encontrou.[10] Seu relato das próprias crianças "fazendo" a escola praticamente por iniciativa própria também pode ser exagerado, mas reflete sua visão de uma comunidade "ideal" – aquela que emerge das raízes e é gradualmente construída em resposta a necessidades práticas e estéticas, com o mínimo de estruturas de autoridade, exceto aquelas consentidas pela comunidade. Embora o artigo não descreva essa escola como modelo para comunidades pobres em qualquer outro lugar, seu reputado sucesso apesar dos poucos recursos materiais leva facilmente o leitor a imaginar o mesmo processo ocorrendo em qualquer outra parte onde houvesse crianças pobres e carentes.

A publicação mais significativa que resultou da viagem de 1922-1923 ao México foi a edição de maio de 1924 da revista progressista *Survey Graphic*, que Tannenbaum editou e foi inteiramente dedicada ao México pós-revolucionário. O índice de "México – uma promessa" pode ser visto como "Quem é Quem no México" dos anos 1920, com contribuições de eminentes mexicanos como Plutarco Elias Calles (que assumiria a presidência naquele ano), Vasconcelos, Rivera e Gamio, e artigos escritos por norte-americanos residentes no México, como Beals e Porter. A publicação coincidiu com o tardio reconhecimento do governo revolucionário pelos Estados Unidos, o que lhe rendeu uma atenção adicional. E talvez o mais comovente e extraordinário item em seu notável índice tenha sido um ensaio póstumo de Felipe Carrillo Puerto, o governador mártir de Yucatán.[11]

Uma maneira de interpretar a recusa de Tannenbaum em ver os Estados Unidos como modelo para a reforma da sociedade mexicana pode ser sua visão de que o México não estava "pronto" para um sistema democrático completamente moderno. E é possível que, quando ele foi se tornando mais conservador com o passar do tempo, essa noção tenha influenciado seu pensamento sobre a América Latina. Contudo, parece improvável ter sido essa sua principal reflexão no início dos anos 1920. Afinal de contas, suas então recentes experiências nos Estados Unidos – o *tour* pelas prisões, a visita ao sul profundo – tinham lhe exposto os aspectos mais flagrantemente brutais e hierarquizados da sociedade norte-americana. Até mesmo sua visita a uma fábrica de tecidos numa vila operária sulista, emblemática do "Novo Sul", tinha-lhe deixado a convicção de que as empresas industriais na região estavam simplesmente reproduzindo as rígidas hierarquias e estruturas "feudais" de exploração associadas à economia de *plantation*, com a diferença de que os explorados – no caso – eram brancos pobres.

Foi esse contraste – entre um México revolucionário pronto a se engajar num ousado conjunto de experimentos sociais e culturais e os Estados Unidos estagnados no racismo e na desigualdade – que possibilitou a Tannenbaum perceber a América Latina como uma fonte de ideias para melhorar as condições humanas, e a ver algumas dessas ideias como aplicáveis à pobreza e à injustiça nos Estados Unidos. Como notaram dois ex-alunos de Tannenbaum que escreveram uma breve biografia de seu orientador, sua estada na vila operária, com seu opressivo paternalismo, "antecipou" sua discussão posterior sobre a *hacienda* mexicana. Significativamente, esses autores não tinham certeza do que veio primeiro ao imaginário social de Tannenbaum, se a fábrica ou a *hacienda*.[12] Mas a sequência aqui parece menos importante do que a equivalência que Tannenbaum enxergou entre essas duas formações sociais e as ideias similares que propôs para sua transformação, que envolviam um processo no qual os membros da comunidade, por meio de solidariedade e ações coletivas, convertiam uma comunidade opressiva e disfuncional em um espaço quase-utópico. Nisso Tannenbaum foi certamente influenciado pelo sindicalismo *wobbly*, mas também por uma incorporação seletiva do pensador anarquista russo Peter Kropotkin, especialmente no que se refere à descentralização e cooperação. As memórias de Kropotkin estavam entre os livros que Tannenbaum mais tarde relembrou ter lido na prisão, e a ênfase do teórico russo sobre o local e o comunal, juntamente com a ênfase de Dewey na experiência cotidiana, tiveram grande impacto na vida e no trabalho de Tannenbaum.[13]

Em sua introdução à edição da *Survey Graphic*, Tannenbaum citou o movimento sindical mexicano como a maior esperança para a transformação social pós-revolucionária. Mas a julgar por seus trabalhos posteriores, que descreveram a revolução como uma poderosa insurreição camponesa, o que realmente o cativou e chamou sua atenção foram o *pueblo* e a reforma da ordem agrária mexicana.[14]

Certamente, como seu herói Kropotkin, ele não traçou uma distinção profunda entre agricultura e indústria – daí a associação entre a *hacienda* e a fábrica –, mas foi na vasta extensão do campo mexicano, cujos habitantes tomaram armas pela causa revolucionária, que Tannenbaum percebeu as formas de luta e iniciativas que se aproximavam de seu ideal de mudança da organização política e social. Embora Tannenbaum, como Kropotkin, visse todo ser humano como instintivamente buscando "cooperação, apoio e simpatia" de seus vizinhos, ele gravitou em torno de lugares onde tais necessidades podiam ser prontamente cumpridas e, para Tannenbaum, o *pueblo* mexicano era o mais puro exemplo disso.[15]

Sua conexão com Calles e sua íntima amizade com Lazaro Cárdenas nos anos 1930 lhe permitiram conhecer de perto os resultados para os camponeses da transformação agrária do México, que foram aceleradas rapidamente durante a presidência de Cárdenas (1934-1940). Conhecer o México rural também lhe permitiu testemunhar o impacto do indigenismo e das várias tentativas para neutralizar as muito antigas atitudes racistas em relação aos mexicanos de ascendência indígena.[16]

Tannenbaum sabia muito bem que seus colegas mexicanos participavam de um diálogo transnacional sobre raça; o próprio Gamio estudou com o pioneiro antropólogo antirracista Franz Boas na Colúmbia.[17] Mas foi somente no México que pôde ver com seus próprios olhos uma aplicação prática das ideias de Boas. Numa passagem memorável de *Peace by Revolution*, ele declarou que

> os índios são a pedra sobre a qual a futura civilização e cultura do México têm que ser construídas. Essa descoberta [*sic*] de uma raça renegada e suprimida, abusada e humilhada por quatro séculos é uma revolução com consequências maiores do que qualquer conquista material que se possa atribuir à insurreição.[18]

Muitos pesquisadores estrangeiros eram susceptíveis aos encantos da "comunidade tradicional mexicana",[19] mas o que distinguiu Tannenbaum da maior parte de seus pares foi sua rejeição ao binômio tradicional/moderno. Para começar, ele provinha de uma família imigrante da Galícia austríaca, provavelmente de pequenos proprietários rurais, e durante muitos anos de sua juventude viveu e trabalhou numa fazenda. Tannenbaum só foi para Nova York quando seu pai insistiu que ele abandonasse a escola e se dedicasse integralmente à lida na fazenda familiar. Em outras palavras, ao contrário da maioria de seus colegas, ele passou seus anos de formação num meio rural onde sua família lutava para viver da terra.[20] Pode ser que sua consciência dos desafios da vida agrária o tenham tornado mais respeitoso e admirador da luta do campesinato mexicano pela sobrevivência, mais do que desdenhoso ou condescendente com seu "atraso". Isso também pode explicar por que ele se sentiu tão atraído pelo tipo de anarquismo professado por Kropotkin, com sua ênfase na autonomia local e nas cooperativas.[21]

Tannenbaum não romantizou a ordem agrária mexicana existente, mas seus primeiros escritos retrataram os esforços pós-revolucionários para promover a reforma agrária e o pluralismo étnico sob uma luz fortemente positiva, o que gerou algumas críticas mordazes do seu trabalho.[22] Suas ligações com Calles e Morones podem ter calado seus instintos mais críticos, mas o róseo retrato também pode ser produto de comparação. Mais uma vez, os Estados Unidos, especialmente o sul dos Estados Unidos, suscitaram o contraste negativo. Ele testemunhou a crescente dificuldade dos pequenos agricultores Sulinos e o maciço crescimento da Ku Klux Klan por toda parte dos Estados Unidos durante os anos 1920, uma experiência que certamente aumentou sua percepção positiva das iniciativas locais e nacionais no México para resolver as desigualdades agrárias e o preconceito racial.[23]

Em quase todos os aspectos, a primeira estada de Tannenbaum no México pode ser descrita como um triunfo pessoal. Apesar de ser um neófito nas questões mexicanas, ele conseguiu fazer conexões com pessoas de grande proeminência no México e convenceu os mais prestigiosos dentre eles a contribuir na edição da *Survey Graphic* por ele editada.[24] Tinha agora intensos contatos com pessoas como Vasconcelos, o Secretário de Educação, Morones, o líder da CROM, e uma gama de políticos e acadêmicos envolvidos nas primeiras iniciativas da reforma agrária. Ele também fizera amizade com alguns dos mais radicais e ousados membros da comunidade expatriada. Assim, não é de se surpreender que ao iniciar seus estudos de doutoramento em 1925, ele tenha escolhido a reforma agrária no México como tema de sua pesquisa. Entretanto, sua correspondência revela que seu percurso para se tornar um "mexicanista" foi muito mais complexo do que se poderia esperar. Somente depois de descartar duas ideias prévias de tese, Tannenbaum sugeriu a reforma agrária no México para seus orientadores como tema, uma proposta que a banca de doutoramento aceitou prontamente. Devido aos seus relevantes contatos e à sua reputação no México, pode parecer intrigante que Tannenbaum não tenha proposto imediatamente esse tema, mas é possível que ele tivesse receio de que na academia norte-americana – diferentemente dos círculos radicais e artísticos – um estudo com foco no México traria menos prestígio.[25]

No final de 1925, Tannenbaum estava de volta ao México fazendo a meticulosa pesquisa que lhe permitiria reconstruir os padrões mexicanos da propriedade da terra e avaliar o ritmo e o progresso da reforma agrária.

Em muitos sentidos, essa foi uma experiência mais desafiadora e menos glamourosa do que a estada anterior. Enquanto sua primeira viagem ao México rural foi motivo de "lazer", dessa vez tratava-se de recolher dados de cada canto do país, e, nesse momento, ele estava viajando sozinho já que sua esposa Esther – então grávida – ficara em Nova York. Além do mais, o trabalho propriamente dito era excessivamente entediante e parece tê-lo desviado de qualquer interesse futuro em pesquisas de arquivo.[26] Contudo, o material compilado permitiu-lhe demonstrar que mesmo durante o precário período pós-revolucionário, o novo México tivera ganhos substanciais no campo da justiça social e "libertou aproximadamente metade da população rural da servidão".[27] De forma alguma considerava o processo como terminado ou chegando à sua conclusão – críticas à parte, em *Peace by Revolution*, Tannenbaum foi insistente em apontar que muito havia a fazer. Ao mesmo tempo, ele claramente enxergava a reforma agrária mexicana como importante modelo para os Estados Unidos enfrentarem a pobreza rural entre os arrendatários, especialmente no sul do país.[28]

É importante notar o momento porque, em seguida, Tannenbaum se tornou amigo íntimo de Lázaro Cárdenas, o presidente responsável pela fase crucial da reforma agrária no México. Em função dessa amizade, ele teve oportunidade de visitar pequenos *pueblos* rurais e comunidades indígenas com Cárdenas durante seu mandato, e pode-se supor que foi *essa* experiência que formou sua visão da reforma agrária mexicana como modelo para a política agrária norte-americana. Mas como demonstrou o historiador Tore Olsson, muito antes de Cárdenas assumir a presidência do México, Tannenbaum já se associara a um trio de acadêmicos sulistas progressistas que se tornariam importantes figuras do projeto do New Deal, tendo começado a esboçar uma legislação para enfrentar os problemas dos arrendatários norte-americanos mesmo antes daquelas idílicas visitas às comunidades mexicanas com o presidente Cárdenas.[29]

No capítulo intitulado "Sharecroppers and Campesinos" [Meeiros e camponeses"], Olsson descreve como

> um quadro de reformadores norte-americanos de esquerda liderados pelo peripatético acadêmico Frank Tannenbaum conseguiu em 1934 e 1935 traduzir o modelo de reforma agrária mexicana em ação política para o sul dos Estados Unidos.[30]

Com 55% de trabalhadores rurais sulistas brancos e negros trabalhando em terras alheias como meeiros e rendeiros, a situação parecia análoga à do México. Imediatamente depois de assumir, a administração Roosevelt tentou enfrentar a aguda crise econômica no sul predominantemente agrário, mas as "reformas" iniciais só aprofundaram as desigualdades, especialmente para rendeiros e meeiros negros. Foi no rastro desse tremendo fracasso que Tannenbaum e seus colegas sulistas se dedicaram à campanha para criar o que mais tarde se tornou a *Farm Security Administration*. A página de abertura da proposta inicial, escrita por Tannenbaum em dezembro de 1934, declarava que

> as nações mais civilizadas do mundo há muito desenvolveram medidas abrangentes para a melhoria das condições da propriedade da terra. *Recentemente, nosso vizinho do Sul converteu seus peões em camponeses proprietários.* Nos Estados Unidos não fizemos nada.

Olsson observa que as versões subsequentes do projeto legislativo, ao sabor das conveniências políticas, reduziram ou apagaram o papel do México como modelo, mas argumenta acertadamente que para Tannenbaum – muito pouco interessado na Europa – não eram a Suíça ou a Dinamarca, mas o México que proporcionava um modelo para a justiça agrária nos Estados Unidos.[31]

O esboço original escrito por Tannenbaum demandava "a distribuição de parcelas de terra de propriedade dos bancos federais... e a expropriação da propriedade privada que não cumprissem qualquer propósito social". Ele também pedia a formação de comunidades agrárias e cooperativas – não bem o "*ejido*" que conheceu no México, mas algo similar em muitas maneiras. A lei que o Congresso norte-americano aprovou em 1937 foi um ato legislativo mais moderado: não mencionava qualquer redistribuição da propriedade privada e focalizava no proprietário individual. Mas ainda assim representou uma notável inovação na política agrária federal, e o primeiro passo significativo para algum tipo de reforma agrária no sul do país. E, ao contrário dos esforços anteriores para resolver a depressão agrícola do sul, não excluiu inteiramente os afro-americanos. Foi uma vitória política para Tannenbaum, ainda que não se tenha aproveitado seu modelo de justiça agrária, ou as idealizadas comunidades agrárias que ele encontrou na obra de Peter Kropotkin.

UTOPIA EM DECLÍNIO

Na maior parte de sua carreira acadêmica, mesmo depois de sua guinada à direita nos anos 1950, Tannenbaum resistiu à tentação de considerar os Estados Unidos um modelo para a América Latina. Mais que isso, quando delineou contrastes entre ambos, foi tipicamente para destacar maneiras pelas quais a América Latina poderia ser um modelo para os Estados Unidos, e não o contrário. Em uma conferência para um grupo de nova-iorquinos em 1948, Tannenbaum focalizou experiências (encontros com povos nativos, escravização de africanos, lutas anticoloniais) que considerava comuns a *todas* as sociedades do Novo Mundo. Como era de se esperar, o primeiro comentário do público (conforme o agente do FBI que narrou o evento) foi o de um "cavalheiro... [que] observou que por sua experiência entre os latino-americanos ele deveria colocar mais ênfase nas diferenças existentes entre os habitantes dos países do norte e os do sul". Tannenbaum supostamente respondeu "essa fase do estudo da América do Sul ... já estava esgotada".[32]

Em suma, a abordagem pouco convencional de Tannenbaum sobre a História das Américas, sua recusa em insistir nos fracassos da América Latina em comparação com os Estados Unidos pode ser considerada um sopro inovador, diferente das perspectivas norte-americanas mais convencionais. No entanto, no contexto do acirramento da Guerra Fria, seu discurso sobre as experiências hemisféricas comuns funcionou cada vez mais como um argumento a favor do pan-americanismo e fundamentou alegações de que as nações das Américas dividiam os mesmos interesses militares, políticos e econômicos. No momento mesmo em que as esquerdas latino-americanas articulavam um discurso anti-imperialista e se alinhavam com o que se tornou conhecido como Terceiro Mundo, Tannenbaum estava tentando apagar as diferenças entre as experiências das Américas do Norte e Latina, e até insistia, no início dos anos 1960, que os Estados Unidos não eram um poder imperialista.[33]

Um exemplo do quanto a visão sobre a América Latina de Tannenbaum, nas décadas finais de sua vida, estava descompassada no tempo é a resposta ao seu último importante livro sobre a Revolução Mexicana e suas consequências. Em *México: The Struggle for Peace and Bread* (1950), ele reiterou muitos dos argumentos que desenvolvera em seus influentes livros anteriores sobre a Revolução e manteve sua imagem de alguma forma romantizada da comunidade agrária mexicana. Mas a novidade nesse volume, publicado uns 20 anos depois de *Peace and Revolution*, foi a resposta de Tannenbaum à crescente ênfase na industrialização durante um período posteriormente conhecido como Milagre Mexicano. Descrevendo ainda o México como "preponderantemente um país de pequenos povoados", Tannenbaum insistia que o país era, fundamentalmente, uma sociedade agrária e discordava da transferência de recursos da agricultura para subsidiar a industrialização.[34] Essa visão, naturalmente, irritou os intelectuais e *policy-makers* pós-Cárdenas, que viam o desenvolvimento industrial como uma chave para o México se tornar uma nação mais moderna e poderosa; nesse sentido, rejeitaram a posição de Tannenbaum de manter o México permanentemente numa posição inferior à das economias "avançadas".[35] É significativo que o editor da publicação de 1951 do livro de Tannenbaum em língua espanhola tenha se sentido compelido a incluir um apêndice no qual quase uma dúzia de autores mexicanos reprovavam Tannenbaum por sua insistência em que o México deveria priorizar seus setores econômicos mais "tradicionais". Por exemplo, o político e teórico de esquerda Jorge Carrión acusou Tannenbaum de "uma dupla distorção" no seu

> olhar imperialista e a retrospectiva utopia idílica [...] que nos condena para sempre a viver na miséria, na insalubridade e na ignorância, porque a evolução econômica do mundo ensina que apenas as nações que se industrializam chegam a ser ricas, sãs e cultas.[36]

Se nos anos 1920 e 1930 a defesa da reforma agrária mexicana por Tannenbaum o situava como um defensor da Revolução e crítico do fracasso norte-americano em resolver sua própria pobreza rural, nos anos 1950, ele passou a ser visto como um apologista do *status quo* do imperialismo dos Estados Unidos e do subdesenvolvimento terceiro-mundista. Além do mais, não foi apenas a passagem do tempo que tornou as visões utópicas de Tannenbaum incongruentes com a direção da economia política latino-americana. Anteriormente, essa perspectiva tinha-lhe permitido oferecer uma interpretação da Revolução que levava a sério as aspirações dos "mexicanos comuns" que tinham lutado e morrido na grande rebelião. Mas mesmo no momento em que sua visão pareceu mais congruente com a direção da sociedade mexicana – durante o *sexênio cardenista* –, seu engajamento romântico com o México rural obscureceu sua percepção da direção do Estado mexicano. Sua profunda admiração por Cárdenas e a emocionante experiência de viajar pelo campo mexicano vendo o amado presidente interagir com agradecidos camponeses o impediram de perceber claramente a forma pela qual as políticas cardenistas consolidavam o Estado mexicano e abriam caminho para as iniciativas industriais do pós-guerra.[37]

Durante a década final de sua vida, Tannenbaum deu uma guinada mais à direita e se afastou do radical idealismo de sua juventude. Para muitos intelectuais de esquerda da América Latina, ele se tornou o típico anticomunista apologista da intervenção norte-americana na região.[38] Mesmo assim, em seus últimos anos ainda era possível detectar traços do pensamento anarquista de Peter Kropotkin e dos encontros inspiradores das suas primeiras visitas ao México. Ele continuou a valorizar a comunidade autônoma em relação ao poder centralizador do Estado, e, mesmo quando se tornou apologista da intervenção norte-americana na América Latina, procurou promover o trabalho dos intelectuais latino-americanos, criticando ferozmente aqueles norte-americanos que adotavam uma atitude de superioridade em relação aos seus pares latino-americanos.[39]

Ainda mais, a pequena comunidade do México pós-revolucionário continuou a ser um paradigma para projetos que ele assumiu e que, à primeira vista, pareceriam completamente distantes da "colônia" ou do "*ejido*". A breve biografia publicada logo após sua morte dedicou várias páginas a uma das últimas atividades de Tannenbaum: a fundação (em 1945) dos inovadores Seminários da Universidade de Colúmbia. Temáticos, interdisciplinares e abertos a não acadêmicos, esses encontros mensais se tornaram um modelo de reunião para a comunidade acadêmica. Conforme o prefácio desse pequeno volume, Tannenbaum gostava de alegar que sua inspiração para os seminários – eles próprios uma experiência utópica num mundo acadêmico cada vez mais fragmentado – veio da "Escola Milagre" que encontrara na periferia da cidade do México em 1922.[40]

Tradução de Ilka Stern Cohen
Revisão técnica de Maria Ligia Prado

Notas

[1] A comparação desfavorável é evidente nos trabalhos que se referem aos "fracassos" econômicos na América Latina. Ver, por exemplo, Stephen Haber (org.), *How Latin America Fell Behind. Essays on Economic Stories of Brazil and Mexico*, Stanford, Stanford University Press, 1997. Estou usando deliberadamente o tempo passado aqui porque essa tendência é muito menos comum na atual geração de acadêmicos.

[2] Sobre a marginalização da América Latina em macro-histórias, ver HAHR Forum: Placing Latin America in World History, *Hispanic American Historical Review*, v. 84, n. 3, Aug. 2004, pp. 391-446.

[3] Para um estudo sobre os latino-americanistas mais convencionais, ver Ricardo D. Salvatore, *Disciplinary Conquests: US Schollars ins South America, 1900-1945*, Durham, Duke University Press, 2016.

[4] Há várias biografias curtas de Tannenbaum. Joseph Maier e Richard W. Weatherhead, *Frank Tannenbaum: A Biographical Essay*, New York, Columbia University Seminars, 1974; e Matthew G. Yeager, *Frank Tannenbaum: The Making of a Convict Criminologist*, New York, Routledge, 2016.

[5] "Wobblies" era o apelido dos membros da Industrial Workers of the World, fundada em 1905. Sobre o ativismo radical em Nova York durante os anos 1910, ver Thai Jones, *More Powerful than Dynamite: Radical, Plutocrats, Progressives, and New York's Year of Anarchy*, New York, Walker Books, 2012.

[6] Sobre a "Columbia College Experience", ver Maier e Weatherhead, *Frank Tannenbaum*, cit., pp. 11-14.

[7] Uma nota de "Bob" Haberman, datada de 21 de junho de 2016, diz "Você precisa trabalhar muito mais sobre a situação mexicana". Tannenbaum Papers (TP), Caixa 3, Pasta K-L, Columbia Rare Books and Manuscript Library. Isso sugere que Tannenbaum já era conhecido como alguém especialmente interessado no México.

[8] As duas figuras mais poderosas nos anos 1920 – Alvaro Obregón e Calles – eram de Sonora. Jürgen Buchenau, "The Sonoran Dinasty and the Reconstruction of the Mexican State", em William Beezley (ed.), *A Companion to Mexican History and Culture*, disponível em https://doi.org/10.1002/9781444340600, acesso em: 21 nov. 2020.

[9] "O México tentou resolver os problemas – obteve certo sucesso nas tentativas de superar os grandes problemas que ainda estão por ser enfrentados por muitos do resto da América Latina, e os estudantes, os sonhadores olham para o México com inveja e vêm para suas escolas para beber do novo conhecimento". "México – A Promise", *Survey Graphic*, v. 52, n. 3, May 1, 1924, p. 129.

[10] Frank Tannenbaum, "The Miracle School", *Century Magazine*, Aug. 1923, pp. 499-506.

[11] A introdução do editor "The Gist of It" descreveu o martirizado Carrillo Puerto como um descendente dos reis maias e como "mais amado pelo povo que qualquer outro homem no México". *Survey Graphic*, v. 52, n. 3, May 1, 1924, p. 127.

[12] Maier e Weatherhead, *Frank Tannenbaum*, cit., p. 20.

[13] A lista de leituras de Tannenbaum na prisão pode ser encontrada em FTP, Caixa 3, Pasta G-M.

[14] Sobre sua interpretação da revolução como uma "grande rebelião", ver Alan Knight, "Frank Tannenbaum and the Mexican Revolution", em *International Labor and Working-Class History* 77, Spring, 2010, pp. 134-153.

[15] Peter Kropotkin, "Anarchist Comunism", em Roger N. Baldwin (ed.), *Anarchism: A Collection of Revolutionary Writings*, Mineola, New York, Dover Publications, 1970, p. 63.

[16] Tannenbaum declarou que foi em respeito à nova atitude com relação aos índios "que a revolução deu seus melhores frutos, seus mais ricos presentes". *Peace by Revolution: An Interpretation of México*, New York, Columbia University Press, 1933, p. 181.

[17] Sobre o intercâmbio entre acadêmicos mexicanos e pesquisadores dos Estados Unidos, ver Karin A. Rosemblatt, *The Science and Politics of Race in México and in the United States, 1910-1950*, Chapel Hill, University of North Carolina Press, 2018, especialmente cap. I.

[18] Tannenbaum, *Peace and Revolution: AN Interpretation of Mexico*, New York, Columbia University Press, 1933, p. 182.

[19] Mauricio Tenorio Trillo, "Stereofonic Scientific Modernism: Social Science between Mexico and the United States, 1880s-1930s", *Journal of American History*, v. 86, n. 3, Dec. 1999, pp. 1156-1187.

[20] O pai de Tannenbaum mudou-se primeiramente para Nebraska – um destino que indicava antecedentes rurais. Quando se mudou para Massachussets, escolheu uma área rural ao invés de Boston, e, quando a família desistiu da fazenda em Berkshires, mudou-se para Catskills, umas três horas ao norte da cidade de Nova York.

[21] Peter Kropotkin, *Fields, Factories and Workshops*, New York, G. P. Putnam & Sons, 1898.

[22] Carleton Beals escreveu duas resenhas, ambas muito críticas, de Peace and Revolution. A primeira, "A Romantic Picture of México's Revolution", foi publicada em *New York Herald Tribune*, 17 de dezembro de 1933; a outra, "Peace by Default", apareceu em *The Nation*, 10 de janeiro de 1934, pp. 50-51.

[23] Tannenbaum, *Darker Phases of the South*, New York/London, G. P. Putnam's Sons, 1924, pp. 3-38.

[24] Quando Tannenbaum voltou para casa em Nova York na metade de 1923, Manuel Gamio escreveu e o encorajou a voltar ao México, "donde como Ud. sabe, se le estima." FTP, Caixa 3, Pasta G-M, 21 de junho de 1923.

[25] Suas propostas anteriores abordavam criminosos profissionais e relações trabalhistas no setor ferroviário.

[26] Sobre a posterior falta de interesse de Tannenbaum em trabalho de arquivo, ver Charles A. Hale, "Frank Tannenbaum and the Mexican Revolution", *Hispanic American Historical Review*, v. 75, n. 2, May 1995, pp. 215-246.

[27] Tannenbaum, *The Mexican Agrarian Revolution*, Washington, DC, Brookings Institution, 1929, p. 404.

[28] Outro fator que deve ter alimentado o otimismo de Tannenbaum sobre a reforma mexicana foi o contraste com Porto Rico, onde ele fez pesquisa de campo de 1929 a 1931. Ele afirmou que 30 anos de colonialismo norte-americano somente trouxeram a miséria e a dependência à Porto Rico rural. O manuscrito foi recentemente traduzido como "Los Ultimos Treinta Años 1898-1930: Un manuscrito inédito de Frank Tannenbaum sobre Puerto Rico".

[29] Tore C. Olsson, *Agrarian Crossings: Reformers and the Remaking of the US and Mexican Countryside*. Princeton, Princeton University Press, 2017, pp. 44-58.

[30] Idem, p. 43.

[31] Idem, pp. 51-52, grifo nosso.

[32] Information Bulletin on Lecture Given by Prof. Frank Tannenbaum, "An Introduction to South America" 12/17/48, John Jay College – FBI file 105-967-112.

[33] Sobre os debates progressivamente conflituosos com os intelectuais de esquerda na América Latina, ver Elisa Servín, "Frank Tannenbaum entre América Latina y Estados Unidos en la Guerra Fría", *A Contracorriente*, v. 13, n. 3, Spring, 2016, pp. 50-75. Para um retrato mais elogioso de Tannenbaum nesse período, ver Enrique Krauze, "Frank também: El gringo que entendió a México", *Letras Libres*, diciembre 2010, pp. 18-32.

[34] Tannenbaum, *México: The Struggle for Peace and Bread*, New York, Alfred A. Knopf, 1960, p. 10.

[35] Tannenbaum faz essa discussão em, *México: The Struggle for Peace and Bread*, cit., pp. 226, 238, 241-243.

[36] "*Mirador imperialista y la retrospectiva utopia idílica [...] que nos condena para siempre a vivir en la miseria, en la insalubridad y en la ignorancia, porque la evolución económica del mundo enseña que sólo las naciones que se industrializan llegan a ser ricas, sanas y cultas*". Citado em Krauze, *Frank Tannenbaum*, cit., p. 28.

[37] Cárdenas defendeu cada vez mais a industrialização sustentada pelo Estado. Ver Patrick Iber, *Neither Peace nor Freedom: The Cultural Cold War in Latin America*, Cambridge, Harvard University Press, 2015, pp. 157-158.

[38] Em seguida à sua hostil recepção numa conferência no Chile de 1962, Tannenbaum iniciou uma polêmica discussão com Carlos Fuentes e Alejo Carpentier na revista mexicana *Siempre*!. Para parte da correspondência sobre esse debate, ver FTP, Caixa 6, Pasta Brasil (3).

[39] Mesmo depois de ter sido criticado por Carlos Fuentes em *Siempre*!, Tannenbaum escreveu ao *New York Times* para protestar contra a negação do visto de Fuentes. "Visa Policy Assailed", *New York Times*, 1. May 1962, p. 36.

[40] O autor do prefácio foi seu velho amigo James Gutman. Para citar o parágrafo final: "Qual pode ser a relação dos seminários da Universidade com a 'escola-milagre' no México? Creio que dividiam as mesmas características que marcaram o próprio Frank: despretensão, simplicidade e espontaneidade." Maier e Weatherhead, *Frank Tannenbaum*, cit., p. V.

UTOPIAS LATINO-AMERICANAS EM PEDRO HENRÍQUEZ UREÑA E XUL SOLAR

Patricia Funes

Percorrer a dimensão utópica do pensamento de Pedro Henríquez Ureña e Xul Solar na década de 1920 pode parecer, em princípio, iconoclasta. Um escritor "dominicano" e um pintor "argentino"? Aparentemente pouco teriam de comparável em formações, estilos e subjetividade: helenista, apolíneo e clássico o primeiro; vanguardista, dionisíaco e místico o segundo. O exercício de comparação propõe examinar sinteticamente nas obras de duas personalidades e estéticas muito distintas a vocação utópica, instituinte – a nosso ver – de buscas emancipatórias latino-americanas na década de 1920. Nossa proposta consiste em recuperar, nas produções de ambos os intelectuais, essas questões e representações no território dos símbolos que ultrapassavam ofícios, fronteiras nacionais e imagens cristalizadas com relação à ordem precedente. Tomamos esse caminho, uma vez que nem Pedro Henríquez Ureña nem Xul Solar foram estrita e exclusivamente um escritor e um pintor.

Ambos chegaram a Buenos Aires no ano de 1924 e houve entre eles encruzilhadas comuns. Compartilharam sociabilidades, juntaram-se e fortaleceram o território das vanguardas, no caso as revistas *Martín Fierro*, a efêmera *Destiempo* ou a consagrada *Sur*. Outra circunstância que os aproximou foi o pintor Emilio Pettoruti, grande amigo de Xul, cuja pintura Pedro Henríquez Ureña (de agora em diante, PHU) defendeu diante de certa incompreensão e de crítica à sua mensagem artística. Além disso, a amizade, o diálogo e as produções de ambos com Jorge Luis Borges transcenderiam a década. Expressaram um *tropo* de larga tradição: reinventaram uma América Latina descoberta "de fora" (a viagem intelectual/artística à Europa no caso de Xul, o eterno exílio de PHU). A ensaística de PHU e a obra pictórica de Xul nos anos 1920 não são as mais acabadas nem reconhecidas pelo campo cultural e estético, embora, a nosso ver, construam a trama de sua produção posterior. Apelaram para um universalismo arraigado à região e recorreram ao idioma para afirmar, recriar ou inventar imagens e projeções regionais.

NOSSA *FLECHA DE ASPIRAÇÃO*. PEDRO HENRÍQUEZ UREÑA E A UTOPIA DE AMÉRICA

Pedro Henríquez Ureña (1884-1946): intelectual, crítico literário, ensaísta, filólogo, atributos que – embora incompletos – poderiam situá-lo inicialmente. E também helenista, humanista, americanista. Insular como sua República Dominicana natal e errante. Começava o século XX e a atividade política de seu pai (como ministro das Relações Exteriores e como presidente interino da República até a intervenção norte-americana) o levou a Nova York, Cuba, Washington e Espanha. Posteriormente, os tempos políticos tormentosos do Caribe dirigiram seus passos ao México em duas oportunidades (1906-1914 e 1921-1924), a Minnesota (1916-1921),[1] fixando-se em Buenos Aires desde 1924 até sua morte em 1946.[2]

Por razões de espaço e recorte do objeto, não abordaremos os avatares desse itinerário, inscritos para marcar um traço biográfico que impactou sua obra em dois aspectos: Pedro Henríquez Ureña foi um intelectual sem Estado definido, não contou com a proteção e, em alguma medida, com os privilégios da "cidade letrada" descrita por Ángel Rama.[3] Daí a dispersão de uma obra rigorosa, mas multifacetada: de manuais de gramática para a escola primária ao ensaio de interpretação, dos artigos acadêmicos para as mais importantes revistas de Filologia ao exercício do jornalismo, das antologias às revistas literárias e às conferências. Em outras palavras, perpassou empregos, países e gêneros com o rigor de um erudito.[4] Outro aspecto foi um *ethos* pedagógico e moral que obedecia tanto à sua condição intelectual – o "Ateneo" (em suas diversas formas) como a suas necessidades econômicas – a cátedra. *Don* Pedro exerceu a docência até o último dia de sua vida. Literalmente, já que morreu de um ataque cardíaco corrigindo os trabalhos de seus alunos do ensino médio no trem que o levava de Buenos Aires a La Plata.

Essas viagens também forjaram sociabilidades intelectuais e afinidades eletivas sobretudo no México, onde deixou uma marca indelével. Foi a *alma mater* de El Ateneo de la Juventud (1909). As correntes intuicionistas, neoplatônicas e subjetivistas formaram parte da cosmovisão intelectual de El Ateneo, núcleo original da resposta antipositivista surgida no interior da crise do porfiriato. Foi o lugar de formação de um grupo de jovens que constituíram a primeira mudança das elites intelectuais durante a Revolução Mexicana. O caráter autodidata e a recuperação de um campo humanista moldaram as práticas do grupo (José Vasconcelos, Antonio Caso, Alfonso Reyes, Julio Torres, entre outros). Os clássicos greco-latinos e as correntes filosóficas espiritualistas favoreceram a recepção da obra de José Enrique Rodó, que reforçou a ideia do intelectual como "maestro", orientador moral e educador dedicado à formação dos povos e ao desenvolvimento do espírito nacional. Como observou Alfonso Reyes, amigo e discípulo, *Don* Pedro foi o "Sócrates" do grupo, magistratura moral e intelectual que desempenhou platonicamente em várias ocasiões, por exemplo, no grupo de intelectuais e jovens reformistas rio-platenses em torno da revista *Valoraciones*.

Sua segunda estada no México (1921-1924) foi a convite do então secretário de Educação Pública, José Vasconcelos, para que se encarregasse do Departamento de Intercâmbio e Extensão Universitária.

No ano de sua chegada, participou do Congresso Internacional de Estudantes, organizado por Daniel Cosío Villegas e subvencionado por Vasconcelos, no qual estabeleceu contatos com intelectuais e líderes estudantis de grande parte da América Latina (a título de exemplo, Miguel Ángel Asturias – Prêmio Nobel de Literatura em 1967 – era o representante dos estudantes guatemaltecos), além de estudantes reformistas argentinos, sobretudo com Héctor Ripa Alberdi e Arnaldo Orfila Reynal (que se converteria numa referência indiscutível entre os editores latino-americanos e que publicaria posteriormente alguns de seus livros), contatos imprescindíveis para seu estabelecimento na Argentina. Sua atividade no México foi pessoal e intelectualmente fecunda, ainda que não isenta de conflitos: a delicada situação do país durante a restauração huertista, a ameaça norte-americana no golfo do México e algumas tensões com José Vasconcelos o levaram a deixar novamente o país com sua recém-constituída família.[5]

Provavelmente, a língua e a literatura latino-americanas foram suas pátrias mais sólidas, mas graças à sua formação humanista e ecumênica, abordou os mais variados tópicos da cultura europeia, norte-americana e latino-americana: pintura, música, arquitetura, cultura popular. Alicerces de seu programa utópico.

La Utopía de América (1925), como texto e enunciação, constituiu-se num manifesto explícito, vocação que acompanharia toda sua obra do período. A estrutura de sua argumentação inscrevia dois momentos luminosos da cultura do Ocidente: a Grécia clássica e o Renascimento (zona utópica por excelência da modernidade) numa América Latina que não é redescoberta, mas que deve ser construída repensando passado e futuro: "olha para o passado e cria a história, olha para o futuro e cria as utopias".[6]

Quais são os atributos dessa Utopia? Em princípio, a convicção de que foi a utopia "do espírito" que contribuiu para contornar as crises na modernidade ocidental, e não a força militar ou o poder econômico. O segundo fio da sua trama interpretativa se referia à crise da Europa pós-guerra, que concebia como uma oportunidade para imaginar a unidade latino-americana. Ao eclipse europeu somava-se a frustração do que chamava a primeira etapa da liberdade e da democracia no Novo Mundo, já que "o gigantesco país [Estados Unidos] tornou-se opulento e perdeu a cabeça; a matéria devorou o espírito; e a democracia [...] se foi convertendo em fábrica para lucro de uns poucos". Esse anti-imperialismo, que pode ser pensado como pré-ideológico, rodosiano [Rodó] e quase inerentemente caribenho, assinalava um perímetro regional. Mas essa esperança não podia ser mera agregação e considerava essa unidade estéril ou até mesmo contraproducente se não se constituísse numa "pátria da justiça". O ideal de justiça inclusive "vem antes do ideal de cultura" e essa precedência redefine as duas. A utopia deveria ser a flecha dessas aspirações, escrevia no ensaio "Patria de la Justicia".

Ressoam em seus textos ecos das heranças de José Martí, de seu mestre Eugenio Hostos e de José Enrique Rodó:

> Se nossa América não for mais do que um prolongamento da Europa, se a única coisa que fazemos é oferecer solo novo para a exploração do homem pelo homem [...], se não decidirmos que esta seja a terra da promissão para a humanidade cansada de buscá-la em todos os climas, não temos justificativa: seria preferível deixar desertos nossos altiplanos e nossos pampas se somente houvessem de servir para que neles se multiplicassem as dores humanas [...]. (*La Utopia*)

Outro elemento político e epistemológico de seu ideário foi a centralidade das ideias, da cultura e da educação para criar e sustentar o impulso utópico. Toda sua obra do período se destina a percorrer criticamente os sentidos de cada uma dessas palavras/conceitos para definir essa utopia. Uma originalidade de PHU foi o cultivo dialético de uma relação aparentemente contraditória: a História e a Utopia. Isto é, ele não descarta o passado como herança, mas seleciona somente aqueles clarões que permitem tensionar a flecha em direção ao futuro. Ainda que construa uma genealogia possível, cânone alternativo e crítico com relação às histórias nacionais/oficiais (Bello, Sarmiento, Montalvo, Darío, Martí, Hostos, Rodó), elas encarnam processos coletivos: "Nobre desejo, mas grave erro quando se quer fazer história é aquele que pretende recordar a todos os heróis." A seleção não é a do antiquário, mas do exegeta: a busca de plexos históricos nos quais a crítica, a autonomia com relação aos poderes factuais e a originalidade articularam uma trama que sustentasse a paixão utópica.

Que cultura para qual justiça? A obra de PHU dos anos 1920 percorre essa relação a partir de algumas perguntas que, embora não novas, são analisadas na chave dessa ilusão: as relações entre nacionalismo e cosmopolitismo, materialismo e idealismo, universalismo e singularidade, cultura de elite e cultura popular.

Referindo-se ao processo da Revolução Mexicana, por exemplo, PHU estabelece as relações entre o herdado e o original nas criações culturais, entre as quais a cerâmica popular. Em Puebla, a louça de Talavera assume o caráter do Novo Mundo; as figuras primitivas que se desenham em branco sobre negro na figura de Teotihuacán, ou a de Oaxaca, "onde a borboleta azul e a flor amarela surgem, como de entre as manchas do cacau, sobre a terra branca". Cultura e nacionalismo não se definiam como no século XIX, "disfarçadas de liberalismo", de "diletantes exclusivistas" ou de "torres de marfim": "não deve haver alta cultura, porque será falsa e efêmera, onde não há cultura popular". E faz uma crítica à modernização positivista, causal, racialista – determinista e fechada nas fronteiras nacionais, que deixava muito pouco espaço para imaginar a "Magna Patria".

O que denomina "energia nativa", caráter original dos povos que vem de sua essência espiritual, atravessa seus ensaios sobre literatura, pintura, arquitetura, música, tornando-se uma categoria superadora, forma de síntese, entre o autóctone e o universal e universalizável:

> O homem universal com que sonhamos, a que aspira nossa América, não será *desenraizado*. A universalidade não é o *desenraizamento*: no mundo da utopia não deverão desaparecer as diferenças de caráter que nascem do clima, da língua, das tradições; mas todas essas diferenças, em vez de significar divisão e discordância, deverão combinar-se como matizes diversos da unidade humana. Nunca a uniformidade, ideal de imperialismos estéreis; sim a unidade, como harmonia das vozes dos povos. (*La Utopía*)

Essa energia nativa, ideia que à época elogiara José Carlos Mariátegui, evidenciava-se no idioma. Em seus estudos filológicos, formulou originais perguntas sobre as especificidades próprias do espanhol/castelhano na América. No campo das letras, PHU foi reconhecido como provavelmente o latino-americano mais bem formado nessa

Utopias latino-americanas em Pedro Henríquez Ureña e Xul Solar

disciplina. Sua estada no Centro de Estudos Históricos de Madrid e seus diálogos (em mais de uma ocasião) com Ramón Menéndez y Pidal habilitaram a documentação e as categorias conceituais para demonstrar hipóteses e intuições. Seus artigos "El Español de América" (1921) e sobretudo "El supuesto andalucismo en América" (1925) sustentam a autonomia local do idioma frente às teses do "transplante" ou mero prolongamento da língua e da cultura espanholas na América. Estabelecia, assim, uma soberania cultural que, a nossos ver, é parte de seu programa utópico construído a partir de articulações, em algum sentido heterotrópicas. Associar o pertencimento de "Nossa América" a uma zona ao mesmo tempo histórica e cultural, a Romênia, permitia-lhe subtrair essa parte do mundo ao colonialismo peninsular:

> Temos direito de tomar da Europa tudo o que nos agrade. [...] não somente recebemos o idioma de Castela, mas também pertencemos à Romênia, à família românica que constitui ainda uma comunidade, uma unidade de cultura [...] compartilhar o idioma não nos obriga a perder-nos na massa de um coro cuja direção não está em nossas mãos: só nos obriga a depurar nossa nota expressiva, a buscar o sotaque inconfundível.[7]

Embora o problema do idioma herdado da metrópole tenha sido uma preocupação muito precoce em sua obra e tivesse uma linhagem desde o pensamento da emancipação, acentuava-se com os debates sobre a língua nacional, talvez pelos efeitos centrífugos da imigração.[8] Controvérsia que foi alvo de diferentes apropriações no campo cultural argentino: para alguns, era preciso mudar a ordem, para outros, pôr ordem na mudança. A irreverência autônoma das vanguardas contra dicionários e gramáticas pré-existentes, a transgressão das regras acadêmicas, os exercícios lúdicos com a linguagem eram uma característica inerente das propostas vanguardistas, sublinhadas na babélica Buenos Aires dos anos 1920. Mas não somente por parte das vanguardas. Com outras intenções, por volta do final da década, o poeta Leopoldo Lugones, logo depois de redigir o manifesto do golpe de Estado de 1930, propôs-se a escrever um *Diccionario etimológico del Castellano Usual*, também contra a Real Academia, mas agora para corrigir sua "demagogia" pelas – a seu ver – demasiado indulgentes incorporações de vozes provenientes de línguas populares ou autóctones: "usar um idioma bastardo só porque é daqui equivale a isolar-se na feiura e na pequenez", sustentava. Com outros objetivos, Ricardo Rojas criava o Instituto de Filologia na Faculdade de Filosofia e Letras (1923) e nomeava diretor um filólogo espanhol/hispanista (com o nome paradoxal de Américo Castro), logo substituído por outro espanhol, menos hispanista (Amado Alonso), com quem PHU desenvolveria parte importante de seu trabalho de filologia.

PHU intervém nesse campo discursivo, sobretudo em *Seis ensayos en busca de nuestra expresión*, não por acaso publicados por uma editora chamada Babel (1928). Discute as posturas dos europeizantes, "que abandonam o espanhol para escrever em francês", ou escrevem em espanhol "mas tomam da França estilos e ideias", dos hispanizantes "doentes da loucura gramatical" e dos indigenistas miméticos: "falta-nos conhecer os segredos, as chaves das cosias índias, senão, ao tratar de incorporá-las faremos tarefa mecânica, sem calor nem cor". Também se coloca contra o *criollismo* estrito. Considera que os giros da linguagem gauchesca não são suficientemente diversos ou afastados do espanhol. E não se apresentam nem sequer como um dialeto como o de León ou de Aragão. O Martín Fierro e o Fausto "não são galhos que se distanciam do tronco linguístico mais do que as estrofes de Múrcia ou da Andaluzia". Outras questões são menos diáfanas. "Criar idiomas próprios, filhos e sucessores do castelhano?" A opção é descartada, por ser improvável mesmo que possível. E profetiza como resultado "uma empobrecida expressão dialetal enquanto não aparecesse o Dante criador de asas e garras".[9] Seria Xul Solar quem responderia ao desafio?

Para PHU, o idioma era a cristalização de modos de pensar e de sentir "e o quanto nele se escreve, banha-se na cor de seu cristal".[10] Assim distinguiu cinco grupos linguísticos do espanhol na América, resgatou palavras e entonações das línguas indígenas, mostrando as diversidades do "fato americano".[11]

"Pode-se crer que tais matizes não transcendam a literatura?" (digressão: um dos *piensos* [pensamentos] de Xul afirmava: "*Há* somente um novo: o matiz"). PHU responde a essa questão retórica em "La independencia literaria" (*Seis Ensayos*), síntese de trabalhos monográficos anteriores e, ao mesmo tempo, projeto de sua obra futura. Para ele, essa singularidade se verifica desde o século XVI, por exemplo, nos giros linguísticos de Juan Ruiz de Alarcón em relação a seus pares do Século de Ouro espanhol, ainda que recebesse deles os temas, a construção, a linguagem e a métrica. As obras do Inca Garcilaso ou de Soror Juana Inés de la Cruz também mostravam uma individualidade ostensiva e definida.

Outro núcleo temático que problematiza – e que tem uma longa duração no passado intelectual latino-americano – é a ausência de uma história literária própria de autoria regional. Nossa literatura "tem quatro séculos de existência, e até agora as duas únicas tentativas de escrever sua história completa foram realizadas em idiomas estrangeiros" (refere-se às obras do norte-americano Alfred Coester e do alemão Max Leopold Wagner). A "Magna Patria" se desmanchava, então, ao compasso da ênfase nacionalista das monumentais histórias da literatura por países, alimentadas por um afã provinciano e nas quais, a seu ver, prevalecia a exaustividade sobre a relevância, como nos sete volumes de História da literatura no Uruguai de Roxlo ou nos quatro da literatura argentina de Ricardo Rojas ("oito na nova edição!", ironiza).

Estes e outros argumentos evidenciam esse impulso utópico, ponto de partida e de chegada, arquitetura e combustível dessas reflexões. "Em direção à utopia?", se pergunta, e afirma essa positividade "não como jogo vão de imaginações pueris", mas como um ato de liberdade não despojado de esforço em busca da perfeição, muito afastado de diletantismos e falsa erudição ociosa: "Dentro de nossa utopia, o homem chegará a ser plenamente humano, deixando para trás a absurda organização econômica na qual estamos aprisionados."

No prólogo da *Obra Crítica* de PHU, Borges escreve que seu nome se vinculava ao nome da América:

> seu destino preparou de algum modo essa vinculação; é verossímil suspeitar que Pedro, no início, enganou sua nostalgia da terra dominicana supondo-a uma província de uma pátria maior. Com o tempo, as verdadeiras e secretas afinidades que as regiões do continente lhe foram revelando acabaram por justificar essa hipótese.[12]

Essa utopia impulsionou Pedro Henríquez Ureña a reler o passado, a ampliar o horizonte de transformações, a articular desejo e possibilidade, os desencantos e sobretudo as promessas desta parte do mundo.

XUL SOLAR: "UTOPISTA DE PROFISSÃO"

"Homem versado em todas as disciplinas, curioso de todos os arcanos, pai de escritas, de linguagens, de utopias, de mitologias, astrólogo, Xul Solar é um dos acontecimentos mais singulares de nossa época", escreveu Jorge Luis Borges acerca de seu amigo Xul Solar. Pedro Henríquez Ureña pensava que a arte começava quando terminava a gramática, o que bem poderia ser atribuído como dito por Xul em algum jantar com Borges e Bioy Casares na casa deste último nos anos 1920. Das polifônicas e multicoloridas facetas desse artista singular, tentaremos recortar o Xul linguista, mago das palavras e imaginações utópicas relacionados ao latino-americanismo de sua obra. Em certo sentido, o exercício ficará incompleto: como se observou em muitas oportunidades, o *neocriollo* foi somente um fragmento de seu plano americanista.

Oscar Augustín Alejandro Schulz Solari (1887-1963) nasceu num lar trilíngue: por parte de pai, o idioma alemão, pela mãe, o italiano. Contava com uma tradição familiar de músicos e amantes da música. Fazemos essa observação por duas razões: primeiro, por sua versátil capacidade para abordar distintas línguas (falava e/ou lia francês, inglês, alemão, italiano, português, russo e guarani e conhecia latim, grego, chinês e sânscrito); em segundo lugar, porque ele mesmo indicou como profissão "pintor e músico" em sua carteira de alistamento em 1911, estando o som e a estrutura musical muito presentes em toda sua obra.

Aos 24 anos, decidiu embarcar num cargueiro inglês para realizar sua viagem de iniciação à Europa, onde permaneceria entre 1912 e 1924. Por razões de espaço, não nos deteremos nas experiências e no aprendizado artístico de seu périplo europeu (Inglaterra, França, Itália, Alemanha). O futurismo, o cubismo, o surrealismo, o expressionismo alemão (sobretudo as obras e reflexões sobre arte de Vasili Kandisnki e Paul Klee) alimentaram sua onívora curiosidade, ainda que nenhum desses movimentos o representasse completamente.

Nesses anos, mergulhou na teosofia, na antroposofia, na magia, nas artes ocultas e herméticas, na astrologia por meio das leituras de Elena Blavatski, das conferências de Rudolph Steiner e sobretudo dos ensinamentos do ocultista Aleister Cowle, de quem aprendeu noções de cabala, práticas de hipnose e meditação. Inspiradas na contemplação dos hexagramas do I Ching, as "visões" de Xul foram experiências extáticas que ele moldaria cuidadosamente ao longo dos anos, nos 64 textos dos cadernos de San Signos escritos em *neocriollo*.[13] No mesmo sentido, para Xul, os mitos, os rituais, as lendas, as religiões autóctones (consultou códices pré-hispânicos em vários museus da Europa) não formavam parte do passado, mas estavam latentes esperando um demiurgo que os expressasse numa chave de futuro.

Esse conjunto heterodoxo de sinais, a nosso ver, longe de tender à entropia, animava três traços de sua filosofia e de sua poética nos anos vinte: o *ethos* americano, a busca da perfeição e um explicito desígnio de fraternidade espiritual e humanista que requeria novos símbolos.

Em 1924, Xul Solar voltou a Buenos Aires com o pintor Emilio Petrutti. Essa relação forjara-se na Europa e foi de cumplicidade e admiração mútuas. Ambos retornavam com a explícita missão de despertar o interesse pelos alcances e formas do "novo". *Martín Fierro: Periódico quincenal de arte y crítica libre* os aproximou de escritores da vanguarda: Oliverio Girondo, Macedonio Fernández, Leopoldo Marechal, Jorge Luis Borges, entre outros, que os acolheram com entusiasmo.[14] A primeira intervenção de Xul na revista é muito precoce, está na primeira página do número de setembro de 1924 (nº 10-11) e seu tema é a apresentação da pintura de Pettoruti no qual adianta algumas pistas de seu plano futuro: "entre nós mesmos estão os germens de nossa arte futura e não nos museus estrangeiros e "marchands" ultramarinos [...]. *Porque não terminaram ainda para nossa América as guerras da independência*" (grifo nosso). A nota estava assinada por um quase desconhecido "A. Xul Solar" (do qual logo retiraria a letra A), nome que havia adotado na Europa, heteronímia dos sobrenomes de seu pai e sua mãe, arcaizando o alemão paterno e iluminando com o sol de sua mãe; e o seu, lido no espelho como "lux", tomava posse de uma qualidade muito cara aos pintores ("Sou todo luz", costumava dizer).

Os exercícios linguísticos começaram na viagem europeia: aparecem em cartas e em algumas de suas aquarelas. Em uma ocasião, escrevia a seu pai anunciando seu regresso *"cansado de tanto salvagismo i atraso ke hai na Europa"*. Também em sua pintura, entre outras, na aquarela *Nana Watzin* (1923), produz uma interpretação utópica de recriação das religiões pré-hispânicas. A obra está relacionada à religião náhuatl, à regeneração das cinco eras e à criação do Sol e da Lua pelo sacrifício de *Nanahuatzin* (Sol) e *Tecuciztécatl* (Lua), que por contiguidade também se associa a Xolotl (deus do ocaso e do submundo). Xul fonetiza o nome em sua pintura e mistura imagens e palavras/frases em operações de superposição (AXOLOTLCAN), simplificação (S'EXALTA) e aglutinação (ALAMAMATERRA, ORA Y ADORA), usando ainda expressões portuguesas arcaizantes (FOGO, FLAMA).[15] No mesmo ano, escrevia que os *"neocriollos"* (um plural de sua imaginação) recolhiam aquilo que ficava das velhas nações do continente Sul "não mortas, mas muito vivas, com outras roupagens [...]: COLORES. Raça branca, raça vermelha, raça negra com a ilusão azul do futuro, a auréola dourada intelectual e o pardo das mesclas".[16]

Esses ensaios linguísticos encontram no debate e na polêmica das vanguardas sobre o idioma nacional um contexto estimulante. Xul é parte dessa paisagem, mas a transcende e a exaspera. Observou-se em vários estudos que o *neocriollo* ou "criol" foi a senha do seu projeto utópico latino-americano nos anos 1920 tanto no que diz respeito à forma quanto aos sentidos. Seu apelo à autonomia com relação à Europa, para completar uma independência inconclusa tornava-se afirmação regional, como uma etapa em direção à elevação e ao aperfeiçoamento espiritual de uma nova humanidade:

> Que a tutela moral da Europa termine já. Assimilemos, sim, o digerível, amemos nossos mestres [...]. Vejamos claramente o quanto é urgente rompermos as cadeias invisíveis (são as mais fortes) que em tantos campos ainda nos consideram como COLÔNIA, a grande AMÉRICA IBÉRICA com 90 milhões de habitantes. Cada pátria não deve ser algo fechado, xenófobo, mesquinho, mas sim um departamento específico da HUMANIDADE, em que espíritos afins cooperem para construir a futura terra tão longínqua, em que cada homem – já super homem – SERÁ COMPLETO.[17]

Assimilou o "digerível" e incluiu num campo temático antropofágico, sem difusionismos ou relações estreitas, que enunciaria alguns anos mais tarde com maior centralidade no modernismo brasileiro com o qual tem intensos pontos de contacto trabalhados com grande produtividade.[18] Sua maneira de "romper essas cadeias invisíveis" e afirmar-se como latino-americano consistiu em entrelaçar palavras e inventar outras de diferentes procedências, desde o *neocriollo* até chegar anos depois a uma ambiciosa *Panlingua* universal.[19] Nos anos 1920, ele inicia a construção de uma linguagem artificial, ecumênica, não ancorada nas tradições, nas raças, nos países, nas metrópoles, mas como um artefato do espírito para a fraternidade: "uma nova linguagem para o novo homem do continente latino-americano".

Embora compartilhe com as vanguardas a ruptura com o pacto mimético, Xul propõe uma audaciosa língua oral e escrita nova, performática. Mais que isso, projeção e criação de um idioma latino-americano que, por sua vez, deveria criar a região. Imagina uma linguagem nova com palavras velhas, às vezes arcaicas ou arcaizantes. Como em suas aquarelas desses anos, retrocede no tempo para ser novo: *Nana Watzin, Tlaloc* e *Piai* (1923) são manifestos visuais que se afirmam, por exemplo, em *Drago* (1927). Concebe uma língua na qual dominam o espanhol e o português brasileiro, com palavras de vários idiomas. Como observa Jorge Schwartz, Xul é o único vanguardista hispano-americano que não utiliza o francês como língua estrangeira, mas dedica um lugar protagonista ao português do Brasil. Embora no início incorpore grafias, sons e fonéticas da linguagem popular *criolla* argentinizada, soma originalmente "mais que o português, o registro oral brasileiro interessado nos efeitos sonoros de coloquialismos e expressões afro-brasileiras. Isso lhe sugere certa nostalgia de um universo sonoro primitivo que Xul atualiza em sua utopia linguística".[20]

Como qualquer outra de suas invenções, esse constructo não era aleatório nem casual: o *Panajedrez* (que durante o jogo formava uma espécie de

> dicionário de uma língua filosófica *a priori*, que se escreve com os signos elementares correspondentes a seus sons, formando toda classe de desenhos abstratos e combinações musicais), a substituição do sistema decimal pelo duodecimal baseado nos signos do zodíaco e um teclado de cores para facilitar o aprendizado musical na execução do piano são trabalhados artesanalmente, buscando a perfeição, em constante metamorfose, ou seja, inacabados.

Xul apresenta o *neocriollo*, de forma cifrada, nas páginas de *Martín Fierro* (n. 37, janeiro de 1927). Na nota de uma viagem à Europa de Leopoldo Marechal, Xul se despede dele em *neocriollo*: "*o psicoabrazo y nos habemos de frecuenreunir por los sueñopaíses de fantasia*". Conclui seu texto completamente escrito em *neocriollo*, sem advertir o leitor de sua opção, mas estabelecendo certa cumplicidade com os escritores da revista. Também e de forma um pouco mais explícita, aparece em "Algunos *piensos* cortos de Cristian Morgenstern" (*Martín Fierro* n. 41, maio de 1927). A tradução para o *neocriollo* de aforismos, frases sintéticas (*piensos*, em vez de pensamentos) do livro *Stufen*, do poeta alemão, foi feita "à maneira de Xul Solar", já que não é uma tradução, mas uma reinterpretação (talvez como sempre seja na arte de traduzir). Um dos *piensos* mais significativos para estas notas: "Qé *empresa querer esconderse tras las palabras! Si uno mismo* ES *esas palabras*". No parágrafo inicial afirma:

> Ya empiezan usarse el presente de indicativo i el presente de subjunbtivo con sendas mismas desinencias (de 1ª conjuga) unicoónjuga i a las palavras largas se les amputa: ción i miento i a veces: dad, por inutiles y feos.

Ao mesmo tempo, escrevia uns "Apuntes de *neocriollo*" (1925) – publicados anos depois – nos quais estabelecia pautas gramaticais, morfológicas, fonéticas e semânticas do *neocriollo*, propedêutica sempre provisória e sujeita a apagamentos, correções e acréscimos.

Para Xul, o espanhol era demasiado "comprido, cacofônico e mal acentuado". Entre seus tantos defeitos, estavam os advérbios: a carga representativa dos advérbios em espanhol enfatiza o morfema ou desinência (o "mecanismo" verbal, diria Borges), e não a raiz que explica o sentido da ação. Xul desloca o acento e suprime as desinências. Corrige e torna mais leve o espanhol para fazê-lo mais simples e atrativo e para conciliar harmonicamente em suas coordenadas som, beleza e precisão. Vale-se da oralidade, das aglutinações, das contrações, dos lusismos (ome, então), recomendações de uso ("entre dos palavras dobletes, español portugués, la más cercan'l original o más sencilla"), arcaísmos (o "x" se pronuncia como *sh* à antiga).[21] Constrói um idioma neológico e sem sinônimos. Tentou inclusive solucionar a relativa falta de vozes ameríndias no *neocriollo*. Provavelmente foi essa a razão do estudo "Las voces tupí guaraníes incorporadas a las lenguas españolas y portuguesa. Su grafía y fonetización", escrito para o Primeiro Congresso da Língua Tupi-Guarani em Montevidéu (1949).

Xul trabalhou obstinadamente para abolir a arbitrariedade da linguagem apelando para a lógica, a aritmética ou a intuição. Poética do desejo e da mística: a criação de uma língua adâmica, edênica e pré-babélica para reparar o pecado que condenou os homens à incompreensão e que, paradoxalmente, se tornou hermética, insondável. Nisso reside seu mistério: obriga o leitor a um esforço ousado, quase criptográfico, para traduzir esses signos ao mesmo tempo conhecidos e desconhecidos, correspondências contingentes dessa América Latina imaginada e revelada. A outra face desse utopismo linguístico é sua obsessão por "viver" nessa língua e dividi-la não somente com escritores da vanguarda, com sua mulher Lita, mas também em algum boteco do bairro de Chacarita e nos elegantes *vernissages* (Macedonio a chamou carinhosamente de "linguagem da incomunicação"). Daí que para alguns de seus contemporâneos e para uma parte da crítica fosse considerado um "personagem extravagante" tolerado por suas "excentricidades" de pintor místico, fato que, de forma alguma, diminuiu seu entusiasmo, definindo-se, numa reportagem, como "utopista de profissão".

"Xul vivia obcecado com a unidade latino-americana", disse uma vez Ricardo Mosquera Eastman (amigo e integrante da Associação de Amigos de Xul Solar). "Tinha feito até mesmo uma bandeira para a América Latina".[22] Em meados do século passado, ele continuava insistindo que o *neocriollo* era a língua que o mundo "exigia" da América Latina e que deveria tornar-se "o idioma oficial da hipotética Confederação dos Estados Latino-Americanos do futuro".

A unidade latino-americana, o conteúdo dessas formas, às vezes percorre os mesmos caminhos adjudicados às imaginações solarianas: "extra-vagantes", "ex-cêntricas"; o mesmo se dá com a fraternidade universal, essa que a razão instrumental abandonou no início da modernidade que tanto deve às utopias. "Xul foi antes de tudo um reformador do universo. A Criação para ele não era algo que havia ocorrido uma vez no primeiro capítulo do Gênesis, mas continuava incessantemente."[23] Muitos desses devires fluíram "em potência" nessa América Latina: *sonho azul do futuro*.

* * *

Pedro Henríquez Ureña e Xul Solar percorreram caminhos muito diferentes, em temporalidades e espaços afins, para afirmar a unidade latino-americana. Longe de lógicas reprodutivas, suas obras foram movidas por uma paixão utópica, princípio de esperança incrustado em seu presente em fuga em direção ao futuro. Arriscaram ideias, romperam com as fatalidades das circunstâncias, evitaram que seus presentes eternizassem a ordem cultural estabelecida. Atos de liberdade e energia criadora tão afastadas do probabilismo. Audaciosos e críticos, pensaram uma América Latina que dialogava com um humanismo transcendente, sonhos diurnos de vocação e invocação coletiva. *"Sueñopaíses"*, memórias em direção ao futuro.

Tradução de Ilka Stern Cohen
Revisão técnica de Maria Ligia Prado

Notas

[1] Neste período, defendeu duas teses: um mestrado (*Master of Arts*) em 1917 e outra tese em castelhano para obter o título de *Doctor of Philosophy* (1918). A tese de doutoramento teve por título *La Versificación Irregular en la Poesía Castellana* e foi publicada em Madrid em 1933.

[2] Entre 1924 e 1946 há dois interregnos fora da Argentina. O primeiro foi seu frustrado regresso à República Dominicana entre 1932 e 1933 para exercer a Superintendência Geral de Educação em seu país. O segundo, entre 1940 e 1941, foi nos Estados Unidos: foi convidado pela Universidade de Harvard para dar um conjunto de conferências na cátedra Charles Eliot Norton, publicadas em 1945 com o título *Literary Currents in Hispanic America*, traduzidas para o espanhol e publicadas pela Fondo de Cultura Económica em 1949, obra considerada uma referência fundamental da crítica literária latino-americana.

[3] Arcadio Díaz Quiñones, "Pedro Henriquez Ureña (1884-1946): la tradición y el exilio", em *Sobre los principios. Los intelectuales caribeños y la tradición,* Universidade Nacional de Quilmes, 2006, pp. 167-254.

[4] Tive a oportunidade de ver parte do Arquivo Pessoal de PHU que estava em poder de sua filha Sonia Henríquez Ureña de Hlito no bairro portenho de Constitución, que fora doado a El Colegio de México por ela em 2006. Percebiam-se nesses papéis a meticulosidade e o preciosismo de PHU nos rascunhos de suas aulas, conferências, primeiras versões de seus artigos e livros, sua pasta de recortes de jornais. Esse acervo mereceria análises e reflexões que ultrapassam os propósitos deste texto.

[5] No México, formou-se em Direito, casou-se com Isabel Lombardo Toledano (foram testemunhas do casamento José Vasconcelos e Daniel Cosío Villegas) e nasceu sua primeira filha, Natasha.

[6] *La Utopía de América* foi publicada pela primeira vez em um folheto da revista *Estudantina* em La Plata em 1925, incluindo também o ensaio "Patria de la Justicia". As referências a este trabalho são de Pedro Henriquez Ureña, *La Utopía de América*, Caracas, Biblioteca Ayacucho, 1978. O mesmo no caso de *Seis Ensayos em busca de nuestra expresión*.

[7] Pedro Henríquez Ureña, "La Independencia literária". Conferência em *Amigos del Arte*, Buenos Aires, 28 de agosto de 1926, incluída em *Seis Ensayos em busca de nuestra expresión*, Buenos Aires, Babel, 1928. Cita-se aqui a versão de *La Utopía de América*, Caracas, Bibiloteca Ayacucho, 1978, pp. 41-43.

[8] Tratamos extensamente deste tema em trabalhos anteriores. Cf. "Lengua y Literatura; arcanos de la nación", em Patricia Funes, *Salvar la Nación. Intelectuales, cultura y política en los años veinte latino-americanos*, Buenos Aires, Prometeo, 2005, pp. 259-324.

[9] Henríquez Ureña, Pedro, "El descontento y la Promesa" em *Seis Ensayos*, cit.

[10] Um limite epistemológico (e até biográfico-pessoal) na produção de PHU é a ausência de problematização das culturas e das línguas afro-americanas, mais ainda tendo em conta sua centralidade no Caribe. Somente o observamos nessa síntese curta. A respeito veja-se Arcadio Díaz Quiñones, "Pedro Henríquez Ureña y las tradiciones intelectuales del Caribe", *Letral*, ano I, 2008, pp. 64-80.

[11] Nos anos 1920, PHU não se deteve em problematizar o lugar do Brasil na região. Há menções episódicas muito gerais, por exemplo, sobre o "delicioso barroquismo da arquitetura e das letras brasileiras. *Mas o Brasil não é a América espanhola*" (*Seis Ensayos*). Anos mais tarde, no contexto da "boa vizinhança", mudou de ideia (aproximava-se do Brasil em oposição aos Estados Unidos). A revista *Sur*, que contava com ele no Conselho de redação, no início dos anos 1940 (n. 86, novembro de 1941), abre um debate sociológico com a questão "*Têm as Américas uma História comum?*". PHU adverte que é curioso que o Brasil "cuja língua apenas se distingue do espanhol" permaneça ainda ignorado, tendo semelhanças enormes com a América descendente da Espanha. Em seu livro *História de la cultura en la América Hispánica* publicado um ano depois de sua morte (FCE, 1947), inclui o Brasil na América Latina. Na introdução observa: "A América hispânica, que comumente se designa com o nome de América Latina, abarca hoje dezenove nações. Uma é de língua portuguesa, o Brasil, com a maior extensão territorial."

[12] Jorge Luis Borges, *Prólogos con un prólogo de prólogos*, Madrid, Alianza, 1998, p. 128.

[13] Foram publicados depois de sua morte. Ver P. Artundo, "Primera historia de un Diario Mágico", e D. Nelson, "Un texto proteico: los San Signos de Xul Solar", em *Los San Signos. Xul Solar y el I Ching*, transcrição, estabelecimento do texto e tradução do *neocriollo* para o espanhol de Daniel Nelson; edição aos cuidados de Patricia Artundo, Buenos Aires, Malba, 2012.

[14] Por exemplo, Borges, em seu ensaio "El idioma infinito", incluído em *El tamaño de mi esperanza* (1926) reconhece explicitamente a dúvida/intercambio com Xul: "dedico estes apontamentos ao grande Xul-Solar, já que na concepção destes não está livre de culpa." Não foi a única associação entre ambos, recordemos que a primeira edição do livro *El idioma de los argentinos* (1928) foi ilustrada por Xul. Esses intercambios entre Borges e Xul não terminam aqui, podem ser perseguidos rastros da metafísica neocriolla no conto "Tlön, Uqbar, Orbis Tertius" (*Ficciones*, 1944), ou na utopia da representação universal no conto "El Congreso" (*El Libro de Arena*, 1975), entre outros. As marcas da obra de Xul entre seus contemporâneos da vanguarda ficam fora deste texto, mas basta lembrar que Leopoldo Marechal em seu romance Adán Buenosayres criou um personagem (o astrólogo Schulze) inspirado em Xul.

[15] Ver Sabrina Gil, "Xul Solar: un pintor martinfierrista hacia la identidad americana y la integración entre palabra y imagen", CELEHIS, ano 23, n. 28, Mar del Plata, 2014, pp. 85-101.

[16] A. Xul Sol, "Pettoruti y obras", Junio 1923, mimeografado, em Arquivo Fundación Pan Klub-Museo Xul Solar, consultado no International Center for the Arts of the Americas at the Museum of Fine Arts, ICCA's digital archive, disponível em https://icaa.mfah.org/s/en/item?fulltext_search=xul+solar, acesso em 8 jul. 2020.

[17] Xul Solar, "Pettoruti". mimeografado, em Arquivo Fundación Pan Klub-Museo Xul Solar, consultado no International Center for the Arts of the Americas at the Museum of Fine Arts, ICCA's digital archive, disponível em https://icaa.mfah.org/s/en/item?fulltext_search=xul+solar, acesso em 26 nov. 2020. Este texto não foi publicado por Xul, mas dele se destacam ao menos tres textos sobre Pettoruti (entre esses o publicado em *Martín Fierro*).

[18] Cf. Jorge Schwartz, "Uma espécie de território mental sudamericano prebabélico", em *Ramona* n. 61, junho de 2006.

[19] Outro projeto linguístico posterior de Xul consistiu numa língua monossilábica, duodecimal, astrológica e universal.

[20] Jorge Schwartz, "Sílabas las Estrellas compongan. Xul y el *neocriollo*", em Patricia M. Artundo (ed.), *Xul Solar: Visiones y Revelaciones*, Catálogo de exposição, Museo de Arte Latinoamericano de Buenos Aires/ Pinacoteca do Estado de São Paulo, 2005, pp. 35-47.

[21] Naomí Lindstrom, "El utopismo linguístico em Poema de Xul Solar", *Texto Crítico* 24-25, 1982, pp. 242-355, disponível em https://cdigital.uv.mx/bitstream/handle/123456789/7026/19822425P242.pdf, acesso em 8 jul. 2020.

[22] Apud ÁlvaroAbós, *Xul Solar. Pintor del misterio*, Buenos Aires, Sudamericana, 2004, p. 205.

[23] *Borges recuerda a Xul Solar: prólogos y conferencias, 1949-1980*, Buenos Aires, Fundación Internacional Jorge Luis Borges, Fundación Pan Klub y Museo Xul Solar, pp. 11-12.

RICARDO PIGLIA E A UTOPIA DE AMÉRICA LATINA EM *OS DIÁRIOS DE EMILIO RENZI*

Júlio Pimentel Pinto

> *Sigo escribiendo desde acá, desde la cama, refugio y no campo de batalla.*
>
> (Ricardo Piglia, Os anos de formação)

I.

Nos anos 1960, um espectro rondava a América Latina – o espectro do comunismo. Pouco tempo havia passado desde abril de 1961, quando o governo cubano declarou o caráter socialista do regime e o mundo vivia imerso na Guerra Fria.

A própria ideia de América Latina, embora não tão recente, ganhava espaço e frequentava discursos e projetos. Mesmo no Brasil, que em geral se mantinha cautelosamente afastado das discussões mais acirradas sobre identidade latino-americana, o tema ganhava corpo e crescia o interesse pelos vizinhos – personagens ainda esfumaçados, de estranha parecença, mas cuja história e cujo presente não soavam tão distantes ou distintos do que se passava nas terras da bossa nova e do tropicalismo.

Claro que as questões nacionais que afetavam cada país latino-americano na década tinham sua especificidade. Para ficar em poucos exemplos: o México vivia o estertor da política de distribuição de terras iniciada em 1917; o Chile apostava na estabilidade política e transitou de um governo conservador para um democrata-cristão e, depois, para o projeto socialista de Salvador Allende; o Paraguai persistia sob a ditadura de Alfredo Stroessner; o Peru conhecia a experiência incomum de um governo militar dedicado a reformas sociais.

Os impasses e anseios nacionais não impediam que dois países quase extremos no poder e nas dimensões territoriais continuassem a mobilizar as notícias, atenções e preocupações: a pressão norte-americana sobre Cuba mudava sua feição – da economia para a ação militar, da ação militar para a diplomacia, e de volta para a economia –, mas persistia intensa, traduzindo os termos da bipolaridade estratégica para o cenário do continente.

Havia quem preferisse a neutralidade, mas eram muitos os que tomavam partido, e pelos motivos mais variados. O mais óbvio era ideológico: direita ou esquerda, capitalismo ou socialismo, mercado ou programas sociais? No plano simbólico, os contrastes também seguiam a pauta geral da Guerra Fria – Iuri Gagarin ou Neil Armstrong? O sorriso calculado de Kennedy ou as barbas de Fidel Castro? E quem, no início dos anos 1970, merecia ter vencido a final do basquete nas Olimpíadas de Munique?

As ambiguidades podiam ser muitas, mas a palavra que movia quem se enxergava no sol do olhar do outro latino-americano – notado de frente, de relance ou em algum espelho enterrado – era uma e única: utopia. O lugar-nenhum era um lugar definido e parecia promissor: América Latina. Como toda utopia, ela parecia longínqua; como toda utopia, parecia infalível. Restava encontrar caminhos para alcançá-la – e tampouco houve coincidência nos itinerários: para alguns eram as armas e o modelo ruptural da Revolução Cubana; para outros, as reformas. Havia aqueles que optavam por um trajeto aparentemente mais tortuoso, porém essencial: realizar, pela filosofia ou pelas artes, uma longa viagem em busca da América Latina, criá-la e recriá-la imaginativamente, desenhar seus contornos, cantar suas tradições, encontrar sua forma específica de expressar-se.

Foi esse esforço que fez o continente parecer tão intenso e vivaz nos anos 1960 e 1970: a música de Vitor Jara ou Mercedes Sosa, a arte visual de Beatriz González ou Marta Minujín, a ficção de Carlos Fuentes ou Gabriel García Márquez distinguem-se profundamente entre si, mas se equivalem no esforço de visualizar o passado, redimir-se do que nele houve de terrível, confrontar o presente, inventar o futuro.

Naqueles dias agitados, quando a utopia de América Latina movia tantos, um jovem argentino planejava tornar-se escritor. Ele diz não saber bem por que apostou na literatura "todas as fichas" da vida, mas pagou para ver: Ricardo Piglia. No final de 1957, com 16 anos de idade e em meio à confusão da mudança apressada de sua família, encontrou um caderno em branco e começou a escrever um diário. Nunca mais parou e só no final da vida cumpriu a promessa de publicá-lo. É nesses diários que Piglia encara, com calculada distância, o frenesi utópico latino-americano.

II.

Os diários de Emilio Renzi são a transposição para livros de parte das anotações que Piglia fez em cadernos durante toda a vida – cadernos hoje armazenados em caixas e caixas do acervo da Universidade de Princeton, onde Piglia foi professor por mais de uma década. A edição em livro iniciou-se em meados da década de 2010, justamente no momento da aposentadoria do autor, e resultou em três volumes: *Anos de formação, Os anos felizes* e *Um dia na vida*.[1]

Cada volume tem feição própria. O primeiro abrange o período de 1957 a 1967 e combina trechos dos cadernos com relatos ficcionais. O segundo acompanha os anos de 1968 a 1975 e, exceto por um texto introdutório, é todo composto por registros diários. O terceiro traz trechos dos cadernos de 1975 a 1982, um amplo texto central e uma terceira seção intitulada "Dias sem data", que mistura anotações variadas. É possível que as dificuldades trazidas pela doença paralisante que afetou

Piglia nos últimos anos de vida e o matou em 2017 tenham acelerado a finalização do projeto e reduzido, em *Um dia na vida*, a quantidade de trechos oriundos dos cadernos.

Na transição dos cadernos para os livros, as anotações foram selecionadas, reescritas, reordenadas. Ou seja, os volumes de *Os diários de Emilio Renzi* não revelam fielmente os registros acumulados, e sim sua reescritura décadas depois, o que mantém no leitor uma dúvida insistente: quem fala a cada passagem? Aquele que aos 16, 30 e poucos ou 50 anos redigiu as entradas diárias ou o escritor consagrado que os editou aos 70 anos? A pergunta só terá resposta quando houver um cotejo cuidadoso dos cadernos com os livros. E mesmo assim a resposta será limitada, uma vez que o problema da autoria e da enunciação nos diários é seguidamente apresentado na obra: afinal, se o autor é Piglia, por que *Os diários de Emilio Renzi*?

Emilio Renzi aparece de várias maneiras na obra de Piglia. É personagem e narrador de contos e romances, assina ensaios de crítica. Com frequência, é tratado como *alter ego* de Piglia – para o que contribui o fato de o nome completo do autor ser Ricardo Emilio Piglia Renzi: Renzi, de alguma forma, está contido em Piglia. Atribuir a ele os diários de Piglia é criar um jogo de duplos, expresso já nas capas dos volumes, de que constam dois autores: o dos livros, Piglia, e o dos diários, Renzi.

É impossível compreender os diários sem avaliar pelo menos dois efeitos dessa duplicação. Em primeiro lugar, ela relativiza a ideia de autoria, deixando em primeiro plano o texto – o que traz consequências significativas: por exemplo, a dissolução da importância dos dados biográficos, da postura ideológica, do engajamento pessoal, da manifestação de crenças e valores ou, de forma geral, da visão de mundo de quem escreve. Em segundo, ela permite a proliferação da enunciação. Não por acaso, um dos textos finais de *Anos de formação* chama-se "Quem diz eu?" [2] e nele o narrador destaca a dimensão narcísica da valorização do Eu e sustenta duas noções fundadoras da poética de Piglia: todo significado é construído narrativamente – logo, não existe sentido intrínseco ao referente – e nenhum texto dispõe de um só enunciador. Ou seja, é impossível circunscrever qualquer texto a uma posição ou lugar únicos de manifestação, pois muitas vozes falam nele – através, por exemplo, de citações, da variação de voz, da duplicação do narrador.

A escrita, portanto, não expõe a experiência em si, e sim sua reinvenção numa narrativa. Diários são pessoais, mas não íntimos; sugerem sinceridade, mas são representações; parecem expressivos da trajetória individual, mas falam do mundo – e de um tempo em que as utopias circulavam amplamente pela América Latina. O narrador, porém, é coerentemente cauteloso: como afirmar uma pertença, delinear uma identidade ou engajar-se num projeto político – o da utopia latino-americana – se a ficção não é escrita por um Eu definido, não dispõe de posição fixa nem deriva de voz única?

III.

A América Latina aparece nos três livros que compõem *Os diários de Emilio Renzi*, na maioria das vezes, de forma pontual. É provável que os cadernos abordem com muito mais frequência as questões extraliterárias latino-americanos. Os três volumes, no entanto, apresentam – nas brechas deixadas pelos temas da política e da cultura argentinas, pelos debates literários e comentários de leitura – uma visão peculiar do continente.

Coincidentemente, os assuntos latino-americanos de caráter extraliterário aparecem o mesmo número de vezes nos volumes um e dois, 14, e estão ausentes do volume três. Há, portanto, 28 registros, em geral breves, ao longo das 1.071 páginas dos volumes. Se compararmos com as centenas de citações de livros e filmes ou as dezenas de comentários acerca dos Estados Unidos, de países europeus ou asiáticos, a cifra parece inexpressiva. Seria a América Latina uma questão sem importância para Piglia? A utopia que tantos acalentaram nos frementes anos 1960 e 1970 lhe seria estranha ou indiferente?

A primeira referência explícita aparece na página 70 de *Anos de formação*: uma observação sobre uma das disciplinas que Piglia seguia no curso de História da Universidade de La Plata. A entrada é de 7 de maio de 1960 – três anos depois do início do diário – e volta-se mais às peculiaridades do professor Boleslao Lewin do que ao conteúdo propriamente dito: um livro de Lewin sobre a rebelião de Túpac Amaru.[3]

Poucas páginas à frente, entra em cena o tema latino-americano (compreensivelmente) mais recorrente nos diários: a Revolução Cubana. Três observações datadas de julho de 1960. No dia 6, nota rápida sobre as "novas nacionalizações" anunciadas por Fidel Castro e o corte na cota de açúcar cubano comprada pelos Estados Unidos. A observação encerra-se com uma intervenção pessoal – "Pressão, dificuldades, conflitos" – que produz significados mais amplos para as ocorrências e indica desdobramentos futuros. Três dias depois, uma frase breve e seca, noticiosa e destituída de acréscimos pessoais: "A Rússia anuncia que vai apoiar Cuba com seus foguetes." As sucintas impressões do narrador acerca do assunto reaparecem na entrada de 26 de julho: "Aniversário da revolução cubana. Castro continua resistindo. Só tem o apoio do México e da Venezuela. Nós estamos prestes a romper relações."[4] É a primeira vez que os diários assumem um debate diretamente continental, ao articular o movimento interno de Cuba com as pressões norte-americanas e as reações de outros países latino-americanos.

Cuba continua a ser, no mês seguinte, objeto de anotações. No dia 5, o diarista assiste à conferência de Alfredo Palacios e, após observações sobre os bigodes do conferencista, registra que ele falou de sua estadia de três semanas na ilha, a convite do governo cubano, e observou: "reforma agrária, cada trabalhador do campo recebe quatrocentos hectares, educação popular, luta contra o analfabetismo". Um comentário de Palacios – "Não são comunistas, são humanistas" – provoca a ironia de Piglia ("Se for mesmo verdade que são humanistas, não aguentam mais do que três meses") e uma resposta curiosa da amiga que o acompanha: "Podíamos usar a violência política como forma de educação", disse com sua voz doce. "Para cada dez camponeses que aprenderem a ler, fuzila-se um oligarca." "O terrorismo", acrescentou logo em seguida, "é a forma política da educação popular".[5]

O diálogo expõe a expectativa em relação aos rumos cubanos e a noção de que falar de Cuba é falar de toda a América Latina: tanto que no dia seguinte o narrador retoma a discussão, agora num café e com três amigas, e conclui: "A justiça, eu disse, é igual ao poder. Quem tem o poder é a justiça. A quem não tem só resta acreditar."[6] Ao subordinar a justiça ao poder, esvazia a dimensão institucional do aparato judicial e reconhece a irrupção da violência como inevitável – a dos fuzilamentos citados na conversação, a dos sicários de Batista, a da Revolução em si, a que enfrentam os que não fizeram nenhuma revolução. O outro lado do excerto é menos preciso ou direto e mais interessante: nesse mundo em que a violência assume dimensão central e se manifesta nos poderes de todas as ordens e escalas, resta uma só saída para quem não tem poder: "acreditar".

Embora seja possível entrever alguma entonação irônica, certamente o emprego do infinitivo verbal não é unívoco. "Acreditar" é palavra corrente na América Latina dos anos 1960. Crença – irmã da utopia – na possibilidade da redenção histórica, da ação capaz de transformar o presente e criar um futuro. Renzi não se dispõe a atuar diretamente na luta direta ou transpô-la para sua produção literária – como fizeram, por exemplo, Gabriel García Márquez ou Carlos Fuentes nas ficções em que sonharam a superação dos impasses históricos latino-americanos e apontaram futuros desejáveis. A perspectiva de Renzi e sua compreensão do lugar da política na arte são distintas, o que não o impede de "acreditar", como mostra cinco dias depois, ao participar e defender, numa assembleia, a divulgação de manifesto de apoio a Cuba.[7] Nela, o diarista assume posição clara, usa a primeira pessoa do plural ("Propusemos") e exibe a pragmática convicção de que refutar a pressão norte-americana sobre o continente é mais urgente do que questionar a sovietização de Cuba: falar da ilha, de novo, é falar da América Latina.

Após seguidas menções à Cuba em meados do ano de 1960, América Latina some dos diários por quase dois anos, para ressurgir em meio a um comentário sobre os interesses de leitura do narrador e sua participação na política universitária. A observação transforma-se num elogio a Che Guevara e à importância do guerrilheiro e da revolução de Cuba:

> como influenciaram em mim, e em todos os meus contemporâneos, a revolução cubana e a figura do Che Guevara, que tivera uma atuação deslumbrante na OEA, perto de nós, na reunião de Punta del Este, com sua farda verde-oliva, sua barba rala e sua estrela de cinco pontas na boina, que parecia um terceiro olho no seu rosto tão argentino.[8]

A descrição de Guevara combina dois elementos francamente associados à revolução de 1959 – a farda e a barba, marcas da guerrilha –, com um terceiro traço (a boina com estrela) que se colou à figura internacionalizada do Che e um quarto, a nacionalidade argentina. Para falar da força simbólica da imagem, o diarista metaforiza na estrela a capacidade visionária do personagem, articula a especificidade cubana com o impacto mundial da revolução e conclui com a identificação de outra marca local, a argentina, que aproxima o Che do próprio narrador e do lugar em que os cadernos são redigidos.

A "influência" da Revolução e de Guevara é, no entanto, relativizada já na frase seguinte, quando o diarista afirma o primado das leituras sobre a observação da ação política: "Mas, como sempre aconteceu em minha vida, o que realmente me convenceu foram os livros".[9] A assertiva borgeana – chegar ao mundo através dos livros – ajuda a compreender a estratégia peculiar de referenciação, nos diários, ao conjunto da América Latina e à sua vida extraliterária – social, econômica e política: Piglia/Renzi não reconhece qualquer primado da experiência real sobre a textual e o aprendizado é sempre a combinação das duas instâncias, que se desenvolvem no "mundo próprio" do escritor, onde a vida é narrada. Em outros termos: o significado é produzido no processo de representação.

Após outro período de abandono das questões continentais, a invasão norte-americana a São Domingos traz os dilemas latino-americanos de volta aos diários. O tema é desenvolvido nas primeiras anotações de maio de 1965. Registram-se "manifestações de repúdio" em Buenos Aires, resistências dominicanas ao ataque e uma longa citação de um discurso em que o presidente norte-americano Lyndon Johnson procura justificar a ação. O conjunto de informações extraídas da imprensa combina-se com uma reflexão teórica e estratégica dos "amigos de esquerda" sobre um tema leninista – "a dificuldade de fundar uma estratégia revolucionária na insurreição urbana"[10] – e o confuso relato pessoal da participação do narrador num ato pró-dominicanos defronte ao Congresso argentino:

> Nós, manifestantes, nos agrupamos em frente ao Congresso e os cossacos investiram contra a multidão, que se dispersou em pequenos grupos e tornou a se reagrupar várias vezes. Eu, de minha parte, tenho uma versão confusa dos fatos. Só me lembro do Alfredo Palacios falando contra a intervenção norte-americana nas escadarias do Congresso e depois me vejo sentado a uma mesa do bar La Ópera, na Corrientes com a Callao, mas não me lembro do que aconteceu no meio.[11]

A primeira frase sugere um relato objetivo, a segunda atesta a hesitação do narrador e a terceira assume a fragmentação própria da memória (e de qualquer diário). No entanto, mesmo o suposto relato objetivo recebe tratamento ficcional: a cena parece saída de um filme e a metáfora dos policiais argentinos como "cossacos" coloca em xeque a ilusão de realidade do informe, antecipando sua substituição, nas frases seguintes, pelo esfumaçamento da memória.

Novo conflito ocorre uma semana depois, em meio a outro protesto diante do Congresso, agora entre grupos de direita e esquerda. O leitor do diário acompanha quase uma cena de faroeste, com direito a mais de meia hora de tiroteio. Mais uma vez a perspectiva do diarista é assumidamente enevoada e o confronto aberto é relatado a partir da ação individual de "um rapaz de terno e óculos escuros atirando", escondido atrás de um banco de praça, que se levantava, atirava e novamente se agachava.[12] A realidade da invasão norte-americana a São Domingos e dos protestos argentinos contra a ação são o suporte para que os diários construam representações ficcionalizadas da América Latina.

Depois do assunto São Domingos, é só perto do final que *Anos de formação* traz de volta a Revolução Cubana e seus símbolos. No dia 13 de outubro de 1967, o diarista observa que

> se for mesmo verdade que mataram o Che Guevara na Bolívia, algo mudou para sempre na vida dos meus amigos e também na minha. Semana sombria, com notícias desencontradas. Choveu sem parar. Lembro que eu estava caminhando com o Ismael Viñas pela rua Libertad, pulando poças e atravessando pinguelas improvisadas, quando recebemos a notícia. Grande comoção.[13]

A ambientação do trecho é sombreada e chuvosa – prenúncios do escurecimento e do luto. A notícia da morte do Che alcança Renzi e o amigo numa rua chamada "Liberdade" enquanto eles avançam com dificuldade – poças a serem puladas – e valem-se de "pinguelas improvisadas" para seguir em frente. Pode ser que a descrição da ocorrência seja literal e as metáforas, incríveis coincidências. Difícil, porém, acreditar que a cena não tenha sido recriada imaginativamente para incorporar sentidos da vida e da morte do Che: a liberdade como trilha em meio à obscuridade, a busca de caminhos.

Após três dias, o diário traz a confirmação da morte, por Castro, e agora não há ficcionalização. O debate é político e as dúvidas acerca da relação de Che com o regime cubano intrigam o narrador, que lista perguntas: "por que Guevara saiu de Cuba e por que foi ao Congo e depois, sem apoio, embarcou na guerrilha boliviana", "por que os cubanos não o resgataram".[14] Uma semana depois, Renzi relata uma conversa telefônica com um amigo, "abatido e distante". Um ano antes ele viajara a Cuba para "preparar uma nova aventura guerrilheira, que agora vejo ligada aos contatos argentinos que o Che esperava que o acompanhassem na Bolívia".[15] Em julho de 1970 – três anos se passaram –, a questão continuava a afligir o diarista numa conversa com o amigo Andrés: "O Andrés tem a hipótese de que, na Bolívia, Guevara estava tentando provocar uma invasão norte-americana para assim deflagrar um novo Vietnã. Pode ser. O curioso, para mim, é que os cubanos não o tenham resgatado com vida."[16]

A certeza da morte e o conhecimento de antecedentes da operação provocam, no narrador, dúvidas profundas e deslocam o debate para uma zona cinzenta que ultrapassa a morte de Guevara e atinge em cheio a utopia de América Latina: a que Che pretendia construir, aquela em que tantos acreditaram, aquela que levou Che, desamparado, a morrer na selva boliviana. Depois dessa morte, ainda haveria lugar para a utopia?[17]

IV.

A primeira menção de *Os anos felizes* a assuntos extraliterários latino-americanos é indireta e insiste no debate sobre Cuba. Piglia retorna de uma viagem à ilha – onde foi receber o prêmio da Casa de las Americas por *Jaulario*[18] – e, no dia 31 de janeiro de 1968, conta o encontro com Virgilio Piñera, escritor perseguido pelo regime castrista:

> Encontro o Virgilio Piñera no Hotel Habana Libre, levo para ele uma carta do Pepe Bianco, vamos para o jardim, ele me diz. Estou cercado de microfones, estão escutando o que eu digo. Era um homem frágil e sutil. Sem conhecê-lo, já gostávamos dele. [...] Que perigo ou mal esse artista refinado podia causar à revolução?[19]

A dúvida sobre a conduta do governo de Cuba, já manifesta na anotação de 16 de outubro de 1967, torna-se perplexidade, e Piglia, que nunca foi um entusiasta do regime, não registra quase nada da viagem e concentra sua desconfiança num contraste: a força da Revolução ante a fragilidade de Piñera. Talvez o desconsolo com os rumos da ilha explique a desaparição do tema Cuba pelas 140 páginas seguintes. Renzi volta ao tema apenas em outubro de 1969 e para confirmar seu distanciamento: "Os cubanos me mandaram vários livros e insinuaram um possível convite, embora da minha parte as relações tenham esfriado depois do apoio de Castro à invasão soviética da Tchecoslováquia."[20] Em 19 de junho de 1970, a questão ressurge em meio à irritação do narrador ante a duplicidade ("vida cinzenta") do amigo Lucas T., que sacrifica a amizade em nome da ação política e militar que desenvolvia na ilha.[21]

No dia 5 de setembro de 1970, um novo tema latino-americano surge nos diários: a chegada de Allende à presidência do Chile. O apoio explícito vem cercado de dúvidas quanto ao sucesso projeto da esquerda chilena e a comparação com Fidel Castro é inevitável, mostrando que Cuba persiste onipresente na abordagem dos assuntos latino-americanos.[22] Treze dias depois, inclusive, o narrador relembra o encontro com Piñera, detalha o diálogo em discurso direto (e não no indireto livre que empregou na nota de 31 de janeiro de 1968), enfatiza a posição do escritor cubano ("um homem magro, lúcido, que admiro muito", "Uma pessoa frágil, amável, muito educada, que só se interessa pela literatura mas que aceitou a revolução com alegria e não se exilou") e acentua as críticas ao regime de Castro.[23] Em seguida –

num trecho que se inicia pelo reconhecimento de "Meu comportamento estranho em Havana, em janeiro de dois anos atrás" –, relembra a dificuldade que enfrentou em Cuba para ler um livro de Guillermo Cabrera Infante, exilado desde 1965: tentaram dissuadi-lo, o olharam com "sigilo e reprovação", anotaram seu nome e dados pessoais.[24] A utopia sucumbiu à realidade e a realidade chega ao diarista por meio da literatura sufocada pelo regime.[25]

Em maio de 1971, Cuba volta ao radar, agora no famoso episódio que mobilizou a intelectualidade latino-americana: o "caso Padilla". Os termos com que Renzi trata a perseguição ao poeta Heberto Padilla – acusado de ser contrarrevolucionário, preso, torturado e forçado a uma autocrítica pública por ter divergido da política cultural do regime – são implacáveis: "ridícula autocrítica estalinista [...] discursinho (que parece redigido pela polícia política)", "discurso policialesco de Castro", "se eles trataram assim um poeta que posava de dissidente, pode-se imaginar o que se passa com os opositores de origem popular", "são bem visíveis os procedimentos dos dirigentes cubanos, que só abrem a discussão quando o assunto já está encerrado, e só resta a todos concordar com a decisão que tomaram em segredo".[26] Entre o final de maio e o início de junho, Piglia registra com distanciamento crítico – juntamente com o relato de seu encontro com Padilla durante a visita a Cuba em 1968 — as polêmicas sobre o tema entre amigos (León Rozitchner, David Viñas, Rodolfo Walsh, Lucas T.) e outros intelectuais (José Aricó, Carlos Altamirano, Héctor Schmucler) e atesta com ironia um impasse da intelectualidade de esquerda latino-americana: "Criticar ao mesmo tempo o liberalismo dos intelectuais que querem ser protagonistas da história e as vacilações da cúpula revolucionária cubana parece impossível."[27] Diferentemente do "sobressalto" que o narrador identifica em intelectuais de esquerda e do "horror da violência" expresso pelos liberais "pela violência stalinista contra a dignidade humana", o caso Padilla vem confirmar uma decisão já tomada por Piglia há anos: a página da utopia cubana estava virada.

V.

Evidentemente a abordagem da América Latina nos diários de Piglia não se resume a assuntos extraliterários – até porque o tema principal dos volumes é a ficção, e os anos 1960-1970 foram marcantes no cenário literário do continente. No entanto, só raramente os livros estabelecem vínculos entre autores hispano-americanos e debates que remetam a questões externas aos próprios livros ou contos comentados.

Em janeiro de 1967, um manifesto assinado, entre outros, por Julio Cortázar, David Viñas e Mario Vargas Llosa, que advogava pela "urgente transformação da literatura na América Latina", recebe tratamento rápido e irônico por Piglia.[28] De 23 de abril a 16 de maio de 1967, a América Latina surge em observações sucintas sobre um prólogo que Piglia escreve para uma antologia de crônicas e de contos – embora não abra espaço para discussões mais profundas, o projeto contém uma observação interessante sobre o continente: "O encontro com a língua falada de cada país (Cabrera Infante, Rulfo, Cortázar etc.), ao mesmo tempo que nos separa da suposta língua-mãe (o espanhol), recorta e unifica a literatura da América Latina. Tendência ao realismo linguístico e à mimese da oralidade."[29] Entre 1969 e 1970 há notas, sem empolgação, sobre projetos de David Viñas: a produção, em Roma, de uma revista sobre América Latina, a redação de um romance, de um manifesto coletivo de latino-americanos e de uma coleção de viajantes pela América Latina.[30]

É em duas cáusticas reflexões sobre *Cem anos de solidão*, de Gabriel García Márquez, de 1967, que Renzi concilia a discussão geral da literatura com as imagens da América Latina que a ficção produz. O livro desagrada ao argentino e o excerto é exemplar da posição crítica de Piglia frente ao *boom* literário – termo que a crítica cunhou para designar o sucesso de público e crítica de alguns escritores do continente na década de 1960, e usualmente associado também ao engajamento político desses autores e de suas obras – e, por conseguinte, da invenção ideológico-literária, pela ficção, de uma identidade latino-americana:

> Por um lado, acho que é demasiado – profissionalmente – latino-americano: uma espécie de cor local festiva, com um pouco de Jorge Amado e também de Fellini. A prosa é muito eficaz e também muito demagógica, com términos de parágrafos muito estudados para provocar um efeito de surpresa.[31]

Três meses depois, um encontro pessoal com García Márquez reacende as anotações sobre o livro:

> O García Márquez entrou com tudo na discussão [sobre diferenças entre formas breves, novelas e romances], mostrando que conhece bem os procedimentos e a técnica da narrativa, e durante um bom tempo a conversa girou exclusivamente em torno da forma literária, e deixamos de lado a demagogia latino-americana dos assuntos próprios desta região do mundo, e falamos de estilos e modos de narrar, como Kafka, Hemingway ou Tchékhov, e dos problemas do excesso de palavras necessárias para escrever um romance.[32]

O elogio técnico a García Márquez submerge no tom ácido da observação geral sobre a "demagogia" – palavra que sintetiza a disposição de abundar em cor local para definir um espaço, inclusive de mercado, para a produção artística continental. A mão pesada do diarista volta a atingir García Márquez numa anotação de junho de 1973: "a influência de García Márquez, realismo mágico, niilismo narcisista".[33] Concentrar-se na própria figura de autor, enxergar no referente uma identidade para si: o antônimo do projeto literário de Piglia.

A incompatibilidade de Piglia com as utopias literárias de América Latina difundidas por García Márquez resulta do descompasso entre as poéticas de ambos e da diversa percepção da relação entre arte e política. O segundo volume dos diários traz duas críticas à centralidade da posição do escritor no debate literário ou político e ajuda a compreender a caracterização da politização da literatura em García Márquez como "demagógica" e "narcisista". No 8 de setembro de 1970, uma observação irônica: "Como sair da posição meramente testemunhal de que o escritor se vale para demonstrar que está de acordo com as boas causas?"[34] Mas é no relato de uma visita tensa de Aníbal Ford que o narrador expressa toda sua irritação:

> Da parte dele, o quê? Um excesso de referências a si mesmo, às coisas que escreveu ou está escrevendo, e um populismo cuja consequência lógica é o anti-intelectualismo e a divisão entre certos objetos que podem ser criticados e outros não. [...] O escritor se coloca no centro do mundo, todos devem lê-lo, etc.[35]

Renzi mira um alvo facilmente identificável no cenário dos anos 1960-70: o escritor engajado, que privilegia assuntos e temas do momento, atitudes e posicionamentos ideológicos, sobrepõe a preocupação política à reflexão estética e valoriza sua posição "testemunhal" – em outras palavras, sua perspectiva diante do mundo, a pertença a determinado grupo, a construção identitária a que se dedica.

O debate prossegue no terceiro volume dos diários, que cobre o período pós-1976 – anos da ditadura militar e de candente reflexão sobre o vínculo entre arte e política. Manifesta-se, por exemplo, nas profundas divergências em torno dos rumos da revista *Punto de Vista*, como mostra a entrada de 4 de novembro de 1977: "Ontem à noite, nova discussão com Beatriz [Sarlo] e Carlos [Altamirano] sobre Lukács: a literatura é uma forma de ideologia e, portanto, reflete. Apaguem o projetor, digo eu."[36] Para Piglia, a literatura é por definição política – a política, no sentido lato, está entranhada na construção ficcional de mundos – e devido a isso não "reflete" nada:

> Quanto à relação entre vida e literatura, é preciso ver de que lado se coloca o sinal positivo: ver a literatura a partir da vida é considerá-la um mundo fechado e sem ar; ao contrário, ver a vida a partir da literatura permite perceber o caos da experiência e a carência de uma forma e um sentido que permita suportar a vida.[37]

"A literatura é experiência, e não conhecimento do mundo", registra Piglia no 16 de abril de 1966. E arremata com uma definição do que elege como ponto de contato entre realidade e ficção: "O sentido da literatura não é comunicar um significado objetivo exterior, mas criar as condições de um conhecimento da experiência do real."[38] Não por acaso, no 13 de maio de 1970 faz um elogio à maneira como Joyce trata a relação literatura/política: por meio da rejeição do "conhecimento exterior".[39] Em outras palavras, a ficção promove uma experiência que ultrapassa a realidade "testemunhada" pelo artista, que não pode supor a autonomia do referente, e sim empenhar-se para produzir, na narrativa, significados que o transcendam. Impossível não associar a percepção pigliana das possibilidades da arte e do diálogo entre ficção e política à epígrafe do romance *Respiração artificial*, de 1980: "Vivemos a experiência mas perdemos o significado,/E a proximidade do significado restaura a experiência".[40] E o poema de T. S. Eliot prossegue, enfatizando a diversidade da nova experiência e sua capacidade de ultrapassar gerações, temporalidades, espaços geográficos ou identitários.

Voltemos à questão: seria a América Latina sem importância para Piglia? Ele manteve-se indiferente à utopia vivamente acalentada nas décadas de 1960 e 1970? Certamente não.

Ele deseja outra América e sabe que seu tempo não é o presente da instabilidade política e da repressão militar. Mantém, porém, evidente distância dos registros do pensamento latino-americanista da época, que propõem que a arte olhe para o mundo externo e dele extraia sua luminosidade – é por isso que reage às cores fortes da identificação continental e descrê das utopias constituídas na contemplação do referente. O narrador plural de *Os diários de Emilio Renzi* prefere representar nos interstícios da realidade, na contramão de seus contemporâneos. E, narrando, constrói significados em que desenha seu olhar, indireto, para a América Latina: um "refúgio, e não campo de batalha".[41]

Notas

[1] Ricardo Piglia, *Los diarios de Emilio Revnzi: volume 1 – Años de formación*; *volume 2 – Los años felices*; *volume 3 – Un día en la vida*, Barcelona, Anagrama, de 2015, 2016, 2017, respectivamente. As citações dos dois primeiros volumes basearam-se na tradução de Sérgio Molina para as edições brasileiras, publicadas pela editora Todavia, São Paulo, respectivamente, em 2017 e 2019.

[2] Volume 1, p. 354.

[3] 7.5.1960. Volume 1, pp. 76-77.

[4] 6, 9 e 26.7.1960. Volume 1, p. 88-89. A Argentina, expressa no emprego da primeira pessoa do plural, demorou quase dois anos para romper relações com Cuba – o que aconteceu em janeiro de 1962.

[5] 5.8.1960. Idem. p. 91.

[6] 6.8.1960. Idem.

[7] 11.8.1960. Idem. pp. 92-93.

[8] 7.3.1962. Idem. pp. 129-130.

[9] Idem, p. 129.

[10] 3.5.1965. Idem, p. 192.

[11] 6.5.1965. Idem, p. 193.

[12] 13.5.1965. Idem, p. 195.

[13] 13.10.1967. Idem, p. 346.
[14] 16.10.1967. Idem.
[15] 23.10.1967. Idem.
[16] 24.7.1970. Volume 2, p. 213.
[17] A figura de Guevara continua a fascinar Piglia nas décadas seguintes e acaba por se tornar objeto de um ensaio de crítica: "Ernesto Guevara: rastros de lectura", em *El último lector*. Barcelona: Anagrama, 2005.
[18] *Jaulario*, Havana, Casa de las Americas, 1967. A primeira edição argentina do livro, ampliada e alterada, saiu no mesmo 1967 com o nome *La invasión* (Buenos Aires, J. Alvarez, 1967). A terceira e definitiva edição do livro manteve o nome *La invasión*, recebeu mais mudanças e novos contos e foi publicada em 2007 (Barcelona, Anagrama, 2007).
[19] 31.1.1968. Volume 2, p. 17.
[20] 8 .10.1969. Idem, p. 165.
[21] 17.6.1970. Idem, p. 204.
[22] 5.9.1970. Idem, p. 226.
[23] 18.9.1970. Idem, pp. 232-233.
[24] Idem.
[25] Outro exemplo do distanciamento em relação à Cuba: Piglia deixa sem resposta o convite para compor o comitê da revista da Casa de las Américas. 2.3 e 21.10.1971, Idem, pp. 251 e 291.
[26] 3 e 4.5.1971. Ricardo Piglia. idem, pp. 257-258.
[27] 28.5, 3, 5 e 10.6.1971. Idem, pp. 262-266.
[28] 12.1.1967. Volume 1, p. 301.
[29] 8.5.1967. Idem, p. 325.
[30] 31.5.1969 e 24.4.1970. Volume 2, pp. 142 e 188.
[31] 11.6.1967. Volume 1, p. 332.
[32] 4.9.1967. Idem, p. 339.
[33] 7.6.1973. Volume 2, p. 365.
[34] 8.9.1970. Idem, p. 227.
[35] 26.5.1970. Idem, p. 197.
[36] 4.11.1977. Volume 3, p. 40.
[37] 9.5.1967. Volume 1, p. 325.
[38] 16.4.1966. Idem, p. 257.
[39] 13.5.1970. Volume 2, pp. 194-195.
[40] T.S. Eliot. "The Dry Salvages", *Quatro quartetos. Obra completa*, trad. Ivan Junqueira, São Paulo, Arx, v. 1, 2004 [1941], pp. 364-365.
[41] 22.5.1960. Volume 1, p. 79.

FOTOGRAFIAS DA UTOPIA LATINO-AMERICANA: SEBASTIÃO SALGADO E ENRIQUE BOSTELMANN

Carlos Alberto Sampaio Barbosa

> *Muros y senderos, caminos y paredes. Las fotografías de Enrique Bostelmann son como rutas descalzas, carretas del hambre, avenidas de polvo y sequia que invariablemente conducen a un muro ciego, a un paredón de la injusticia contra el que se repegan, condenados todos los días, estos hombres, mujeres y niños de América.*
> (Carlos Fuentes, "Prólogo")

Os fotógrafos latino-americanos entre as décadas de 1960 a 1980, assim como outros artistas e intelectuais, tiveram uma atuação importante na luta contra governos autoritários. O campo fotográfico em nosso continente se transforma profundamente nesse período, marcado pela expansão do universo de atuação e a gradativa profissionalização. As mudanças ocorrem em meio a reformas editoriais e gráficas por que passam os veículos de comunicação, em que a imagem começa a ter maior destaque. Ocorre uma valorização da profissão com a criação de sindicatos e do reconhecimento do grêmio. Um dado importante é o surgimento de agências fotográficas, cooperativas e coletivos. Surgem novos circuitos fotográficos em que exposições e livros ganham relevância como forma de divulgação de seus trabalhos. Essa transformação leva a uma nova fotografia documental que procura unir a informação e a expressão artística na linguagem visual em busca da expressão das situações humanas.

A proposta deste capítulo é apresentar como dois fotógrafos latino-americanos, Sebastião Salgado (1944) e Enrique Bostelmann (1939-2003), construíram a partir de suas lentes representações utópicas da América Latina. Entretanto, a proposta não é comparar toda a obra desses artistas, mas precisamente trabalhar com dois fotolivros: *América: una viaje a través de la injusticia* (1970)[1] e *Outras Américas* (1986).[2] Nas duas publicações estão estampadas imagens da América Latina produzidas entre os finais da década de 1960 e inícios dos anos 1980.

Creio que a princípio seria bom falar do termo *fotolivro*. Ele é mais do que um livro ilustrado, tais como os *Coffee Table Books*.[3] São produções que resultam de grande esforço de um autor, fotógrafo ou não, na organização de um conjunto de fotografias tendo em mente uma narrativa visual com o intuito de produzir um discurso coeso. Possui projeto gráfico em sintonia com o material imagético, tornando-se um produto cultural e um modelo de expressão.

Os fotolivros, por serem objetos portáteis e de fácil transporte, são elementos de circulação de ideias e projetos estéticos, políticos e culturais para além das comunidades onde foram lançados, rompendo fronteiras regionais e nacionais. São vendidos, doados, emprestados, e, portanto são mais suscetíveis de circulação. Horacio Fernández afirma que existem poucos trabalhos, notadamente no campo da história, que se voltam para esse suporte, que só recentemente têm se tornado objeto de estudos mais aprofundados. [4] Existe uma gama diversificada de fotolivros na América Latina, com destaque para algumas temáticas mais recorrentes, tais como: publicações de protestos ou memória; de registro das paisagens naturais ou urbanas; com fins antropológicos, etnográficos, arqueológicos, turísticos, de divulgação de tipos populares ou folclóricos, buscando o exótico; outros com clara perspectiva autoral e artística; os de propaganda governamental e, por fim, como

Fotografias da utopia latino-americana

é o caso aqui em questão, os de denúncia, frutos em geral de projetos de artistas engajados.

A proposta metodológica para se abordar essa fonte sugere uma análise crítica para além dos autores e fotógrafos, mas também do seu contexto social, cultural e político da produção das imagens e das obras. Essas fotografias não são produzidas apenas para a edição em livros, seus circuitos de difusão em geral incluem a publicação em jornais, revistas, exposições e por final entram para as coleções de museus. Atenção especial também deve ser dada ao projeto gráfico, como composição, seleção das imagens, impressão, encadernação e narrativa fotográfica. Na medida do possível, procura-se estabelecer o diálogo com outros discursos iconográficos (cinema, gravura, pintura, entre outros) e com outros fotógrafos e fotolivros.

Enrique Bostelmann e Sebastião Salgado são da mesma geração. Enrique Bostelmann (Guadalajara, Jalisco, 1939 – México, DF, 2003) realiza parte de seus estudos na Alemanha na *Bayerische Staatslehraastalt de Photographie* entre 1957 e 1960. De regresso a seu país, começa a trabalhar como fotógrafo profissional tanto como documentarista quanto em outras áreas, fotografa para publicidade, moda e reprodução de arte. Essa diversidade de trabalho é comum para os fotógrafos, uma estratégia de sobrevivência. Realiza diversas exposições individuais e coletivas ao longo da sua carreira no México e no exterior. Em 1976, Bostelmann participa da fundação do Conselho Mexicano de Fotografia junto com Pedro Meyer, Rodrigo Moya, Pablo Ortiz Monasterio, entre outros. Esse órgão é importante na realização do Primeiro Colóquio Latino Americano de Fotografia em 1978. Esse evento se repete nos anos seguintes. Nesse grupo predomina a concepção de uma ética de compromisso da fotografia entendida como um importante papel de denúncia social. Segundo Laura González Flores, entre os propósitos desses fotógrafos está a promoção de uma identidade latino-americana e a busca da sua inserção da fotografia em nosso subcontinente no cenário mundial.[5]

Sebastião Ribeiro Salgado (Aimorés, Minas Gerais, 1944) é economista de formação, embora sua paixão pela fotografia o leve a abandonar a profissão após uma viagem para a África. Torna-se fotógrafo profissional em 1973 e trabalha para as agências Sygma, Gama e Magnum. Esta última é uma icônica agência fotográfica que transformou o campo a partir de sua fundação, em 1947, por Robert Capa, David Seymour, Henri Cartier-Bresson. Salgado cria, em 1994, sua própria agência, a Amazonas Imagens. Esse autor se caracteriza por desenvolver projetos autorais de longo fôlego, divulgados em diversas plataformas, mas especialmente no formato de exposições e livros. Dentre os principais, destacam-se *Outras Américas*, com fotografias realizadas entre 1977 e 1982, que será objeto de nossa análise; *Sahel* (1986), realizado ao longo da década de 1980, quando acompanha a organização Médicos Sem Fronteiras na África; *Trabalhadores* (1992), fruto de registros realizado entre os anos 1986 a 1992, acompanhado de uma série de atividades profissionais em extinção ao redor do mundo. Seguem-se projetos como *Terra* (1997), *Êxodos* (2000) e *Gênesis* (2013), todos com grande repercussão na mídia.

A edição de *América: un viaje a través de la injusticia* (1970), de autoria de Bostelamann, foi feita pela editora Siglo XXI, do México, e publicada em dezembro de 1970, com uma tiragem inicial de três mil exemplares.[6] Essa foi a editora fundada por Arnaldo Orfila Reynal,[7] antigo editor da Fondo de Cultura Económica. O formato escolhido foi o retangular horizontal com 28,5 x 21 cm, com capa dura, 176 páginas e 170 fotografias em preto e branco. O *design* ficou a cargo de Martí Soler, enquanto o próprio fotógrafo junto a Alfonso Tello e Alejandro Solar ficaram responsáveis pela disposição das imagens nas páginas. A capa é de Leopoldo Lozano. A contracapa conta com retrato em desenho de Bostelmann por Gabriel Ramírez e texto de Duilio Morosini. O prólogo, escrito por Carlos Fuentes (1928-2012), consagrado escritor mexicano, abre o livro num formato inusual, impresso diretamente do manuscrito do autor, inclusive com algumas correções. O livro é dedicado à esposa do fotógrafo, Yeyette Bostelmann.

As páginas do livro não são numeradas e as fotografias não possuem legendas. O projeto gráfico baseia-se em uma imagem por página, embora também sejam bastante utilizadas as fotografias em folhas duplas, inclusive a última foto do livro, que é a imagem de capa. Outras soluções são as sobreposições de fotografias e montagens. As fotografias

Fotografias da utopia latino-americana

em folhas duplas ou mesmo outros recursos representam espécies de marcações na narrativa visual do livro.

Já a publicação *Outras Américas*, em formato 24,5 X 30 cm, dimensão muito comum em livros ilustrados, conta com 48 fotografias em preto e branco, a maioria em página dupla.[8] Foi primeiro publicada na França, Espanha e nos Estados Unidos em 1986. Recebe o prêmio *Prix Du Premier Livre de Photographie* dado pela Paris Audio Visual e Kodak-Pathé. No Brasil só sai em 1999 pela Companhia das Letras. O livro conta com prefácio de Alan Riding[9] e projeto gráfico de Lélia Wanick Salgado, mulher do fotógrafo. A obra é dedicada à sua mulher, aos seus filhos e à equipe da *Magnum*.

O livro *Outras Américas* se inicia com uma pequena introdução escrita por Salgado datada de 1985. As fotografias, na sua maioria em folhas duplas intercaladas com fotos em uma única página, foram realizadas entre 1977 e 1984 e não possuem legendas, apenas a indicação do país e data. O projeto que deu origem a esse livro se desdobra em trabalhos posteriores como *Terra* (1997) ou mesmo *Êxodos* (2000).

Em ambos os títulos dos livros, a palavra "América" está presente. Chama a atenção que, embora as imagens e a proposta sejam de representar a América Latina, os autores tenham optado pelo termo mais geral, Américas. Existe neles um claro diálogo com *Os americanos* (1958), de Robert Frank (1924-2019), norte-americano de origem suíça que realiza ao longo da década de 1950 as fotografias estampadas no livro. Essa publicação é um clássico do fotodocumentalismo, por sua visão crítica da sociedade estadunidense. Entretanto, as imagens de Frank têm uma abordagem mais urbana e industrial. Creio que tanto Salgado como Bostelmann se inspiram nessa obra. O próprio título do livro de Salgado é uma alusão a sua tentativa de fazer a mesma representação da "outra América", a Latina.[10] Os autores claramente buscam construir uma identidade latino-americana pela chave da injustiça, da denúncia da exploração de seus povos, em especial da população nativa.

Tanto a fotografia de Bostelmann como a de Salgado[11] optam por ângulos parecidos, tendo como tema central personagens do campo. Na foto de Bostelmann (indicada na nota de rodapé 11), duas mulheres carregam pesados fardos de madeira; já na foto de Salgado (também indicada na nota 11) a partir de uma posição mais distante do fotógrafo, capta quatro homens levando nos ombros tábuas. Homens e mulheres caminham curvados devido ao esforço desprendido. Seria uma sugestão do peso dos séculos de colonialismo e exploração? Chama atenção que em ambas as imagens foram realizadas em terras altas, como percebemos pelo cenário em segundo plano, regiões montanhosas que permitem um horizonte ampliado. No caso de Bostelmann, as mulheres caminham numa estrada com uma mureta e ao fundo vemos alguma vegetação e um imenso vale. Na de Salgado, os homens caminham em uma trilha e ao fundo surge um mar de nuvens que cobre os vales profundos.

Uma primeira constatação é que ambos os livros possuem como lócus principal da sua abordagem o mundo rural, o campo e seus habitantes: camponeses, indígenas e mestiços. Embora o livro de Bostelmann tenha algumas imagens de centros urbanos e cidades, essas são minoria. Em se tratando de obras publicadas entre os anos de 1970 e 1980, quando a maioria da população latino-americana já vivia nas cidades, a opção por não representar esse universo é muito eloquente. Essa escolha é condizente com a abordagem produzida pela Comissão Econômica para a América Latina e o Caribe (CEPAL) ou mesmo as propostas da teoria da dependência tão em voga nas décadas de 1960 e 1970. Está presente aqui uma visão de que o espaço rural seria o grande símbolo do atraso de forças históricas que prevalecem desde o período colonial. O prólogo de Fuentes é muito expressivo nesse sentido:

> Vários tópicos de análises e estatística da Cepal seriam necessários para suprir – sem demasiado êxito – uma só imagem de Enrique Bostelmann. O que mais dizem os estudos econômicos que nos dizem estas presenças de mulheres fazendo as vezes – quase cinco séculos depois da colonização – de bestas de carga? Utilizo mal às palavras: não cinco séculos *depois de*; simplesmente, cinco séculos *de* colônia: os caminhos são os mesmos, as pegadas dos pés os mesmos; só muda os sinais do muro que espera a estes caminhantes ao final da eterna peregrinação: muros trançados da igreja de ontem, muros da Pepsi Cola, as películas e a propaganda de um poder sempre distante hoje.[12]

Outra temática muito recorrente em ambas as publicações é o tema religioso cristão. Nos fotolivros, as fotografias de rituais religiosos como as procissões em que os devotos carregam em seus ombros as imagens de santos, ou cenas de igrejas coloniais, murais e pinturas católicas são recorrentes ao longo das obras. No caso de Salgado, ele próprio afirma em entrevista a Joaquim Marçal a influência da iconografia cristã: "O simbolismo religioso é muito presente. Salgado menciona que ficava à porta das igrejas católicas da região [Aimorés, ES]. Ele admite ter herdado a cultura barroca". [13]

Certo misticismo e magia também se mesclam com essa presença da religiosidade cristã. Para exemplificar nossa argumentação, escolhemos duas imagens que fazem uso da neblina. Na primeira, de Salgado, um homem com vestimentas tradicionais do campo mexicano posa para as lentes, tendo ao fundo algumas estacas de madeira em um terreno desolado. Chama a atenção de nosso olhar a presença de um cachorro no canto inferior direito; ao fundo uma igreja com traços coloniais emerge das brumas. [14] Por seu turno, o registro de Bostelmann se dá em uma rua de um cemitério, em que, nas laterais, os túmulos e seus vasos e coroas de flores dão um sentido de profundidade à tomada. Destaca-se um homem que caminha em direção à câmera; ao fundo uma capela encoberta pela névoa. [15] Nessas fotografias com a neblina em volta de espaços religiosos, tanto Bostelmann como Salgado evocam as imagens parisienses do fotógrafo francês Eugène Atget (1857-1927). [16]

Esse ar de mistério que as brumas e névoas dão a essas imagens citadas nos remete à produção literária do período conhecida como realismo mágico ou realismo maravilhoso. A escolha de um escritor como Carlos Fuentes reforça essa percepção. Fuentes é um dos autores principais desse momento e, em 1970, já havia publicado *La región más transparente* (1958), considerado um marco do chamado *boom* da literatura latino-americana e, principalmente, *A morte de Artemio Cruz* (1962). Esta última obra é considerada a que encerra o ciclo de romances da Revolução Mexicana.

Cabe falar da situação da América Latina no momento que essas imagens eram produzidas e circularam em exposições e publicações. Nesse período, vigoraram governos autoritários tanto no México como no Brasil. O México, embora não tenha vivenciado uma ditadura militar, estava sob um governo em que um partido monopolizava o controle do Estado. Os governos do Partido Revoluionário Institucional (PRI), que permaneceu no poder de 1920 até o ano de 2000, se mantiveram por sucessivos mandatos à custa de um regime autoritário e violento. Na segunda metade da década de 1960, o país foi governado por Gustavo Díaz Ordaz (1964-1970), que mantinha um discurso oficial de progresso econômico e modernização, cujo maior símbolo foram os Jogos Olímpicos de 1968 e, dois anos após, a Copa do Mundo. Mas Díaz Ordaz foi o responsável pela forte repressão aos protestos dos estudantes em 1968 que resultou na morte de numerosos manifestantes na praça de Tlatelolco. Se as fotografias foram realizadas no mandato de Díaz Ordaz, o livro veio à luz já durante o mandato de Luis Echeverría (1970-1976), que havia sido seu secretário de governo, ou seja, um dos principais responsáveis pela repressão em 1968. Embora procure fazer um gesto de distensão e acenos aos intelectuais, conservou a estrutura fechada do regime.

Quase não havia espaço na imprensa para a crítica e geralmente prevalecia uma visão lisonjeira do regime. Nesse sentido, as fotografias de Bostelmann são de contestação a esse discurso. A fotografia encontra aqui a brecha na censura e boicote imperante na comunicação social. Suas imagens de um México subdesenvolvido em que uma parte significativa de sua população vive na pobreza compõem um contradiscurso. A repercussão oficial foi dura e vista como um insulto de péssimo gosto. A narrativa expressa em suas fotos é vista como insurgente. Suas imagens são contrapontos, tanto narrativo como no formal, ao governo do PRI.[17] Algumas de imagens recordam as de Tina Modotti dos anos 1920, mas também aponta para o novo fotodocumentalismo mexicano dos anos 1980 e 1990.

Por seu turno, Sebastião Salgado economista formado pela Universidade Federal do Espírito Santo (UFES) e com pós-graduação pela USP, foi militante da Ação Popular até seu exílio na França em 1969, logo após a decretação do AI-5. É o início do período mais duro e repressivo da ditadura militar brasileira. Os governos militares também adotaram um discurso de modernização e progresso. Os anos iniciais da década de 1970, sob o governo de Emílio Gartazu Médici (1969-1974), são chamados de "Milagre Econômico" e da campanha "Brasil: ame-o ou deixe-o!", referência aos críticos do regime. Depois de um período como funcionário da Organização Internacional do Café em Paris, em 1973 começou a trabalhar como fotojornalista. Em 1981, já como membro da Magnun, registrou o atentado ao presidente Ronald Reagan em Washington, o que o tornou famoso e rendeu uma boa quantia em dinheiro que permitiu financiar seus primeiros projetos. Seu trabalho fotográfico na América Latina entre 1977 e 1984 foi uma forma de se aproximar de sua terra. No contexto de uma lenta e gradual abertura política, seu retorno foi uma aproximação ao Brasil e à América Latina. Mas também carregava a bagagem do fotógrafo-exilado, como afirma Ana Mauad, ancorado num perfil marxista advindo da formação em ciências sociais e econômicas da década de 1960.[18]

Chama nossa atenção as fotos que possuem em comum os pés descalços e são sugestivas. Em uma foto de Bostelmann,[19] a cena apresenta uma clara contradição de um homem descalço olhando a vitrine com dezenas de chapéus. A imagem também nos revela o olhar agudo na composição do quadro em que o homem surge como um corte vertical em contraposição com os formatos redondos dos chapéus expostos. Lembremos aqui que a imagem escolhida para a capa do livro também é emblemática. Nela surgem dois braços masculinos amarrados na altura do pulso e, em segundo plano, uma rede. Tanto a corda como a rede, além de darem textura à imagem, denotam o aprisionamento e a captura. A imagem em que alguém é subjugado remete a sujeitar-se às ordens ou à vontade de outrem. É uma clara insinuação da colonização espanhola e o contexto de exploração, dependência e subdesenvolvimento que a população latino-americana sofre há séculos. Na foto de Salgado, os pés maltratados pelo trabalho no campo, a ausência de sapatos – agora não descalços, mas calçados com sandálias gastas – são outro elo com a pobreza e a miséria, resultantes da dominação.[20] As fotos com detalhes de mãos, pés, pernas são símbolos recorrentes do mundo do trabalho e possuem uma longa tradição na fotografia compromissada.

A fortuna bibliográfica referente a Enrique Bostelmann é esparsa e restrita ao México. Por outro lado, a bibliografia sobre Sebastião Salgado é bem mais ampla. Não é minha intenção fazer um balanço das abordagens sobre os autores. No caso do brasileiro, as críticas afirmam que ele produz imagens românticas, nostálgicas, que cria cenas dramaticamente teatrais e até flerta com o realismo socialista. As mais duras, como as de Susan Sontag,[21] chegam a dizer que suas fotografias criam uma estetização do sofrimento, da tragédia, que essa beleza anestesia os observadores e inspira mais admiração que ação. Existem análises mais pertinentes, como a de John Mraz,[22] que afirma que as fotografias de *Outras Américas* possuem uma visão triste, trágica, descontextualizada e a-histórica da América Latina. Sérgio da Silva fala também em descontextualização, mas considera que a narrativa visual leva a uma recontextualização nas cenas do livro, "constituindo uma expressão visual da realidade social e construindo, dessa forma, outra realidade".[23] Em outro sentido, existem autores como Eduardo Galeano, Fred Ritchin e David Levi Strauss,[24] que destacam a dignidade nas fotografias de Salgado em seus retratos do sofrimento dos destituídos. Em minha opinião, embora Salgado seja um fotógrafo complexo e contraditório, suas imagens despertam a compaixão e a solidariedade, levam o observador à indignação e à ação, como afirma Katia Machado.[25]

Embora os fotolivros discutidos aqui tenham algumas diferenças entre si no que tange ao formato, quantidade de fotos e número de páginas, existem muito mais aproximações na sua narrativa visual. Podemos afirmar que tanto Sebastião Salgado como Enrique Bostelmann se inscrevem na comunidade dos fotógrafos engajados por conta de suas posições sociais e pela prática fotográfica. Assim como nossos dois autores, uma parcela importante dos fotógrafos latino-americanos dos anos 1960 a 1980, com suas denúncias da situação social e econômica de nosso continente, na resistência contra governos autoritários e na luta pela redemocratização, construíram imagens utópicas de nosso continente. Para usar uma expressão de Evandro Teixeira, um dos mais destacados fotojornalistas brasileiros: "Minha arma foi minha câmera fotográfica. Com ela eu subi em palanques, entrei em palácios e em presídios, corri, apanhei, mas eu precisava registrar aquilo tudo, precisava deixar documentos para a história".[26] Nesse sentido e como pudemos ver neste capítulo, os profissionais da lente não só registraram os fatos, mas também se converteram em fatores que contribuíram para tornar possível a transição democrática no México e no Brasil, assim como em toda a América Latina.

Durante esse período, a fotografia documental desempenhou um papel muito relevante em todo o processo de resistência aos governos autoritários, registrando episódios e construindo as condições de visibilidade de diversos atores políticos e sociais dessa etapa de nossa história. Personagens que de outra forma poderiam ser esquecidos ou apagados. Os fotógrafos usaram suas câmeras como armas na busca de uma utopia e na construção de um imaginário e de uma cultura visual. Os fotógrafos tiveram um papel protagônico nesse processo, já que não se limitaram a registrar os indígenas, as minorias, os protestos e as mobilizações sociais, mas sim se converteram em atores poderosos, transformando suas fotografias em "veículos de memória", pelo fato de considerarem que o uso das imagens fotográficas ultrapassou seu papel tradicional de registro para se converter em parte do processo de resistência política, social e cultural.

Notas

[1] Enrique Bostelmann, *América: un viaje a través de la injusticia*, México, Siglo XXI, 1970.

[2] Sebastião Salgado, *Outras Américas*, São Paulo, Companhia das Letras, 1999.

[3] *Coffee Table Books*, segundo o Cambrige Dictionary, são aqueles grandes e caros livros com muitas imagens que ao invés de serem lidos existem para serem vistos. Eles receberam esse nome, pois não são produzidos para uma leitura atenta e cuidadosa, são mais despretensiosos, são para ficarem em cima da mesa do centro da sala para a visita dar uma rápida folheada em muitos casos utilizados como elementos de decoração ou mesmo apoio.

[4] Devo muito da minha reflexão referente os fotolivros aos trabalhos de Horacio Fernández, *Fotolivros latino-americanos*, São Paulo, Cosac Naify, 2011; e Martin Parr e Gerry Badger, *Photobook: a history*, New York, Phaidon, 2010.

[5] Laura González Flores, "Fotografía mexicana contemporánea: un modelo para armar", em Issa Benitez (org.), *Hacia otra historia del arte en México*, México, Curare, 2005, pp. 79-108.

[6] Veja a capa do livro em https://isteam.wsimg.com/ip/67f340b6-24da-4595-b881-56643307b8ab/ols/2330_original/:/rs=w:420,h:330, acesso em 27 nov. 2020.

[7] Arnaldo Orfila Reynal (1897-1998), argentino originário de La Plata, possui uma importante biografia, destacando-se como militante socialista, acadêmico e editor. Entre seus trabalhos anteriores como editor, merece ressaltar sua participação na Editorial Universitaria de Buenos Aires (EUDEBA) e na Fondo de Cultura Económica.

[8] Veja a capa do livro em https://www.amazonasimages.com/doc/contenu/LIVRES%20COUVERTURES/Autres%20Ameriques/Outras-americas---cover_bra.jpg, acesso em 27 nov. 2020.

[9] Alan Riding é um jornalista britânico radicado em Paris, nascido no Rio de Janeiro em 1944. Trabalhou para a *Reuters*, *Financial Times*, *The Economist* e *New York Times*.

[10] John Mraz, "Sebastião Salgado: maneiras de ver a América Latina", em *Studium*, Campinas, n. 19, p. 10, 2005.

[11] Enrique Bostelmann, op. cit. p. 29 e Sebastião Salgado, op. cit. pp. 88-89. Veja a imagem de Bostelamann em https://i1.wp.com/oscarenfotos.com/wp-content/uploads/2011/12/bostelmann_11.jpg?resize=298%2C300 e de Salgado em https://www.amazonasimages.com/doc/contenu/AMERIQUE%20LATINE/portfolio/10/10.JPG, acesso em 27 nov. 2020.

[12] Carlos Fuentes, "Prólogo", em Enrique Bostelmann, *América: un viaje a través de la injusticia*, op. cit., tradução livre minha e grifo do autor.

[13] Francisco Quintero Pires, "Sebastião Salgado, um homem de contradições", em *Revista Zum*, Instituto Moreira Sales, n. 8, 2015.

[14] Sebastião Salgado, op. cit. pp. 20-21, veja a imagem em https://www.amazonasimages.com/doc/contenu/AMERIQUE%20LATINE/parution/1/p52-53.jpg, acesso em 27 nov. 2020.

[15] Enrique Bostelmann, op. cit., p. 146.

[16] Marcos Fabris, "A Semântica da Forma em Sebastião Salgado: a Matriz Atget", em *Anais do* XI *Congresso Internacional da Associação Brasileira de Literatura Comparada*, 2008: São Paulo, Tessituras, Interações, Convergências, Sandra Nitrini et al., São Paulo, Abralic, 2008, disponível em https://abralic.org.br/eventos/cong2008/AnaisOnline/simposios/pdf/055/MARCOS_FABRIS.pdf, acesso em 19 jul. 2020.

[17] Oscar Colorado Nates, "Enrique Bostelmann, el poeta de la inmovilidad", 2011, disponível em https://oscarenfotos.com/2011/12/18/enrique-bostelmann-el-poeta-de-la-inmovilidad/, acesso em 19 jul.2020.

[18] Ana Maria Mauad, "O mundo como comunidade imaginada: diversidade cultural nas representações de Flávio Damm e Sebastião Salgado", em *Poses e flagrantes: ensaios sobre história e fotografias*, Niterói, Editora da UFF, 2008, pp. 240-241.

[19] Enrique Bostelmann, op. cit. p. 50, veja a imagem em https://alvareztostado.tumblr.com/post/151717926373/enrique-bostelmann-de-la-serie-am%C3%A9rica, acesso em 26 nov. 2020.

[20] Sebastião Salgado, op. cit. pp. 52/53, veja em http://portaldoprofessor.mec.gov.br/storage/discovirtual/galerias/imagem/0000000857/0000008682.jpg, acesso em 26 nov. 2020.

[21] Susan Sontag, *Diante da dor dos outros*, São Paulo, Companhia das Letras, 2003.

[22] John, Mraz, op. cit., pp. 5-27.

[23] Sérgio Luiz Pereira da Silva, "Outros olhares para outras Américas: cultura visual e fotografia na América Latina pós-tradicional", em *Ciências Sociais Unisinos*, v. 45, n. 3, p. 221, set.-dez. 2009.

[24] Veja um balanço das críticas ao trabalho de Salgado em Francisco Pires (2015).

[25] Katia Regina Machado, "A política da estética da fotografia de Sebastião Salgado", em *Proa – Revista de antropologia e arte*, Campinas, n. 4, v. 1, 2013.

[26] Evandro Teixeira, "A fotografia a serviço da luta contra a ditadura militar no Brasil", em *Discursos Fotográficos*, Londrina, v. 8, n. 12, p. 244, jan./jun. 2012.

UTOPIAS
POLÍTICAS

DEMOCRACIA E SOCIALISMO NO CHILE

Maria Helena Capelato

> *A nossa época, quase despojada de ilusões, não sabe mais acreditar nos sonhos dos utopistas. Também as sociedades sonhadas por nossa imaginação não fazem mais do que reproduzir os males que nos são habituais na vida cotidiana.*
>
> (Bertrand Russel)

Salvador Allende tomou posse como presidente do Chile no dia 4 de novembro de 1970. Pela primeira vez na história da América Latina um socialista eleito pelo voto democrático atingia o cargo mais alto de uma nação. A convivência utópica entre democracia e socialismo havia saído vitoriosa. Quase três anos depois, em 11 de setembro de 1973, o golpe militar liderado por Augusto Pinochet derrubava o governo instituído e instalava uma longa e repressora ditadura (1973-1990).

Para entender o governo Allende, este capítulo pretende refletir sobre algumas particularidades da história chilena, mostrando que foi sendo construída, ao longo do tempo, a imagem de uma nação singular em relação a seus vizinhos latino-americanos.

Desde os primeiros anos após a independência, até o advento da ditadura militar, o país era considerado, não só pelos chilenos, mas também pelos demais países do continente, como modelo de estabilidade política. Em torno dessa imagem, de uma democracia exemplar, foi elaborado o mito da excepcionalidade chilena, que persistiu até a década de 1970, com o advento do golpe militar.[1]

Feitas essas observações cabe agora revisitar alguns momentos do passado chileno para olhar criticamente a construção desses imaginários.

A CONSTRUÇÃO DO ESTADO NACIONAL CHILENO

Durante o período colonial, a região que deu origem à nação chilena era uma das mais pobres e menos importantes da Coroa espanhola. No entanto, após a independência e constituída a república, a região apresentou significativo desenvolvimento econômico.

Para muitos autores, a nação chilena acabou se tornando modelo quando comparada com outras nações hispano-americanas, marcadas por guerras, revoltas e golpes de Estado. Isso se deve, especialmente, ao fato de, na década de 1830, ter sido instaurada uma Constituição que definia um governo forte e centralizado, liderado por Diego Portales, considerado "o pai da Pátria". Também, logo se formaram grupos políticos antagônicos que acabaram se organizando em dois partidos: os liberais e os conservadores.

A ênfase nessa excepcionalidade política acabou se transformando em mito, reforçado através de uma literatura nacionalista e de manuais escolares. Os elementos constitutivos desse imaginário se nutriam de referências a uma democracia sólida, à harmonia entre partidos de tendências políticas diversas, à existência de uma burguesia nacional progressista e até mesmo à crença na neutralidade das forças armadas, que seriam defensoras da legalidade.

Entretanto, como ocorreu, tanto na Europa como em outros países da América Latina, o processo de construção dos Estados nacionais foi atravessado por conflitos políticos e tensões sociais. E, no Chile, não foi diferente. No plano externo, o Chile foi palco de duas guerras das quais se saiu vitorioso. A primeira, contra a Confederação Peru-Boliviana

(1836-1839), e a segunda, chamada de Guerra do Pacífico, contra o Peru e a Bolívia (1879 1883).

No plano interno, na década de 1850, ocorreram rebeliões: em 1851, os liberais tentaram derrubar o governo conservador do presidente Manuel Montt; no ano de 1858, eclodiu uma guerra civil entre grupos políticos liberais e conservadores. Após esses episódios, o Chile foi governado por uma república liberal que garantiu estabilidade política.

A normalidade política se manteve até a última década do século XIX. Mas, em 1891, foi deflagrada outra guerra civil entre as forças ligadas ao Congresso Nacional e os apoiadores do presidente liberal José Manuel Balmaceda, que pretendia fortalecer e centralizar seu poder.

Dessa guerra civil, resultou uma república parlamentar que permaneceu em vigor até a promulgação da Constituição de 1925. No entanto, durante esse período, várias turbulências desestabilizaram a democracia: houve conspirações militares (em 1912 e 1919) e dois golpes de Estado em 1924 e 1925 – o primeiro, contra o presidente Arturo Alessandri, e o segundo, a favor dele. Quando reassumiu o poder, Alessandri nomeou como ministro da Guerra Carlos Ibáñez, um militar que participara dos movimentos militares de 1924.

Ibánez, em 1927, foi eleito presidente, com 98% dos votos, mas seu mandado foi marcado por dificuldades ocasionadas pela crise resultante do *crack* da bolsa norte-americana de 1929, que o tornou impopular e o obrigou a se exilar do país.

Em 1932, foi deflagrado um golpe de Estado, e, durante a década de 1930, atos de violência se multiplicaram: houve conspirações, motins e insurreições. Mas também nessa mesma década, foi fundado o Partido Socialista do Chile, em 1933, tendo Salvador Allende como membro. Outro fato importante do período, foi a criação da Frente Popular, uma coalizão política progressista contra a direita e o fascismo. Vigorou entre maio de 1936 e fevereiro de 1941 e congregou, sob a égide do Partido Radical (fundado em 1863), o Partido Comunista (fundado em 1922) e o já mencionado Partido Socialista.

Como se pode notar, os episódios mencionados ocorridos no século XIX e primeira metade do século XX desconstroem o mito da estabilidade política chilena.

A REPÚBLICA PRESIDENCIALISTA

A assim chamada República Presidencialista teve início em 1925 e se estendeu até 1970. Um novo partido entrou para a cena política: o Partido Democrata Cristão, criado em 1957.

As crises políticas se tornaram menos frequentes nas décadas de 1940/1950. No pleito de 1958, disputaram o candidato do Partido Democrata Cristão (PDC), Eduardo Frei, que propunha algumas reformas, o socialista Salvador Allende e o candidato conservador Jorge Alessandri, que saiu vitorioso.

Em 1964, participaram da eleição presidencial novamente o candidato do Partido Socialista (PS), Salvador Allende, e Eduardo Frei, que, dessa vez, se saiu vitorioso graças ao apoio de uma coligação partidária liderada pelo seu partido (PDC). O presidente eleito era ideólogo da "democracia cristã" e representante dos partidos democrata-cristãos no plano internacional. A disputa dessa eleição foi acirrada: Frei derrotou Allende, por pouca diferença de votos.

A atuação do novo governo se destacou pela implantação de duas reformas importantes: a agrária e a habitacional. Elas foram realizadas em meio a conflitos intensos que desgastaram a imagem do presidente eleito.

Ao final do mandato, Eduardo Frei se candidatou à reeleição, em 1970. Acabou sendo derrotado por Salvador Allende, candidato da Unidade Popular (UP), formada pelo seu Partido, o PS, pelo Partido Comunista (PCCh) e por outros partidos e movimentos progressistas de diferentes matizes de esquerda, como o Movimiento de Acción Popular Unitário (Mapu) e o Movimiento Izquierda Revolucionaria (MIR).

Os partidos e grupos que apoiaram Salvador Allende defendiam propostas distintas. O PS era a favor de um processo de transição por etapas, ou seja, da realização de reformas que levariam à passagem do Estado burguês para o Estado socialista. Já o Partido Comunista Chileno (PCCh) seguia o programa de seu XIV Congresso, que ocorrera em 1969, propondo uma "revolução chilena" concebida como um movimento da classe operária e do povo organizado que poderiam enfrentar as classes proprietárias e o poder controlado por elas. Os participantes desse Congresso apresentaram um programa que propunha mudar as relações de produção, transformar a estrutura econômica, social e política com o objetivo de abrir caminho para a consolidação do socialismo. Já o MIR havia defendido, na Declaração de 1965, a derrubada do sistema capitalista e a construção do socialismo tendo à frente operários e camponeses, propondo a ruptura com o sistema capitalista (poder burguês) e a implantação imediata do socialismo, com apoio do poder proletário.

Tanto o PC como o PS combatiam o capitalismo subdesenvolvido e dependente do imperialismo. O MIR definia o Chile como um país semicolonial, subordinado ao domínio estrangeiro.

A proposta de Revolução incluía, também, uma dimensão ético-cultural e, nesse sentido, propunha a formação do "homem novo" idealizado por Che Guevara, que defendia acesso à educação e à cultura.

Desse modo, no que se refere aos aspectos táticos, havia duas vertentes que propunham tempo e ritmos distintos: os gradualistas (PS, PCCh, PR, MAPU), que defendiam a "via chilena para o socialismo" preservando a democracia e os rupturistas (parcela do PS e MIR), que eram favoráveis à ruptura total com o sistema capitalista.

Allende venceu no primeiro turno, mas não obteve a maioria absoluta dos votos. No segundo turno, em votação indireta no Congresso (de acordo com a Constituição vigente) foi apoiado pelo Partido Democrata Cristão, cujo candidato, Radomiro Tomic, havia ficado em segundo lugar. A ratificação da vitória pelo Congresso ocorreu em 24 de outubro de 1970.

Nesse contexto eleitoral, o país vivia uma situação política conturbada. Houve uma conspiração, organizada pelo movimento de extrema direita Pátria y Libertad com o objetivo de impedir a posse do candidato eleito. Em 25 de outubro, um militar constitucionalista, general René Schneider, comandante em chefe das Forças Armadas chilenas, foi assassinado, tendo o crime provocado grande comoção na população.

Em 4 de novembro de 1970, ocorreu a posse do presidente eleito.

GOVERNO DE SALVADOR ALLENDE: UM PROJETO DE TRANSIÇÃO PACÍFICA AO SOCIALISMO

O programa da Unidade Popular apontava para diretrizes inovadoras e propunha uma política reformista e distributivista que deveria ser realizada na primeira fase da chamada "via chilena para o socialismo".

Já no primeiro ano de governo, foram criados os Conselhos Comunais Camponeses (CCC) e implantada a Área de Propriedade Social (APS). Essas medidas alicerçavam as estruturas básicas para a reforma agrária: a resposta dos proprietários de terra foi imediata, ou seja, protestaram, violentamente, contra o governo.

A nacionalização do cobre e expropriação de empresas estrangeiras, que faziam parte do programa eleitoral, teve início logo após a posse do presidente eleito. Rapidamente, as companhias estrangeiras se organizaram para atacar o novo governo. A nacionalização de bancos e empresas, símbolos do monopólio estrangeiro, também provocaram reações internas e externas.

Apesar desse cenário adverso, as primeiras medidas da política econômica adotadas pelo novo governo produziram aumento do PIB, que cresceu de 4,4% para 7,7%. Esse crescimento possibilitou uma política de redistribuição de rendas que beneficiou as classes trabalhadoras com melhoria de salários e diminuição da taxa de desemprego. Os assalariados retribuíram os benefícios demonstrando amplo apoio ao novo governo.

O programa da UP propunha, também, mudança no sistema educacional com o objetivo de torná-lo democrático, unificado e planificado. Em 1970, Iván Nuñez Prieto assumiu o cargo de Superintendente da Educação Pública, propondo a realização de uma reforma curricular que tinha se iniciado no governo de Eduardo Frei.

O Informe da Escuela Nacional Unificada (ENU), apresentado pelo governo, em 1971, propunha a democratização do ensino: o documento foi discutido em várias instâncias. Publicado em fevereiro na *Revista de Educación* e nos principais jornais chilenos, as mudanças propostas foram amplamente debatidas em diferentes instituições educacionais e meios de comunicação.

A partir desse programa, novas medidas possibilitaram melhorias das condições de ensino, com treinamento de professores, construção de escolas, oferta de bolsas para alunos carentes e incentivo à participação dos estudantes no processo educacional.

O combate ao analfabetismo era prioridade do governo: esse objetivo foi anunciado a partir de uma ampla campanha de mobilização em âmbito nacional. O governo Allende anunciou que o ensino deveria se estender a toda população. Esse programa teve início logo após a sua aprovação, que resultou em aumento do número de matrículas e na redução do analfabetismo a 12% em 1971 e 10,8% em 1972. O incentivo à educação de adultos, a partir dos centros de trabalho, também apresentou resultados positivos.

As universidades ganharam autonomia e foram beneficiadas com ampliação de recursos. O governo também deu respaldo para o processo de reforma universitária que incluía admissão de filhos de trabalhadores e possibilidade de ingresso de pessoas adultas nas universidades.

No que se refere à política social, o governo implementou um sistema de previdência, estendido a milhares de trabalhadores autônomos; as pensões mínimas foram reajustadas em 55%. Na área habitacional, foram construídas 82 mil novas casas.

Houve, também, empenho do governo da UP para a elaboração de uma nova forma de política direcionada à cultura, com perfil social. As atividades culturais promovidas pelo governo resultaram no maior apoio a uma cultura engajada já existente desde a década de 1960. Sobressaía-se um grupo de músicos denominado Peña de los Parra, que ganhou maior popularidade, sobretudo a partir do Festival da Nueva Canción Chilena, em 1967, que levou a música chilena a ter repercussão continental. Exemplo dessa participação foi o apoio, na campanha eleitoral de 1970, dos conjuntos Quilapayun e Inti Illimani à candidatura de Allende.

Logo após a vitória do candidato da Unidade Popular, foi criado o Departamento de Cultura. Os membros dessa instituição organizaram o chamado "Trem da Cultura", que percorreu o país divulgando as artes. Não só artistas (músicos, principalmente), mas também literatos, fizeram parte dessa atividade cultural.

O apoio ao teatro resultou na formação dos Centros Culturales Campesinos, cujos participantes realizavam espetáculos teatrais na zona rural. Também foi criado, com o apoio do governo, o Teatro Nuevo Popular por iniciativa da Central Única de Trabajadores (CUT), com espetáculos destinados aos trabalhadores urbanos.

Uma iniciativa inovadora foi concretizada no campo das artes plásticas com um incentivo à arte mural pública e coletiva com as chamadas Brigadas Muralistas que pintavam, nos muros da cidade, imagens diversas, mas sempre com objetivo de promover a conscientização política voltada para o social.

Também com o intuito de oferecer cultura às classes menos favorecidas, algumas editoras publicaram livros de bolso vendidos a preços baixos em quiosques, destinados à população que não tinha acesso à leitura. Editoras como a Zig-Zag e Quimantú publicaram a coleção *Nosotros los chilenos* e *Cuadernos de educación popular*.

Todas essas iniciativas, que tinham como objetivo oferecer benefícios às classes populares, provocaram forte reação das classes médias e altas, que, em sua maioria, eram opositoras do governo.

ENTRE A UTOPIA E A REALIDADE

A corrente liderada pelo MIR, a partir de meados de 1972, passou a defender a radicalização da luta política e trabalhou na formação de um poder alternativo.

Seus líderes organizaram os Consejos Comunales de Trabajadores e, na Assembleia Popular ocorrida na cidade de Concepción, em julho de 1972, à qual assistiram todos os partidos de esquerda, exceto o PCCh, o apelo à formação de um poder alternativo alcançou sua máxima potencialidade. No mês de outubro do mesmo ano, com a massificação dos "cordões industriais", conduzidos pelos comandos comunais do MIR, a proposta da "via pacífica" e do "poder popular" foram derrotados.

O desfecho desses conflitos entre os grupos que apoiavam o governo da Unidade Popular resultou numa arena de luta marcada por contradições: nenhuma das vertentes revolucionárias conseguiu confirmar, posteriormente, a justeza de seus postulados. A dinâmica da desunião das esquerdas contribuiu para a derrota final do governo Allende.

Esse e outros conflitos, que aconteceram nesse mesmo ano de 1972, favoreceram o fortalecimento dos opositores do governo. Enquanto os membros da UP se dividiam e se digladiavam entre si, os adversários preparavam suas armas para destruir o governo e seu projeto de chegar ao socialismo pela via pacífica.

No entanto, cabe explicar os motivos da derrota do projeto da UP, ou seja, "a passagem de uma sociedade capitalista para a socialista pela via pacífica". Vários autores se dedicaram à análise sobre o acontecimento.

Alguns deles, como Julio Pinto Vallejos,[2] consideraram que a proposta de chegar ao socialismo pela via pacífica era possível. Além da Revolução Cubana, que teve grande impacto nos países da América Latina, também o movimento de "maio de 68" na França repercutiu nas Américas: os estudantes tinham como lema "sejamos realistas, peçamos o impossível" e, no Chile, esse lema teve forte eco. E, nesse contexto, a união do Partido Socialista com o Partido Comunista Chileno, em defesa do socialismo, deixando de lado as diferenças estratégicas e programáticas, fora peça fundamental para o projeto chileno de passagem para o socialismo pela via pacífica. No entanto, houve choque entre os moderados/legalistas e os rupturistas. Assim, a proposta de chegar ao socialismo pela via pacífica, ainda que possível, não ocorreu devido à radicalização dos setores da esquerda.

Para o historiador Alberto Aggio,[3] a derrota do projeto se deveu aos erros dos grupos de esquerda e, por esse motivo, a passagem para o socialismo se tornou inconclusa naquela circunstância histórica.

O político e integrante do governo da UP, Carlos Altamirano[4] (Secretário do Partido Socialista), afirmou que a experiência chilena para o socialismo pela via pacífica representou uma ilusão reformista.

Muitos outros autores contribuíram para explicação da derrota do projeto da UP. Porém, considero que a análise do sociólogo Eder Sader[5] merece destaque. O autor concluiu que a derrota da esquerda chilena significou o fim da tese do "socialismo pela via pacífica" defendida pelos PCs latino-americanos. Levando em conta as diferenças entre a experiência cubana, vitoriosa, e a chilena, derrotada, o autor comenta que, em Cuba, houve uma tomada direta do poder pelo processo de luta armada e, no Chile, houve uma tentativa de tomada do poder respeitando a legalidade burguesa. Ou seja, a partir dessa comparação se pode concluir que a via da passagem do capitalismo para o socialismo era inviável.

O conflito entre os que empunhavam a bandeira do socialismo (moderados/legalistas e rupturistas) e os que se opunham a ele e dominavam a força econômica foi vencido pelas classes proprietárias chilenas, os capitalistas estrangeiros e a decisiva atuação das Forças Armadas. No dia 11 de setembro de 1973, quando Allende completava mil dias no poder, um golpe liderado pelo general Augusto Pinochet derrubou o governo de Allende, bombardeando por ar e terra o palácio presidencial de *La Moneda,* onde estava o presidente, que resistia junto a um punhado de colaboradores e que culminou com sua morte.

A inédita experiência histórica chilena – chegar ao socialismo pela via pacífica – terminava e punha fim a esse projeto utópico. Os anos de chumbo que se seguiram deixaram 40 mil vítimas do regime ditatorial, entre elas 3.225 mortos e/ou desaparecidos.

Notas

[1] Edward Blumenthal, *El mito de la excepcionalidad chilena*, Santiago, Tesis de Licenciatura em História, Pontificia Universidad Católica de Chile, 2004.

[2] Julio Pinto Vallejos, "Hacer la revolución en Chile", em Julio Pinto Vallejos (org.), *Cuando hicimos história. La experiencia de la Unidad Popular*, Santiago, LOM Ediciones, 2005.

[3] Alberto Aggio, *Democracia e socialismo: a experiência chilena*, São Paulo, Annablume, 2002.

[4] Carlos Altamirano, *Dialética de uma derrota*, São Paulo, Brasiliense, 1979.

[5] Eder Sader, *Um rumor de botas: ensaios sobre a militarização do Estado na América Latina*, São Paulo, Polis, 1982.

INTELECTUAIS, POLÍTICA CULTURAL E REVOLUÇÃO CUBANA

Sílvia Cezar Miskulin

Em janeiro de 1959, um novo momento histórico abriu-se em Cuba, marcado pela derrubada da ditadura de Fulgêncio Batista (1952-1958) e da conformação do governo revolucionário liderado por Fidel Castro. A Revolução desencadeou profundas transformações em todas as áreas, na economia, na política e na sociedade e foi um marco não apenas na história da ilha, mas em toda a América Latina.[1]

A Revolução Cubana mostrou que era possível realizar mudanças radicais em uma ilha que fica a pouco mais de 140 quilômetros da Flórida e da fronteira com os Estados Unidos. Diversos grupos de guerrilhas, liderados pelo Movimento 26 de Julho, derrubaram a ditadura de Batista, em um movimento de libertação nacional, reformista, que defendia a reforma agrária e urbana, e era profundamente anti-imperalista, já que a ditadura havia recebido o apoio do governo estadunidense.

O sentimento anti-imperalista em Cuba contava com uma longa história, pois ainda no século XIX, na última guerra de independência contra a Espanha (1895-1898), houve a intervenção dos Estados Unidos, o que levou a ilha a se tornar independente da Coroa espanhola, mas ser tutelada pelos governos dos EUA ao longo de várias décadas no início do século XX.

A importância da Revolução para a maioria da população foi enorme. Os trabalhadores desfrutaram de grandes conquistas, como a diminuição das desigualdades sociais e a efetivação da reforma agrária e urbana. A lei de reforma agrária, assinada em 17 de maio de 1959, aboliu o latifúndio, proibiu propriedades acima de 400 hectares e expropriou terras de grandes empresas estadunidenses, beneficiando aproximadamente 250 mil trabalhadores sem-terra. À construção de uma rede de escolas, tornando a educação acessível por toda a ilha, somou-se a uma campanha de alfabetização iniciada em 1961 e que, ao longo de um ano, conseguiu praticamente eliminar o analfabetismo no país. Essa campanha teve um enorme impacto dentro de Cuba, não só para a população camponesa a ser alfabetizada, mas também para os jovens secundaristas, que participaram como alfabetizadores, aumentando o vínculo e a adesão desses setores com o processo revolucionário.

O prestígio internacional da Revolução Cubana também cresceu enormemente, já que a repercussão da campanha de alfabetização foi muito grande. Os investimentos na saúde pública também foram consideráveis. A Medicina teve um incentivo fundamental e trouxe enormes benefícios para a maioria da população, desenvolvendo medidas preventivas, incorporando médicos em todas as comunidades, o que levou ao aumento da expectativa de vida e a diminuição da taxa de mortalidade infantil.

Entretanto, neste capítulo, enfocarei principalmente as relações entre o governo, os intelectuais e as políticas culturais que foram sendo estabelecidas, motivando tensões e conflitos no meio cultural cubano ao longo das décadas.

Em 1959, inaugurou-se um período de grandes possibilidades de atuação e publicação para os intelectuais daquele país. Do ponto de vista cultural, novas instituições foram criadas, surgiram muitas publicações, editoras e espaços para criação e manifestações artísticas. O debate sobre o papel do intelectual na Revolução tornou-se extremamente importante, buscando definir as formas de engajamento e os limites dos experimentalismos nas obras e manifestações no meio cultural cubano.

A imprensa cubana passou por grandes mudanças. O jornal *Revolución* fora editado clandestinamente desde 1956, durante as ações de guerrilha do Movimento 26 de Julho na *Sierra Maestra*. Em janeiro de 1959, passou a circular diariamente por toda a ilha. Carlos Franqui dirigiu o *Revolución* e a Rádio Rebelde na clandestinidade, mas a partir de janeiro de 1959, dedicou-se exclusivamente à direção do jornal. O diário congregou um círculo de jornalistas, escritores e fotógrafos e, como porta-voz do Movimento 26 de Julho, apoiava as ações do governo, mas sempre permitiu pluralidade e liberdade no seu projeto editorial.

Revolución criou vários suplementos, mas se destacou o *Lunes de Revolución,* que surgiu em 6 de março de 1959 como um encarte semanal de cultura, que saía às segundas-feiras. Guillermo Cabrera Infante, escritor, jornalista e crítico de cinema, foi convidado para diretor da publicação e Pablo Armando Fernández, poeta e jornalista, assumiu a subdireção. O suplemento abriu espaço para artigos, poesia, prosa e reportagens de diversos escritores, poetas e jornalistas, e editou intelectuais e escritores cubanos, com colaborações estrangeiras, como, por exemplo, as de Carlos Fuentes, Jean-Paul Sartre, Jorge Luis Borges, Miguel Ángel Asturias, Pablo Neruda, Pablo Picasso, André Breton, entre outros.

As edições de *Lunes de Revolución* foram bastante diversificadas, cobriram importantes fatos políticos cubanos e internacionais e abriram espaço para temas culturais. Na concepção de seus editores, a literatura e a arte estavam relacionadas com as questões políticas, sociais e econômicas da sua época. Seu projeto cultural era divulgar a cultura cubana e o pensamento contemporâneo mundial. Rapidamente, *Lunes* conquistou um grande espaço, conseguiu criar uma editora, Ediciones R, a televisão veiculou o programa *Lunes en TV* em horário nobre e fundou uma gravadora, Sonido R.

Revolución e *Lunes* tornaram-se um marco no meio intelectual e refletiram disputas sobre os rumos da política cultural cubana.[2] Seus colaboradores discordavam da política cultural que acabou por se tornar oficial, adotada pelo governo em 1961. Esse foi um ano decisivo não apenas para a política cultural, pois em abril de 1961 houve a invasão da praia Girón, na Baía dos Porcos, por um grupo de exilados cubanos, financiado pela CIA, com o objetivo de derrubar o governo revolucionário. Em poucos dias, o grupo foi derrotado pelo exército e milícias cubanas. O ataque foi precedido por bombardeios nos principais aeroportos da ilha, o que fez muitas vítimas e acabou alertando as autoridades da iminência de uma invasão. No enterro delas, em 16 de abril, Fidel Castro declarou que a Revolução se tornava socialista. Pouco depois, em 25 abril de 1961, o governo dos Estados Unidos estabeleceu o embargo econômico de mercadorias, que até hoje proíbe as empresas estadunidenses de estabelecerem relações econômicas com Cuba.

A proibição de exibição pública do documentário *P.M.*, em maio de 1961, pelo Instituto Cubano del Arte e Industria Cinematográficas (Icaic)[3] foi um ato de censura. O curta-metragem filmado por Orlando Jiménez Leal e Sabá Cabrera Infante, irmão de Guillermo Cabrera Infante, para ser veiculado no programa *Lunes en TV*, mostrava a noite popular de Havana, com seus bares na região portuária, filmado de forma experimental, com uma câmara na mão. *P.M.* foi considerado licencioso, obsceno e difusor de imagens de trabalhadores bêbados. Um debate sobre *P.M.* ocorreu na Casa de las Américas,[4] depois da projeção do curta, quando o fotógrafo Néstor Almendros defendeu o direito de exibição do filme. Na ocasião, Mirta Aguirre, crítica de cinema do jornal *Hoy*,[5] denunciou o filme como contrarrevolucionário. *Lunes* reuniu duzentas assinaturas a favor da veiculação de *P.M.*

O caso *P.M.* foi resolvido com as reuniões na Biblioteca Nacional José Martí em 16, 23 e 30 de junho de 1961, quando participaram os principais dirigentes, como Fidel Castro, o presidente Osvaldo Dorticós, o ministro da Educação Armando Hart e muitos intelectuais. Durante esses encontros, a censura ao documentário foi ratificada. Castro estabeleceu a nova política cultural em seu discurso *Palavras aos intelectuais*, quando definiu os direitos e deveres de cada indivíduo, dos intelectuais e do governo: "dentro da Revolução, tudo; contra a Revolução, nada".[6] A liberdade de expressão dos artistas e escritores foi delimitada, já que Fidel definia claramente as fronteiras e as funções dos intelectuais na ilha.

O Primeiro Congresso Nacional de Escritores e Artistas, ocorrido entre 18 a 22 de agosto de 1961, deliberou a criação da Unión Nacional de Escritores y Artistas de Cuba (Uneac), presidida por Nicolás Guillén. Sua função era coordenar as edições dos intelectuais e artistas, através de duas novas revistas *La Gaceta de Cuba* e *Unión,* além de uma editora com o nome *Unión.* A centralização das atividades culturais em Cuba seguiu os moldes das Associações de Escritores e Artistas soviéticos e se chocava com a força de *Lunes,* um grupo de promoção cultural que agia paralelamente ao governo. Nesse momento, seu fechamento já estava colocado em pauta, sobretudo quando se observam as resoluções adotadas no Congresso.

Alguns meses depois, alegou-se falta de papel e publicou-se o último número de *Lunes*, dedicado a Pablo Picasso, em 6 de novembro de 1961. Seu fechamento significou um controle sobre a elaboração e expressão cultural na ilha, o que levou à dispersão do grupo. Alguns permaneceram em Cuba e outros optaram pelo exílio alguns anos depois, mas muitos desses escritores jamais voltaram a se ver.[7] O círculo intelectual que se constituiu ao redor de *Lunes de Revolución* jamais pôde ser retomado. O fechamento de *Lunes* significou o fim de um espaço de debates e de promoção de uma política cultural alternativa à política cultural oficial do governo.

Diversas editoras foram organizadas após a Revolução e houve um aumento expressivo de publicações. Dentre elas, destacaram-se a Imprenta Nacional/Editora Nacional, o Instituto Cubano del Libro, a Editora Casa de las Américas, a Editora Unión e as Ediciones R. A quantidade de editoras em funcionamento já no ano de 1960 mostrava um grande esforço editorial posto em prática, aumentando não só o número de livros publicados, mas também implementando a qualidade literária das obras.

A editora El Puente nasceu em 1960, de forma independente, dirigida pelo poeta José Mario Rodríguez e codirigida pela escritora Ana María Simo. Publicava textos literários de jovens escritores, com destaque para a poesia, mas editou também peças de teatro e contos.[8] Muitos destes escritores assinaram o *Manifiesto de El Puente*, escrito por José Mario em outubro de 1960, saudando o surgimento da editora e a publicação vindoura de livros inéditos de jovens. A El Puente publicou obras literárias esteticamente inovadoras, de escritores em início de carreira, mulheres, negros ou homossexuais, o que fez dela uma casa editorial que se abria para minorias e enfrentava preconceitos.

A publicação da antologia *Novísima Poesía Cubana*, em 1962, organizada por Ana María Simo e Reinaldo Felipe, marcou o grupo, já que reuniu os poetas numa só publicação, e o prólogo definiu-os como um movimento renovador de jovens novíssimos na literatura cubana. Entretanto, José Mario declarou que a antologia recebeu duras críticas por ter publicado duas poetisas que haviam acabado de se exilar em 1962, Isel Rivero e Mercedes Cortázar.

Nesse momento, Cuba sofria uma ofensiva diplomática por parte do governo estadunidense. Em janeiro de 1962, ocorreu a reunião da Organização dos Estados Americanos (OEA) no Uruguai e, sob pressão dos Estados Unidos, votou-se pela exclusão de Cuba da instituição. O governo estadunidense também pressionou os demais países da América Latina para que rompessem relações diplomáticas com Cuba, e tal política teve respaldo de muitos desses países ao longo dos anos 1960 e 1970, quando as ditaduras militares se instalaram no continente e acataram o embargo estadunidense em relação à ilha.

O ano de 1962 foi marcado também pelo acordo militar de Cuba com a União Soviética, que buscou instalar mísseis nucleares na ilha para defesa e provocou uma escalada nas tensões da Guerra Fria com os Estados Unidos. O episódio ficou conhecido como crise dos mísseis e, por alguns dias, o mundo viveu o temor da deflagração de uma nova guerra nuclear. Após uma negociação entre o governo soviético de Kruschev e o governo de Kennedy, sem levar em conta as demandas cubanas de saída da base militar estadunidense de Guantánamo, a União Soviética retirou os mísseis da ilha e os Estados Unidos retiraram mísseis na Turquia, além de declararem que não tentariam mais invadir a ilha.

A editora *El Puente* passou a ser tutelada pela Uneac após a publicação de *Novísima Poesía Cubana* justamente em 1962. De uma editora independente e autônoma, *El Puente* transformou-se numa editora semiestatal.[9] O grupo planejava publicar a revista *Resumen Literario El*

Puente I, para a qual traduziram o poema "Uivo", de Allen Ginsberg, mas foi obrigado a se dissolver.

O presidente da Uneac, Nicolás Guillén, comunicou a José Mario, em 1965, que não publicaria mais os livros. A antologia *Segunda Novísima de Poesía* foi impressa, mas José Mario não conseguiu retirar os exemplares da gráfica. O livro *Con temor* de Manuel Ballagas, que estava no prelo, também não foi editado. A editora recebia muitas críticas, acusada de incentivar o poder negro, e os escritores eram criticados por suas atividades sexuais e por abordar temáticas sexuais em suas obras literárias.[10] *El Puente* foi obrigada a encerrar seu trabalho editorial.

Após o fechamento da editora, José Mario e Manuel Ballagas foram presos durante a estadia de Allen Ginsberg na ilha, mas foram soltos pouco depois devido a sua intervenção junto à Casa de las Américas. Ginsberg estava em Cuba, em 1965, como membro do júri do Concurso Casa de las Américas, mas foi deportado para Praga, por ter feito "declarações escandalosas". Após sua expulsão, José Mario foi preso inúmeras vezes e passou nove meses nas Unidades Militares de Ayuda a la Producción (Umap). Posteriormente, foi enviado à prisão militar La Cabaña e, quando foi solto, exilou-se em 1968. Presa e internada em hospital psiquiátrico, Ana María Simo sofreu muitas perseguições entre 1965 a 1967, quando então se exilou na França.

As Umap foram construídas em Camagüey, em 1964, como "espaços de reeducação através do trabalho", próximas das plantações de cana-de-açúcar. Os internamentos forçados de homossexuais, de "desviados" ideológicos, jovens considerados dissidentes, *hippies*, os que desejavam sair do país, religiosos (seminaristas católicos, testemunhas de Jeová e ministros protestantes), estudantes "depurados" das universidades, camponeses que não se integravam nas cooperativas, proprietários de pequenos negócios urbanos e aqueles que recusavam o serviço militar obrigatório eram confinados e detidos nesses campos. Muitos intelectuais e ativistas internacionais fizeram denúncias das Umap, o que colaborou para que o governo decidisse fechar os campos em 1966.

A diminuição dos espaços independentes e o aumento da centralização estiveram presentes na política também. O Partido Comunista de Cuba, fundado em 3 de janeiro de 1965, foi fruto da fusão de três organizações: Movimento 26 de Julho (M. 26 de Julho), Diretório Estudantil Revolucionário (DER) e Partido Socialista Popular (PSP). Estas se uniram primeiramente nas Organizaciones Revolucionarias Integradas (ORI), da qual surgiu o Partido Unificado de la Revolución Socialista (PURS), que por fim deu origem ao Partido Comunista de Cuba (PCC). Como parte desses processos de fusões, em outubro de 1965, o jornal *Revolución* e o jornal *Hoy* deixaram de circular. Naquele momento, criou-se o jornal *Granma*, publicação do PCC, único partido permitido na ilha.

O diário *Juventud Rebelde,* órgão da União de Jovens Comunistas (UJC), juventude do PCC, também foi lançado em outubro de 1965. A UJC havia sido criada em 1962 e resultava da união dos setores juvenis das três forças (M. 26 de Julho, DER e PSP). Em maio de 1966, surgiu um novo suplemento literário, *El Caimán Barbudo,* encarte mensal de *Juventud Rebelde*, dirigido por Jesús Díaz[11] e tendo como chefe de redação Guillermo Rodríguez Rivera. Em seu primeiro número, publicou o manifesto *Nos pronunciamos*,[12] no qual escritores defendiam a poesia criativa, livre, de versos irregulares, por eles denominada "nova poesia cubana" e, ao mesmo tempo, manifestavam seu apoio à Revolução. O manifesto teve uma grande repercussão, já que criticava tanto a concepção de poesia pura, como a poesia panfletária, ao buscar uma comunicação direta com o público leitor e relacionar-se com os problemas de sua época.

Os jovens reunidos em torno de *El Caimán Barbudo* acreditavam ser os "autênticos jovens intelectuais revolucionários". Nesse ano de 1965, Che Guevara publicou o artigo "El socialismo y el hombre en Cuba", quando defendeu a construção do homem novo e acusou os escritores mais velhos de terem cometido o "pecado original", por não terem se engajado antes da Revolução pela derrubada da ditadura, por isso não eram "autênticos revolucionários".[13] Já os jovens do suplemento ficavam isentos dessa cobrança, pois eram novos demais para terem se comprometido durante o período de luta armada contra a ditadura e já haviam participado das principais tarefas dos primeiros anos da Revolução.

Uma polêmica nas páginas de *El Caimán Barbudo* no final de 1967 levou ao desligamento da direção e dos principais colaboradores do suplemento. O escritor Heberto Padilla escreveu um artigo e analisou criticamente o livro *Pasión de Urbino*, de Lisandro Otero (vice-presidente do Consejo Nacional de Cultura), e elogiou o romance *Tres Tristes Tigres*, de Guillermo Cabrera Infante, exilado e premiado no concurso Biblioteca Breve, em 1967, na Espanha. O artigo de Padilla foi o início de seus problemas e incomodou não apenas a equipe editorial, mas também a UJC, que alguns números depois desligou todos escritores da direção de *El Caimán Barbudo*.

A substituição da equipe de redação e o afastamento de Jesús Díaz da direção ocorreram em janeiro de 1968, fruto dessa polêmica. A publicação é ainda hoje editada na ilha, como uma revista e não mais como suplemento do *Juventud Rebelde*. *El Caimán Barbudo* da primeira época, como ficou conhecido, foi uma publicação dissonante e não poderia mais ser organizada pela primeira direção, sobretudo diante do endurecimento cultural que já se anunciava no final dos 1960 e tornou-se evidente nos anos 1970.

O ano de 1968 significou uma virada tanto na política interna como na política externa cubana. No início desse ano, o governo estabeleceu a "grande ofensiva revolucionária", política de nacionalização de milhares de pequenas propriedades comerciais e de serviços privados urbanos, que eliminava os trabalhadores autônomos e na ilha. Em agosto de 1968, o governo cubano alinhou-se com a União Soviética e declarou apoio à repressão soviética da Primavera de Praga, movimento que buscava conciliar socialismo com democracia e liberdade na Tchecoslováquia.

No campo cultural, 1968 também presenciou outro fechamento. Em outubro, os escritores Heberto Padilla e Antón Arrufat ganharam o IV Concurso Literário da Uneac com as obras *Fuera del Juego* (poesia) e *Los siete contra Tebas* (teatro), respectivamente. Apesar de premiadas por jurados cubanos e estrangeiros, as obras foram consideradas pela direção da Uneac como "politicamente conflituosas", já que eram "construídas sobre elementos ideológicos francamente opostos ao pensamento da Revolução". As obras premiadas foram publicadas em novembro, mas foram acompanhadas de uma declaração da Uneac, que esclarecia sua discordância com o prêmio outorgado pelo júri.

A direção da Uneac avaliou o livro de poemas de Padilla como "individualista" e expressão da "ideologia liberal burguesa", e o escritor foi acusado de "cético", "reacionário", além de não ter nenhuma "militância pessoal". *Fuera del Juego* também foi malvisto, pois sugeria "perseguições" e "climas repressivos" na ilha. Nessa declaração, a direção da Uneac passou a defender também a União Soviética, pois o livro de Padilla questionou o governo russo por suas numerosas prisões e pelo terror que se instalou no período dos "obscuros crimes de Stalin". Por fim, o prólogo da Uneac criticou os artigos polêmicos de Padilla publicados em *El Caimán Barbudo,* em que o escritor defendeu o escritor exilado Guillemo Cabrera Infante, considerado pela direção da Uneac "um traidor da Revolução".[14]

Em 1970, Fidel Castro lançou a meta de alcançar uma safra de 10 milhões de toneladas de açúcar, já que sua produção era central na economia cubana, devido aos acordos selados com a União Soviética, pelos quais a importação de petróleo e produtos industrializados com preços subsidiados se faziam em troca do fornecimento de açúcar. A modernização da indústria açucareira estava garantida por meio da introdução de máquinas. Apesar do grande esforço dos trabalhadores urbanos e rurais, que se mobilizaram realizando trabalhos voluntários por mais de um ano para cumprir a meta, o valor atingido foi de 8,5 milhões de toneladas de açúcar, o que gerou uma grande decepção entre a população e uma autocrítica do governo.

Como consequência do fracasso da safra, Cuba entrou no Conselho de Assistência Econômica Mútua (Comecon), bloco econômico formado pela União Soviética e países do Leste Europeu. Com o objetivo de organizar, centralizar e aumentar a produção econômica, adotaram-se planos econômicos quinquenais, levando a uma maior centralização e institucionalização da Revolução. Em 1972, foi criado o Conselho de Ministros, com um Comitê Executivo de oito membros, dos quais, além de Fidel, faziam parte Rául Castro (Forças Armadas), Osvaldo Dorticós (Economia) e Carlos Rafael Rodríguez (Relações Exteriores), entre outros.

No entanto, ainda no ano de 1971, o escritor Heberto Padilla foi preso em abril por 28 dias, torturado e forçado a se desculpar numa autocrítica pública na Uneac, episódio que ficou conhecido como o Caso Padilla. Ao confessar ter conspirado contra a Revolução, envolveu sua esposa e escritora Belkis Cuza Malé e muitos outros escritores. Muitos desses intelectuais foram convocados e assistiram ao ato na Uneac, quando Padilla foi obrigado a ler um texto diante de agentes de segurança do Estado, que filmaram o episódio.[15]

O Caso Padilla marcou o fim da "lua de mel" entre o governo cubano e a intelectualidade internacional. Padilla foi utilizado como exemplo pelo governo para abafar projetos de políticas culturais mais abertas e ecléticas e para provar seu alinhamento com a política cultural soviética, o realismo socialista. A repercussão internacional foi grande, com a organização de cartas e abaixo-assinados. A primeira, dos escritores mexicanos do Pen Club do México, publicada no jornal *Excelsior*, era uma carta de protesto dirigida a Fidel Castro contra a prisão de Padilla. Outra carta, publicada no jornal *Le Monde,* era assinada por intelectuais de esquerda europeus e latino-americanos, simpatizantes da Revolução Cubana, que reclamavam da prisão de Padilla e da repressão contra intelectuais cubanos que exerciam "o direito de crítica dentro da Revolução". No jornal *Madrid*, publicou-se ainda outra carta, em que 62 intelectuais repudiaram a confissão pública de Padilla, que assumia crimes políticos "forjados".[16]

O escândalo internacional desencadeado com a prisão de Padilla exacerbou-se diante da autoconfissão, devido à semelhança com os métodos soviéticos stalinistas, o que levou a uma ruptura de parte da intelectualidade ocidental com a política repressiva e autoritária do governo. Padilla leu um texto em que se submetia aos argumentos exigidos pelos agentes da segurança de Estado; sua confissão foi uma farsa imposta na prisão pelos órgãos de repressão e sua fala tinha passagens dissimuladas, com duplo sentido. O Caso Padilla explicitou os limites impostos pelo governo aos intelectuais, não só em relação à liberdade de criação e de expressão, mas também quanto ao controle de sua conduta pública e privada.

Pouco tempo depois, ocorria o Primeiro Congresso Nacional de Educação e Cultura. Considerado um marco na política cultural e educacional, ocorreu entre 23 a 30 de abril de 1971, em Havana. As resoluções do Congresso abarcaram definições sobre a política cultural e sobre normas que guiariam o comportamento da intelectualidade e da juventude, cujos hábitos foram alvos de normatização por parte das resoluções do Congresso. Algumas manifestações de "extravagância", "aberrações" e "exibicionismo" de uma parcela "minoritária e marginal" da juventude, eram "desvios" que deveriam ser "combatidos" e "erradicados". Muitas vezes, essas atitudes revelariam uma "assimilação acrítica de atitudes de grupos estrangeiros" que, em seus países, eram antagônicos ao sistema capitalista, mas que em Cuba eram hábitos que não deveriam ser exemplos para os jovens, pois significariam uma atitude "contrarrevolucionária de contestação à Revolução".[17]

As resoluções desse Congresso intensificaram a repressão aos intelectuais homossexuais, impedindo-os de exercer qualquer função educacional ou cultural. A homossexualidade foi considerada um "desvio", uma "patologia social", que deveria ser "rechaçada" e não seria "admitida", já que se tratava de uma atividade de caráter "antissocial". Uma linguagem médica e sanitarista foi largamente utilizada em relação aos homossexuais, que foram proibidos de representar Cuba no exterior e os delegou ao ostracismo e ao silenciamento. Essa visão da homossexualidade estava na contramão dos movimentos de afirmação e orgulho gay que nesse mesmo período despontavam nos Estados Unidos.

Em seu discurso de encerramento do Congresso, Fidel Castro definiu os padrões morais, ideológicos e sexuais que deveriam guiar os intelectuais e educadores, afirmando que suas obras "eram uma arma da Revolução" e seriam "úteis para o povo, para a libertação do homem".[18] Fidel criticou enfaticamente os intelectuais estrangeiros que condenaram o Caso Padilla, que haviam apoiado a Revolução e depois se revelaram como "raposas", como "intelectuais burgueses" e "agentes da CIA". Esses intelectuais estrangeiros ficariam impedidos de entrar novamente em Cuba, segundo declarou Castro.

Os anos 1970 ficaram conhecidos como a década cinza (gris) da cultura cubana. A "parametrização da cultura cubana" tornou-se a regra e significou a adoção de parâmetros ideológicos e morais que direcionariam a conduta dos intelectuais. Luis Pavón Tamayo, diretor do Consejo Nacional de Cultura, impulsionou a "campanha de saneamento", em que muitos artistas e escritores foram expulsos de seus postos de trabalho, acusados de "conduta imprópria". A "combatividade revolucionária" tornou-se uma exigência aos intelectuais, que deveriam participar como militantes das tarefas da Revolução. Muitos foram silenciados, impedidos de publicar e se manifestar, praticaram a autocensura e foram legados ao ostracismo, fruto das normas rígidas da política cultural oficial nos anos 1970.

O Primeiro Congresso do PCC, realizado em dezembro de 1975, também elaborou resoluções sobre cultura. As obras de arte deveriam responder aos "interesses da sociedade socialista, auxiliando na formação do homem novo". Para os delegados do PCC, a arte seria um instrumento para "combater posições ideológicas adversas ao socialismo"[19] e para dialogar com a história de luta do povo cubano. A obra de arte foi definida como reflexo da realidade, e deveria ser otimista e demonstrar crença no futuro socialista, aproximando-se do realismo socialista soviético.

O realismo socialista soviético, política cultural implementada por Andrei Jdanov na União Soviética nos anos 1930 e 1940, buscou enquadrar as produções intelectuais dentro de normas patrióticas, otimistas, populares, com uma linguagem que fosse acessível ao povo. O realismo socialista foi incentivado em Cuba principalmente pelos intelectuais filiados ao PCC, sobretudo pelos que já eram militantes comunistas do PSP antes do triunfo da Revolução. Mirta Aguirre, crítica literária, defendeu o "realismo socialista cubano", que, para ela, se aproximava dos cânones do modelo soviético.[20] As manifestações culturais cubanas deveriam buscar temas épicos e triunfalistas, e demonstrar orientação política socialista. Valorizavam-se obras didáticas, que "refletissem o momento de construção do socialismo em Cuba".

Com a proclamação da nova Constituição da República Cubana em 1976, o socialismo foi definido como regime oficial e se introduziram novas instâncias de participação popular nas Assembleias municipais, provinciais e nacionais. Em dezembro de 1976, ocorreu o primeiro encontro da Assembleia Nacional. Ainda nesse ano, organizou-se o Ministério da Cultura, sob a direção de Armando Hart.

O exílio de cerca de 120 mil pessoas, em 1980, ficou conhecido como êxodo de Mariel. O episódio começou com os 10 mil que se refugiaram na embaixada do Peru e pediram asilo político. Na sequência, o governo abriu o porto de Mariel, quando emigraram centenas de milhares de pessoas para os Estados Unidos, que chegaram a Key West, entre abril e setembro daquele ano, com embarcações enviadas pela comunidade de exilados. Dentre os emigrantes, encontravam-se muitos intelectuais e homossexuais, o que constituiu um marco para a história cubana e para o meio cultural.[21]

Alguns anos depois, em meados dos anos 1980, o governo cubano incentivou políticas culturais mais abertas, ao priorizar o trabalho de intelectuais em detrimento dos funcionários do PCC, incentivar novas criações individuais e coletivas e buscar a descentralização com a criação das Casas de Cultura. Alguns intelectuais perseguidos e "parametrados" ganharam certo espaço novamente. Lentamente, reiniciou-se uma pequena abertura crítica no mundo cultural, quando alguns escritores e artistas contestaram a repressão cultural e buscaram corrigir os erros da "parametrização". O IV Congresso da Uneac, realizado em janeiro de 1988, rechaçou as práticas burocráticas no meio cultural e defendeu uma maior independência da Uneac, com ampliação das possibilidades de participação dos intelectuais na esfera pública.

O fim da União Soviética e a desintegração do bloco do Leste Europeu, nos anos 1990, tiveram impacto imediato em Cuba. Com o término do financiamento econômico soviético para a importação de produtos industrializados, entre eles combustíveis e papel, a ilha mergulhou numa grave crise econômica e social, que ficou conhecida como "período especial em tempos de paz". As reformas econômicas de mercado realizadas desde então permitiram a dolarização da economia e a entrada de capitais e empresas estrangeiras, sobretudo no setor de turismo, como maneira de garantir novas formas de geração de renda e trabalho.[22] As carências materiais de produtos de primeira necessidade foram generalizadas, dificultaram muito o cotidiano da população e impactaram fortemente o setor cultural. A falta de papel levou ao fechamento de publicações e redução das edições, e o *Granma* foi o único jornal diário que continuou sendo publicado. Em 1997, Abel Prieto substituiu Armando Hart como ministro da Cultura.

Nos anos 2000, Cuba passou a contar com o apoio econômico do governo de Hugo Chávez, da Venezuela, sobretudo para a importação de petróleo. A situação econômica da ilha iniciou uma recuperação, com inúmeros investimentos externos. A política cultural que prevaleceu foi a de maior abertura, muitas vezes facilitando viagens ao exterior e estadia no estrangeiro de escritores e artistas. O VII Congresso da Uneac, celebrado em abril de 2008, expressou essa flexibilidade, além de criticar publicamente a corrupção nas transações comerciais, inclusive no meio artístico e cultural.[23] No encerramento do Congresso, o ministro da Cultura declarou o objetivo de ter "maior democratização da cultura". Mas alguns grupos e criadores considerados "incômodos" pelo governo pelo seu senso crítico, como os músicos de *reggaetón* ou grupos de hip hop, como *Los aldeanos*, sofreram preconceitos e censura, com proibição de apresentações e de viagens ao estrangeiro.[24]

A internet começou a ser operada e comercializada nos anos 2000 pela Empresa de Telecomunicações de Cuba S.A., oferecendo internet paga em CUCs (pesos cubanos conversíveis), em locais públicos com wi-fi e em salas com computadores da empresa. A fibra ótica chegou em Cuba apenas em 2011, devido a uma conexão submarina com a Venezuela. No entanto, o governo censura certos intelectuais e bloqueia o acesso a sites considerados subversivos, sejam estrangeiros ou nacionais, como, por exemplo, o blog de Yoani Sánchez.

Raúl Rivero, escritor e jornalista que havia participado da primeira época de *El Caimán Barbudo,* fundou em 1995 a agência de notícias independente Cuba Press. Passou a ser proibido de publicar nos órgãos estatais e de sair do país, foi preso em 2003, num episódio conhecido como "Primavera Negra", em que 75 dissidentes foram detidos, dentre eles 28 jornalistas independentes, sendo sentenciados até 28 anos de prisão.[25] Condenado a 20 anos, Rivero foi solto em 2004 e exilou-se em Madri, graças à pressão política internacional.

O dirigente do Consejo Nacional de Cultura nos anos cinza, Luis Pavón Tamayo, foi homenageado em um programa na televisão em 2007. A tentativa de reabilitação do principal responsável pelas "parametrizações" levou a um protesto generalizado e repúdio à censura por parte dos intelectuais, que ficou conhecido como "Guerra de e-mails". O ministro da Cultura realizou um encontro com os escritores e artistas que protestaram, para formalizar um pedido de desculpas e garantir a retratação da TV que tinha realizado o programa. O episódio foi um marco no campo cultural cubano e revelou a força da internet na ilha.

No decorrer de seis décadas, a maioria da população desfrutou de grandes conquistas da Revolução Cubana, como a diminuição das desigualdades sociais, a reforma agrária, o acesso à educação pública de qualidade em todo o território, a erradicação do analfabetismo e o desenvolvimento de um sistema de saúde público, baseado na prevenção e nos médicos de família, que fornecem atendimento para toda a população. No campo cultural, destacou-se também o surgimento de novas instituições e ampliação das oportunidades de criação e publicação.

No entanto, as definições das políticas culturais foram elaboradas fundamentalmente por um grupo restrito de dirigentes políticos, que determinaram o espaço dos intelectuais na ilha. A limitação e a censura estiveram presentes em vários casos e momentos e ainda seguem vigentes no século XXI, para muitos daqueles escritores e artistas que ousam discordar publicamente e de forma autônoma do governo, já que a liberdade de criação, expressão e de associação política seguem sendo limitadas em Cuba.

Notas

[1] Sobre as transformações econômicas, políticas e sociais da Revolução Cubana ver: Florestan Fernandes, *Da guerrilha ao socialismo: a Revolução Cubana*, São Paulo, Queiros, 1979; Luiz Alberto Moniz Bandeira, *De Marti a Fide,: a Revolução Cubana e a América Latina*, Rio de Janeiro, Civilização Brasileira, 1998; Richard Gott, *Cuba: uma nova História*, trad. de Renato Aguiar, Rio de Janeiro, Jorge Zahar, 2006; Michael Löwy (org.), *O marxismo na América Latina: uma antologia de 1909 aos dias atuais*, trad. de Cláudia Schilling e Luís Carlos Borges, São Paulo, Fundação Perseu Abramo, 1999.

[2] Sílvia Cezar Miskulin, *Cultura ilhada*: imprensa e Revolução Cubana (1959-1961), São Paulo, Xamã/Fapesp, 20003.

[3] Sobre a história do ICAIC, desde sua criação em 24 de março de 1959 até os anos 1990 ver: Mariana Martins Villaça, *Cinema cubano: revolução e política cultural*. São Paulo, Alameda/Fapesp, 2010.

[4] A instituição Casa de las Américas foi fundada em 28 de abril de 1959, com o objetivo de promover intercâmbio cultural com a América Latina e Caribe. Para uma análise de sua revista bimestral, criada em julho de 1960, ver: Idalia Morejón Arnaiz, *Política y polémica en América Latina: Las revistas Casa de las Américas y Mundo Nuevo,* México, Educación y Cultura, 2010.

[5] *Noticias de Hoy* era o jornal do Partido Socialista Popular, nome do Partido Comunista Cubano na época. Fechado durante a ditadura, voltou a circular em 1959 até seu fechamento em 4 de outubro de 1965. Também possuía um suplemento semanal de cultura *Hoy Domingo*.

[6] Fidel Castro, *Palabras a los intelectuales,* Havana, Ediciones del Consejo Nacional de Cultura, 1961, p.11.

[7] *Lunes* é parte de uma geração de escritores e intelectuais que se fragmentou. Guillermo Cabrera Infante exilou-se e morou grande parte de sua vida em Londres, onde morreu em 2005. Virgilio Piñera faleceu no ostracismo em Cuba em 1979. Rine Leal morreu em Caracas em 1996. Humberto Arenal faleceu em Havana em 2012. Pablo Armando Fernández e Antón Arrufat vivem até hoje em Cuba.

[8] Alguns dos escritores publicados pela primeira vez por *El Puente* foram Manuel Ballagas, Miguel Barnet, Nancy Morejón, Belkis Cuza Malé, Delfin Prats, Reinaldo Felipe (pseudônimo de Reinaldo Garcia Ramos), Isel Rivero, Georgina Herrera, Mercedes Cortázar, Nicolás Dorr, José Ramon Brene, Gerardo Fulleda León, entre outros.

Para uma antologia das obras poéticas de *El Puente* e alguns estudos sobre a editora ver: Jesús J. Barquet, *Ediciones El Puente en La Habana de los años 60. Lecturas críticas y libros de poesia*, México, Ediciones del Azar, 2011.

[10] Sílvia Cezar Miskulin, *Os intelectuais cubanos e a política cultural da Revolução (1971-1975)*, São Paulo, Alameda/Fapesp, 2009.

[11] Jesús Díaz era professor do Departamento de Filosofia e de Letras da Universidade de Havana e participava da revista *Pensamiento crítico*, que foi fechada em 1971 junto com o departamento de Filosofia, por acusações de "diversionismo ideológico". Exilou-se, em 1990, em Madri (onde veio a falecer mais tarde) e fundou, em 1996, a revista *Encuentro de la cultura cubana*.

[12] O manifesto foi redigido por Guillermo Rodríguez Rivera e assinado também por Orlando Alomá, Sigifredo Alvarez Conesa, Iván Gerardo Campanioni, Víctor Casaus, Félix Contreras, Froilán Escobar, Félix Guerra, Rolén Hernández, Luis Rogelio Nogueras, Helio Orovio, Guillermo Rodríguez Rivera e José Yanes.

[13] Ernesto Che Guevara, *"El socialismo y el hombre en Cuba". Marcha.* Montevideo, 12 de março de 1965. In: *Obras escogidas (1957-1967)*, Havana, Editorial de Ciencias Sociales, 1991, pp. 367-384.

[14] "Dictamen del jurado del Concurso de la Uneac 1968." In: Heberto Padilla, *Fuera del juego*. Miami, Ediciones Universal, 1998, pp. 87-88.

[15] Sobre o caso Padilla ver: Adriane Vidal Costa, *Intelectuais, política e literatura na América Latina*, São Paulo, Alameda, 2013; Teresa Cristófani Barreto, *A libélula, a pitonisa: Revolução, homossexualismo e literatura em Virgilio Piñera*. São Paulo: Iluminuras/Fapesp, 1996; Heberto Padilla,. *La mala memoria*, Barcelona, Plaza & Janes, 1989.

[16] Para as cartas dos intelectuais europeus e latino-americanos do caso Padilla ver: Heberto Padilla, *Fuera del juego*, Miami, Ediciones Universal, 1998.

[17] *Resoluções do Primeiro Congresso Nacional de Educação e Cultura*, São Paulo, Livramento, 1980, p. 21.

[18] Fidel Castro, "Discurso de Encerramento", em *Resoluções do Primeiro Congresso Nacional de Educação e Cultura*, São Paulo, Livramento, 1980, pp. 43-57.

[19] "Resolución sobre la cultura artística y literária", em *La lucha ideológica y la cultura artística y literária*. Havana, Ed. Política, 1982, pp. 95-97.

[20] Mirta Aguirre, "Realismo, realismo socialista y la posición cubana", em *Estética selección de lecturas*, Havana, Editorial Pueblo y Educación, 1987.

[21] Entre os escritores que saíram por Mariel destacou-se os escritores de *El Puente* Manuel Ballagas e Reinaldo Felipe, além de Reinaldo Arenas e Jesús J. Barquet, que constituíram nos Estados Unidos a revista *Mariel*. Ver: Reinaldo Arenas, *Antes que anoiteça*, trad. Irène Cubrie, Rio de Janeiro, Record, 1995.

[22] Gabriel de Freitas Casoni, *Transformações econômicas-sociais em Cuba em perspectiva histórica (1990-2014)*, Dissertação de Mestrado em História, Faculdade de Filosofia, Letras e Ciências Humanas da Universidade de São Paulo, 2019.

[23] Francisco López Segrera, *A Revolução Cubana: propostas, cenários e alternativas*, trad. de Mário Luiz Neves de Azevedo e Gilda Teresa Contreras López, Maringá, Eduem, 2012, p. 69.

[24] Armando Chaguaceda Noriega, "La campana vibrante. Intelectuales, esfera pública y poder em Cuba: balance y perspectivas de um triênio (2007-2010)", em *Cuaderno de Trabajo* 37, Xalapa, Instituto de Investigaciones Histórico-sociales, Universidade Veracruzana, abril de 2010, p. 28.

[25] Aviva Chomsky, *História da Revolução Cubana*, trad. Guilherme Miranda, São Paulo, Veneta, 2015, pp. 250-251.

UTOPIAS E NEOLIBERALISMO NA AMÉRICA CENTRAL

Luiz Felipe Viel Moreira

> *Los que
> en el mejor de los casos
> quieren hacer la revolución
> para la historia para la lógica
> para la ciencia y la naturaleza
> para los libros del próximo año o el futuro
> para ganar la discusión e incluso
> para salir por fin en los diarios...*

Os versos acima fazem parte do livro *Poemas clandestinos*, do salvadorenho Roque Dalton, publicado em forma artesanal pelo grupo guerrilheiro que o reivindicou como membro, dois anos depois de seu assassinato em 1975. Uma fina ironia do poeta a um intelectualismo burguês vazio e exibicionista. Não deixa de ser o retrato do comportamento de muitos de sua geração, mesmo que a revolução faça parte hoje apenas da memória. Mas a revolução sempre volta, por diferentes caminhos. Gregorio Selser marcou a muitos com seus escritos, principalmente *Sandino, General de Hombres Libres*, ainda da década de 1950. Exilado na cidade do México desde 1976, seguiu em seus trabalhos abordando o imperialismo norte-americano e as guerras de baixa intensidade na América Central – denunciando inclusive o assessoramento de militares israelenses e de seu país, a Argentina, às ditaduras locais.

Gabriela Selser, filha de Gregorio, chegou à Nicarágua jovem, para ser alfabetizadora nas grandes campanhas de mobilização cidadãs implementadas pelo nascente governo. E por lá ficou. Seu livro *Banderas y harapos* traz relatos da década sandinista de 1980. Uma história pessoal, como correspondente de guerra do Barricada, periódico da revolução. O voltar a um passado encantado desde um presente desconsolado, como diz Sergio Ramírez na introdução feita à obra, marca o tom e a crítica atual não apenas de ambos, mas de muitos outros protagonistas daquele acontecimento.[1] Aqui, o peso das palavras vindas de quem foi o vice-presidente do país e hoje um renomado escritor.

A dimensão do que está em jogo aparece na disputa pela memória de Gregorio Selser. Apesar da vasta produção que inclui 47 livros e milhares de documentos, preservados no Centro Académico de la Memoria de Nuestra América da Universidad Autónoma de la Ciudad de México (UACM), sua obra também sofreu um exílio, dessa vez editorial. Assim, a publicação de uma extensa biografia do conhecido jornalista, quase três décadas depois de seu falecimento, feita pelo argentino Julio Ferrer, suscitou expectativas. *Gregorio Selser: una leyenda del periodismo latinoamericano* saiu em fins de 2018 pela editora da Universidad Nacional de La Plata, com prólogo de Stella Calloni. Mas o que se seguiu foi uma controvérsia pública.

Gabriela e sua irmã, Irene Selser, desautorizaram a obra, acusando o autor de associar o pensamento do pai a posições políticas contemporâneas, com a defesa dos governos de esquerda da chamada era progressista latino-americana, da qual se tornaram muito críticas. Para o biógrafo, Selser segue imprescindível na batalha cultural e de ideias que ainda trava o continente contra o império. Como pano de fundo bem atual para esses posicionamentos antagônicos, tem-se nova reeleição de Daniel Ortega, em 2016, e os movimentos estudantis de abril de 2018 na Nicarágua. Assim, um imbróglio embargou o meio editorial e apenas

300 privilegiados conseguiram os exemplares da primeira edição. De alguma forma, podem comparar-se, ao menos pela raridade, aos cautelosos de outra época, que lograram aceder perigosamente aos poemas mimeografados de Roque Dalton.

Esse percurso de histórias de vidas que tomam distintos caminhos ficou evidente quando de uma viagem para a América Central em inícios de 2019. Escutar os irmãos Mejía Godoy em seu estabelecimento em Manágua era obrigatório, mas o local já estava fechado, enquanto nas redes sociais se anunciava sua apresentação nada menos do que em Las Vegas (EUA). No entanto, uma perda cultural foi substituída por outra. A compra de uma antologia de contos centro-americanos do século XXI, cruzando uma segunda vez com Sergio Ramírez num início de viagem, resultou num aporte fundamental. Seus inúmeros autores com um outro olhar sobre a sociedade, no mínimo mais sensível, ajudaram a entender melhor o espaço social. Trata-se de uma coletânea publicada em 2014, com 27 contos de escritores de todos os países, com personagens que, mesmo sendo imaginados, foram retirados do mundo real. O livro traz um conjunto de vozes autênticas que, para Ramírez, organizador e apresentador do livro, abrem um panorama do que é a América Central atual.[2] As referências historiográficas que vieram depois facilitaram a sedimentação de um conhecimento. Assim, História e Literatura aqui dialogarão, ajudando a tornar o rosto humano dessas sociedades mais visível.

A narrativa que segue, uma leitura do processo que vai das utopias revolucionárias aos dias atuais na América Central, está dividida em duas etapas. A primeira traz um marco geral e, em suas entrelinhas, se encontrará o exercício de um Saliere. Uma síntese de uma linha de tempo, em que possamos situar os denominadores comuns a todos os países, excetuando Belize, por sua particularidade. Estamos falando da Guatemala, de El Salvador, de Honduras, da Nicarágua, da Costa Rica e do Panamá. Uma história compartilhada, um espelho onde um *tico* (costarriquense) ou um *nica* (nicaraguense) se veem e se reconhecem. Mas se olharmos com atenção, constataremos que este é um espelho fragmentado em seis partes, imagens que foram sendo construídas à sombra das identidades nacionais.

Assim, num segundo momento, se abordará individualmente alguns desses países, dando ênfase às temáticas mais relevantes em um mapa de rota traçado em grande parte pelos personagens dos contos. Qualquer visão mais apurada desses fragmentos nos levaria a outras tantas imagens, que uma gesta histórica sob a batuta de uma elite a todos compactou em um discurso dominante, branco ou mestiço. Mas as diversidades étnicas e culturais são muitas, com outras vozes que se fazem presentes. Na Nicarágua, convivem línguas e culturas mesoamericanas no centro e na costa do Pacífico; enquanto na costa do Atlântico há a presença dos índios misquitos e dos garífunas – os caraíbas negros. Temos uma Guatemala majoritariamente maia e uma Costa Rica bastante europeizada, bem como um Panamá com forte influência da cultura afro-caribenha. Então, como tentar começar?

UM ESPELHO PARTIDO

A história da própria empresa de ônibus da viagem, em todos os percursos, da Guatemala ao Panamá, se presta a uma analogia. Considerada a maior firma rodoviária da região, a Tica Bus possui sua sede na Costa Rica, tendo sido fundada em 1963, como empresa familiar. Em 1975, já era a principal no transporte internacional. Os caminhos, no entanto, se tornaram difíceis nos anos 1980 devido aos conflitos políticos e a Tica Bus foi forçada a eliminar destinos. Com as operações minimizadas, os serviços passaram a ser operados apenas entre a Costa Rica e o Panamá, os cursos mais seguros. Chegada a década de 1990, voltava a fazer a cobertura de toda América Central, excetuando Belize, mas agora incluindo Chiapas (México). Sem a necessidade de muitas leituras, apenas em base a um senso comum, aí estão as ideias gerais que todos temos da América Central. Fácil fazer propaganda da empresa, difícil empreender uma síntese dessas etapas. Poderíamos iniciar com uma linha de tempo, destacando-se quatro hiatos nessa história contemporânea do istmo:

No primeiro período, distanciando-se da época dos ditadores arquétipos da primeira metade do século XX, os novos ventos proporcionaram

Utopias e neoliberalismo na América Central

uma relativa abertura democrática que se acentuou após a Segunda Guerra Mundial. Entre os anos 1940 e 1960, foram extraídos das elites oligárquicas locais reformas sociais que ampliaram direitos e que buscaram construir regimes de bem-estar. Se na prática acabaram sendo parcialmente implementadas, aí incluída a reforma agrária, foram importantes bandeiras nas lutas das classes trabalhadoras e de mobilização política. Na contramão, um reformismo bem-sucedido na Costa Rica, levando o país a ter uma trajetória distinta dos demais. A modernização e diversificação dos cultivos de exportação e o nascente processo de industrialização mudaram o panorama econômico e social da região. Significativos foram os processos de migrações internas e uma urbanização descontrolada com suas negativas consequências. Já no clima de Guerra Fria em sua última década, a entrega do poder aos militares voltou a ser a garantia de ordem, tanto para as classes dominantes como para os EUA – país cujos interesses geopolíticos sempre se fizeram sentir com muito peso em toda América Central.

As nuvens negras, no entanto, foram se acumulando nos anos 1970. A chamada guerra do futebol, entre El Salvador e Honduras em 1969, mais do que uma disputa por uma vaga no Mundial do México, teve suas raízes nas migrações das populações pobres entre ambos os países – para a época, 300 mil salvadorenhos em busca de terras viviam em Honduras. E foi o primeiro sinal do colapso de uma tentativa de consolidar um mercado comum na região. As indústrias substitutivas às importações de bens de consumo não durável, que haviam se desenvolvido no período anterior, se viram limitadas pelo tamanho do mercado local e o baixo poder de consumo. E a balança de pagamentos com a crise do petróleo a partir de 1973 mostrou as deficiências da modernização adotada e a dependência do exterior. Ao final, os deserdados da terra continuavam sem as reformas sociais necessárias para romper a cadeia da miséria, e a vitória da Revolução Cubana, em 1959, marcava os novos horizontes das lutas sociais que se acentuaram ao longo de toda a década. Assim, a chegada dos sandinistas ao poder foi a gota d'água numa tempestade que veio com enxurrada.

A vitória sandinista pelas armas em 1979 e sua derrota eleitoral em 1990 marcam os limites desse terceiro período. A esses marcos políticos, deve-se agregar também os mesmos componentes da crise econômica que envolveu a América Latina como um todo. A última grande utopia revolucionária da América Latina exacerbou as contradições dessas sociedades tão desiguais e arrastou a região, direta ou indiretamente, para a guerra civil na década de 1980. As dificuldades atingiram não apensas camponeses sem terras, mas também setores urbanos, que começaram a migrar para outros países. Uma tragédia humanitária não tão nova para os salvadorenhos e que marcará os aspectos sociais da vida centro-americana nas décadas seguintes. E quando a paz finalmente chegou no início dos anos 1990, isso se deu no contexto de um novo processo civilizador global, a que nenhum país escapou. Como a síndrome de *O Leopardo* de Lampedusa (é preciso que algumas coisas mudem para que tudo continue na mesma), os acordos políticos foram um sucesso. Entretanto se as elites perderam alguns anéis, preservaram intacta a ordem econômica.

Se não ocorreu o anunciado "fim da história", tudo acabou em globalização e neoliberalismo, com suas reformas na antípoda das que ocorreram no primeiro período: abandono do antigo modelo de industrialização; incentivo à exportação de produtos não-tradicionais; eliminação do protecionismo; privatização de empresas e serviços públicos; redução dos gastos e emprego no setor público. Inegavelmente, as democracias ganharam terreno, e as sociedades e suas economias locais se tornaram mais complexas. Importante incentivo foi dado à instalação de indústrias ligeiras, as chamadas *maquilas*, fábricas que aproveitavam a baixa remuneração da mão de obra local para a montagem de artigos destinados ao mercado internacional. Grande engano enxergar o istmo apenas nos termos dicotômicos pobreza/riqueza extrema. Entretanto, as enormes disparidades seguiram abertas, marcando os caminhos para outras violências sociais, de trânsito cada vez mais intenso entre o norte e o sul do continente. E os custos são altos com as dimensões alcançadas pelas novas/velhas realidades como o narcotráfico, o desemprego ou a busca do "sonho americano".[3]

O gráfico que segue, do PIB *per capita* dos anos 1960 aos dias de hoje, demostra o quanto o crescimento das economias do Panamá e da Costa Rica começam a se diferenciar dos demais países, principalmente a partir da década de 1990. Dados importantes, mas que não expressam a desigualdade social e a concentração da renda. Para a Costa Rica, o desenvolvimento de sua economia tem relação com o êxito e a continuidade das medidas reformistas. O Panamá, sempre beneficiado por uma economia de passagem pelo papel de seu canal, há anos vem se reposicionando como centro financeiro dentro do capitalismo globalizado. Mas ao longo da segunda década do século XXI, ambos mantêm índices de pobreza em torno de 21% e 23% em suas respectivas populações. Para todos os países, influenciados mais por questões externas (economia) ou interna (guerras/invasões), a década de 1980 foi perdida. Em uma posição intermediária nesse indicador macroeconômico, temos a Guatemala e El Salvador. E com menor desempenho econômico na América Central, encontram-se Honduras e a Nicarágua. Mas, enquanto o primeiro tem altos índices de violência, na Nicarágua isto é muito mais baixo.

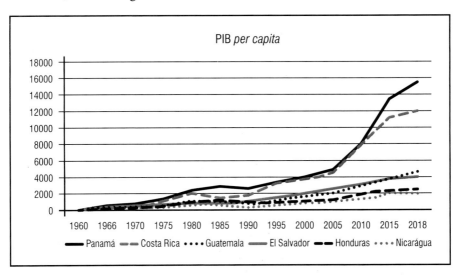

Fonte: Gráfico elaborado pelo autor a partir de dados do Banco Mundial, em base ao dólar norte-americano.

Ir a um shopping em Tegucigalpa é como estar em qualquer outro na cidade da Guatemala ou na cidade do Panamá. Mas nas portas das novas catedrais da globalização, marca da modernidade na América Central, como o gigantesco Metrocentro de San Salvador, encontram-se os herdeiros daqueles mesmos salvadorenhos a quem Roque Dalton em *Las historias prohibidas del Pulgarcito* (1973), dedicou seu "Poema de Amor":

los eternos indocumentados
los hacelotodo, los vendelotodo, los comelotodo
los primeros en sacar el cuchillo
los tristes más tristes del mundo
mis compatriotas
mis hermanos.[4]

Esses novos excluídos, vivendo na pobreza, representavam 47% de toda a população da América Central em 2013, sendo um 18% desses em situação de indigência. A América Central é uma região onde a distribuição dos frutos do crescimento econômico é marcada por contrastes. O gráfico anterior nos ajuda a contextualizar as temáticas mais relevantes que serão abordadas para três desses países, com performances econômicas diferentes – El Salvador, Nicarágua e Costa Rica. Conteúdos com distintas intensidades que se fazem presentes em cada um deles, conformando mosaicos de uma história complexa, muito distante dos estereótipos construídos em torno das chamadas Repúblicas Bananeiras.

PRIMEIRO PEDAÇO: EL SALVADOR

O Museo de la Palabra y la Imagen de San Salvador preocupa-se com preservação da memória recente de El Salvador, encontrando-se ali cartas entre os que foram embora e os que ficaram. De San Francisco (EUA), uma mãe escrevia a seu filho Jason, que morava com sua avó na região do Bajo Lempa (El Salvador): "Neste dia em que fazes oito anos, desejo te explicar a razão pela qual tive que ir embora e me afastar de você quando ainda eras um bebê".[5] Esta como outras tantas cartas remete ao tema das migrações, fundamental para a América Central e que ganha dimensões estatais para o caso de El Salvador. Em 2012, o governo de Barak Obama criou o programa Ação Diferida para Chegadas na Infância (Deffered Action for Childhood Arrivals – DACA, em sua sigla em inglês), para evitar a deportação dos jovens de todo o mundo que entraram nos EUA sendo crianças, sem dispor de documentação legal para ficar – os chamados *dreamers*. Com a ascensão de Trump, este tentou colocar fim ao programa, mas o Congresso não logrou aprovar uma lei sobre o tema. Em meio a uma batalha judicial, em 18 de junho de 2020, a Suprema Corte ratificou como ilegal a decisão do governo Trump. Em setembro de 2017, o Serviço de Cidadania e Imigração dos EUA (USCIS) tinha estimado que os beneficiários eram em torno de 690 mil pessoas. Depois dos mexicanos, o segundo contingente favorecido era o dos 25.900 salvadorenhos.

O escritor Alberto Pocasangre nasceu em Cabañas, norte de El Salvador, em 1972, quando o fechamento dos espaços políticos no país já se iniciara. No conto "Tiras de carne", narra a pobreza extrema da vida de um avô e seus dois netos, Daniel e Noé, moradores em uma comunidade carente nas ladeiras do vulcão de San Salvador. A fome se agudizava nos dias de chuva, quando os gêmeos de 8 anos não podiam sair para trabalhar na cidade, na busca de latas ou limpando para-brisas de automóveis. Era o clima que o avô odiava, pois chovia quando a esposa decidiu ir para os EUA em busca de emprego, pois ele havia ficado inválido e sem trabalho. Perdeu uma perna numa *maquila* coreana – que logo saiu do país, não conseguindo ser indenizado. A esposa, de vez em quando, mandava algo de dinheiro e roupa. No entanto, de repente deixou de enviar e, entre passar o tempo, passou a vida. A filha que ficou com ele acabou tendo Daniel e Noé. E também num dia de chuva decidiu ir em busca da mãe, para poder superar a miséria em que viviam. Mas nunca mais teve notícias. Pensava que talvez a filha estivesse em Los Angeles, vivendo com um *pandillero* salvadorenho, ou que tivesse morrido ao cair do trem em Chiapas, ou mesmo que os Zetas a houvessem posto a trabalhar em um bordel de Tijuana. E, num desses dias de chuva, ele morreu, com os gêmeos herdando apenas o seu canivete.[6]

O tema da emigração não é novo no país. Com a revolução de 1948, houve uma abertura democrática, um início de reformismo e uma modernização na economia, provocando o êxodo campo-cidade e deslocamentos em busca de terras em Honduras – país com menor densidade populacional. Chegada a década de 1970, o clima político já estava rarefeito, e começavam a atuar na luta armada várias organizações político-militares, unificadas em outubro de 1980 na Frente Farabundo Martí de Libertação Nacional (FMLN). Um novo fluxo migratório iniciava, vindo a se acentuar ainda mais com a guerra na década seguinte. O conflito armado que se estendeu até 1992 deixou como saldo 70 mil mortos, além dos campos de refugiados em Honduras, na Nicarágua, na Costa Rica e até mesmo no Panamá. Não obstante, muitos viajaram sobretudo para os EUA, e os que não puderam chegar até lá se radicaram no México.

Quando dos Acordos de Paz (1992), o FMLN se incorporou à vida civil, transformando-se em um partido. A Constituição de 1983 foi reformulada, o FMLN desmobilizou seus efetivos, as Forças Armadas foram depuradas e surgiu a Polícia Nacional Civil, com membros da antiga guerrilha. A partir de então, a vida política de El Salvador teve dois polos: o FMLN e a Arena, o partido da direita que manteve o controle do governo nacional até 2009. Um FMLN mais pragmático obteve o triunfo nas eleições presidenciais em 2009 e 2014, imprimindo reformas sociais, sem afetar a estrutura socioeconômica herdada. E se houve uma aproximação com a Aliança Bolivariana para as Américas (Alba), ocorreu a preocupação em não incomodar os EUA, dado o volume de salvadorenhos que ali vivem, fundamentais para a estabilidade econômica do país.[7]

A transição política mostrou-se bem-sucedida, mas a economia seguiu tendo fracos desempenhos. E os salvadorenhos continuaram emigrando. Se antes isso se dava pela violência política, nestes quase 30 anos de democracia aconteceu por uma série de outros motivos que se retroalimentam. Sem dúvida, tem como base as difíceis condições de vida no país, principalmente a falta de trabalho, e uma nova violência, agora de origem social. Em 2016, o Ministério das Relações Exteriores calculava que 3,1 milhões viviam no exterior – 93,5% nos EUA. Isso para uma população salvadorenha estimada em 6,58 milhões. O *sonho americano* é fundamental para a economia do país. As remessas em dólares feitas pelos que emigraram representaram, em 2016, o equivalente ao pressuposto orçamentário da nação para aquele ano.

As experiências das famílias de Jason, Daniel e Noé são comuns à sociedade salvadorenha. As remessas são um fator de estabilidade da economia pública e uma forma de mitigar a pobreza privada. Mas os laços de parentesco ficam desestruturados e disto derivam muitas consequências. É chamativo o tamanho da embaixada dos EUA em San Salvador. Uma verdadeira fortaleza na área mais nobre da cidade, com suas impressionantes filas de salvadorenhos em busca do visto. Porém, o mesmo não se obtém tão facilmente. Assim, o fluxo de partidas para o Norte se mantém através de perigosas e múltiplas travessias, eventualmente envolvendo a figura dos "coiotes" como atravessadores e, no pior dos casos, narcotraficantes. Uma via que passa pela Guatemala e pelo México, com muitos ficando no caminho, provável destino da mãe dos gêmeos. Se pensarmos que eventualmente se logre cruzar a última fronteira, uma possibilidade que se abre aos mais jovens é a convivência com gangues nas grandes cidades dos EUA – as *pandillas*. Quando seus primeiros líderes passaram a ser deportados, a partir dos anos 1990, encontraram as condições ideais para repetir a experiência *pandillera* e se expandirem. Algumas delas transformaram-se em grandes organizações criminosas e estabeleceram contato com o narcotráfico. São as chamadas *maras*, como a MS-13 e Barrio 18. O futuro não é promissor para Daniel e Noé, mas canivete já tinham em mãos.

SEGUNDO PEDAÇO: NICARÁGUA

Ulises Juárez Polanco é de Manágua e seu conto "Dolor Profundo" saiu originalmente no livro *Las flores olvidadas* (2009).[8] Ele nasceu em 1984, ano em que o Exército Popular Sandinista iniciou uma vasta operação para desalojar das montanhas do norte de Matagalpa uma agrupação de *contras* que, procedentes de Honduras, haviam logrado assentar-se em várias zonas de Waslala. Gabriela Selser trabalhou como alfabetizadora nesse município, na localidade de San José de las Casquitas. A família camponesa González Araúz, em cuja casa viveu em 1980, havia sobrevivido aos ataques. Mais de duas décadas depois, Gabriela reencontra em Manágua Ernesto González Araúz, a quem alfabetizara quando tinha 11 anos. Agora engenheiro agrônomo, detalhava onde se encontravam alguns membros da família: os pais seguiam em Waslala e dos irmãos, Juan José trabalhava em um projeto agrícola em León, Nina e sua família tinham ido para a Costa Rica em busca de emprego e Mirna foi para Sevilha, na Espanha, onde cuidava de anciãos.[9] Uma das tantas memórias da revolução, que havia começado bem antes.

Em 1961, Tomás Borges, Silvio Mayor e Carlos Fonseca Amador fundaram a Frente Sandinista de Liberación Nacional. Uma aliança interclassista alimentou o êxito da FSLN, que triunfou em julho de 1979, derrubando a mais longa ditadura da América Latina liderada pela família Somoza. Nas transformações que implantou a revolução, destacam-se a educativa, com as campanhas de alfabetização, e a da reforma agrária. Em 1990, os sandinistas e seu candidato Daniel Ortega perderam as eleições, pressionando, para isso, entre outros fatores, uma economia bastante afetada pelo embargo estadunidense e nove anos de uma guerra com todos seus mortos pesando. Mas também a percepção da postura de distanciamento de alguns dirigentes frente à solidariedade revolucionária. Por acordos na transição que se dava, o general Humberto, irmão de Daniel Ortega, seguiu comandando o exército até 1995. Depois se mudou para a Costa Rica, onde administra seus rentáveis empreendimentos, vivendo comodamente entre ambos os países.

A violência e a pobreza são indicadores sociais comuns aos três países que conformam o chamado Triângulo Norte – Honduras, El Salvador e Guatemala. Mas se a Nicarágua tem índices de pobreza parecido com esses países, os de violência são quase iguais aos da Costa Rica, considerada a Suíça da América Central, não havendo, como comumente se dá, uma correlação entre pobreza e violência. E contam para esse saldo positivo os legados da revolução, com uma forte cultura da organização comunitária. Haver pobreza, mas não fome, remete a uma distribuição igualitária no setor agrícola, resultado das reformas agrárias que continuaram, mesmo durante a presidência de Violeta Chamorro (1990-1995). Ao longo de todos os governos que se sucederam, os sandinistas seguiram sendo um fator decisivo na vida política do país. Porém, quando voltaram ao poder em 2007, já estavam remoçados. E, para isso, reaproximar-se da hierarquia eclesiástica da Igreja Católica – na figura do cardeal Miguel Obando y Bravo, antigo desafeto – foi importante. Com o voto sandinista, aprovou-se em 2008 um novo Código Penal, em que tipificou como delito todo tipo de aborto, tema sensível para a Igreja. Mas, ao mesmo tempo, seus votos permitiram a despenalização da homossexualidade. Os governos sandinistas não reverteram as reformas neoliberais que haviam sido realizadas pelos três anteriores governos; no entanto, fazendo parte da Alba, puderam lograr recursos na implementação de políticas sociais.

O conto de Polanco se desenrola nessa Manágua de 2008, ano em que se aprovou o novo Código Penal. Ali, Julio Cortés, 26 anos, formado em administração, é gerente de uma loja de roupas de marca pertencente a sua família, no Metrocentro, o mais fino shopping de Manágua, de propriedade do grupo Roble de El Salvador. Mas o verdadeiro coração do comércio da capital é o Mercado Oriental, que fica no centro velho. É considerada a maior área comercial de toda América Central: em 1930, ocupava uma quadra, em 1996 já eram 70 e em 2014 se estendia a 152 quarteirões, no qual trabalham por volta de 40 mil pessoas. Um lugar onde se pode adquirir de tudo, desde um alfinete até mansões, e se as lendas urbanas são certas, até mesmo mísseis SAM 7 e submarinos russos. Nesse imenso labirinto, que não lhe era um espaço social familiar, Julio Cortés vai em busca da compra dos serviços de um médico para praticar um aborto em sua namorada Rossana Ortegaray. Um triângulo amoroso, envolvendo também a Luisa Ventura, de 25 anos, antiga colega de escola, nascida em 1983 em Bluefields, na costa Atlântica, e descendente de garífunas. A dispersão da família González Araúz e a situação dos personagens do conto, de alguma forma, não deixam de ser um retrato da sociedade nicaraguense, há muito tempo distante da utopia revolucionária. Se a revolução deu condições para Ernesto González Araúz tornar-se um engenheiro, também deu para que o antigo comandante Humberto Ortega se convertesse num próspero empresário.

Em busca de melhores oportunidades de trabalho, a Costa Rica é o destino da maioria dos nicaraguenses que emigram. Os *nicas* conformam a maior população imigrante da Costa Rica, que para lá vão também de forma sazonal, no período das colheitas. Um percurso diferente de todos os demais países da América Central, cujos emigrantes se dirigem majoritariamente para os EUA. Em 2010, numa reunião de trabalho entre os presidentes Daniel Ortega e Laura Chinchilla da Costa Rica, esta agradecia publicamente aos migrantes daquele país, indicando claramente onde se encontravam no mundo do trabalho os *nicas* entre os *ticos*: eram as mãos que levantavam os edifícios, faziam as colheitas e limpavam as casas – como provavelmente Nina González Araúz.

No filme costarriquenho *El último comandante* (2010), longa-metragem dirigido por Isabel Martínez e Vicente Ferraz, temos a história do comandante Paco Jarquín, que retorna às vésperas do 30º aniversário da revolução, ante a necessidade de uma reconciliação com o passado. Há muito fora esquecido, pois se acreditava ter sido morto pelos *contras* no sul, quando havia simplesmente abandonado a luta para ser professor de Chachachá, sua paixão, na Costa Rica. No caminho de regresso, ao cruzar por terra o primeiro posto de fronteira, o guarda *tico*, surpreso, comenta que enquanto todos vêm, ele está voltando. Para o comandante Humberto Ortega, isso não é um problema, ele usa avião e está em permanente movimentação.

TERCEIRO PEDAÇO: COSTA RICA

A historiografia centro-americana, em seus estudos comparativos, muitas vezes usa como recurso a expressão "excepcionalidade" para designar a situação da Costa Rica. Na década de 1940, começaram a ser aprovadas as primeiras reformas sociais. Com a revolução de 1948, nascia a chamada Segunda República. Abolia-se o Exército, e a Constituição de 1949 criava um Superior Tribunal Eleitoral, ficando proibidas as reeleições. A partir de então, implementou-se um bem-sucedido reformismo desenvolvimentista, com base em uma institucionalidade democrática, com os partidos tornando-se os eixos dinamizadores da vida política. A estabilidade que adquiriu, a conformação de uma classe média, a distância que manteve das ditaduras da região e sua proximidade com os EUA, posicionou a Costa Rica para poder ser a retaguarda da FSLN em sua luta contra a ditadura de Somoza. Mas também serviu de apoio logístico aos *contras* do sul nos anos 1980, apesar de não ter cedido à pressão norte-americana para instalar suas bases no norte do país.

Essa dinâmica partidária esteve marcada por um bipartidarismo que se estende até 2002, numa disputa entre o Partido de Liberación Nacional e a Unidad Social Cristiana. Partidos que programaticamente empreenderam uma transição, a partir da crise econômica da década de 1980, apostam agora em um reformismo neoliberal. No entanto, não lograram a completa desaparição do modelo anterior, que havia permitido construir um projeto de política social com fundamentos de solidariedade e universalidade, no qual o Estado aparecia como um agente legítimo para levar a cabo as transformações que se operavam na sociedade. Com as mudanças que vieram se implementando lentamente a partir dos anos 1980, os empresários vinculados à indústria e associados aos grupos agroexportadores tradicionais, liderados por uma elite progressista, se viram deslocados. No novo modelo, em que se impunha uma ideologia de Estado reduzido, foram os setores financeiros, de serviços, turismo e de empresas multinacionais de base tecnológica os que passaram a ganhar preponderância. Uma nova elite, com fortes vínculos com inversões externas, se gestava. O escândalo dos *Panamá Papers*, em 2016, colocava luz sob o acionar de muitos desses empresários e políticos, cujos investimentos estavam longe de gerar benefícios para a economia nacional.[10]

Na Costa Rica, os dados da globalização mostram um enorme aumento do PIB *per capita* nas últimas décadas. Mas isso teve um custo, transformando a estrutura social e incrementando a desigualdade. Para 2009, o nível de pobreza atingia a 21,8% dos *ticos*, enquanto os ricos (2,7%) haviam ficado mais ricos, com a classe média e trabalhadora representando respectivamente 41% e 34,5% da população economicamente ativa naquele ano.[11] As transformações que se davam na sociedade impactaram na democracia, colocando fim ao bipartidarismo dominante, fazendo surgir o multipartidarismo ao iniciar o século, expressão de insatisfações, bem como a entrada em cena de novos atores sociais. Em dezembro de 2000, era fundado o Partido Acción Ciudadana (PAC), com uma ideologia de centro-esquerda. Em fevereiro de 2005, era criado o Partido Restauración Nacional (PRN), confessional cristão e conservador, incluindo a Costa Rica na tendência centro-americana de consolidação dos evangélicos na política. Para cada país da região, favorecendo essa situação, havia combinações particulares, mas que, no caso do Triângulo Norte e da Nicarágua, remonta à etapa do fechamento dos espaços políticos nos anos 1960.

Na Guatemala, com o sismo de 1976, também chegaram ao país a maioria das atuais igrejas neopentecostais, de origem norte-americana, no intuito de organizar uma parte da ajuda humanitária. O combate às Comunidades Eclesiais de Base (CEB) – católicas e sementes de uma doutrinação igualitária que se disseminou amplamente – pelas elites e pelas Forças Armadas da região, imbuídas das Doutrinas de Segurança Nacional, abriu uma brecha importante. O desmantelamento foi favorecido pelo próprio Vaticano, com a ascensão do conservador João Paulo II em 1978. A prioridade do papa em restaurar a "grande disciplina" acabava com a primavera do Concílio Vaticano II e se dirigia contra todos os vinculados à Teologia da Libertação, de bispos a leigos. O papa se unia a uma cruzada conservadora da década de 1980, encabeçada por EUA e Inglaterra. Em 23 de agosto de 1992, o general e ex-presidente Ríos Montt pronunciava um discurso em um evento da igreja neopentecostal El Verbo, da Guatemala, da qual era membro. Ali deixava claro seu desprezo pelos indígenas maias e a rotunda negação de uma diversidade étnica. João Paulo II visitou a Nicarágua em março de 1983. Apenas chegou, repreendeu publicamente o sacerdote Ernesto Cardenal – à época, ministro da Cultura do governo sandinista – como primeiro detalhe de uma visita polêmica e difícil. Em 1997, seu irmão Fernando Cardenal, também sacerdote e ex-ministro da Educação, com 63 anos, teve que viajar a El Salvador para repetir um noviciado, para só assim poder retornar ao seio da Igreja.

Foi nessa América Central de terra arrasada que os pastores começavam a chegar em maior número, tornando-se uma força reacionária frente a um setor da Igreja Católica que havia se radicalizado na opção pelos pobres. Por outros caminhos, também na Costa Rica, houve um crescimento do neopentecostalismo. Indiretamente, o conto "Sacrofetichista", de Warren Ulloa, delineia essa nova realidade social.[12] Warren nasceu em Heredia, Costa Rica, em 1981, e o conto foi publicado originalmente no livro de relatos *Finales aparentes*, de 2008. Ali é narrada a vida de Pascual Monte, um famoso pastor *tico* já sessentão:

> Sua forma de ser lhe dava, além da verdadeira sensação de homem de deus – todo um triunfador –, também um ar de político neoliberal: o sorriso hipócrita, a impecável brancura de seus dentes, a fluidez da palavra, os anéis de ouro, os sapatos lustrados, o terno inteiro de marca e a forma como manejava a audiência. Estela, sua esposa, era esse apoio imprescindível. [...] inclusive tinha um programa de rádio no qual se dedicava a dar conselhos a quem necessitasse.[13]

A temática da influência neopentecostal na sociedade costarriquense não é nova; no entanto, passou a ganhar peso a partir da fundação do PRN em 2005. Dois anos antes, o jornalista Fabricio Alvarado havia entrado para a igreja neopentecostal Ríos de Alabanza, conhecendo ali a sua futura companheira. Em 2014, era eleito deputado pelo PRN, declarando ter aceitado participar do pleito após consultar a Deus, à esposa e ao pastor de sua igreja. Em 2018, com apenas 43 anos, por muito pouco não veio a ocupar o mais alto cargo da República.

Os desgastes pelas políticas de ajustes que vinham se dando desde os anos 1980 se refletiram na eleição de 2014, com o a vitória do PAC. Era a primeira vez, desde o início da Segunda República, em 1948, que não ganhava as eleições um dos dois partidos que, há várias gerações, havia marcado e definido as tradições políticas dominantes. Ainda assim, o terremoto político foi maior em 2018, quando já nenhum dos dois partidos históricos ficou no centro da disputa, agora a cargo do PAC e do PRN, ambos fundados há poucos anos. Surpresa mesmo foi o PRN. O rechaço de setores religiosos católicos, evangélicos e conservadores do país ao casamento entre pessoas do mesmo sexo tocou num tema sensível, aproveitado pelo candidato do PRN no debate. Os evangélicos haviam crescido em número e já representavam 25% da população, em detrimento da diminuição dos católicos. O aumento da desigualdade social jogou um peso decisivo. Em um país com Estado mínimo e com uma Igreja Católica perdendo legitimidade na retenção das almas dos pobres, o acolhimento foi sendo feito pelas já 3 mil igrejas evangélicas espalhadas no pequeno território costarriquense. O PRN perdeu as eleições, mas se tornou a segunda força parlamentar nacional. Isso não foi pouco para a orgulhosa tradição política do país.

CONSIDERAÇÕES FINAIS

Em 1981, morria o general nacionalista Omar Torrijos, comandante da Guarda Nacional e homem forte do Panamá. Ele, em 1977, havia finalmente logrado um acordo com o governo Carter, estabelecendo as etapas para a devolução definitiva do canal. Ainda em 1981, Rubén Blades, seu compatriota, músico e intelectual, lançava o disco de salsa *Canciones del Solar de los Aburridos*, realizado em conjunto com Willie

Colón. De autoria de Blades, a música "Tiburón" se tornou um ícone. Uma crítica contundente à política intervencionista dos EUA no Caribe e na América Central – "Se veem que ele vem, pau no tubarão. Pra que saiba que no Caribe o camarão não dorme".[14] Nesse último meio século, o camarão foi viver em grande número na casa do tubarão em busca do *sonho americano*, tanto quanto o tubarão veio a morar na casa do camarão difundindo um neopentecostalismo. Em 6 de junho de 2020, Domingo Choc Che foi queimado vivo em Chimay, na região de Petén. Ele era um *ajilonel*, especialista em medicina maia e colaborava com pesquisas da University College London. O fato aconteceu dentro de sua própria aldeia sob a acusação de bruxaria e executado por grupos cristãos ultraconservadores, que ganharam força com a presença mais recente de igrejas neopentecostais entre as próprias populações maias. Essas e outras mudanças estão transformando ambas as sociedades. Se o camarão não logrou nos anos 1980 prosperar com sua utopia revolucionária, hoje a utopia liberal e humanitária que o tubarão vendeu ao mundo a partir dos anos 1990 mostram seus reais resultados.

O texto aqui trabalhado trata disso e nos impulsa a pensarmos caminhos, quaisquer que sejam estes. Pois o mais fácil é, ao final, nos identificarmos com a amiga de Margarita, em um conto da hondurenha Jessica Sánchez.[15] Em uma favela de Tegucigalpa dos dias atuais, Margarita, uma líder comunitária, estava nos preparativos de um protesto pela recém aprovação da Lei de Água e Saneamento. Esperava que a manifestação chegasse até o Congresso, bem como a ocupação de todas as entradas da capital. Margarita voltava a rememorar toda a brutalidade policial de um período recente, em que esteve presa por seu ativismo cidadão. Quem conta a história é uma amiga de longa data de Margarita, quando então ainda eram militantes de movimentos sociais, todos emparentados com a esquerda. Mas agora já não tinha o compromisso de Margarita, a quem segue admirando e estimando. Pois, como diz, o que menos imaginava é que a "causa" lhe desse uma volta, como uma roupa confeccionada para ser usada de um lado, e, quando menos percebe, a está usando do avesso. E, ao final, tu gostas e fica assim. E assim estamos.

Notas

[1] Gabriela Selser, *Banderas y harapos: relatos de la revolución en Nicaragua*, 3. ed., Managua, [s/d], 2018 [2016].

[2] Todos os contos que serão mencionados estão referendados em: Sergio Ramírez (org.), *Un espejo roto*: *antología del nuevo cuento de Centroamérica y República Dominicana*, Tegucigalpa, Guaymuras, 2014.

[3] Uma visão geral desses quatro períodos pode ser encontrada em: Rafael Cuevas Molina, *De Banana Republics a Repúblicas Maquileras: la cultura en Centroamérica en tiempos de globalización neoliberal (1990-2010)*, San José, EUNED, 2012; Héctor Pérez Brignoli (ed.), *Historia General de Centroamérica: de la posguerra a la crisis (1945 – 1979)*, Madrid, Flacso, 1993, t. v.; Héctor Pérez Brignoli, *El laberinto centro-americano: los hilos de la historia*, San José. CIHAC, 2017; Edelberto Torres-Rivas (ed.), *História Geral de Centroamérica: Historia Inmediata (1979 – 1991)*, Madrid, Flacso, 1993, t. vi.

[4] Os eternos sem documentos/ os que fazem tudo, os que vendem tudo, os que comem tudo/ os primeiros a sacar a faca/ os tristes mais tristes do mundo/ meus compatriotas/ meus irmãos.

[5] As traduções são todas nossas. Original: "*En este día en que cumplís ocho años deseo explicarte la razón por la cual tuve que venirme y alejarme de vos cuando eras un tiernito.*"

[6] Ver: S. Ramírez, op. cit., p. 68.

[7] Ver: Carlos Gregório López Bernal (coord.), *El Salvador: Historia contemporánea*, San Salvador, EUES, 2015.

[8] Ver: S. Ramírez, op. cit. p. 136.

[9] Ver: G. Selser, op. cit. p. 308.

[10] Ver: I. Molina; S. Palmer, *Historia de Costa Rica*, 3.ed., San José, EUCR, 2017.

[11] Ver: *XV Informe del Estado de la Nación*. Proyecto Estado de la Nación, Costa Rica, 2009.

[12] Ver: S. Ramírez, op. cit. p. 190.

[13] "*Su forma de ser le daba aparte la verdadera sensación de hombre de dios – todo un triunfador –, también un aire de político neoliberal: la sonrisa hipócrita, la impecable blancura de sus dientes, la fluidez de palabra, los anillos de oro, los zapatos lustrados, el traje entero de marca y la forma como manejaba la masa. Estela, su esposa, era ese apoyo imprescindible. [...] incluso tenía un programa en la radio en el que se dedicaba a dar consejos a quien los necesite.*"

[14] "*Si lo ven que viene palo al tiburón. Pa que vea que en el Caribe no se duerme el camarón.*"

[15] Ver: S. Ramírez, op. cit., p. 81.

O "BEM VIVER" COMO UMA NOVA UTOPIA LATINO-AMERICANA

Tereza Maria Spyer Dulci

UM OUTRO MUNDO POSSÍVEL?

Segundo a Comissão Econômica para a América Latina e o Caribe (Cepal), a América Latina é a região mais desigual do planeta, ainda que não a mais pobre. Isso se deve, por um lado, às heranças coloniais baseadas na cultura do privilégio, que ampliam as assimetrias, especialmente de raça, classe e gênero, e, por outro, aos modelos de desenvolvimento seguidos pelos países latino-americanos, desde os preceitos liberais até a mais recente cartilha neoliberal – como os ajustes fiscais e as privatizações – que tiveram como consequência crises políticas, econômicas, ambientais, energéticas etc.[1]

Essas desigualdades são ainda mais evidentes no atual contexto, pois as contradições que estamos enfrentando nos últimos tempos, sobretudo a partir da nova onda conservadora, com a ascensão de governos de extrema direita, somada à pandemia da Covid-19, têm aumentado as disparidades já gritantes da nossa região. Os grupos mais vulneráveis, tais como mulheres, idosos, pessoas em situação de rua e privadas de liberdade, moradores pobres das periferias das grandes cidades, somados àqueles historicamente marginalizados, especialmente negros e indígenas, são as principais vítimas do coronavírus na América Latina.

Os impactos avassaladores da pandemia tornam ainda mais urgente refletir sobre alternativas ao capitalismo, uma vez que "as pandemias mostram de maneira cruel como o capitalismo neoliberal incapacitou o Estado para responder às emergências".[2] Existe uma grande possibilidade de novas e mais graves pandemias no futuro, fruto em grande medida da catástrofe ecológica, o que nos impele não só a pensar outras alternativas e modelos, mas a reconhecer e valorizar as propostas que já existem, tais como os projetos contra-hegemônicos da região andina, onde vem sendo construídas utopias.

Essas utopias (re)surgiram nesta região no começo do século XXI, fruto de movimentos que buscavam transformações estruturais como resposta às políticas neoliberais impostas desde o final da década de 1980 pelo Consenso de Washington. Tais movimentos questionavam os modelos de desenvolvimento vigentes e respondiam "à urgência de um contrato social radicalmente diferente, que propõe alternativas ao capitalismo e à cultura da morte que tem sido seu projeto neoliberal".[3]

No Equador e na Bolívia foram produzidas novas Constituições (respectivamente 2008 e 2009), no marco do chamado Novo Constitucionalismo Latino-Americano. Criadas por meio de Assembleias Constituintes que se basearam em demandas populares e que contaram com processos amplos e participativos, foram promulgadas durante os governos de Rafael Correa no Equador (2007-2017) e de Evo Morales na Bolívia (2006-2019). Participaram desses processos diferentes atores sociais, tais como indígenas, operários, *cocaleros*, feministas, ambientalistas, intelectuais, entre outros.

Essas constituições basearam-se nos princípios do pensamento andino, isto é, nas cosmovisões dos povos indígenas do altiplano: *sumak kawsay* (em quíchua) e *suma qamaña* (em aimará), respectivamente, *buen vivir* e *vivir bien* (traduzidos ao espanhol). Esses conceitos defendem a necessidade de uma vida digna para todos, bem como a sobrevivência da espécie humana e do planeta (paradigmas biocêntrico/ecocêntrico). Na contramão dos projetos de genocídio, etnocídio e ecocídio que estamos vivendo atualmente, o bem viver[4] assenta-se na premissa de que é possível construir um outro mundo, onde prevaleça a cultura da vida e a relação de interdependência entre os seres vivos e a natureza.

Para compreender a gênese desse conceito e a sua materialização nas constituições do Equador e da Bolívia, neste capítulo tratamos, num primeiro momento, dos principais marcos da história do movimento indígena[5] nesses dois países. Em um segundo momento, apresentamos as disputas em torno do conceito e como ele se tornou um princípio norteador das duas Constituições e, por último, indicamos as influências e os impactos do bem viver em outros países da nossa região.

"UNIDADE NA DIVERSIDADE"

A história do movimento indígena equatoriano[6] no século XX está marcada por um processo de contínuas mobilizações vinculadas à luta pela terra, o que converteu os indígenas em um dos grupos políticos mais importantes do Equador. Vale destacar que esse país conta atualmente com uma população de cerca 16 milhões de habitantes, sendo que desse total aproximadamente um milhão se autoidentificam como indígenas.[7]

Já nas décadas de 1920 e 1930, ocorreu uma gradual politização da população do campo, de maioria indígena, em articulação com outros movimentos e instituições políticas de esquerda, sobretudo os sindicatos Inca, Tierra Libre e Pan y Tierra (fundados em 1926 – cujas principais reivindicações eram acesso à terra e à educação), bem como o Partido Socialista (1925) e o Partido Comunista (1931). Isso deu início ao processo que irá gerar nas décadas seguintes um movimento indígena profundamente organizado, que pautará não só as estratégias de resistência contra o Estado liberal/neoliberal capitalista, mas também proporá um projeto alternativo para o Equador (plurinacional e intercultural).

A historiografia equatoriana que trata do movimento indígena costuma ter como marco de análise as legislações agrárias. A Ley de Comunas e a Ley de Cooperativas, ambas de 1937, criadas em resposta à crescente mobilização indígena, que procuraram "estabelecer um novo sistema de controle sobre os indígenas", acabaram "construindo a base para a futura expansão do movimento",[8] pois o Estado reconheceu a existência das comunidades indígenas e estabeleceu a comuna como uma divisão política administrativa. Entretanto, essas leis não modificaram a desigualdade estrutural, por isso a luta pelo direito à terra continuou sendo a principal demanda do movimento.

Nas décadas de 1940 e 1950 surgiram importantes organizações que aglutinaram os povos indígenas, como a Confederación de Trabalhadores del Ecuador (CTE), o Partido Comunista de Equador (PCE), e sua subsidiária camponesa, a Federación Equatoriana de Indios (FEI), todas criadas em 1944. Essas organizações lutaram contra o *sistema hacendado* e em favor da reforma agrária, sendo que a última delas procurava "vincular a luta de classes com a defesa dos direitos indígenas", o que contribuiu para a formação de inúmeras lideranças. A plataforma de luta da FEI centrava-se, principalmente, na revisão do sistema agrário, na eliminação das formas de produção servil e na aplicação da legislação trabalhista. Além disso, o "estreito relacionamento da FEI com a CTE permitiu uma luta tanto no campo, através das conexões locais de líderes indígenas, quanto nas cidades, com o apoio dos comunistas urbanos".[9]

Nos anos 1960, seguindo as orientações da Aliança para o Progresso e do Conselho Interamericano Econômico e Social (ambas de 1961), o governo equatoriano pautou parte do plano de desenvolvimento nacional na reforma agrária. Tal iniciativa buscava barrar os avanços do comunismo na região pós Revolução Cubana (1959). Nesse contexto, em resposta às lutas do movimento indígena, foram promulgadas em 1964 a Ley de Reforma Agraria y Colonización e a Ley de Tierras Baldías y Colonización, criadas pela Junta Militar que então governava o Equador (1963-1966). Essas leis, por um lado, outorgaram créditos, proporcionaram assistência técnica e facilitaram os trâmites de compra e venda de terras e, por outro, ao considerarem grande parte da região Amazônica como zona baldia, incentivaram a colonização, a instalação de bases do exército e permitiram a exploração de petróleo pelas empresas transnacionais. Além disso, como consequência, foi criado o Instituto Ecuatoriano de Reforma Agraria y Colonización (IERAC).

O movimento de luta em favor da reforma agrária no Equador contou com a participação de setores progressistas da Igreja Católica – sobretudo o Movimiento Internacional de Juventudes Agrarias Católicas (MUARC) e a Iglesia y Sociedad en América Latina (ISAL) – empenhados na organização das comunidades camponesas e indígenas, bem como na conformação de uma organização política indígena que estivesse vinculada aos setores de esquerda da Igreja e às demais organizações políticas. O intuito era, por um lado, conformar uma organização paralela à FEI e, por outro, tentar frear o comunismo.

Essas entidades lograram realizar em 1972 o Congresso Campesino Reunido del Tepeyac, o qual se configurou como uma instância indígena e clerical. Esse congresso resultou, no mesmo ano, na criação da Ecuador Runacunapak Rikcharimui, El Despertar de los Indígenas Ecuatorianos (ECUARUNARI), entidade que se tornaria nas décadas seguintes uma das principais aglutinadoras da luta pela reforma agrária. As mobilizações dos povos indígenas, cada vez mais fortes, derivaram na criação da Frente Unitario por la Reforma Agraria (FURA), o que resultou na Ley de Reforma Agrária, de 1973, parte do esforço da Junta Militar para reduzir os conflitos agrários e acelerar o processo de legalização das terras.

Durante esse período ocorreu o fortalecimento das organizações indígenas e dos partidos de esquerda, bem como da Izquierda Cristiana e outros setores da Igreja Católica vinculados à Teologia da Libertação. Todos esses movimentos estavam articulados ao processo de redemocratização do país. É importante destacar que em 1980 ocorreu a Marcha Nacional Campesina e Indígena e, entre 1981 e 1983, foram organizadas cinco greves nacionais, cuja demanda se centrou na realização de uma reforma agrária completa.

Apesar de todas as pressões do movimento indígena, o processo de reforma agrária foi paralisado em 1984, no governo de León Febres (1984-1988), que não só intensificou a repressão aos movimentos sociais, como iniciou um novo processo de colonização do país, sobretudo da região amazônica. Isso afetou drasticamente os povos indígenas em função da exploração dos recursos naturais pelas grandes transnacionais. Em resposta, o movimento indígena criou, em 1986, uma instância superior de organização das suas entidades: a Confederación de Nacionalidades Indígenas del Ecuador (CONAIE), cujas federações e organizações a ela vinculadas reúnem cerca de 80% da população indígena no país, posicionando-a como a organização social mais importante dos povos indígenas no Equador. Sua meta principal era a luta pela terra e por uma reforma agrária radical, incluindo também a luta pela água e pela educação intercultural, além da construção do Estado plurinacional. Essa organização "representa os povos indígenas não apenas como tais, mas também como camponeses; pois existem elementos de classe ao lado de elementos étnicos na política da CONAIE".[10]

Ela foi responsável por organizar, em 1990, um grande levante indígena, com bloqueios de estradas, marchas e invasões de terras. Essa insurreição questionava os modelos de desenvolvimento e de democracia vigentes. Naquele contexto, a CONAIE suspendeu o Festival Inti Raymi, paralisou a capital do país e por vários dias ocupou estradas e terras convertendo os protestos no maior levante indígena da história do Equador. Entre outras pautas, destacavam-se os temas da reforma agrária, a autonomia, o autogoverno, a educação intercultural e o plurinacionalismo. Esses protestos geraram um projeto político comum, que integrou diversos setores progressistas, o que foi um ponto de partida para as demais ações da década de 1990.

Os levantes também se posicionaram contra as comemorações dos "500 anos de descobrimento da América". A crítica fundamentava-se no fato de que a história andina se baseia numa visão cíclica, alicerçada no conceito de *Pachacutik* ("renovação do mundo"). Em seu contexto original, esse conceito estava associado ao mito de invenção do mundo, presente na filosofia andina, com ciclos de criação e renovação ancorados na noção de tempo em um a dimensão espiral. *Pachakutik* refere-se, desse modo, à conclusão desses ciclos e à chegada de uma nova era, "uma mudança civilizacional", isto é, *Pachakamac* ("virar o mundo de cabeça para baixo").[11]

O conceito de *Paphaputik* influenciou a criação, em 1995, de um partido político, o Movimiento de Unidad Plurinacional Pachakutik-Nuevo País (MUPP-NP), braço da CONAIE. Isso ocorreu no bojo das campanhas contra a Ley de Desarrollo Agrario e pelo "não" no referendo sobre reformas econômicas e privatizações de áreas estratégicas do Estado (1994). No mesmo ano, a CONAIE publicou seu Projeto Político no qual se afirmava anticolonialista e anti-imperialista e propôs a descolonização do Estado com a criação de uma nova Constituição plurinacional. Este projeto também recomendava um outro modelo de desenvolvimento, centrado no ser humano e na defesa da vida, nos direitos da natureza e no bem viver.

Entre 1996 e 2006, o Equador viveu uma grave crise política, com nove diferentes presidentes. Também nesse contexto a CONAIE participou de várias mobilizações de índole anticapitalista e antineoliberal. Tal processo produziu a derrubada do governo de Abdalá Bucaram, em 1997, quando se inicia um período de instabilidade que resultou, em 2000, na caída do governo de Jamil Mahuad, a partir de uma coalizão entre militares dissidentes e o movimento indígena. Essa articulação militar-indígena gerou o Partido Sociedade Patriótica 21 de Enero, o que levou sua principal liderança, Lucio Gutierrez, à presidência do país (em aliança com o *Pachakutik*).

Nos anos seguintes, o movimento indígena participou da derrubada de vários governos considerados corruptos e exigiu o fim do Estado neoliberal. Nesse contexto, se fortaleceu o conceito de território vinculado ao de bem viver, defendidos sobretudo pelas organizações indígenas, que demandavam a necessidade não só de proteger a terra e a natureza, mas também a história e as instituições ancestrais. Finalmente, em 2006, Rafael Correa chegou ao poder e entre as muitas ações desse governo, destacamos aqui a convocação da Assembleia Constituinte, que culminou, ainda que tenha tido muitas disputas internas, na promulgação da Constituição de 2008 e, posteriormente, nos planos de governo do Movimento Alianza-PAIS.

"SOMOS IRMÃOS E O SANGUE AIMARÁ NUNCA SERÁ DERROTADO"

A Bolívia[12] tem atualmente uma população de cerca de 11 milhões de habitantes.[13] Desse total, aproximadamente metade se identifica como indígena. Vale destacar que a Constituição de 2009 reconheceu a diversidade étnica do país e oficializou 36 etnias e suas línguas (além do espanhol).

No intuito de explicar a força do movimento indígena boliviano, a historiografia desse país tem destacado a importância simbólica das narrativas sobre os levantes indígenas do período colonial, especialmente os de Atagualpa Inga Uman Tauchun (1532), de Túpac Amaru I (1571) e de Túpac Katari (1781). Ainda que essas rebeliões não tenham sido vitoriosas, elas permeiam a memória coletiva boliviana, tendo o levante de Katari inspirado um importante movimento político no século XX: o *katarismo*.

A lógica da ciclicidade nas mobilizações indígenas, como as de Atagualpa e Amaru, teria se repetido na rebelião de Katari e no movimento katarista. Este último teve início na década de 1970 e baseava-se na recuperação de uma identidade política dos povos indígenas, particularmente a aimará. O movimento, influenciado pelo pensamento de Fausto Reinaga (particularmente a obra *Manifiesto del Partido Indio de Bolivia* de 1970), centrou-se em dois pontos: o combate ao legado colonial que permaneceu mesmo após a independência e a luta contra a opressão vivida pelos povos indígenas.

Em contraposição à narrativa da derrota indígena, presente na história oficial boliviana, tem-se criado outras narrativas, principalmente após os cercos a La Paz no princípio dos anos 2000, protestos maciços que terminaram com a renúncia dos presidentes Gonzalo Sánchez de Lozada, em 2003, e de Carlos Mesa, em 2005. Essas narrativas guardam relação com o cerco de Katari também na cidade de La Paz, em 1781. A tradição oral atribui a esse líder indígena, depois de ter sido capturado pelas autoridades coloniais espanholas e antes de ter seu corpo desmembrado, a frase: "Eu morro, mas amanhã voltarei convertido em milhares de milhares".[14]

Embora o cerco a La Paz tenha sido derrotado e Katari assassinado, esse episódio ficou conhecido como um enorme feito de resistência indígena. Essas narrativas, reapropriadas na contemporaneidade, contribuem para construir, por um lado, um argumento de continuidade de uma lógica colonial e pós-colonial de dominação ainda presente no século XXI e, por outro, a necessidade de uma contínua resistência anticolonial, isto é, o enfrentamento aos colonialismos internos e aos imperialismos estrangeiros.

Em novembro de 2019, após a renúncia forçada de Evo Morales, parte dos moradores da cidade de El Alto (região metropolitana de La Paz), bem como militantes dos movimentos indígena, operário, *cocalero*, dentre outros, decretaram o *cerco de Túpac Katari*. Morales, então exilado no México, afirmou: "O imperialismo espanhol pensou que ao desmantelar Túpac Katari há 238 anos, acabaria com a força do povo para romper as correntes do colonialismo. Hoje, mais do que nunca, a luta continua. Diante da repressão do golpismo racista, repetimos a frase: 'Voltarei e serei milhões!'".[15]

É importante ressaltar que os povos indígenas foram um dos contingentes que mais sofreu com as guerras travadas pela Bolívia: a Guerra do Pacífico (1879-1883), a Guerra Federal (1898-1899) e a Guerra do Chaco (1932-1935). Contudo, foi exatamente a Guerra do Chaco que possibilitou a aproximação entre os grupos subalternos, indígenas, camponeses e operários, o que resultou na criação do Movimento Nacionalista Revolucionário (MNR), responsável pela Revolução nacionalista de 1952. Essa revolução, fruto principalmente da pressão dos movimentos indígena e sindical – neste mesmo ano foi criada a Central Obrera Boliviana (COB) –, engendrou algumas conquistas importantes, como o voto universal, a nacionalização das minas e a reforma agrária.

Em 1973 foi lançado o *Primer Manifesto de Tiwanaku*, marco do katarismo que denunciava a longa história de opressão e de luta dos povos indígenas desde a colonização até o século XX. O katarismo, calcado na ética política andina, especialmente nos preceitos do pensamento aimará, tinha a percepção de

> [...] continuidade de uma situação colonial que se impõe opressivamente a uma sociedade originalmente livre e autônoma [...] [e] a percepção da qualidade política do número: a noção de maioria étnica nacional, que se associa ao *"despertar do gigante adormecido"*.[16]

Todavia, divergências entre as reivindicações do movimento indígena resultaram, em 1978, na formação de duas organizações dentro do katarismo: o Movimento Revolucionário Túpac Katari (MRTK), mais vinculado ao espaço urbano e às demais organizações de esquerda, e o Movimento Índio Túpac Katari (MITKA), de base indígena e camponesa.

Este último propunha mudanças mais radicais, além de denunciar a esquerda tradicional, a opressão e a discriminação racial. Também neste período foi criada, em 1979, a Confederación Sindical Única de Trabajadores Campesinos de Bolivia (CSUTCB), principal instância de luta camponesa, que centrou suas ações na defesa do Estado Plurinacional.

Nas décadas seguintes, a Bolívia viveu sob ditadura civil-militar (1964-1982), marcada por intensa repressão, em uma tentativa de desarticulação das organizações trabalhadoras e das forças políticas de esquerda. Já a partir da redemocratização, o país adotou os preceitos neoliberais pautados no Estado mínimo (medidas de austeridade e privatizações), o que gerou inúmeras manifestações dos movimentos sociais.

Ainda que a Bolívia tenha tido uma mudança constitucional em 1994, esta não representou uma transformação radical para os povos marginalizados em geral, e os indígenas em particular, principalmente com o avanço das corporações transnacionais em seus territórios, o que produziu uma onda de marchas indígenas, tal como a Marcha Indígena y Campesina por el Territorio, Tierra, Derechos Políticos y Desarrollo (1996). Essa marcha lutava pelo direito aos territórios autônomos que estavam sendo ameaçados pelas invasões das empresas madeireiras, petroleiras e mineiras, e se insurgia contra a lei proposta pelo Instituto Nacional de Reforma Agraria (Inra). Tal movimento contra-hegemônico resultou, em 1987, na conformação de um bloco de esquerda, o Movimento al Socialismo (MAS), que integrava organizações indígenas, sindicatos de trabalhadores, *cocaleros*, trabalhadores urbanos e rurais, entre outros. Além de lutar contra as políticas neoliberais, este movimento se converteu, posteriormente, em um partido político e adotou importantes reivindicações étnicas, ambientais, energéticas etc.

Há que se destacar nesse contexto o protagonismo do movimento *cocalero* (composto por camponeses e indígenas), bem como sua principal liderança, Evo Morales. Importa dizer que a folha de coca tem grande importância como símbolo religioso dentro da espiritualidade andina, cuja planta é tradicionalmente utilizada pelos povos indígenas devido ao seu potencial nutritivo, terapêutico e analgésico (em especial para amenizar os males da altitude).

Tendo sido muito perseguidos pelo Estado desde a década de 1980, no contexto da guerra às drogas imposta pelos Estados Unidos, por ser a folha de coca matéria-prima para a cocaína, os *cocaleros* se fortaleceram como movimento político, especialmente com os levantes antineoliberais e anti-imperialistas do início do século XXI, alcançando grande repercussão não só na Bolívia, mas também no exterior.

O primeiro desses levantes foi a Guerra da Água (2000), luta contra o monopólio da água pelas corporações transnacionais. Tal mobilização ocorreu inicialmente em Cochabamba e posteriormente se alastrou para outras partes do país. Embora tenha enfrentado muita repressão, foi vitoriosa e passou a ter um significado simbólico muito importante, pois representava um desafio ao modelo neoliberal, marcado pela privatização dos recursos naturais. Além disso, propiciou uma mobilização permanente dos movimentos sociais, gerando a Batalha da Coca (2002), relativa à tentativa de intervenção estadunidense para erradicação da folha de coca e a Guerra do Gás (2003), movimento em resposta à venda de gás natural para os Estados Unidos através dos portos chilenos.

As mobilizações, cujas ações se baseavam em bloqueios e paralisações, se concentraram em La Paz e em El Alto, tiveram como resultado a revogação do decreto de hidrocarbonetos e a queda do presidente Carlos Mesa (2005). Esse processo gerou, em 2004, um encontro que firmou o Pacto de Unidad Indígena, Originario y Campesino, o qual defendia como pauta principal a conformação de um Estado plurinacional e a nacionalização dos hidrocarbonetos.

Nos anos seguintes, as mobilizações, organizadas sobretudo pelas entidades indígenas, operárias e *cocaleras*, alcançaram maior intensidade e, em 2005, Evo Morales foi eleito presidente. Entre as muitas ações desse governo, destacamos aqui a Assembleia Constituinte, que resultou na Constituição de 2009. Apesar de todas as resistências da oposição, a nova Constituição foi aprovada via referendo, criando o Estado Plurinacional de Bolívia.

UM CONCEITO EM DISPUTA

O conceito de bem viver é polissêmico e está em constante disputa, debate e construção. "Se trata de um conceito complexo, não linear, historicamente construído e em constante mutação".[17] Embora tenha origem em uma cultura andina comum, existem diferentes interpretações dos conceitos "originais" quíchua e aimará formulados pelos movimentos indígenas, operários, universitários e intelectuais orgânicos vinculados aos dois governos (Correa e Morales) e Organizações Não Governamentais (ONGs) etc.

O conceito também atravessou os limites andinos e tem sido constantemente reelaborado em outros países por movimentos sociais, partidos políticos, sindicatos, ONGs, entre outros. A sua circulação internacional pode ser observada nos diversos encontros do Fórum Social Mundial, onde é debatido como um conjunto de ideias baseadas no pensamento andino, mas que tem capilaridade nos demais contextos.

No Brasil, a partir dos anos 2000 (de forma incipiente) e pós Constituições do Equador (2008) e Bolívia (2009) (de forma efetiva), o conceito tem estado presente nos espaços de formação de movimentos sociais, como o Movimento dos Trabalhadores Rurais Sem Terra (MST); de sindicatos, como a Central Única dos Trabalhadores (CUT); de partidos políticos, como o Partido Socialismo e Liberdade (PSOL); de universidades, como a Universidade Federal da Integração Latino-Americana (UNILA) e de ONGs, sob a organização da Associação Brasileira de ONGs (ABONG).

O bem viver segue em constante construção pelos mais diversos atores e está suscetível às múltiplas reelaborações, fruto das intempéries políticas, como os golpes de Estado que impactaram os países da América do Sul nos últimos anos (2012 no Paraguai, 2016 no Brasil e 2019 na Bolívia). Operam nessa construção duas diferentes temporalidades: o pensamento andino baseado em uma filosofia elaborada na longa duração e as demandas do tempo presente que respondem aos contextos locais. O bem viver remete-se, assim, a

> um passado ao qual se deve retornar para construir um novo futuro. Trata-se de ideia recorrente da originalidade tradicionalizada ou tradição tornada original que permeia diferentes conceitos e ideologias produzidas a partir do pensamento político das esquerdas na periferia.[18]

Dentro do bem viver podem ser identificadas três correntes de pensamento: a indigenista, a socialista e a pós-desenvolvimentista. A primeira, a indigenista, dá relevância ao tema da autodeterminação dos povos indígenas na construção do bem viver, assim como se baseia nos elementos-chave da cosmologia andina (sobretudo os espirituais). Propõe alternativas ao modelo de desenvolvimento, pois parte do princípio de que o conceito de desenvolvimento não integra a cosmovisão indígena, de modo que o bem viver "não pode ser uma variante indígena do desenvolvimento, mas um conceito alternativo a ele".[19]

A segunda corrente, a socialista, dá relevância à gestão política estatal do bem viver, assim como a elementos relacionados à justiça social. Fruto do pensamento neomarxista moderno, "é uma proposta racional de transformação social que busca, acima de tudo, a equidade, mantendo a harmonia com a natureza".[20] Propõe, desse modo, um modelo de desenvolvimento alternativo ao neoliberalismo e ao capitalismo.

Por último, a corrente pós-desenvolvimentista dá relevância à preservação da natureza e à construção democrática e participativa do bem viver. Não defende um modelo de desenvolvimento nem uma alternativa ao desenvolvimento, mas sim a criação de uma proposta para além do desenvolvimento. Advoga a necessidade de um processo participativo que visa (re)construir a utopia com base nos princípios do bem viver. Esse grupo "aspira construir várias sociedades em que cada uma viva sob seu próprio bem viver".[21]

Essas três correntes disputaram e influenciaram diretamente as Assembleias Constituintes do Equador e da Bolívia. Cada uma delas participou do jogo político valendo-se de sua própria interpretação do conceito do bem viver, adaptando-o às disputas em pauta. Nesse sentido, o bem viver cumpriu "um papel de legitimação de posições no interior de disputas intragovernamentais e entre governos e setores sociais, servindo de parâmetro" para os diversos grupos avaliarem os seus respectivos governos.[22]

É importante destacar que, na Constituição equatoriana, o bem viver aparece como elemento ordenador, principalmente no que tange ao modelo de desenvolvimento e garantia de direitos, bem como expressão da organização e execução desses direitos. Apresenta um caráter transversal que integra a interculturalidade e a interdependência dos seres humanos em relação à natureza, conectando o Estado plurinacional com a virada biocêntrica. Por sua vez, na Constituição boliviana, o conceito se configura como "princípio ético-moral" no marco da pluri-nacionalidade. Um dos fundamentos do Estado é a busca do bem viver, que deve ser orientado para melhorar a qualidade de vida da população.

Embora o bem viver apareça como marco fundacional das duas constituições, na boliviana o conceito teve mais impacto no que concerne à plurinacionalidade; e, na equatoriana, foi decisivo para a constituição da natureza como sujeito de direitos, pois "com o reconhecimento da natureza como um 'espaço onde a vida se reproduz e se realiza', esses direitos fazem com que a natureza não seja mais considerada um 'recurso' inerte a ser explorado".[23]

Além de ter sido um princípio norteador das duas constituições, o bem viver também foi utilizado em larga escala nos textos, discursos e planos dos governos Correa e Morales. O conceito seguiu

> vigente como um significante que nomeia o "horizonte histórico" projetado nos dois países, por mais que possa ter adquirido novos significados no processo ou que possa estar em contradição com projetos e estratégias dos dois governos.[24]

UMA NOVA UTOPIA LATINO-AMERICANA?

O Peru faz parte do chamado Arco Andino (Bolívia, Equador e Peru), região que concentra a maior quantidade absoluta e relativa da população indígena em toda a América do Sul. Em conjunto com o México e a Guatemala, o Arco Andino forma a principal concentração de povos indígenas de todo o continente americano. Todavia, ainda que o Peru tenha uma percentagem de população indígena similar à do Equador, o movimento indígena peruano não conseguiu avançar substancialmente nas suas principais pautas. Embora exista um discurso pan-andino, o conceito do bem viver (atrelado à demanda do Estado plurinacional e intercultural) vem tendo menos fortuna nesse país.

Para alguns historiadores, isso se deve, por um lado, à falta de coesão do movimento indígena peruano, ao seu histórico de ambígua vinculação com determinados partidos políticos, à criação de instituições de tutela e controle estatal, assim como à divisão entre um indigenismo oficialista e outro de base. Por outro lado, o enfraquecimento do movimento indígena peruano teria relação com a atuação do Sendero Luminoso (organização de inspiração maoísta que atuou entre 1964 e 1995). A despeito do que foi descrito, sob impacto da luta política que está ocorrendo nos países vizinhos andinos, parece haver "um lento despertar dos indígenas" peruanos,[25] a partir de uma reelaboração do bem viver, desde o final dos anos 1990, derivado em grande medida do fortalecimento do movimento indígena da Serra peruana.

O Paraguai, por sua vez, é outro país da América do Sul com maioria da população indígena em que o movimento indígena não logrou construir um projeto como o do Equador e da Bolívia. O bem viver para o povo guarani, *tekó porã* ("boa maneira de se viver"), que está associado à busca da *ivy marãne'y* ("terra sem males"),[26] tem sido um importante conceito operacionalizado pelo movimento indígena paraguaio, embora com resultados que não conseguiram desafiar as desigualdades estruturais.

A Constituição paraguaia de 1992, apesar de ter incorporado algumas demandas sociais, se configurou a partir de um processo sem efetiva participação popular, como foi o caso do Equador e da Bolívia. Mudanças importantes chegaram a ocorrer durante o governo de Fernando Lugo (2008-2012), como, por exemplo, a soberania energética. Entretanto, o mandato de Lugo foi interrompido bruscamente por um golpe de Estado camuflado por um processo de *juício político,* conduzido pelo parlamento controlado pela oposição. Se Lugo não tivesse sofrido o golpe, talvez o Paraguai também fosse hoje um país oficialmente plurinacional.

Ao contrário do senso comum construído pela retórica neoliberal, que defendeu por décadas que o Chile era o "oásis sul-americano", nesse país eclodiu em 2019 uma das mobilizações sociais mais fortes da nossa região. Conhecido como *Estallido Social*, expressão que identifica um conjunto de mobilizações sociais que irromperam em várias cidades do Chile com duras críticas ao neoliberalismo, esse movimento denuncia a ilegitimidade da Constituição atual, fruto da ditadura civil-militar de Augusto Pinochet (1973-1990).

Vale destacar que o Chile é o único entre os países que viveram regimes autoritários na América Latina cuja transição democrática manteve uma institucionalidade ditatorial. A Constituição de 1980 perdura até hoje com enclaves autoritários que paradoxalmente permaneceram em vigor no período pós-redemocratização. Uma das demandas sociais de maior consenso, fruto do *Estallido Social*, é exatamente uma renovação constitucional por meio de uma Assembleia Constituinte que seja participativa e democrática, nos moldes do Novo Constitucionalismo Latino-Americano. A demanda por uma nova Constituição também está marcada por temas que se vinculam às lutas travadas no Equador e na Bolívia, tais como a defesa do Estado plurinacional e os direitos da natureza. A agenda chilena tem sido influenciada pelo movimento indígena, sobretudo o movimento *mapuche*, cujo conceito de bem viver relaciona-se ao de *küme mogen* ("vida boa").

Finalmente, o ano de 2019 também foi problemático para os movimentos indígenas do Equador e da Bolívia. No caso do Equador, levantes indígenas organizados pela CONAIE contra as medidas adotadas pelo presidente Lenín Moreno, sobretudo a retirada de subsídios aos combustíveis, pararam o país, o que fez Moreno voltar atrás. Embora a Constituição de 2008 siga em vigor, muitos de seus princípios são desconsiderados e a relação dos povos indígenas com o governo é marcada por vários enfrentamentos. Já no caso da Bolívia, a renúncia forçada de Morales ampliou a crise política e fragilizou o movimento indígena, perseguido pelo atual governo de transição. Com o fim dos 14 anos de governo do MAS, os povos indígenas estão rearticulando a resistência, isto é, enfrentando as medidas do atual governo, que parece querer o fim do Estado Plurinacional da Bolívia. Todavia, apesar das dificuldades enfrentadas nos dois países, o bem viver segue sendo o princípio norteador não só das duas constituições, como permanece em constante disputa e no horizonte de luta dos movimentos sociais, uma utopia latino-americana.

Notas

[1] Alicia Bárcena, "América Latina e Caribe é região mais desigual do mundo, revela comissão da ONU", disponível em https://nacoesunidas.org/america-latina-e-caribe-e-regiao-mais-desigual-do-mundo-revela-comissao-da-ONU/, acesso em 20 dez. 2018.

[2] Boaventura Santos, *A cruel pedagogia do vírus*, Coimbra, Almedina, 2020, p. 28.

[3] Todas as traduções das citações são da autora deste capítulo. Catherine Walsh, *Interculturalidad, Estado, Sociedad: Luchas (de)coloniales de nuestra época*, Quito, Universidad Andina Simón Bolívar/Ediciones Abya-Yala, 2009, p. 214. As traduções do espanhol para o português são de nossa autoria.

[4] Neste capítulo, optamos por usar o termo "bem viver" na sua tradução para o português e não os termos em quíchua *sumak kawsay* (*buen vivir*) e em aimará *suma qamaña* (*vivir bien*), por ser a expressão "bem viver", segundo Tadeu Breda, "um termo utilizado há alguns anos por movimentos sociais brasileiros" para pautar as lutas políticas. Tadeu Breda, "Do tradutor", em Alberto Acosta, *O bem viver: uma oportunidade para imaginar outros mundos*, São Paulo/Autonomia Literária/Elefante, 2016, p. 11.

O *"bem viver" como uma nova utopia latino-americana*

[5] Neste texto, utilizamos a expressão "movimento indígena" no singular, embora reconheçamos a enorme diversidade presente no movimento indígena latino-americano. Aqui este termo abarca os povos indígenas e as suas organizações. Além disso, importa mencionar que, ao longo do seculo XX, os termos "indígena" e "camponês" sofreram um processo de mimetização.

[6] O título desta seção, "Unidade na diversidade", foi o lema do movimento indígena equatoriano por ocasião do lançamento do Projeto Político da *Confederación de Nacionalidades Indígenas del Ecuador* (CONAIE).

[7] Instituto Nacional de Estadística y Censos (INEC), disponível em: https://www.ecuadorencifras.gob.ec/resultados/, acesso em 13 ago. 2020.

[8] Philipp Altmann, "Una breve historia de las organizaciones del Movimiento Indígena del Ecuador", *Antropología - Cuadernos de Investigación*, n. 12, 2013, p. 106.

[9] Idem, p. 107.

[10] Idem, p. 116.

[11] Graciela Irureta, "La descolonización en tiempos del *Pachakutik*", *Polis*, v. 9, n. 27, 2010, p. 17.

[12] O título desta seção foi o lema do movimento indígena boliviano durante os levantes de 2003.

[13] Instituto Nacional de Estadística (INE), disponível em https://www.INE.gob.bo/, acesso em: 22 nov. 2020.

[14] Silvia Cusicanqui,*"Oprimidos pero no vencidos": Luchas del campesinado Aymara y Qhechwa 1900-1980*, La Paz, La Mirada Salvaje, 2010, p. 212.

[15] Boris Miranda, "O que é o cerco de Túpac Katari, anunciado por seguidores de Evo e temido em La Paz", *BBC News Mundo*, Bolívia, 19 nov. 2019, disponível em https://www.bbc.com/portuguese/internacional-50468231, acesso em: 04 dez. 2019.

[16] Silvia Cusicanqui, op. cit., pp. 211-212 (grifo da autora).

[17] René Ramírez, "La transición ecuatoriana hacia el Buen Vivir", em Irene León coord.) *Sumak Kawsay / Buen Vivir y cambios civilizatorios*, Quito, FEDAEPS, 2010, p. 139.

[18] Fabrício Pereira, "Comunalismo nas refundações andinas do século XXI. O sumak kawsay/suma qamaña", em *RBCS*, v. 34, n. 101, 2019, p. 4.

[19] Antonio Hidalgo-Capitán e Ana Cubillo-Guevara, "Seis debates abiertos sobre el sumak kawsay", em *Íconos* – Revista de Ciencias Sociales, Quito, n. 48, 2014, p. 34.

[20] Idem.

[21] Idem, p. 37.

[22] Fabrício Pereira. op. cit., p. 13.

[23] Salvador Schavelzon, *Plurinacionalidad y vivir bien/buen vivir: dos conceptos leídos desde Bolivia y Ecuador*, Quito, Abya Yala-Clacso, 2015, p. 252.

[24] Fabrício Pereira, op. cit., p. 15.

[25] Xavier Albó, *Movimientos y poder indígena en Bolivia, Ecuador y Peru*, La Paz, CIPCA, 2008, p. 115.

[26] Bartomeu Meliá, *La tierra sin mal de los quaraní. Economía y profecía*, Assunção, Ateneo Paraguayo, 1987.

O FRACASSO DA UTOPIA BOLIVARIANA

Sylvia Colombo

A Venezuela tem sido sinônimo, nos últimos tempos, de caos, crise humanitária, exemplo de autoritarismo e de argumento da direita e da centro-direita para vencer eleições por meio de uma espécie de ameaça: "se não votarem em mim, vamos virar uma Venezuela", afirmaram, de norte a sul, vários candidatos, como mote de campanha para que saíssem vitoriosos em eleições. Aconteceu na Argentina, no Chile, na Colômbia e também no Brasil.

Mas por que o projeto do chavismo venezuelano acabou se transformando numa ditadura de esquerda liderada, neste ano de 2020, por Nicolás Maduro? Onde, de fato, não há apenas uma tragédia econômica e social, como também liberdades estão restringidas, onde há milhares de presos políticos, o jornalismo e a livre expressão estão sendo cerceadas e a oposição perseguida, banida e, em muitos casos, obrigada a sair do país?

No capítulo que segue, mostrarei o contexto histórico das últimas décadas da crise da Venezuela, que a levaram a estar nessa situação atual, onde há desabastecimento de alimentos, colapso do sistema de saúde, hiperinflação e desemprego avassaladores.

Tal crise levou a que mais de 5 milhões de pessoas (de um total de 28,8 milhões) deixassem o país. Há quem saia em avião, quem tenha propriedades e bens fora da Venezuela e que, por conta disso, pode viver o autoexílio de forma mais confortável. Mas há, também, os refugiados que saem em ônibus, caronas ou mesmo caminhando, criando, por sua vez, um imenso problema social, político e econômico para a região.

Em várias viagens que realizei ao país desde a chegada de Hugo Chávez (1954-2013) ao poder, em 1999, para realizar coberturas jornalísticas de eventos políticos, e, mais intensamente, a partir de 2014, para cobrir de modo mais específico o agravamento dessa situação, me deparei com diversas transformações do cenário político.

Por exemplo, em fevereiro de 2014, ao mesmo tempo em que havia marchas de protesto no lado leste de Caracas, onde estão localizados os bairros de classe média e média alta e que concentram grande número de opositores ao chavismo, também havia, ao mesmo tempo, nas redondezas do Palácio de Miraflores (sede do poder executivo), ou nos chamados "*barrios rojos*" (de maioria chavista), manifestações multitudinárias de apoio ao regime de Maduro.

Essas últimas eram compostas, em sua maioria, por gente humilde que, de fato, havia tido melhorias de vida no começo da gestão de seu antecessor, Hugo Chávez, que ficou no poder de 1999 a 2013.

Embora já houvesse desabastecimento e estantes vazias nos supermercados, e que os indicadores econômicos já apontassem para o que viria – um grande aumento nas cifras de desemprego e pobreza –, a mítica da era que havia há pouco terminado persistia. Chávez trabalhou muito bem o aparato de propaganda de sua gestão, e ecos disso continuaram a fazer efeito, ainda que de uma forma decrescente, nos anos depois de sua morte.

Já iniciada a crise do chavismo no começo da era Maduro, com a moeda, o bolívar, desvalorizando-se e a falta de comida e de remédios se impondo, ainda assim era comum encontrar pessoas convictas de que Maduro poderia recuperar aquele período de bonança econômica e de tantos planos sociais e alimentares que ajudaram milhões a deixar a pobreza e almejar um futuro melhor. Lembro-me muito da frase, repetida por vários entrevistados na época: "Maduro não é Chávez, mas é quem Chávez escolheu, por isso estamos com ele". Era isso que se obtinha de resposta quando se perguntava aos apoiadores do regime porque seguiam com ele, se a degradação do país era cada dia mais visível.

Para que se tenha ideia da força da marca de Chávez na vida de tantas pessoas, conto que meu espanto foi imenso ao entrar numa casa, no bairro humilde do Petare, em Caracas, em meados de 2016, e encontrar ali num pequeno altar, ao lado de uma imagem da Virgem Maria, um busto de Chávez, coberto de rosários e com velas em ambos os lados.

Com o tempo, porém, as marchas e os movimentos a favor da chamada revolução "bolivariana" foram diminuindo. No ano de 2019, elas não conseguiam encher nem apenas uma só rua, muito menos reunir assistência suficiente para lotar os arredores do palácio de Miraflores, como ocorria antes.

Por outro lado, as marchas antigoverno cresceram, líderes opositores surgiram, foram perseguidos, inabilitados ou presos e iam sendo substituídos por outros, cada vez reunindo mais apoio.

O mais recente deles é Juan Guaidó, o primeiro a de fato reunir todas as classes sociais nas manifestações a seu favor. Os primeiros atos que liderou, além de multitudinários, estavam cheios de esperança e de energia. Com o tempo, porém, Guaidó passou a ser questionado por sua ineficácia para propor uma alternativa à ditadura que fosse viável e democrática.

No começo de 2020, seu desgaste já era grande por conta de vários erros em série.

No momento em que são escritas estas páginas, o futuro da Venezuela é profundamente incerto. O país, que chegou a ser um refúgio seguro para os intelectuais e militantes progressistas que haviam fugido das ditaduras do Cone Sul, nos anos 1970, de repente se transformou num local do qual muitos querem escapar por não terem o que comer, como trabalhar e por não encontrarem, no país em que nasceram, perspectivas de melhorar de vida.

O ano de 2020 trouxe ainda mais uma dificuldade para a Venezuela: a pandemia do coronavírus, que colocou em xeque um sistema de saúde já completamente debilitado e deu ainda mais poder a Maduro para que exerça repressão, controle da oposição e perseguição a políticos, militares dissidentes e jornalistas.

CHÁVEZ

Quando Hugo Chávez chegou ao poder, em 2 de fevereiro de 1999, a Venezuela vivia um período de tensão social, crise econômica e instabilidade política. Segundo a Cepal (Comissão Econômica para a América Latina e o Caribe), 49,4% da população vivia na pobreza. Em 2012, com 12 anos de regime chavista, essa cifra havia baixado para 27,8%.

De origem de classe média, filho de professores escolares, Chávez entrou para o Exército e logo passou a se desencantar com o sistema político venezuelano, cujo velho sistema do bipartidismo se mostrava em desgaste. Durante décadas, se haviam revezado no poder a Ação Democrática, de inspiração social-democrata, hoje um partido de centro-direita, e a Copei, da democracia cristã, um pouco mais progressista, mas ainda na esfera do centro político. Eram, de todo modo, partidos elitistas e pouco haviam se democratizado nos anos anteriores.

O surgimento de Chávez se explica a partir de um contexto específico. País com imensas reservas petrolíferas, a Venezuela pouco havia repassado os benefícios dessa milionária indústria ao conjunto da população. Esta, além disso, tampouco participava da política, concentrada nas mãos desses partidos. O cansaço político e social com relação aos governantes vinha crescendo, e foi nesse entorno que a figura de Chávez surgiu e logo ganhou projeção.

De modo clandestino, Chávez fundou, em princípios dos anos 1980, o Movimento Bolivariano Revolucionário 200. E, com este, tentou dar um golpe de Estado contra o então presidente, Carlos Andrés Pérez, em 1992. Andrés Pérez foi um dos principais nomes da Ação Democrática.

Embora a empreitada tenha falhado, Chávez ganhou milhares de seguidores. Tanto que, quando saiu da prisão, em 1994, por conta de um indulto dado pelo então presidente Rafael Caldera (recém-saído da Copei), começou a amealhar apoio popular, principalmente entre a população mais humilde, que passou a ver nele um líder diferente. Chávez lhes falava de modo mais direto e parecia disposto a terminar com a corrupção e o desgaste da classe política de então. Finalmente, ainda, um líder moreno, que tinha a cor de pele de boa parte da população mestiça.

Chávez ganhou a eleição de 1998 evocando a Simón Bolívar (1783-1830), herói da libertação da Venezuela e de outros países sul-americanos do domínio espanhol. Aos poucos, transformou-o em peça essencial de sua narrativa de país. Nela, fundamentou a base do populismo autoritário em que seu governo, ainda que eleito de forma democrática, depois se transformaria.

Embora o Bolívar de seu discurso tenha sido usado para construir um conceito, o da "revolução bolivariana" ou "o socialismo do século XXI", o Bolívar histórico diferia muito do que Chávez dizia que ele havia sido.

Simón Bolívar nasceu de uma família aristocrática de Caracas e teve uma formação liberal. Celebrizou-se por, ao lado de José de San Martín (1778-1850), ter liberado grande parte dos países da América do Sul. São famosas as referências ao fato de sua família ter sido proprietária de escravos, e de o próprio Bolívar apenas se dar conta e contestar esse tipo de injustiça social muito tarde em sua vida.

Seu impulso pela independência baseava-se numa visão liberal de patriotismo, o que correspondia, naquela época, a uma atitude progressista.

Com Chávez, esse patriotismo, porém, foi transformado num anti-imperialismo anacrônico, baseado no comunismo do século XX, portanto posterior a Bolívar.

Ao querer travestir Bolívar de herói socialista, ao final de sua vida, Chávez acabou, na verdade, transformando-o numa justificativa para o autoritarismo que não se encontra nos escritos do Bolívar histórico.

Isso, e não a "revolução socialista do século XXI", foi o que Chávez acabou implementando. Ao estender a possibilidade de reeleições e postular-se sempre como a única alternativa viável para sua própria revolução, sem abrir mão de recursos fraudulentos em eleições viciadas, Chávez radicalizou seu projeto de ficar no poder de modo indefinido, principalmente depois da tentativa de golpe que foi perpetrada contra seu governo em 2002.

O obstáculo para que seguisse com seu projeto foi o câncer que o matou, em 2013. Em seu lugar, hoje, Nicolás Maduro segue na mesma linha, dessa vez evocando a Bolívar, mas também a Chávez. No discurso de Maduro, Bolívar e Chávez são os heróis fundacionais do "socialismo bolivariano". Na prática, servem para referendar seu próprio projeto de eternizar-se no poder.

NOVA CONSTITUIÇÃO

O princípio do governo de Chávez não poderia mostrar-se como mais democrático. Ele mesmo diria, em entrevista, quando recém-eleito, ao jornalista mexicano Jorge Ramos, em dezembro de 1998, que estava "disposto a entregar o cargo em cinco anos", assim que acabasse seu mandato, ou "até mesmo antes", caso o povo assim o pedisse.

Nessa época, Chávez ainda vestia terno e gravata, como um civil, e não o traje militar e a boina vermelha, ou todo de vermelho, que é sua imagem hoje mais célebre.

Em 1999, recém-empossado, Chávez convocou uma Assembleia Nacional Constituinte. A nova Carta ampliava a democracia representativa do país, reconhecendo direitos indígenas, incluindo minorias e assumindo que a Venezuela era um país pluricultural. O nome, inclusive, passou a ser República Bolivariana da Venezuela.

Por outro lado, fez desaparecer o sistema bicameral, dando lugar à Assembleia Nacional. Já o mandato do presidente, de cinco anos, passou para seis. E novas eleições, sob a nova Constituição, foram marcadas para 2000. Chávez venceu e ainda conquistou, com seu Movimento Quinta República (ou MVR), a maioria no novo parlamento. Além disso, conseguiu reduzir os dois principais partidos de oposição, a Ação Democrática e a Copei, a representações muito reduzidas (16% e 5,3%, respectivamente).

Apesar de a chegada de Chávez ao poder ter representado uma quebra no bipartidismo que havia dominado a vida política venezuelana na segunda metade do século XX, algumas características desse período persistiram. A saber: a grande ingerência do Estado na economia, a dependência do país dos rendimentos do petróleo e o clientelismo.

A principal diferença foi a redistribuição de renda e a abertura da política para que aquela classe mais humilde, antes desdenhada pela política tradicional e que antes não participava do debate, alcançasse cargos de poder.

Chávez aumentou o gasto público e o repasse de recursos, por meio de bônus, benefícios e assistência social às camadas mais pobres da sociedade.

Isso, com o tempo, acirrou a polarização política do país. Além dos ranços de classe, havia incômodo com a chegada de um novo grupo ao poder, mais mestiço e popular.

Na sequência, Chávez deu um passo a mais, promovendo estatizações de empresas e de meios de comunicação.

Os ânimos se acirraram ainda mais com uma forte oposição aos avanços sobre a propriedade privada e à liberdade de imprensa.

Enquanto o preço do petróleo se manteve alto, foi possível manter essas políticas, e isso ocorreu até 2008, mesmo sob fortes críticas da oposição.

Chávez foi inflando o Estado, criando novos ministérios, aumentando o número de postos de trabalho no serviço público e aproximando o Exército dos cargos de poder.

A primeira manifestação de peso contra seu governo começou cedo, já em 2001, convocada pela Fedecámaras, o principal grêmio de empresas do país. No ano seguinte, houve a tentativa de golpe, e Chávez se tornaria, depois disso, um governante distinto, mais intransigente, de discurso mais inflamado e bélico, centralizando ainda mais o poder e preferindo as Forças Armadas às instituições democráticas como parceiros de sua gestão.

Nos dias de hoje, o que se vê na Venezuela é fruto desse momento crítico da história política do país, quando houve uma cisão importante da democracia venezuelana.

Chávez venceu uma nova eleição em 2006, com 62,8% dos votos, e com um discurso ainda muito popular de defesa do modelo de produção com forte intervenção do Estado.

Em 2007, o partido político que o sustentava mudou de nome e transformou-se no Partido Socialista Unido da Venezuela (PSUV), reunindo outras forças de esquerda e tornando-se praticamente hegemônico, uma vez que a oposição havia se recusado a participar do pleito legislativo de 2005.

Em junho de 2011, Chávez anunciou que tinha uma grave doença, embora sem especificar qual era. A turbulência política voltou a acirrar-se, pois haveria eleições presidenciais no ano seguinte.

A oposição, reunida desde 2008 no que passou a se chamar Mesa da Unidade Democrática (MUD), voltou a aumentar o volume das críticas ao governo e a ver uma oportunidade de tirar Chávez do poder pela via democrática. A MUD reunia forças liberais, progressistas, de centro-esquerda e da democracia cristã. O que as unia era o antichavismo.

Nas eleições parlamentares de 2010, a oposição tinha se dado conta do erro de 2005 e participou da votação. Ainda que os governistas tenham ficado à frente, com 48,1% dos votos, os oposicionistas ganharam robustos 47,2%, e já estavam, portanto, de volta ao jogo político.

Nas primárias da MUD, ainda, foi escolhido o oposicionista mais vocal para enfrentar nas urnas a Hugo Chávez, Henrique Capriles Radonsky, do partido Primeiro Justiça, ex-deputado e governador do estado de Miranda.

Mesmo doente, e sem aparecer em público, Chávez venceu a eleição de outubro de 2012, por 55,07% contra 44,32% de Capriles. Porém, em 10 de dezembro, de modo abrupto, Chávez anunciou que viajaria para Cuba para uma intervenção cirúrgica e designou Nicolás Maduro, seu vice-presidente, para concluir seu período constitucional.

A ausência de Chávez se prolongou mais do que o esperado e houve um duro debate sobre a legitimidade de Maduro no cargo. No dia 5 de março de 2013, foi anunciada a morte de Chávez. Sob pressão, Maduro convocou eleições para abril.

MADURO

Um novo capítulo da história recente venezuelana começou aí. No dia 14 de abril de 2013, Nicolás Maduro venceu Capriles por uma margem muito pequena de votos, 50,6% contra 49,01%.

Em entrevista que realizei com Capriles em 2017, em Caracas, este se lamentava de sua própria atitude naquela noite, pois considerava que havia ocorrido uma fraude. "Eu sabia que tinha ganhado. Vários oposicionistas me ligaram para dizer: 'vamos para a rua, não aceitemos esse resultado, você ganhou', me falavam", contou.

Capriles, porém, relatou que sentiu medo de que, ao fazer isso, poderia fazer desandar "um banho de sangue pelo qual não queria ser o responsável".

Entre os que o empurraram para as ruas naquela noite estava Leopoldo López, outro jovem líder oposicionista com ambições presidenciais, que depois seria preso pelo governo e, no momento em que escrevo essas linhas, está refugiado na embaixada da Espanha em Caracas.

O medo de Capriles tinha razão de ser, mas, ao mesmo tempo, causou o fim de sua carreira política. Sua imagem se desgastou, passou a ser conhecido como aquele que tinha se acovardado diante do chavismo. Na mesma entrevista, me disse que "o banho de sangue acabou ocorrendo de todos os modos, e continua ocorrendo todos os dias, mas eu não tinha como saber isso".

Com Capriles cauteloso, ainda assim a MUD denunciou a irregularidade da eleição ante o Tribunal Supremo de Justiça, mas este, vinculado ao chavismo, considerou as denúncias inadmissíveis. O caso foi também para a Corte Interamericana de Direitos Humanos (CIDH). Mas nada pôde ser feito.

Maduro assumiu o poder com a legitimidade contestada dentro e fora do país. E passou ele mesmo por uma transformação muito grande no modo como se apresentava publicamente. Aos jornalistas que costumam cobrir a política latino-americana, Maduro sempre havia parecido ser um sujeito afável, bonachão, e que gostava de conversar. Não tinha traços autoritários nem radicais, principalmente entre 2006 e 2013, quando foi o chanceler e o rosto simpático com a imprensa da gestão Hugo Chávez.

A falta de legitimidade, porém, o fez acentuar características negativas, mas que reforçavam a ideia de um líder de pulso firme, que tentava resgatar a mística e a imagem do chavismo por meio do gestual e dos discursos longos e metidos a grandiosos. Maduro passou a usar as vestimentas que usava Chávez, os agasalhos com a bandeira da Venezuela, as camisas vermelhas largas, que acompanharam seu aumento de peso, e o linguajar do bolivarianista convicto.

Sua adesão ao modo Chávez, porém, foi apresentando contradições. Se desde o início evocava Chávez como um santo – e até fez um comentário que ficou famoso, o de que tinha visto e ouvido uma mensagem dele vinda de um passarinho –, com os anos e o acirramento da crise, a imagem de Chávez começou a sumir dos muros e prédios públicos de Caracas.

Com Chávez no poder, via-se nas paredes, em lugares públicos, os famosos "olhos de Chávez", uma pixação comum, que mostrava o olhar do líder e sua assinatura. Além disso, também havia imagens de Chávez em murais de estilo cubano ou soviético. Neles, via-se Chávez vestido de médico, de trabalhador, de professor.

Os anos do madurismo foram passando e essas imagens foram sendo apagadas. Apareceram, no lugar, mais fotos de Maduro, ou mesmo mais imagens de Simón Bolívar. Mas passou a ser menos comum ver as de Chávez.

A impressão que ia se consolidando era de que Maduro não aguentava mais ser comparado com o líder dos tempos da bonança bolivariana. No aeroporto de Maiquetía, isso é muito sintomático. Antes, bastava chegar ali para topar com uma grande imagem de Chávez e uma alusão ao "socialismo do século XXI". Nos dias atuais, não há nada disso. Existe apenas uma imagem menor de Bolívar e reina um silêncio sepulcral nos guichês de atendimento, onde estrangeiros sempre temem ser deportados ou presos – realidade vivida por centenas de jornalistas estrangeiros, mesmo com vistos e documentos em ordem.

No que diz respeito à política econômica, Maduro tentou seguir as mesmas diretrizes do chavismo clássico, com uma forte ingerência do Estado na economia.

Tantos anos de supostos investimentos na diversificação da produção e na infraestrutura econômica do país, porém, se mostraram fracassados. Afinal, a Venezuela ainda se via dependente do petróleo, cujo preço ia despencando. Em 2014, o preço do barril caiu de US$ 100 para US$ 50. E isso foi se agravando, até chegar a praticamente nada nesse início da década de 2020.

A forte regulação do câmbio, junto a uma inflação altíssima, foi esvaziando o valor do bolívar, a moeda nacional. Num primeiro momento, o que ocorria a um estrangeiro que ali chegava era um espanto. Para trocar dinheiro no mercado oficial, recebia-se tão poucos bolívares que mal se pagava com eles um café. Por outro lado, se era possível comprar o dólar no paralelo, já se podia garantir, com o mesmo valor em dólares, uma semana de bom alojamento e alimentação.

Com o tempo, a situação ficou ainda mais kafkiana. Lembro de chegar em Caracas e trocar US$ 50 para pegar um par de táxis e comer algo, e sair do cambista com sacolas cheias de bolívares. Em 2018, essa situação se agravou tanto que sequer havia notas suficientes para trocar uma quantia pequena de dólares. Além de um cambista, era necessário encontrar um intermediário, pagar taxas, e, no fim, a compra de dinheiro saía mais cara que o dinheiro em si. Até que, em 2019, sem admitir de modo formal, a economia se autodolarizou. Bares, restaurantes, hotéis e comércios passaram a aceitar dólares diretamente.

Um símbolo da revolução, assim, de modo irônico e melancólico, se desmantelava. O anti-imperialismo do bolivarianismo acabou sendo derrubado pelo menos no que diz respeito à moeda. Hoje, nas principais cidades, o que vale é o dólar, e é também o que movimenta o grande mercado negro que existe para comprar de tudo, desde remédios até peças de carros.

PROTESTOS DE 2014

O ano de 2014 foi chave para entender a crise atual. Ainda havia muita gente que acreditava numa narrativa oficial que foi celebrando alguns termos e expressões. Um deles era o da "guerra econômica", que o mundo estaria promovendo contra a Venezuela. Outro, o da fúria de "oligarcas de extrema direita", que seriam os responsáveis pelo esvaziamento das prateleiras. Por fim, começou-se a tratar os que protestavam contra o governo de "terroristas".

Mas 2014 também foi o ano em que as manifestações tomaram cores mais violentas. Entre fevereiro e maio daquele ano, houve 41 mortos e 800 feridos em enfrentamentos de rua contra as forças de segurança do governo. Cobrir os acontecimentos na Venezuela era como ir para uma guerra, em um território em amplo conflito. Vistos para jornalistas e estrangeiros eram negados ou, pelo menos, muito difíceis de conseguir. Os profissionais que saíamos às ruas para trabalhar, levávamos conosco o "kit-revolução": capacete, máscaras antigás e colete antibalas. Desde então, ainda contamos a cada tanto as cifras de colegas agredidos, presos e mortos. Armou-se uma rede de comunicação dos jornalistas que cobrem a crise local, que, além de trocar informação, em momentos de crise troca solidariedade.

Os jornalistas locais passaram a usar formas de se comunicar baseadas nas novas tecnologias. Grupos de WhatsApp, telefones que são trocados de tempos em tempos, o recurso de apagar todas as suas mensagens de texto a cada vez que se sai ou que se entra no país, combinar coisas em código, trocar o lugar de um encontro ou de um evento no último minuto para evitar uma blitz policial ou a chegada repentina da Guarda Nacional Bolivariana, do Exército, da polícia, do serviço de inteligência (SEBIN), das Forças Estratégicas (FAES) ou dos "coletivos" – são muitos os inimigos do ofício nesse momento, pelo menos se o que se pratica é o jornalismo independente.

A FAES e os coletivos são os que mais assustam, e são forças que ganharam muito poder nos anos Maduro. Não usam uniformes, estão em geral encapuzados, e não se incomodam de mudar o uso de gás lacrimogêneo e as balas de borracha para tiros de verdade. Além de levarem à prisão de modo completamente arbitrário militantes, ativistas, políticos e jornalistas.

Quem mostrava mais a cara nesses protestos, entre os membros da oposição, era Leopoldo López, do partido Voluntad Popular. López tinha surgido das sombras deixadas por Capriles, havia sido prefeito do município de Chacao, um dos distritos de classe média alta de Caracas.

Maduro passou a acusar López de estimular as manifestações contra ele e, assim, atentar contra a ordem e a segurança nacionais. A revolta e a repressão, violentas, deixaram várias ruas bloqueadas, estações de metrô inoperantes, queimaram-se carros, era um cenário de caos social e urbano completo.

Uma ordem de prisão foi então emitida. E López, um político hábil em manejar sua imagem, viu que não tinha saída a não ser se entregar.

Mas o fez em grande estilo, apresentou-se à Guarda Nacional à luz do dia, num lugar público e cheio de gente, imortalizando a imagem dele sendo levado à prisão pelo regime.

De uma das esquinas, presenciei sua entrega, com uma multidão gritando: "Viva a Venezuela" e revoltada com a prisão do líder. Dali, ele foi levado a prisão de Ramo Verde. Posteriormente, foi condenado a mais de 13 anos de cadeia, depois revertidos para prisão domiciliar.

Saiu de casa com a ajuda de dissidentes do Sebin apenas em 2019, para juntar-se à Guaidó numa tentativa de levante contra o governo. Ao não ter sucesso nessa empreitada, López resolveu refugiar-se na Embaixada da Espanha, onde estava até o momento de conclusão deste texto.

Em 2015, ocorreu a última eleição considerada legítima pela comunidade internacional. Foi escolhida uma Assembleia Legislativa de maioria opositora e o governo de Maduro, a princípio, aceitou-a, mas sem conformar-se com o fato.

A partir de então, foram feitas várias investidas para tentar diminuir os poderes da Assembleia Legislativa, causando novos e mais intensos protestos de rua.

Até que, em 2017, o regime decidiu convocar uma nova Assembleia Nacional Constituinte, declarando a Assembleia Nacional (AN) oficial como estando "em desacato"; portanto, suas decisões legislativas ficavam sem efeito. A ideia não era fechar o órgão oficial, mas criar um parlamento paralelo, com a justificativa de que era necessário atualizar a Constituição de 1999. Algo que, em três anos de mandato, a ANC não fez. Em 2020, Maduro anunciou que esta se dissolveria, sem ter redigido sequer uma lei.

Nesse período, porém, a ANC se transformou de fato no órgão que legislava na Venezuela, o que também convocou eleições e legitimou toda e qualquer decisão do Executivo. Basicamente, um parlamento fantoche, manipulado pela ditadura.

Os meses que antecederam a eleição da Constituinte, em julho de 2017, foram marcados por uma intensa turbulência social e muita violência e repressão. Ganhou força, então, o grupo juvenil conhecido como La Resistencia, formado por adolescentes, que se colocaram na linha de frente do enfrentamento contra a repressão.

Cheguei a Caracas uma semana antes da votação e a vi transtornada. Nas ruas dos bairros do lado leste da cidade haviam sido formadas as chamadas "guarimbas", ou seja, barreiras construídas com blocos de cimento, arames, fogueiras e o que mais pudesse ser encontrado. Era o modo como os cidadãos se protegiam da chegada violenta das forças de segurança, oficiais ou paralelas, quando elas chegavam para reprimir protestos e passeatas contra a Constituinte.

Havia vários protestos a cada dia, em bairros diferentes. Começavam com o encontro de alguns jovens, seguiam com a assistência de famílias, gente de todas as idades – a maioria levando bandeiras da Venezuela e cartazes com palavras de ordem anti-Maduro.

A Guarda Nacional, em geral, fazia a primeira investida, apenas rodeando os protestos. Se eram muito massivos, atiravam bombas de gás lacrimogêneo e esperavam que as pessoas, por vontade própria ou por medo, se retirassem. Se isso não acontecia, começavam a chegar os "coletivos". Em motos, a maioria encapuzados, estes vinham para uma ação mais violenta. Havia resistência, até que o medo e a pancadaria eram tão intensos que os manifestantes começavam a correr, saltar para dentro de residências e dos comércios fechados, tentando esconder-se.

Em uma entrevista que fiz, poucos dias antes da eleição, com Jorge Rodríguez, ex-vice-presidente na época de Chávez e ocupante de vários cargos na era Maduro, recebi a explicação de que a Constituinte era necessária para "atualizar" uma Constituição "tão boa como já é a de Chávez". Psiquiatra e com grande capacidade de articulação de ideias, Rodríguez, diferentemente de Maduro, é um dos homens-chave do regime. Altamente dogmático e filho de um guerrilheiro, tem um discurso muito persuasivo. Mesmo em meio à tanta violência, defendia com convicção que o Estado estava agindo de modo legítimo, e que a repressão só acontecia porque quem a provocava era a oposição, "los violentos", e que a Venezuela era uma "campeã da democracia", por realizar tantas eleições durante o chavismo.

Por conta disso, não poderia, de nenhuma forma, ser considerada uma ditadura.

Homem vaidoso e soberbo, ao final da entrevista me presenteou com um livro de ficção de sua autoria. "Li suas matérias e sei que você gosta de literatura, espero que goste da minha." A artimanha era clara, ele queria mostrar que sabia com quem estivera falando, que tinha me investigado, e tentava me agradar ao mesmo tempo em que luzia seu próprio ego.

No dia da votação, Caracas esteve às moscas. Indo de centro de votação em centro de votação, o que se via eram postos vazios, com poucos eleitores. As ruas estavam cercadas pela polícia e pela Guarda Nacional Bolivariana. Não havia trânsito possível pelas ruas do centro da cidade devido ao cerco vigiado em todas elas. Visitei vários centros de votação da capital, conversei com colegas que estavam em outras partes do país. Poucos tinham visto mais de um eleitor por mesa em horas e horas de votação.

A eleição claramente havia sido um fracasso. Depois, de volta ao hotel no fim do dia para escrever a crônica daquele episódio, me deparei com as TVs, então já todas alinhadas editorialmente com o Estado, falando de uma jornada eleitoral que não foi vista nas ruas. Era um discurso descaradamente mentiroso. Dizia-se que os centros de votação haviam estado lotados, que a presença dos eleitores havia sido massiva, e se entrevistavam apoiadores dizendo coisas como: "uma nova Constituição é necessária para que Maduro derrote os terroristas".

Urnas fechadas, começava uma festa na praça Bolívar, no centro da cidade, com artistas populares e os hits revolucionários da era Chávez. O centro atraía gente dos chamados "barrios rojos", enquanto, do lado leste da cidade, privado de luz pública durante à noite, havia silêncio e escuridão. A noite caíra e se ouvia ou panelaços ou o silêncio da resignação. Como se fosse fácil adivinhar o que viria depois. Não deu outra. Quando surgiu para dar o resultado, a então líder do CNE (Conselho Nacional Eleitoral), Tibisay Lucena, anunciou uma participação recorde na votação, e com a eleição de parlamentares chavistas em maioria para a nova Constituinte.

Também se soube do lado sangrento daquela jornada eleitoral. Durante todo o fim de semana, haviam morrido 14 pessoas em enfrentamentos relacionados à votação.

Houve protestos também nos dias seguintes, mas já estavam esvaziados, apáticos, diria até que expunham resignação.

Vários países anunciaram não reconhecer a ANC como um órgão legítimo, e aumentou o número de meios de comunicação que passaram a considerar, de fato, que a Venezuela vivia uma ditadura.

Saí do país num voo confuso. Além do caos que já era comum no aeroporto de Maiquetía, pelo número reduzido de voos – a maioria das grandes empresas de aviação já tinha deixado o país – e de funcionários, era necessário chegar com imensa antecipação.

Para piorar o quadro, havia ocorrido um furacão no meio da rota que levaria meu voo até Miami, de onde voaria de volta para casa. Assim sendo, fiz amizade com um jovem de 17 anos que estava no mesmo voo. Seu relato acabou virando uma das peças mais importantes para que eu entendesse o que ocorria na Venezuela.

Ele era de Barquisimeto, a capital do estado de Lara, e era parte do movimento La Resistencia. Me contou de colegas adolescentes mortos na repressão, de como se escondiam em torres abandonadas da cidade para preparar as armas com as quais contra-atacavam as forças de segurança. Basicamente juntando paus e pedras, montando coquetéis molotov, e armando escudos em que usavam placas de raio-X antigas e que, por conta de seu material, evitavam que fossem atingidos por balas de borracha.

Falava sem medo de coisas horrendas, sobre como evitavam levar os colegas feridos aos hospitais, porque ali eram presos por oficiais à espreita. Quando alguém estava muito mal, eles levavam o colega a casas de médicos que eram favoráveis à causa e que os atendiam de madrugada e de graça. Também disse que seu pai era norte-americano e vivia em Nova York, e que havia meses vinha pedindo que ele deixasse de atuar no La Resistencia e saísse do país. Ele não queria, apesar de estar, com a mãe, passando necessidades na Venezuela. Ele me dizia: "para que lutamos, morremos e nos machucamos? Para desistir de última hora?". Relatou que tinha estado convicto de que era possível evitar essa eleição, mas que agora se resignava a atender o pai e ir para Nova York. "Não é certo deixar meus companheiros, ninguém sabe o que pode acontecer com eles". Minhas palavras de ânimo e de encorajamento para que considerasse que ir viver e estudar em Nova York por um tempo era um privilégio, que ele poderia aproveitar bem essa experiência e voltar num outro momento, eram como pedras que afundavam num lago sem reverberar. Ele me dizia: "você não me entende, deixei minha terra e meus irmãos, sinto muita raiva e muita culpa de sair".

Depois da votação da ANC, a Venezuela entrou num daqueles momentos de resignação que se impõem entre os momentos de grande tensão.

Cansados de sair às ruas, levantar bandeiras e colocar o corpo em risco, os venezuelanos antirregime, apesar de serem maioria, passaram por um período de desânimo. Era hora de cuidar da vida, havia urgências de como encontrar comida e remédios. E havia mesmo quem dizia que a série de protestos tinha sido uma perda enorme de tempo.

Não houve novos protestos de volume por vários meses. As eleições que vieram, regionais, não convocaram muita gente e tampouco significaram um avanço para a oposição. O mundo passou a não reconhecer mais seus resultados.

Enquanto a situação econômica se deteriorava ainda mais, aumentava o número de gente que ia deixando o país, alguns caminhando, outros voando ou como fosse possível.

Em 2018, houve uma nova eleição presidencial, cheia de irregularidades. Leopoldo López estava preso, Henrique Capriles, inabilitado de competir, e o único rival de Maduro era Henri Falcón, um ex-chavista de quem os opositores desconfiavam. Diziam ser um candidato fantoche para que pelo menos a comunidade internacional reconhecesse que havia uma oposição participando do pleito.

Entrevistei Falcón algumas semanas antes da eleição. Ele negou que era um apoiador fantasiado de oposicionista. Poupou ataques a Chávez, mas se mostrou muito crítico a Maduro. E dizia que uma saída da ditadura tinha de seguir o modelo nicaraguense ou o chileno, por meio de uma grande aliança de diferentes tipos de oposição. No caso da Venezuela, isso incluiria os opositores tradicionais com dissidentes do chavismo, como ele. Apesar de as pesquisas mostrarem que os números apontavam para uma eleição competitiva, Falcón foi derrotado em 20 de maio de 2018.

Mais uma vez, grande parte da comunidade internacional não considerou a eleição legítima. E a oposição começou a articular o plano que lançaria, logo depois da nova posse de Maduro, a eleição de um governo paralelo. Uma tentativa institucional de tirar o país da ditadura.

Isso ocorreria em 5 de janeiro de 2019. A Assembleia Nacional, ainda com maioria opositora e ainda considerada em desacato, elegeu um novo presidente do órgão. Era o jovem Juan Guaidó, então com 35 anos, do mesmo partido de Leopoldo López, o Voluntad Popular. Cinco dias depois, ocorreu a posse de Maduro.

A Assembleia Nacional, então, considerou que o poder presidencial estava vago, pois a eleição do ano anterior foi considerada por eles e boa parte da opinião internacional como inválida, devido às tantas irregularidades.

Apelou-se, então, para a lei sucessória venezuelana, que dizia que, se o poder presidencial se encontrasse vago, quem deveria assumir o país era o presidente da Assembleia Nacional.

O líder desta então apareceu e, em praça pública, no dia 23 de janeiro de 2019, declarou-se "presidente encarregado" do país. E começou a realizar uma campanha internacional, angariando apoio de diversos países para "terminar com a usurpação", que a AN considerava estar sendo realizada por Maduro.

Guaidó, diferentemente de líderes oposicionistas que o antecederam, tem diversas qualidades. É bom comunicador, apresentou sua proposta baseado em artigos da Constituição, obteve apoio de mais de 50 países, incluindo alguns gigantes da América Latina, como Brasil e Argentina, e dos EUA. Mas cometeu o erro de achar que a coisa seria fácil.

As semanas que se seguiram à sua autoproclamação foram de um frenesi e de uma agitação há muito não vista no país. Lotavam-se praças, avenidas e demais eventos do qual Guaidó participava. Desde o início, a ditadura não se intimidou em prender opositores sem julgamento, ou esperando muito para julgá-los, como aconteceu com Leopoldo López.

A maioria ia parar em prisões do Estado dedicadas a receber esses presos políticos, como as temerárias Helicoide e a Tumba.

Com Guaidó, a coisa sempre foi diferente. O grande respaldo interno e externo levou o regime a ter cuidado com a repercussão política que poderia ser causada por uma prisão dele. E também porque, ao tê-lo livre, funcionaria melhor o seu discurso de que a Venezuela era uma democracia e que havia liberdade de expressão.

A estratégia com Guaidó foi sempre outra. Foram realizadas buscas e apreensões na casa de pessoas de seu entorno. Muitos dos parlamentares que o apoiavam foram presos, e seus familiares, ameaçados. Um de seus tios também foi detido. Por precaução, porém, o presidente "encarregado" deixou sua casa e passou a dormir em lugares desconhecidos, em embaixadas, em casas de amigos, trocando de endereço desde então. Sua mulher, Fabiana Rosales, e a filha pequena do casal saíram do país por um tempo, com a desculpa de realizar conferências. Mas a verdadeira preocupação era com a segurança de ambas.

Quando entrevistei Guaidó pessoalmente, em Caracas, fui levada ao local combinado sem poder saber com antecedência onde era. Ao chegar na Embaixada da União Europeia, onde Guaidó estava por uns dias, tive de jurar que não publicaria aquela localização. Guaidó, que acabava de sair de uma reunião, me recebeu sorridente e falante. Algo de seu discurso, porém, demonstrava que a narrativa era preparada e limitada. Explicava que ele e seus apoiadores buscavam três coisas: o fim do que chamavam "usurpação", ou seja, a saída de Maduro do poder; um governo de transição, liderado por ele, que reformaria o conselho eleitoral; e eleições livres, considerando possível que o próprio chavismo dela participasse.

Porém, perguntas sobre planos mais a longo prazo, como resolver a crise econômica, trazer de volta os venezuelanos fora do país dando-lhes oportunidades de trabalho, assim como por onde começar a reativar a Venezuela e deter a entrada, em território venezuelano, de guerrilhas e paramilitares colombianos eram questões latentes da Venezuela daquele momento que Guaidó não sabia responder de forma contundente.

Ainda assim, o líder opositor parecia seguir numa curva ascendente exponencial de sucesso, e muitos meios de comunicação e analistas já davam a ditadura como terminada. A ideia que a situação passava é que se tratava apenas de uma questão de tempo, pois já havia dissidências fortes no chavismo, e o apoio do Exército a Maduro não parecia claro. O apoio dos EUA a Guaidó foi contundente, especialmente com a administração de Donald Trump, que sempre ensaiou a ideia de produzir uma invasão do país caribenho.

Porém, o tempo passou e o desenlace não foi esse. A ditadura ganhou tempo explorando debilidades de Guaidó. E ele tem muitas. Três episódios, principalmente, o desgastaram.

O primeiro foi a tentativa midiática de fazer passar ajuda humanitária a partir das fronteiras do Brasil e da Colômbia, em fevereiro de 2019. O outro episódio foi ao sair com Leopoldo López para provocar dissidências no Exército e pressionar Maduro a deixar o poder, em abril do mesmo ano. Por fim, veio o episódio da Operação Gideon, quando se mostrou que Guaidó ou não tem ideia da responsabilidade que leva nas costas ou considera que um banho de sangue pode ser uma alternativa para instalar um governo transitório no país. Ambas as opções eram ruins para a Venezuela.

Guaidó nega que tenha assinado o documento que aprovava a invasão do território venezuelano por um grupo de mercenários, comandado pelo ex-militar das Forças Armadas dos EUA Jordan Goudreau. Diz que "apenas" tinha dado sinal verde para que uma comissão "avaliasse cenários possíveis" para derrubar a ditadura. De todo modo, o resultado da trapalhada da Operação Gideon, que foi derrotada e teve seus líderes presos ou mortos, acabou fazendo com que Maduro saísse fortalecido do episódio, assim como Fidel Castro em 1961, quando se frustrou a Invasão da Baía dos Porcos, em Cuba.

Quando finalizei este texto, o país vivia uma situação de desesperança. Mais de 80% dos venezuelanos rejeitavam Maduro, e apenas 25% acreditavam que Guaidó poderia ser a saída. A cifra dos que migraram por conta da crise aumenta, e a Venezuela só perde para a Síria em número de pessoas que deixaram o país por não terem condições de viver nele. Com a pandemia do coronavírus, Maduro se sentiu legitimado a reprimir concentrações de pessoas, reuniões de opositores. O que parecia inviável há dois anos, que ele permanecesse forte no poder, é hoje uma triste realidade.

O fracasso da utopia bolivariana

A única coisa que o regime não conseguiu, apesar de ter tentado muito, foi eliminar o jornalismo independente. Expropriaram-se televisões, afogaram economicamente grandes jornais, mas os profissionais venezuelanos seguem nas ruas, buscam fundos para manter sites independentes, alguns trabalhando desde o outro lado da fronteira, na Colômbia ou mesmo nos EUA. E os correspondentes seguem entrando no país para relatar o que ocorre, ainda que alguns sejam presos ou levem surras.

A quarentena por conta do coronavírus também tem sido usada para reprimir e restringir jornalistas, mas isso só vem fazendo aumentar a solidariedade entre eles. Essa batalha, a da informação, o autoritarismo chavista não ganhou.

UTOPIAS DA INTEGRAÇÃO E DA IDENTIDADE LATINO-AMERICANA

A DEFESA DA SOBERANIA E AS RELAÇÕES ENTRE OS ESTADOS UNIDOS E A AMÉRICA LATINA NO INÍCIO DO SÉCULO XX

Mary Anne Junqueira

Haia, Holanda – 15 de junho de 1907 – abertura da Segunda Convenção sobre Resolução Pacífica de Controvérsias Internacionais. A primeira fora em 1899, por iniciativa do czar Nicolau II da Rússia, para examinar possíveis acordos e dispositivos na mediação de disputas internacionais. Tratava-se de investidas multilaterais, dispostas após guerras do século XIX, e práticas coercitivas de distintas ordens. São consideradas reuniões importantes porque evitavam acordos secretos comuns entre países. A imprensa cobriu e divulgou os debates. Muitos criam que as convenções seriam a salvaguarda para o melhoramento das disputas internacionais, já outros as consideravam encontros que ameaçavam restringir "soberanias nacionais".[1] Essas reuniões são temas essenciais para o historiador das Relações Internacionais, haja vista o material que produziram. Eram tentativas de pactuar contrato que permitisse equilíbrio internacional, intermediando controvérsias, evitando conflitos armados. Os resultados, muitas vezes, pouco efetivos. Os acordos não impediram, por exemplo, a Primeira Guerra Mundial, conflito de maior dimensão e mais destrutivo do que os que levaram à criação das próprias conferências. Apesar disso, elas iniciaram a pavimentação do caminho que levou à instituição do Tribunal Internacional de Justiça, cuja sede também em Haia – hoje principal órgão judiciário da Organização das Nações Unidos (ONU), criada em 24 de outubro de 1945.

A reunião de 1907, convocada após a Guerra dos Bôeres (1899-1902) e a Guerra Russo-Japonesa (1904-1905), contou com 256 delegados de 44 países, muitos do hemisfério ocidental (Estados Unidos, Argentina, Brasil, Bolívia, Chile, Colômbia, Cuba, República Dominicana, Equador, Guatemala, Haiti, Nicarágua, Panamá, Paraguai, Peru, Salvador, Uruguai, Venezuela, Honduras). Ressalte-se a presença de Cuba em Haia – à época sob domínio norte-americano após a Guerra Hispano-Americana de 1898 – e a do Panamá, país recém-independente graças aos interesses norte-americanos por passagem interoceânica na região. Decerto os próprios Estados Unidos promoveram a ida a Haia das duas delegações favoráveis ao país do Norte.

Entre os delegados da reunião de 1907 estava Luis María Drago, chanceler argentino que levava proposta de novo tratamento de cobrança de dívidas internacionais. O motivo: em 1902, Inglaterra, Espanha e depois Itália bloquearam os portos da Venezuela para cobrança do que lhes cabia. Drago não se furtou em conclamar o governo dos Estados Unidos em nome da sua proposta de regulação, para evitar arbitrariedades, apesar da intervenção daquele país no Caribe e América Central.

Este capítulo é sobre o esforço latino-americano para propor iniciativas de política internacional frente a ameaças da soberania desses países na virada do século XIX para o XX, tendo o caso de Luis María Drago como referência. Para enfrentar o problema do empenho por autonomia por parte dos países latino-americanos, delimitamos nosso campo de discussão na virada do século XIX para o XX. A ênfase recai nas relações entre Estados Unidos e América Latina porque os Estados Unidos foram o país que mais interveio na região. A virada dos séculos foi escolhida também porque são anos paradigmáticos para as Relações Internacionais. Iniciativas internacionais ensaiavam-se no período, tornando-se mais visíveis após a Primeira Guerra (1914-1918), ampliando-se após a Segunda Guerra Mundial (1939-1945). As organizações internacionais são construções que preveem mecanismos de "estabilização do sistema internacional". Uma rede dessas organizações deveria garantir a "governança global".[2] Assim, a virada dos séculos indicados é o período em que se semeiam os princípios que regulam o mundo nos moldes que conhecemos hoje.[3] A própria disciplina de Relações Internacionais nasceu nessa época: primeiro na Inglaterra, depois nos Estados Unidos.

Aqui, inicialmente, trataremos, mesmo que brevemente, das questões relativas às origens do reconhecimento da organização internacional vinculadas ao surgimento do Estado moderno.[4] Em seguida, de atuações distintas nas relações Estados Unidos e América Latina. Por fim, discutiremos a proposta do chanceler argentino Luis María Drago em nome da soberania dos países latino-americanos.

ESTADO MODERNO E RECONHECIMENTO DA SOCIEDADE INTERNACIONAL

A ideia de reconhecimento da soberania dos Estados é tema internacional pelo menos desde o século XVII, apesar das contestações de que atributos do Estado moderno precederam tal século. Justificativas jurídicas, políticas e econômicas foram (e são) usadas para contornar os interesses dos Estados, evitando assinar acordos que não os beneficiasse ou não cumprindo o ajustado. O Estado moderno é reputado como núcleo principal das Relações Internacionais, após a destrutiva Guerra dos Trinta Anos: série de conflitos político-religiosos entre protestantes e católicos em desdobramento da Reforma e Contrarreforma. Como se sabe, os Acordos de Paz de Westfália, de 1648, são um marco na História das Relações Internacionais porque considerados o nascimento do reconhecimento de sociedade internacional.[5] Entre os atributos do Estado moderno reivindicados à época estavam liberdade religiosa, soberania dos Estados e igualdade entre os mesmos Estados.

Dessa forma, a ideia de soberania é correlata ao desenvolvimento do Estado moderno e vem sendo discutida pelo menos desde 1567 em *Les six livres de la République* de Jean Bodin.[6] O francês afirmava a soberania como atributo essencial interno do Estado absolutista monárquico.[7] Aos poucos, a ideia de soberania como sinônimo de autoridade suprema ganha contornos. Já para Rousseau, em *O contrato social*, a soberania era atributo do povo.[8] Os dois estavam preocupados com a soberania interna do Estado moderno.[9] Para o que nos interessa aqui, importa a soberania em âmbito internacional – a externa: sinônimo de direito ao reconhecimento como Estado independente e soberano. Tal perspectiva implica possibilidade de assumir obrigações externas e compor o campo internacional sujeito a normas acordadas. O que restringe de alguma forma a autonomia do Estado, já que ele concorda com regulação por normas internas e externas.[10]

A América Latina como uma das regiões que não fazia parte do núcleo das potências centrais do cenário internacional se viu frente a intimidações e ameaças à autonomia dos países de tempos em tempos. Intervenções de distintas ordens ocorreram ao longo dos séculos XIX e XX. Isto é, não se restringem a passado remoto. Principalmente os países da América Central e Caribe se viram frente à coação nos últimos anos do século XIX até a segunda metade do XX por parte dos Estados Unidos.

Por um lado, isso não quer dizer que os próprios países latino-americanos não tenham transgredido princípios da soberania entre eles próprios em razão de controvérsias e conflitos. Basta lembrarmos disputas do Brasil e da Argentina pelo Cone Sul na primeira metade do século XIX, Guerra do Paraguai (1864-1870), Guerra do Pacífico (1879-1883), Guerra do Chaco (1932-1935). Além de disputas de fronteiras diversas, entre outros. Por outro lado, invasões externas não foram perpetradas apenas pelos Estados Unidos. Basta destacarmos algumas das intervenções europeias na América Latina no século XIX: anexação das Malvinas pelos ingleses (1833), as intervenções francesas no México (1838, 1861-1867), além das ingerências espanholas em diferentes partes da região.

Antes da virada do XIX para o XX, nas relações entre Estados Unidos e América Latina, foi sempre reivindicada a Doutrina Monroe de 1823. O presidente James Monroe (1817-1825), temendo ingerência europeia que comprometesse as independências nas Américas, reivindicou as Américas para os americanos. Sob o meu ponto de vista, tal reivindicação tornou-se carta na manga anos depois e resgatada por norte-americanos e latino-americanos. Na época, no entanto, os Estados Unidos eram uma jovem república ainda em experimentação, com energias voltadas para agressiva conquista territorial. Isto é, o mapa político do país estava em "construção". Desse modo, a Doutrina Monroe foi construção a *posteriori*. Como e onde se deu a declaração de Monroe comprova o que sustento. A indicação de que a América devesse ser território gerido pelos próprios americanos do hemisfério, entre outros assuntos de maior importância, foi exposta pelo presidente em mensagem enviada ao Congresso, conhecida como *State of Union,* em que o governante fazia balanço do ano que passou e informava projetos para o próximo.[11] Na mensagem, poucos parágrafos foram dedicados à matéria. Ou seja, Monroe não tinha intenções de perpetrar propriamente uma doutrina, mas informar qual a posição dos Estados Unidos frente à reação europeia que se desenvolvia. Ademais, como indicamos, a América Latina sofreu distintas intervenções de países europeus no século XIX, após a tal declaração de Monroe, mas os Estados Unidos não subiram o tom em nenhuma delas.

A VIA DIPLOMÁTICA: PAN-AMERICANISMO

Vejamos o contexto das relações entre Estados Unidos e América Latina na virada do século XIX para o XX, cujas marcas reverberam ainda hoje. Nessa época, foram delineados dois tipos de prática entre o país do Norte e a região que atravessaram o século XX, alcançando o XXI. A primeira delas é reconhecida como pan-americanismo. Tal qual as Convenções sobre Resolução Pacífica de Controvérsias Internacionais de Haia, a Conferência Pan-americana é reputada como precursora das iniciativas modernas no âmbito das Relações Internacionais. Tratou-se de iniciativa diplomática por parte dos Estados Unidos em reunir os países das Américas em projetos comuns, mas sob hegemonia norte-americana. A proposta nascia com defasagem que exigia habilidade para contornar a assimetria entre os países do hemisfério ocidental. Era flagrante o interesse dos Estados Unidos por hegemonia na região, e, simultaneamente, a desconfiança de muitos dos latino-americanos com relação às intenções do país que se tornara emergente em âmbito internacional. Ainda assim, uma proposta diplomática que previa acordos e consultas era bem-vinda, já que apesar dos dilemas postos pelas economias desiguais, havia reconhecimento das soberanias nacionais.

No último quartel do século XIX, a economia dos Estados Unidos se desenvolvera amplamente em consequência da segunda revolução industrial. A concentração de renda nas mãos dos proprietários dos *trusts* deixava rastro de descontentamento entre os setores médios, enquanto a segregação racial se aprofundava. Externamente, o país emergia como potência mundial ao lado do Japão e da Rússia. Já na Primeira Guerra Mundial, a economia norte-americana ultrapassava a inglesa. Insatisfeito, o governo dos Estados Unidos considerava que não ocupava o lugar no mundo apropriado à sua condição. Note-se que os países europeus ainda esquadrinhavam o mundo, delimitando colônias mais rentáveis. Já os países latino-americanos, apesar das diferenças econômicas entre eles – México, Brasil e, principalmente, Argentina eram as maiores economias –, eram predominantemente de base rural e inseridos no mercado internacional como exportadores de matéria primas.

Os Estados Unidos queriam participar do jogo internacional como *players*. Nos planos norte-americanos, em primeiro lugar, a América Latina (do Rio Grande à Patagônia) era vista como local privilegiado para a expansão dos seus negócios. Um dos objetivos não declarados do pan-americanismo era justamente disputar os mercados com os europeus. Em segundo, e pela pena de estrategistas militares como Alfred Tayer Mahan, artífice da geopolítica moderna, havia projetos para que a América Central e Caribe recebessem outros contornos por parte dos Estados Unidos, além dos negócios que deveriam prosperar.[12] A região deveria estar sob controle dos Estados Unidos, tornando-se espécie de área de segurança nacional, ainda que o projeto não tenha sido formulado exatamente nesses termos.

A primeira iniciativa de vulto para a América Latina partiu do influente Secretário de Estado, James Blaine, que assumiu o posto por duas vezes: a primeira no governo de James Garfield (1881), quando desenhou projetos para região, e depois no de Benjamin Harrison (1889-1893), quando concretizou ambiciosa política para o hemisfério ocidental. Depois de anos de preparação, foi sediada em Washington a Primeira Conferência Internacional Americana, divulgada pela imprensa do país como Conferência Pan-americana. O termo se difundiu rápida e consistentemente a ponto de Blaine ser conhecido, ainda hoje, como pai do pan-americanismo. As reuniões aconteceram entre 12 de outubro de 1889 e 19 de abril de 1990, marcando o início oficial da política de Blaine.[13]

A busca por novos mercados para os Estados Unidos vinha alicerçada em crises de superprodução desde o último quartel do século XVIII. Blaine acreditava que os Estados Unidos deveriam atuar no sentido de obter controle político e econômico sobre a América Latina, indicando a sua preponderância, mas a partir das negociações diplomáticas. Ainda assim, tal perspectiva – pressupunham os latino-americanos – indicava a manutenção ou aprofundamento das assimetrias do hemisfério. A maioria foi cautelosa a propósito do projeto. Internamente, havia aqueles que abraçaram a proposta entusiasticamente, por exemplo: os organizadores da grandiosa Feira Internacional – a Exposição Universal de Chicago – promoveu a apresentação dos países das Américas com base no pan-americanismo.[14] Apesar disso, a política de Blaine encontrou duros opositores entre os partidários de política mais agressiva. Muitos no governo e parte da elite apressavam-se pela instalação de um canal interoceânico que ligasse o Atlântico ao Pacífico. Se os Estados Unidos não forçassem a passagem interoceânica na América Central, estavam certos de que a Europa o faria. A discussão se desenvolvia à luz das "benesses" incentivadas pelo Canal de Suez, que havia ampliado o poder inglês, diminuído rotas, levando navios a riscar o mar Mediterrâneo em direção ao Oriente Médio e à costa Oeste da Ásia.

Em razão do ceticismo dos latino-americanos, o resultado a curto prazo da reunião que fundou o pan-americanismo circunscreveu-se à criação de escritório de comércio voltado para os países da América

Latina. Vinculado diretamente ao Departamento de Estado, o escritório explicitava novamente o grau de interesse daquele país em conquistar as repúblicas da região para o seu comércio. A médio prazo, consumaram-se as reuniões periódicas pan-americanas até a década de 1940. Ainda assim, não foi fácil para os Estados Unidos implementarem seus projetos. A proposta de uma união aduaneira, eixo da política externa norte-americana para região, foi notadamente rejeitada pelos latino-americanos que impuseram a sua proposta de fazer valer negociações bilaterais ou de reciprocidade, consideradas naturalmente viáveis.[15] A criação de uma instituição supranacional congregando países do hemisfério, e tendo o panamericanismo como referência, ocorreu apenas em 1948 com a fundação da Organização dos Estados Americanos (OEA).

A proposta de Relações Internacionais entre países das Américas de forma negociada, capitaneada pela diplomacia – prevendo a hegemonia dos Estados Unidos no hemisfério ocidental – perdura ainda hoje, oferecendo inspiração e modelos para a dinâmica diplomática para a região. Dois bons exemplos: a política da Boa Vizinhança durante a Segunda Guerra Mundial, que promoveu a reunião dos países do hemisfério junto aos Aliados foi alicerçada na recuperação do panamericanismo, além da malsucedida criação da Área de Livre Comércio das Américas (ALCA) nos anos 1990.

INTERVENÇÃO MILITAR: A GUERRA HISPANO-AMERICANA

O pan-americanismo de Blaine logo caiu por terra e foi suplantado pelo segundo tipo de atuação dos Estados Unidos: baseada na imposição, nas armas e nas botas. Depois de disputas no Congresso, grupos radicais de políticos, particularmente os da "vertente expansionista" do Partido Republicano, ganharam lugar.

Eles exaltavam que os Estados Unidos impusessem controle sobre o Caribe e América Central reiterando a proximidade destes das fronteiras norte-americanas, conclamando a região como "área de segurança" do país. Incomodava também aos norte-americanos que, além das ilhas sob domínio inglês e francês no Caribe, Cuba e Porto Rico permanecessem como colônias espanholas e mantidas nessa condição até fins do XIX. Os norte-americanos, interessados que estavam no controle mais direto da área, propalavam pela independência de Cuba.

Desde Thomas Jefferson (1801-1809), passando pelos presidentes James Polk (1845-1849) e Franklin Pierce (1853-1857), alcançando o governo de William Mckinley (1897-1901), a ilha foi alvo de cobiça e projetos distintos que iam da anexação à compra da ilha dos espanhóis. Desde a Guerra Civil (1861-1845), Cuba esteve no centro do debate sobre a escravidão. Deputados sulistas propunham anexar a ilha no intuito de fazer a balança de poder pender para seu lado no Congresso. Nos últimos anos do século XIX, ensaiavam entrar na guerra, ao lado dos cubanos, que vinham lutando contra o domínio espanhol nas décadas anteriores.

Governo, civis, militares e a mídia norte-americanos da época defendiam a luta que se desenvolvia na ilha. Mas foi somente no ano de 1898, quando o navio norte-americano, o Maine, explodiu na baía de Santiago que os norte-americanos entraram no conflito. O pretexto era de que os espanhóis haviam atingido propriedade naval do país e justificavam a operação para "garantir a independência da ilha". No mesmo ano, 1898, Cuba declarou sua emancipação, para surpresa de muitos. Os insulares se viram livres dos espanhóis, mas caíram sob as botas norte-americanas.

Ainda em 1898, como parte dos Acordos de Paz em Paris, os Estados Unidos anexaram as agora ex-colônias espanholas Porto Rico no Caribe; as Filipinas, na Ásia; e Guam (ilha estratégica no Pacífico e ponto onde os norte-americanos mantém bases militares). Rapidamente, e das mais variadas formas, fincaram suas bases e varreram o que restava da colonização espanhola. Ao mesmo tempo, procuravam afastar a Inglaterra do mercado latino-americano, ocupando o espaço. A estratégia para dominar além do Caribe se explicitou. No mesmo ano, os norte-americanos anexaram o arquipélago do Havaí no Pacífico, então ilha aborígine, hoje um dos estados norte-americanos. Além desses, as ilhas Midway, Samoa Americanas, Wake, Howland, Jaarvis, Baker, Palmira e Kingman são territórios norte-americanos no Pacífico – muitos anexados ou ocupados na mesma época, por militares. Essas ilhas foram importantes pontos estratégicos durante a Segunda Guerra Mundial, onde se desenvolveram conhecidas batalhas contra os japoneses, no chamado "teatro do Pacífico".

Cuba permaneceu sob controle militar norte-americano até 1901, quando foi estabelecida a Emenda Platt, outra medida que mantinha a ilha atrelada aos desmandos norte-americanos.[16] A emenda foi incluída na Constituição cubana e afirmava que os Estados Unidos poderiam intervir na ilha quando "necessário fosse". Tal jurisdição limitava a capacidade cubana de negociar tratados e contrair dívidas que não fossem os estabelecidos com os Estados Unidos. A Emenda Platt pautou a ingerência norte-americana até 1933, quando foi revogada. Todavia, nos 28 anos de sua vigência, os norte-americanos intervieram várias vezes na ilha e mantiveram ali políticos sob seu total controle (também chamados de *fantoches*).

O artigo sétimo da Emenda Platt previa a "cessão" de porções de terra aos norte-americanos para armazenagem de carvão com a finalidade de abastecer os navios norte-americanos. Havia projeto para quatro bases militares na ilha, mas foram negociadas duas, para enfim ser instalada apenas uma: Guantánamo.[17] Inicialmente, a base naval supriu e protegeu embarcações, mas logo se transformou em ponto estratégico para o país do norte porque controlava espaço do mar do Caribe e "protegia" a zona do Canal do Panamá.

A formação do Estado nacional cubano é marcada por essa agressão e por tentativas de assegurar a sua soberania. Até 1933, essa vertente intervencionista se desdobrou na América Central e Caribe incessantemente: pela intervenção militar, pela cobrança de dívidas de forma coercitiva, pela instalação de governos alinhados com os Estados Unidos, pelo poder desmesurado de companhias norte-americana na região, como o da United Fruit & Company.

Importa destacar a construção do Canal do Panamá em região antes da Colômbia e a promoção de negócios através de companhias norte-americanas. Destacamos igualmente o caso da República Dominicana, na época com sérias dificuldades financeiras. Países europeus (França, Alemanha, Itália e Holanda) enviaram navios de guerra para a capital do país para cobrança de dívidas. Os Estados Unidos reagiram e ocuparam a ilha antes que os europeus o fizessem. O país teve a sua alfândega sob controle norte-americana, em 1905, com 50% das suas receitas voltadas para o pagamento de dívidas.

Ainda que a intervenção militar dos Estados Unidos tenha sido efetiva, cumpre ressaltar que os anti-imperialistas no Congresso, na imprensa, nas universidades e nos meios cultos do país se colocaram enfaticamente contra a atuação norte-americana na América Latina e no Pacífico. Eles temiam que o país adotasse a mesma prática dos europeus na promoção de colônias além mar. Parte significativa da imprensa norte-americana apoiou a ação contra Cuba, mas quando excessos e truculência dos Estados Unidos na América Central e Caribe vieram a público, passaram a criticar a ação do país. Apesar desse dissenso, não há como negar que o projeto norte-americano de estabelecer um lugar importante no mundo que vinha sendo ensaiado desde pelo menos a primeira metade do século XIX foi bem-sucedido.[18]

As intervenções militares norte-americanas no Caribe e América Central se estenderam ao longo do século XX, com breve interregno durante a Segunda Guerra Mundial em que o Pan-americanismo foi recuperado e as controvérsias negociadas. A situação internacional era explosiva e os países latino-americanos, depois de acordos, se juntaram aos Aliados. No correr da Guerra Fria, as intervenções voltaram desta vez com a intenção de afastar grupos ou governos considerados comunistas.

RESPOSTA LATINO-AMERICANA: O CASO DA DOUTRINA DRAGO

Desde a guerra com o México (1846-1848), em que o país latino-americano perdeu metade do seu território para os Estados Unidos, surgiram vozes que reagiram à intervenção norte-americana. Mas foi a Guerra Hispano-Americana que sacudiu os países latino-americanos, mobilizando os intelectuais que conformaram consistente corpo de críticas, alimentando novas propostas de atuação em resposta aos Estados Unidos. Em geral, elas se deram no campo diplomático e no das letras.

A massa de pensamento crítico se desenvolveu em textos acadêmicos, políticos e propostas de ação diplomáticas. No âmbito político-cultural, os nomes sempre lembrados são José Martí (1853-1895), intelectual, ativista político e líder da Independência de Cuba. Ele chamava atenção para as "reais intenções" dos líderes dos Estados Unidos, quando do seu discurso em prol da independência e posterior entrada na Guerra Hispano-Americana ao lado dos cubanos. Martí morreu em batalha, mas deixou um conjunto de textos que são referência para o pensamento político latino-americano. Entre as suas mais citadas contribuições, encontra-se a proposta de refletir sobre os países latino-americanos como um conjunto, instituindo uma espécie de *Nuestra America* – título de artigo publicado em 1891, no qual o autor previa a atuação de força norte-americana –, e pressupunha a criação de uma "identidade latino-americana" a fazer frente ao gigante do norte.[19] Na mesma direção, mas em perspectiva outra, está o influente livro *Ariel,* de José Henrique Rodó (1872-1917), publicado pela primeira vez em 1900, no qual o escritor uruguaio, utilizando como referência elementos da peça *A Tempestade* de William Shakespeare (1564-1616), criou um universo no qual a América Latina era identificada com Ariel e vinculada ao belo, à cultura e ao espírito. Inversamente, os Estados Unidos eram como Calibã, relacionado à matéria, ao grosseiro e à violência.[20] Martí e Rodó alcançaram ampla repercussão no continente em sua proposta de construção de uma identidade latino-americana em oposição aos Estados Unidos. José Martí e José Enrique Rodó tinham posições políticas distintas. Enquanto o primeiro incorporava os setores excluídos da sociedade da *Nuestra America,* o segundo acreditava que elementos culturais mais sofisticados da América Latina eram privilégio das elites ilustradas e, por isso, deveriam exercer papéis de destaque na região.

Em outras palavras, o crescimento econômico dos Estados Unidos, as ações para alcançarem um lugar relevante no mundo, incluindo a ação na América Central e Caribe, abriram para que grupos de estudiosos, diplomatas, jornalistas, homens de governo se levantassem para discutir também o lugar da América Latina no mundo e as ações norte-americanas, na trilha de Martí e Rodó. Se uns se puseram francamente contra as intervenções dos Estados Unidos, outros evitaram maiores contendas com o país. O caso do Brasil foi paradigmático. O chanceler José Maria da Silva Paranhos Junior, o Barão do Rio Branco, aproveitou oportunidade para estabelecer a política externa da República. O objetivo era distanciar-se da Europa, procurando posicionar o Brasil como parceiro privilegiado dos Estados Unidos, funcionando como ponte entre os países hispano-americanos e os norte-americanos.[21] Na sua gestão, o Brasil instituiu a primeira missão diplomática brasileira com o *status* de embaixada dos Estados Unidos.

Ainda no campo diplomático, a Doutrina Drago deve ser destacada como ação proposta pelo Ministro das Relações Exteriores argentino, Luis María Drago, em 1902. Ele rejeitava o uso da força por um Estado credor na cobrança dos países endividados. Em 1902, Drago instruiu o representante da Argentina em Washington – Martín García Mérou:

> Desde logo se adverte a esse respeito que o capitalista que investe seu dinheiro em um estado estrangeiro, tem sempre em conta quais são os recursos do país em que vai atuar e a maior ou menor probabilidade de que os compromissos contraídos se cumpram sem tropeço. Logo o credor sabe que contrata uma entidade soberana e é condição inerente de toda soberania que não pode se iniciar nem cumprir procedimentos executivos contra ela, já que esse modo de cobrança comprometeria mesmo a sua existência, fazendo desaparecer a independência e ação do respectivo governo.[22]

Drago sustentava que as cobranças de dívidas coercitivas eram ameaça à soberania da Venezuela. Nota-se que parte dos investimentos/empréstimos de países estrangeiros era feita por capitalistas e afirma que eles tinham responsabilidades no processo. Era comum governos cobrarem dívidas de financistas/corporações de outro país de forma violenta, tomando a alfândega ou portos, podendo "asfixiar" o devedor. Além dessa prática, era igualmente comum governos reclamarem que "bens de seus cidadãos estavam ameaçados" em outro país. Tais iniciativas, muitas vezes, violentas eram investidas desproporcionais quando estavam em jogo países desiguais em termos econômicos. O país credor dominante poderia submeter facilmente o país devedor frágil em termos econômicos. Não havia garantias. Além disso, não era raro países usarem dívidas ou os bens de seus cidadãos em países estrangeiros como pretexto para fazer valer outros interesses. Por exemplo, em 1864, a Espanha invadiu as ilhas Chincha, no Peru, com o argumento de salvaguardar os negócios de seus cidadãos no país sul-americano. Entretanto, o real motivo era o interesse espanhol na lucrativa extração de guano, fertilizante natural, abundante na ilha. O episódio se desdobrou na guerra Espanhola-Sul-Americana, com a derrota da Espanha em 1866.

O presidente da República argentina, o general Julio Argentino Roca (1880-1886 e 1898-1904), veio a público em apoio a Drago, declarando no Congresso, em 4 de maio de 1903, sobre o fato dos Estados cobrarem dívidas privadas:

> A América se sentiu comovida recentemente em razão da intervenção de algumas nações europeias na Venezuela. Entre as causas invocadas por elas estava o atraso no serviço de dívida contraída por aquela nação [Venezuela] para executar algumas obras públicas. Isso fazia supor que quando o cidadão ou súdito estrangeiro contrata empréstimo de caráter público, o Estado a que eles pertencem é parte também nas operações, embora os credores não houvessem contado com essa intervenção e houvessem calculado bem as circunstâncias de cada país para fixar as condições da operação. O contrato privado se convertia assim em obrigação entre Estados. Parece-me que se estabeleceu nesse caso uma doutrina perigosa ante a qual não devíamos permanecer indiferente.[23]

Ainda que Roca defendesse o direito das nações, ele foi responsável pela conhecida campanha do deserto em seu primeiro governo em que foi perpetrada desumana atuação contra indígenas. Mas aqui Roca insiste que acordos privados se tornaram públicos, indicando para o historiador um padrão de cobrança de dívidas da época. Drago incidia claramente em seus textos sobre o tema da soberania:

> Entre os princípios fundamentais do direito público internacional que a humanidade tem consagrado, um dos mais preciosos é o que determina que todos os Estados, qualquer a força que disponha, são entidades de direito, perfeitamente iguais entre si e credores de consideração e respeito.[24]

O chanceler reconhecia princípios do direito público internacional, mas deve-se reiterar que eram intenções não completamente acordadas pelos países, já que a regulação do mundo estava engatinhando. Essa atuação de Drago, entretanto, não foi pensada para fazer frente aos Estados Unidos. Drago mirava a Europa; porém, alguns anos depois, a Doutrina atingiu os Estados Unidos. Quer-se dizer que este país era central na proposta de Drago, mas para fazer cumprir a soberania dos Estados do hemisfério. Apesar do chamado de Drago, os Estados Unidos mantiveram intervenções na região.

O ministro reconhecia as dívidas, defendia sua quitação, mas recusava o uso da força na cobrança das obrigações. O fato que desencadeou a reação de Drago já foi anunciado: a atividade das potências europeias na América do Sul, em 1902, quando Inglaterra e Alemanha, depois Itália, tomaram os portos da Venezuela para a cobrança de dívidas externas. Luis María Drago usou como estratégia conclamar para que os Estados Unidos se utilizassem da Doutrina Monroe para pôr fim à atuação europeia na Venezuela. Com isso, criticava intervenções europeias e norte-americanas na região.

Os Estados Unidos reagiram invertendo os termos. Firmaram que a Venezuela, ao não honrar dívidas, colocava a segurança do continente em risco, abrindo para a intervenção de europeus. Em outras palavras: a responsabilidade era da Venezuela. A solução para Theodore Roosevelt era a intervenção preventiva norte-americana, adiantando-se a qualquer investida europeia na América Latina. Exatamente aquilo que haviam feito na República Dominicana em 1905. Ou seja, aceitar a proposta de Luis María Drago seria contraditar as intervenções que perpetravam na América Central e Caribe.

Em 1907, na Conferência Internacional de Haia, os delegados se dividiram entre os que apoiavam a proposta de Drago e os Estados Unidos que aprovavam as intervenções para cobrança de dívidas. O Brasil cerrou fileiras ao lado do país do Norte. A proposta de Drago foi modificada pelo general norte-americano Horace Porter, chefe da delegação norte-americana em Haia, passando a público como Convenção Drago-Porter. Ela condenava a cobrança coercitiva de dívidas – principalmente das de financistas e empresários do país credor –, mas concordava com a coerção se o país devedor não aceitasse arbitragem em caso de cobrança das dívidas. Ou seja, práticas coercitivas permaneceram porque era possível contornar o discutido.[25] Apenas com os acordos de Bretton Woods, em 1944, estabeleceram-se acordos para gerir aspectos econômicos e financeiros em escala global: o Fundo Monetário Internacional (FMI) e o Banco Interamericano de Desenvolvimento (BID) passaram a mediar dívidas.

Isso posto, a reação latino-americana em nome da soberania e em questionamento aos Estados Unidos não foi uníssona. Ela se revelou diversificada devido às conjunturas e aos interesses de cada país no jogo internacional. No caso da Doutrina Drago, foram plantados alicerces para o debate diplomático que circulou dos dois lados do Atlântico para pôr fim à humilhante situação dos países endividados e fomentou um corpo de textos que integram, ainda nos dias de hoje, o direito internacional público, sobressaindo as soberanias nacionais. Ela abriu diferentes e contraditórias vertentes para a atuação norte-americana. Por um lado, conclamava para que os Estados Unidos assumissem o seu papel na região, por outro, criou dispositivos legais para que o controle das alfândegas de países devedores fosse restrito. Se a proposta não recebeu o acordo da maioria em Haia, deitou raízes que ajudaram a estabelecer o direito internacional sobre o tema anos depois.

Notas

[1] Maartje Abbemus, Introduction, em *The Hague Conferences and international politics, 1898-1915*. Londres: Bloosbury Academic, 2018.

[2] Monica Herz e Andre Ribeiro Hoffman, *Organizações Internacionais: história e práticas*, Rio de Janeiro, Elsevier, 2004.

[3] José Flávio Sombra Saraiva (org.), *História das relações internacionais contemporâneas: da sociedade internacional do século XIX à era da globalização*, São Paulo, Saraiva, 2007.

[4] Modesto Florenzano, "Sobre as origens e desenvolvimento do Estado moderno no Ocidente", em *Lua Nova*, n. 71, 2007.

[5] Adam Watson, "O tratado de Vestfalia", em *A evolução da sociedade internacional: uma análise histórica comparativa*, Brasília, UNB, 2004.

[6] Jean Bodin, *Les six livres de la République*, Aalen, Scientia, 1977.

[7] Juliana Neuenschwander Magalhães, "O problema da fundação e o pressuposto evolutivo da semântica da soberania", *Formação do conceito de soberania: história de um paradoxo*, São Paulo, Saraiva, 2016.

[8] Jean Jacques Rousseau, *O contrato social: ou princípios do direito político*, São Paulo, Penguin, 2011.

[9] Dalmo de Abreu Dallari, "Soberania", em *Elementos de Teoria Social do Estado*. São Paulo, Saraiva, 2000.

[10] Idem, p. 70.

[11] O presidente só passou a ir pessoalmente ao Congresso para o discurso do *State of Union* no século XX e após o governo de Woodrow Wilson (1913-1921).

[12] Alfred Tayer Mahan, *The influence of Sea Power upon the French Revolution and Empire (1793-1812)*, Washington, , 1892, 2 v.

[13] Kátia Gerab Baggio, *A outra América: a América Latina na visão dos intelectuais brasileiros das primeiras décadas republicanas*, São Paulo, Tese de doutorado (FFLCH-DH-USP), 1998, mimeo.

[14] Gabriela Xabay Gimenes, *Estados Unidos e América Latina nas páginas do Chicago Tribune: Pan-americanismo e Exposição Universal de Chicago (1889-1894)*, São Paulo, FFLCH-USP, Dissertação de Mestrado, 2016, mimeo.

[15] Tereza Maria Spyer Dulci, *As conferências pan-americanas (1889 a 1928): identidades, união aduaneira e arbitragem*, São Paulo, Alameda, 2013.

[16] As Filipinas declararam independência dos Estados Unidos em 1945. Porto Rico e Guam tornaram-se Estado Livre Associado e colônia dos Estados Unidos respectivamente.

[17] Lars Schoultz, *Estados Unidos e América Latina. Poder e submissão*, Bauru, Edusc, 2000, p. 173.

[18] Sobre a busca dos Estados Unidos no mundo, ver Mary Anne Junqueira, *Velas ao mar. U. S. Exploring Expediton (1838-1842): a viagem científica de circum-navegação dos norte-americanos*, São Paulo, Intermeios, 2005.

[19] José Martí,. *Política de Nuestra América*, México, Siglo XXI, 1997.

[20] José Enrique Rodó. *Ariel*, Campinas, Editora Unicamp, 1991.

[21] Luís Cláudio Villafañe Santos, *Juca Paranhos: o Barão do Rio Branco*, São Paulo, Cia. das Letras, 2018. Sobre Pan-americanismo e monroismo no Itamaraty, ver Fernando Vale Castro, *Pensando um continente: a revista Americana e a criação de um projeto cultural para América do Sul*, Rio de Janeiro, Mauad, 2012.

[22] Luis Maria Drago, *Cobro coercitivo e deudas publicas*, Buenos Aires, Coni Hermanos Editores, 1906, p. 10 (tradução nossa).

[23] Idem, p. 32 (tradução nossa).

[24] Idem, p. 11 (tradução nossa).

[25] Camila Lavaqui, *Meios não pacíficos de solução de conflitos e a Doutrina Drago*, disponível em https://camilalavaqui.jusbrasil.com.br/artigos/335575628/meios-nao-pacificos-de-solucao-de-conflitos-e-a-doutrina-drago, acesso em 26 jun. 2020.

A INTEGRAÇÃO LATINO-AMERICANA COMO PROJETO UTÓPICO EM MANUEL UGARTE

Kátia Gerab Baggio

> *O destino da América Latina depende, em última instância, dos latino-americanos mesmos.*
> (Manuel Ugarte, *El destino de un continente*, 1923)

A união dos países latino-americanos é um ideal persistente, que remonta aos movimentos de independência dos anos 1810 e 1820. Há dois séculos, portanto, a integração é uma das utopias mais recorrentes na América Latina. Em sua famosa *Carta de Jamaica*, de 6 de setembro de 1815, Simón Bolívar afirmou que seria uma ideia grandiosa pretender formar de todo o Novo Mundo uma só nação com um só vínculo que ligue suas partes entre si e com o todo. Já que tem uma origem, uma língua, mesmos costumes e uma religião, deveria, por conseguinte, ter um só governo que confederasse os diferentes Estados que haverão de se formar.

Mas tal ideal não seria possível, reconheceu o líder sul-americano, "porque climas remotos, situações diversas, interesses opostos e caracteres dessemelhantes" dividiam a América.

Décadas depois, em conferência proferida no ano de 1856, em Paris, o chileno Francisco Bilbao – impactado pela derrota do México, em 1848, e pela consequente perda de mais da metade do seu território para os Estados Unidos, incluindo o Texas, incorporado três anos antes ao país do Norte – defendeu a criação de uma Confederação das Repúblicas do Sul, como reação à ameaça representada pelo expansionismo estadunidense. Assim se expressou Bilbao, referindo-se ao flibusteiro norte-americano que invadiu a Nicarágua e Honduras, entre 1855 e 1860: "Walker é a invasão, Walker é a conquista, Walker são os Estados Unidos".[1]

No final do século, a voz do cubano José Martí somou-se à de Bilbao, na denúncia veemente do perigo, para *Nuestra América*, representado pelos Estados Unidos e seu caráter "cobiçoso", em textos escritos entre os anos 1880 e 1890 e publicados no diário *La Nación*, de Buenos Aires. Na véspera de sua morte – em 19 de maio de 1895, aos 42 anos, em batalha contra as forças espanholas na localidade de Dos Ríos, em Cuba –, o líder escreveu, em carta ao amigo mexicano Manuel Mercado, as palavras que se tornariam famosas, referindo-se aos Estados Unidos: "Vivi no monstro e lhe conheço as entranhas, e minha funda é a de Davi". Na mesma carta, posicionou-se pela independência plena de Cuba, tanto em relação ao colonialismo espanhol como ao imperialismo norte-americano.

Três anos depois, sob o impacto da intervenção dos Estados Unidos na Guerra de Independência de Cuba, o franco-argentino Paul Groussac – que foi, de 1885 até a sua morte, em 1929, por 44 anos, diretor da Biblioteca Nacional da Argentina – pronunciou, no dia 2 de maio de 1898, um discurso em Buenos Aires em que utilizou o adjetivo "calibanesco" para se referir ao "corpo disforme" da "novíssima civilização" que "quer substituir a razão pela força, a aspiração generosa pela satisfação egoísta, a qualidade pela quantidade, a honradez pela riqueza". Groussac – cuja conferência foi publicada quatro dias depois no jornal *La Razón* – inspirou-se na obra *Caliban*, do compatriota francês Ernest Renan, publicada em 1878, ainda sob o efeito da Comuna de Paris, em que Caliban – personagem da peça de Shakespeare *A Tempestade*, provavelmente escrita entre 1610 e 1611 – foi associado às massas populares e incultas que tomaram a capital francesa entre março e maio de 1871. Em seu aristocratismo, Renan repudiou a experiência de governo dos trabalhadores. Groussac, por sua vez, associou Caliban aos Estados Unidos, caracterizados como um país em que grassava o materialismo e a vulgaridade.

A associação dos Estados Unidos à figura de Caliban foi recuperada, 18 dias depois, pelo poeta nicaraguense Rubén Darío – que então vivia em Buenos Aires e escrevia para o diário *La Nación*. No dia 20 de maio, publicou o texto "El triunfo de Calibán", desta vez no jornal buenairense *El Tiempo*. O texto é um libelo contra "a cobiça do anglo-saxão" e o "apetite ianque". Darío sustentou que só José Martí tinha sido previdente, pois não se cansou de alertar para que tivessem cuidado com "aqueles homens de rapina". Também fez referência ao discurso de Groussac e defendeu a união latina, dos dois lados do Atlântico, contra os tentáculos norte-americanos. Nesse texto, o poeta nicaraguense prenunciou a vinculação da figura de Ariel aos latinos e de Caliban aos ianques, como fará o uruguaio José Enrique Rodó dois anos depois, em seu ensaio *Ariel*, cuja primeira edição foi publicada em 1900, em Montevidéu, e que teve, como se sabe, imensa repercussão.

Se Bolívar imaginou, nas primeiras décadas do século XIX, a união hispano-americana como uma estratégia de fortalecimento dos futuros Estados – em termos políticos, territoriais, econômicos e militares –, principalmente diante do poderio europeu, a partir de meados do século, a ideia de união das repúblicas hispano-americanas foi retomada com um novo sentido: o da necessidade de defesa em relação ao expansionismo, agressão e imperialismo estadunidense, sobretudo depois da Guerra do Texas, de 1835-1836, e da guerra contra o México, de 1846-1848, quando a visão sobre os Estados Unidos começou a se modificar. Nas concepções de Bolívar e Bilbao, o Brasil estava ausente de qualquer projeto de integração, compreendido como uma união das repúblicas. A monarquia brasileira era percebida como excessivamente vinculada aos interesses europeus nas Américas.

A partir de fins do século XIX, entretanto, sob o impacto do projeto pan-americanista dos Estados Unidos – defendido, de forma sistemática, nas Conferências Pan-Americanas iniciadas em 1889 –, os ideais de união da América Latina passaram a incluir o Brasil, inserido, a partir de novembro daquele ano, no rol das repúblicas americanas.

MANUEL UGARTE: UMA VIDA DEDICADA À CAUSA LATINO-AMERICANISTA E ANTI-IMPERIALISTA

O argentino Manuel Ugarte (1875-1951) foi um dos mais ativos defensores da união latino-americana na primeira metade do século XX, e teve, como referências fundamentais, os ideólogos anteriores. Dedicou a maior parte de sua vida e energias ao projeto da unidade. Publicou poemas, crônicas, contos, romances, artigos em periódicos, discursos e conferências, narrativas de viagens, além de ensaios literários, políticos e sociológicos, em que se destaca a reflexão sobre as relações entre as duas Américas. Foi, acima de tudo, um intelectual público.

Seguem algumas notas biográficas desse escritor ainda pouco conhecido no Brasil.[2] Nascido em 27 de fevereiro de 1875, em San José de Flores – área incorporada à cidade de Buenos Aires na década seguinte –, Manuel Baldomero Ugarte pertencia a uma rica família argentina. Teve educação esmerada e, em 1889, viajou a Paris pela primeira vez, com o objetivo de visitar a Exposição Universal. Aos vinte anos, fundou, com Alberto Ghiraldo – escritor e militante do Partido Socialista –, *La Revista Literaria*, que dirigiu até o seu desaparecimento, em dezembro de 1896. A *Revista Nacional*, fundada meses antes por Rodó, em Montevidéu, serviu como modelo. Ao longo de sua vida, Ugarte viajou muito e morou por longos anos no exterior. Em Paris, de 1897 a 1903, realizou estudos de Filosofia, História e Sociologia, e acompanhou os embates em torno do "Caso Dreyfus". A partir de 1901, começou a publicar artigos e a ministrar conferências em defesa da unidade latino-americana e contra o imperialismo estadunidense. De volta a Buenos Aires, filiou-se ao Partido Socialista (PS), e, no ano seguinte, 1904, foi representante do PS no Congresso da II Internacional Socialista, em Amsterdã. Também fez extensas viagens pelas Américas: em 1899, impactado pelas consequências da Guerra Hispano-Americana, foi aos Estados Unidos, México e Cuba. E, entre 1911 e 1913, percorreu a maioria dos países do continente, com o objetivo de defender a causa da união latino-americana: começou pelo Caribe, seguiu para o México, países da América Central, Estados Unidos e América do Sul. No ano seguinte, em Buenos Aires, fundou o Comitê Pró-México – em protesto contra a ocupação do porto de Vera Cruz por tropas norte-americanas –, transformado, meses depois, na Asociación Latinoamericana. Entre 1919 e 1951, viveu muitos anos na Europa (França e Espanha), além de períodos em Buenos Aires e em Viñã del Mar, no Chile. Nas décadas de 1920 e 1930, organizou atos em defesa da Revolução Mexicana, defendeu a luta liderada por Augusto Sandino na Nicarágua e conheceu, em 1927, a União Soviética, convidado pelo governo para participar das comemorações do décimo aniversário da Revolução de Outubro. Apoiou, em 1946, a primeira eleição de Juan Domingo Perón, que o nomeou embaixador no México e, na sequência, na Nicarágua e em Cuba. Sua carreira diplomática, no entanto, durou pouco: em 1950, exonerou-se do cargo. No ano seguinte, morreu em Nice, na França, no dia 2 de dezembro, em uma casa alugada, asfixiado pelo gás que emanava do aquecedor de água. A polícia registrou a morte como acidental. Nos meios intelectuais e políticos, contudo, surgiu a hipótese de suicídio. Em 1954, seus restos mortais foram trasladados para Buenos Aires.

A obra de Ugarte é vasta: nos últimos anos do século XIX, ainda muito jovem, publicou, em Buenos Aires, cinco livros de poemas (edição do autor, com apoio paterno). A partir de 1901, começou a publicar suas obras na Europa: em Paris, pela Garnier e Armand Colin, e na Espanha, por diferentes editoras de Madri, Valência e Barcelona. Durante sua vida, manteve relações mais ou menos estreitas com inúmeros intelectuais latino-americanos e europeus: o venezuelano Rufino

Blanco Fombona; o nicaraguense Rubén Darío; os argentinos José Ingenieros, Alfredo Palacios, Manuel Gálvez e Alfonsina Storni; os peruanos Víctor Raúl Haya de la Torre e José Carlos Mariátegui; os guatemaltecos Enrique Gómez Carrillo e Miguel Ángel Asturias; o uruguaio Carlos Quijano; a chilena Gabriela Mistral; os mexicanos Amado Nervo e José Vasconcelos; os espanhóis Miguel de Unamuno e José Ortega y Gasset, só para citar alguns dos mais importantes.

Por duas vezes, Ugarte foi expulso do Partido Socialista argentino. Em 1913, polemizou com a direção do PS e com o jornal *La Vanguardia*, órgão de imprensa do partido, por considerar que a organização negligenciava a causa da nação, da soberania e do desenvolvimento nacional. Em 1935, reingressou no PS, voltando a ser expulso, no ano seguinte, em razão de críticas públicas feitas ao partido.

A campanha anti-imperialista de Ugarte teve decorrências relevantes. Motivou sua indicação, pelo Partido Nacionalista de Porto Rico, juntamente com José Vasconcelos e o peruano César Falcón, como seus representantes no Congresso Internacional da Liga contra o Imperialismo e a Opressão Colonial – organização vinculada à III Internacional –, que foi realizado em fevereiro de 1927, em Bruxelas, capital belga. No mesmo ano, Ugarte foi designado presidente honorário da Unión Latino Americana, associação de caráter anti-imperialista e latino-americanista fundada em Buenos Aires, em março de 1925, por José Ingenieros e Alfredo Palacios.[3] Ugarte também obteve um grande prestígio entre os movimentos e líderes estudantis – particularmente aqueles vinculados à Reforma Universitária de Córdoba, em 1918, e aos seus desdobramentos –, que tinham "como denominador comum um especial apelo ao conceito de América Latina e a percepção de que se estava participando de um movimento em escala continental".[4] As conferências que Ugarte ministrou em quase todas as capitais latino-americanas, durante sua "campanha hispano-americana" – como ele mesmo denominou sua longa viagem de 1911 a 1913 –, atraíram incontáveis estudantes. Sua obra de caráter latino-americanista foi divulgada em todo o continente. Além disso, seu decidido apoio à Revolução Mexicana e à luta de Sandino, além da fundação da Asociación Latinoamericana, contribuíram para fortalecer sua popularidade entre os jovens e estudantes.

O reconhecimento a Ugarte, no meio estudantil, levou-o a ser convidado para ser orador em vários atos, inclusive o da fundação da Federação Universitária Argentina, em 1918.

Manuel Ugarte foi considerado por seu biógrafo Norberto Galasso um "argentino maldito", em razão da marginalidade a que teria sido submetido, em consequência de suas ideias, na história do pensamento político argentino, em contraste com outros intelectuais de sua geração, como Ingenieros ou Palacios.[5] De fato, deve-se levar em consideração que as obras de Ugarte, com exceção de seus livros de poemas escritos na juventude, só começaram a ser publicadas na Argentina depois de sua morte, e que ele não recebeu, durante décadas, a mesma atenção por parte da crítica e da historiografia do que outros intelectuais de sua época, a despeito da relevância de sua obra e do significado da sua militância anti-imperialista, de repercussão continental. Mas não se pode negligenciar o fato de que o escritor viveu a maior parte de sua vida no exterior, e que essas ausências prolongadas tiveram impacto, de algum modo, na recepção de suas ideias e obras no seu país natal.

O PERIGO IANQUE E A PÁTRIA GRANDE

Para elaborar suas concepções sobre a integração latino-americana e o anti-imperialismo, Ugarte tomou como referências fundamentais os ideólogos das lutas pelas independências – principalmente Bolívar, San Martín e José Martí –, assim como pensadores de seu tempo, como Rubén Darío, e intelectuais da chamada "geração de 1900" no Uruguai e na Argentina, à qual pertencia, como José Enrique Rodó, Leopoldo Lugones, Alfredo Palacios e José Ingenieros, ainda que as diferenças de ideias entre cada um deles fossem mantidas.

Ugarte começou a escrever sobre a necessidade de defesa da América Latina frente ao poderio dos Estados Unidos nos primeiros anos do século XX, quando vivia em Paris e acompanhava, da Europa, os acontecimentos nas "duas Américas". Em outubro de 1901, foi publicado no jornal *El País*, de Buenos Aires, o artigo intitulado "El peligro yanque". Neste texto, Ugarte afirmou que a potência do Norte tinha a intenção de intervir no istmo do Panamá, como tinha feito anteriormente no México e em Cuba. Segundo o ensaísta argentino, os Estados Unidos pretendiam "fazer da

América Latina uma dependência e estender seu domínio [...], primeiro, com a força comercial, depois com a política e por último com as armas". No mesmo artigo, fez a seguinte reflexão: "Toda usurpação material vem precedida e preparada por um longo período de infiltração ou hegemonia industrial capitalista ou de costumes que roem a armadura nacional, ao mesmo tempo em que aumenta o prestígio do futuro invasor". Segundo Ugarte, a estratégia dos estadunidenses consistia em se aproveitar de divergências e rebeldias internas para

> provocar grandes lutas ou distúrbios que lhes permitam intervir depois, com o fim aparente de restabelecer a ordem em países que têm fama de ingovernáveis. [...] Quando um governante quer sacudir a tutela, [...] nunca falta uma revolução mais ou menos espontânea que o derroca ou uma guerra exterior que põe em perigo sua hierarquia.[6]

E complementou o raciocínio, dando como exemplo a força econômica da Standard Oil no México: "Quando um bom número das riquezas de um país está nas mãos de uma empresa estrangeira, a autonomia nacional se debilita. E da dominação comercial à dominação completa, só há a distância de um pretexto".[7] No mês seguinte, foi publicada uma sequência desse texto, no mesmo *El País*, em que o autor tratou da defesa da América Latina frente à ameaça ianque. No artigo, intitulado "La defensa latina", Ugarte declarou: "Só os Estados Unidos do Sul podem contrabalançar em força aos do Norte. E essa unificação não é um sonho impossível. [...] A ameaça da invasão estrangeira se encarregaria de desvanecer as prevenções".[8] Essa unidade seria concretizada com atitudes de solidariedade entre os países latino-americanos face às ameaças de agressão e intervenção. Segundo Ugarte, as divergências que dividiam os países da América Latina, como litígios fronteiriços, poderiam – e deveriam – ser resolvidas pela via diplomática. E, concretamente, com a constituição de uma confederação de Estados nacionais, que pudesse uni-los, em nome de seus interesses comuns, nas divergências e embates com outros continentes, ou seja, uma articulação que possibilitasse a união de todos os países latino-americanos para a defesa comum, tanto econômica como militar.

Em 1910, Ugarte começou a publicar seus livros em defesa da unidade latino-americana: *El porvenir de la América Española* (1910), *Mi campaña hispanoamericana* (1922), *El destino de un continente* (1923) e *La Patria Grande* (1924). Esses livros podem ser compreendidos como uma obra conjunta, que aborda os mesmos temas de maneiras distintas. O próprio Ugarte afirmou que os quatro livros formavam "um volume coerente", com unidade em torno de "um pensamento central".[9]

O primeiro foi publicado em Valência, Espanha, em 1910. Já na segunda edição, de 1911, o título foi alterado para *El porvenir de la América Latina*. Nos textos de Ugarte, essa parte do continente recebeu diferentes nomes: Hispano-América, América Espanhola, América Latina e, finalmente, Pátria Grande, sempre para "designar o conjunto de todas as repúblicas [da América] de tradição e civilização ibérica".[10] Desde os seus primeiros textos, Ugarte pensava em toda a AMÉRICA IBÉRICA, sem excluir o Brasil. O livro está composto por três partes: a primeira, dedicada à formação histórica da América Latina – com ênfase na questão étnico-racial, inclusive a "variante portuguesa" e a história do Brasil –; a segunda, acerca da agressão imperialista estadunidense e da necessidade de união latino-americana para a defesa; e uma terceira parte sobre a conformação das nacionalidades latino-americanas, com reflexões sobre a organização política, democracia, educação, justiça, religião, reformas sociais, família e arte.[11]

Mi campaña hispanoamericana, livro publicado em 1922, reúne 16 conferências e discursos de Ugarte ministrados em viagens realizadas de 1910 a 1920, em Barcelona, Paris, Nova York, Cidade do México, San Salvador, Tegucigalpa, Caracas, Cartagena de Índias, Bogotá, Lima, Buenos Aires e Cádiz, na volta à Espanha. Os temas foram aqueles eleitos na sua peregrinação da Europa às Américas. Como se pode constatar, algumas conferências proferidas em suas viagens estão ausentes do livro, como a realizada no Rio de Janeiro, em 2013.[12]

No livro *El destino de un continente*, Ugarte narrou sua longa viagem pelo continente americano: deixou Paris em outubro de 1911, depois de uma conferência na Sorbonne, e viajou por Cuba, República Dominicana, México, Guatemala, Honduras, El Salvador, Costa Rica,

Estados Unidos, Panamá, Venezuela, Colômbia, Equador, Peru, Bolívia, Chile, Argentina (depois de oito anos de ausência de seu país natal), Uruguai, Brasil e, finalmente, Paraguai, antes de seu regresso a Buenos Aires. Seu objetivo foi propagar a causa latino-americanista e anti-imperialista por todo o continente. Ministrou conferências e discursou inúmeras vezes, em universidades, teatros, auditórios e sedes de organizações de trabalhadores, em quase todas as capitais e algumas outras cidades importantes, para centenas ou milhares de ouvintes, segundo a imprensa da época. Seu público reuniu principalmente estudantes, trabalhadores e intelectuais. Entretanto, Ugarte também sofreu alguns dissabores, tendo sido alvo de censura: foi impedido de entrar na Nicarágua, tendo ficado retido no porto pela polícia; na Guatemala, foi proibido de discursar; em El Salvador, recebeu ameaças anônimas; teve cartas interceptadas na Costa Rica, onde foi ameaçado novamente; seus telegramas, enviados de Havana e Santiago de Cuba a San Juan, nunca chegaram a seu destino, o que inviabilizou sua ida a Porto Rico. A viagem do então secretário de Estado norte-americano, Philander Chase Knox, à América Central, na mesma época, dificultou as atividades políticas de Ugarte na região. Antes de ir ao Panamá, foi aos Estados Unidos. Discursou na Universidade de Colúmbia, em Nova York, em julho de 1912, onde afirmou que não era adversário do povo norte-americano, mas da política imperialista do governo dos Estados Unidos.[13]

Sobre o Brasil, Ugarte afirmou que, a despeito das muitas diferenças históricas, o país tinha que ser considerado "como parte integrante do nosso conjunto". E insistiu: "Povo de outra origem e outro idioma, limítrofe por sua extensão com todas as repúblicas sul-americanas, o Brasil deve ser contido no seio de nosso núcleo e tratado como irmão dentro da grande família". Segundo Ugarte, as divergências entre Argentina e Brasil deveriam ser colocadas de lado em nome da defesa das duas nações frente a potências mais poderosas. O ensaísta argentino foi recebido no Brasil, segundo o próprio, com simpatia. Mas reconheceu que, de toda a América Latina, era a nação "menos inclinada" a escutar o alerta sobre o perigo ianque. Segundo notícia publicada no *Jornal do Brasil*, de 9 de setembro de 2013, o grande salão do Palácio Monroe, no Rio de Janeiro, ficou lotado para ouvir Ugarte falar por duas horas, com um grande público de estudantes, diplomatas, juristas, políticos, jornalistas, industriais, banqueiros etc.[14]

A viagem de Ugarte às Américas foi a concretização de uma missão, que o escritor se impôs, como forma de luta pela causa de sua vida, na qual também dissipou sua fortuna, recebida como herança familiar. Claudio Maíz, estudioso da obra de Ugarte, sustenta que *El destino de un continente* não é apenas um relato de viagem, mas a narrativa de uma "viagem cívica", de propaganda de ideias políticas, e um "ensaio de viagem", pois foi a maneira que Ugarte encontrou para colocar à prova sua tese da integração latino-americana como estratégia defensiva contra o imperialismo. Em sua narrativa, o escritor dedicou-se aos acontecimentos das cidades e enfatizou os espaços urbanos, deixando em segundo plano as paisagens naturais, ao contrário do que frequentemente se encontra nos relatos de viagens de europeus e norte-americanos pela América Latina. No livro, construiu uma imagem de si como o "operário de uma doutrina de resistência". Como observou Maíz, o relato não se furtou a construir uma imagem heroica do autor, reafirmada pela ousadia da empreitada, realizada há um século.[15]

Finalmente, em *La Patria Grande*, Ugarte reuniu artigos e ensaios dispersos, sobre nacionalismo, latino-americanismo, diplomacia, socialismo, questões econômicas, temas argentinos etc. O autor incluiu na coletânea uma carta enviada à direção do *Jornal do Commercio*, do Rio de Janeiro, para contestar um artigo publicado no jornal sobre seu livro *El porvenir de la América Española*, no qual foi afirmado que Ugarte não teria dado ao Brasil o lugar merecido no continente. Ao que Ugarte replicou: "se há um argentino que admira e gosta do Brasil, esse argentino sou eu". E afirmou que desaprovava "os receios e as rivalidades" que pareciam separar as duas repúblicas vizinhas. É interessante constatar que Ugarte fez questão de incluir esta carta em *La Patria Grande*, obra em que há várias referências ao Brasil. Segundo o escritor, a expressão "pátria grande" tinha dois significados: "geograficamente, serve para designar o conjunto de todas as repúblicas de tradição e civilização ibérica. Do ponto de vista cultural, evoca, dentro de cada uma das divisões atuais, a elevação de propósitos e a preocupação amplamente nacionalista".[16]

Em seu trabalho sobre a obra de Ugarte, Claudio Maíz afirma que esses quatro livros constituem um "macrotexto", ou seja, um conjunto articulado de textos escritos e reunidos em torno de uma mesma questão central e de uma mesma causa política.[17] Sustenta, também, que a obra latino-americanista de Ugarte não deveria ser inserida no chamado *arielismo* – cuja matriz, como se sabe, é o ensaio *Ariel*, de José Enrique Rodó –, ainda que ambos, Rodó e Ugarte, fossem críticos da admiração que os Estados Unidos exerciam em grande parte da intelectualidade e dos círculos políticos latino-americanos, o que Rodó denominou de *nordomania*. No caso de Ugarte, não só a identidade cultural, mas as questões do anti-imperialismo, da dominação econômica e das soberanias nacionais foram centrais em seu pensamento.

Em sua obra, Ugarte – a partir de sua formação política e intelectual e das experiências vividas em suas viagens, principalmente as peregrinações pelas Américas – articulou concepções anti-imperialistas, latino-americanistas, nacionalistas e socialistas, desde seus escritos produzidos nos primeiros anos do século XX. Essa vinculação entre a defesa do nacionalismo e, ao mesmo tempo, da integração latino-americana relaciona-se diretamente ao anti-imperialismo e à necessidade, fundamental, segundo o ensaísta argentino, da articulação de uma defesa conjunta das soberanias nacionais dos países latino-americanos frente à ameaça estadunidense. Segundo Ugarte, os nacionalismos separados não teriam força suficiente para impedir o avanço da grande potência do Norte contra as nacionalidades ao sul do Rio Grande, principalmente no caso das repúblicas centro-americanas e insulares, de pequeno território, cujo domínio pelos Estados Unidos significaria a porta de entrada para a hegemonia, incontestável e sem resistências consideráveis, desse país em todo o continente americano. Nesse sentido, a América Latina foi chamada por Ugarte de "Pátria Grande", na qual existiria complementaridade de interesses geopolíticos e econômicos, como também convergência de sentimentos e aspirações, em razão das afinidades históricas e culturais. Além da prioridade dada ao eixo que articulava anti-imperialismo, nacionalismo e latino-americanismo, o escritor argentino também foi um defensor das ideias socialistas. Ugarte preocupou-se com o desenvolvimento econômico e social da América Latina e com os direitos dos trabalhadores. Sendo assim, criticou com veemência a vinculação das oligarquias dos países latino-americanos com os interesses imperialistas estadunidenses, em uma espécie de aliança antinacional.

Ainda que as ideias de Ugarte tenham sofrido algumas – poucas, de fato – modificações ao longo de sua vida, os princípios fundamentais de seu pensamento foram mantidos até a sua morte, em 1951. No que diz respeito ao desenvolvimento econômico, o ensaísta argentino foi favorável à industrialização dos países latino-americanos e à exploração de seus recursos naturais para o favorecimento das próprias nações e de seu povo, e não de corporações estrangeiras. Com o objetivo de promover esse desenvolvimento, defendeu uma integração econômica que ampliasse o comércio entre os países da América Latina, para estimular o mercado consumidor de produtos da região, e não só dos Estados Unidos, Europa e outros continentes. Para viabilizar esse incremento comercial, considerava fundamental a melhoria das comunicações e dos transportes entre os países latino-americanos, por meio do telégrafo e das ferrovias. Caso fossem necessários capitais externos, Ugarte defendia que a preferência deveria ser dada aos capitais europeus, como forma de dificultar o avanço dos capitais estadunidenses na região. Segundo o argentino, como os países europeus competiam entre si, podiam colocar um freio ao poderio dos demais. Também foi favorável à exploração de petróleo na América Latina, mas sem submissão aos interesses das corporações norte-americanas. Sua perspectiva pode ser alinhada, de um modo geral, ao que posteriormente será denominado nacional-desenvolvimentismo.[18]

Nas duas primeiras décadas do século XX, em que Ugarte iniciou sua militância anti-imperialista e latino-americanista, a articulação desses dois princípios com o nacionalismo e o socialismo não eram usuais. Muitos intelectuais nacionalistas rejeitavam o latino-americanismo e os socialistas eram frequentemente antinacionalistas. Somente a partir da década de 1920, as concepções anti-imperialistas e nacionalistas começaram a ser articuladas, de forma mais sistemática e consistente, com a defesa da integração latino-americana e, em alguns ideólogos, do socialismo e dos direitos das classes trabalhadoras.

Não foi por outra razão que o peruano Víctor Raúl Haya de la Torre – fundador, em 1924, da Aliança Popular Revolucionária Americana (APRA) – escreveu que Manuel Ugarte tinha sido "o precursor de nossa luta". Em documento divulgado em dezembro de 1926, a APRA estabeleceu seu "programa máximo internacional", com cinco pontos que deveriam servir de base "para os programas das seções nacionais de cada país latino-americano":

1º Ação contra o imperialismo ianque;
2º Pela unidade política da América Latina;
3º Pela nacionalização de terras e indústrias;
4º Pela internacionalização do Canal do Panamá;
5º Pela solidariedade com todos os povos e classes oprimidas do mundo.

Este documento demonstra que a plataforma da APRA era convergente com as ideias defendidas por Ugarte. Ambos, o argentino e o peruano, foram defensores de uma articulação de princípios anti-imperialistas, latino-americanistas, nacionalistas e socialistas, expressos claramente nos cinco pontos acima transcritos.[19] Ugarte e Haya, além disso, foram impactados pelas experiências da Revolução Mexicana e da Reforma Universitária de 1918, com fortes bases de apoio nas juventudes universitárias. Também estava presente, em artigos e discursos de Ugarte, assim como no manifesto aprista de 1926, a crítica contundente às oligarquias latino-americanas aliadas ao imperialismo estadunidense.

Ugarte, como já mencionado, também apoiou a causa liderada pelo nicaraguense Augusto C. Sandino. Em um artigo escrito em Nice, na França, e publicado em julho de 1928 na revista *Amauta*, de Lima – dirigida pelo socialista peruano José Carlos Mariátegui –, o ensaísta argentino escreveu que apenas Sandino representava a Nicarágua:

O único que merece nossa entusiasta adesão é o general Sandino, porque o general Sandino representa, com seus heroicos guerrilheiros, a reação popular de nossa América contra as oligarquias traidoras e a resistência de nosso conjunto contra o imperialismo anglo-saxão.[20]

A imigração foi outro tema relevante para o ensaísta argentino, fundamental na história de seu país natal e de outras nações latino-americanas. O nacionalismo ugarteano não foi xenófobo, e sim anti-imperialista. Mas o escritor foi um defensor da chamada argentinização dos imigrantes europeus e asiáticos – provenientes, principalmente, do Oriente Médio –, com ênfase no ensino do idioma espanhol e da história nacional para imigrantes e descendentes, particularmente as crianças.

À GUISA DE CONCLUSÃO

O projeto de união latino-americana foi, para Ugarte, um ideal do porvir. A "Pátria Grande" foi um projeto a ser levado adiante pelos jovens e estudantes. Desde os primeiros anos do século XX, Ugarte articulou a luta anti-imperialista e a defesa da integração latino-americana – incluindo o Brasil – a um projeto nacional de desenvolvimento e de justiça social. Começou sua militância em uma época em que ainda não era recorrente uma articulação de todos esses ideais em um mesmo pensamento coordenado, como aconteceria posteriormente. E associou esse ideal a uma campanha continental, por meio de uma longa viagem e pela publicação das conferências e discursos que pronunciou ao longo da peregrinação – no livro *Mi campaña hispanoamericana* – e da narrativa da viagem – em *El destino de un continente* –, duas obras complementares que sintetizam o sentido de missão a que Ugarte se propôs ao longo da vida: a de projetar seu ideal da "Pátria Grande" latino-americana.

Os quatro livros latino-americanistas de Ugarte – conforme informado anteriormente – só foram publicados na Argentina depois de sua morte, sob a coordenação de Jorge Abelardo Ramos, a partir de 1953. Segundo Ramos – principal ideólogo da corrente denominada *Izquierda Nacional* —, Ugarte foi um precursor do "socialismo nacional" e latino-americanista, em contraste com a vertente dominante no Partido Socialista da Argentina nas primeiras décadas do século XX, vinculada às correntes moderadas da II Internacional, sob a liderança de Juan B. Justo, fundador do PS, em 1896. Presidente do partido até a sua morte, em 1928 – além de diretor de *La Vanguardia*, periódico oficial da organização –, Justo foi um entusiasmado defensor da liberdade

Manuel Ugarte foi, sem dúvida, um dos mais importantes formuladores e porta-vozes do ideal de união latino-americana na primeira metade do século XX, utopia de 200 anos, que ainda estimula imaginações e embasa projetos políticos, neste instável início de um novo século e novo milênio, em que as propostas de integração da América Latina criadas na primeira década do século XXI – em projetos como a Alianza Bolivariana para los Pueblos de Nuestra América (ALBA), originalmente denominada Alternativa Bolivariana para as Américas, fundada em dezembro de 2004, sob a liderança de Hugo Chávez e Fidel Castro, ambos falecidos; a União de Nações Sul-Americanas (UNASUL), criada em maio de 2008; e a Comunidade de Estados Latino-Americanos e Caribenhos (CELAC), fundada em fevereiro de 2010 – foram esvaziadas, em razão das profundas alterações e da instabilidade do cenário político latino-americano nos últimos anos, com a ascensão ao poder de projetos políticos de direita e extrema direita, que adotaram um realinhamento com os Estados Unidos, com o consequente enfraquecimento do latino-americanismo. Utopias e distopias marcaram, na América Latina, os primeiros 20 anos do século XXI, assim como ocorreu nas primeiras décadas dos séculos XIX e XX.

O ideal de integração, contudo, permaneceu vivo, com mais ou menos força, nos últimos duzentos anos de história latino-americana, desde que tropas de *criollos*, indígenas, negros e mestiços percorreram imensos territórios e cruzaram os Andes para derrotar o colonialismo e emancipar os povos. Pois a utopia não é apenas sonho, pode ser realizável. Como escreveu Ugarte: "o porvir não é ilusão".

Notas

[1] Francisco Bilbao, Iniciativa de la América. Idea de un Congreso Federal de las Repúblicas, em Leopoldo Zea (comp.), *Fuentes de la cultura latino-americana*, México, Fondo de Cultura Económica, v. I, 1993, 1993, p. 61. As traduções dos textos citados foram feitas pela autora.

[2] Sobre a vida de Ugarte, ver: Norberto Galasso, *Manuel Ugarte*, Buenos Aires, EUDEBA, 1974, 2 t.; e Victor Ramos, *Manuel Ugarte: o sonho da Pátria Grande*, Florianópolis, Editora Insular, 2014.

[3] José Ingenieros faleceu no mesmo ano de 1925, aos 48 anos. Acerca do latino-americanismo, na década de 1920, e da *Unión Latino Americana*, ver: Alexandra Pita González, *La Unión Latino Americana y el Boletín Renovación: redes intelectuales y revistas culturales en la década de 1920*, México, El Colégio de

México; Colima: Universidad de Colima, 2009; Patricia Funes, *Salvar la nación: intelectuales, cultura y política en los años veinte latinoamericanos*, Buenos Aires, Prometeo, 2006. Sobre as visões da intelectualidade argentina acerca da América Latina, situando Ugarte no debate, ver: Carlos Altamirano, América Latina en espejos argentinos, em *Para un programa de historia intelectual y otros ensayos*, Buenos Aires, Siglo XXI, 2005, pp. 105-133.

[4] Javier Moyano, El concepto de América Latina en el pensamiento de Manuel Ugarte y Deodoro Roca, em Aimer Granados García e Carlos Marichal (comp.), *Construcción de las identidades latinoamericanas: ensayos de historia intelectual, siglos XIX y XX*, México, El Colegio de México, 2009, p. 179.

[5] Norberto Galasso, *Manuel Ugarte: un argentino "maldito"*, Buenos Aires, Ediciones del Pensamiento Nacional, 1981.

[6] Manuel Ugarte, El peligro yanque (1901), em *Hacia la unidad latinoamericana*, Buenos Aires, Editorial Punto de Encuentro, 2013, pp. 79-86.

[7] Idem, p. 85.

[8] Manuel Ugarte, La defensa latina (1901), em *Hacia la unidad latino-americana*, Buenos Aires, Editorial Punto de Encuentro, 2013, p. 15.

[9] Manuel Ugarte, *La patria grande [1924]*, Buenos Aires, Capital Intelectual, 2010, p. 27.

[10] O uso da expressão América Hispânica para designar a América Ibérica, incluindo o Brasil, não foi excepcional. O nome *Hispania* (posteriormente também grafado *Espania*) foi utilizado para denominar toda a península ibérica durante os séculos de domínio pelo Império Romano. Na literatura grega antiga, por sua vez, o nome *Ibéria* era o mais frequente.

[11] Manuel Ugarte, *El porvenir de la América Latina [1910]*, Buenos Aires, Editorial Indoamericana, 1953.

[12] Manuel Ugarte, *Mi campaña hispanoamericana [1922]*, Buenos Aires: Punto de Encuentro, 2014.

[13] Ugarte deu o seguinte título à conferência que ministrou em Nova York, em 9 de julho de 1912: "Los pueblos del Sur ante el imperialismo norteamericano". O texto foi traduzido para o inglês e publicado, porém, com título distinto: *The future of Latin America*, New York, Imprenta Las Novedades, 1912.

[14] Manuel Ugarte, *El destino de un continente [1923]*, Buenos Aires, Ediciones de la Patria Grande, 1962, pp. 143-145.

[15] Claudio Maíz, Ensayo, viaje y memoria. Lectura de *El destino de un continente* de Manuel Ugarte, em Liliana Weinberg (coord.), *Estrategias del pensar: ensayo y prosa de ideas en América Latina, siglo XX*, v. I. México, CIALC-UNAM, 2010, pp. 157-188.

[16] Manuel Ugarte, *La patria grande [1924]*, Buenos Aires, Capital Intelectual, 2010, pp. 27-28.

[17] Claudio Maiz, *Imperialismo y cultura de la resistencia: los ensayos de Manuel Ugarte*, Córdoba, Ediciones del Corredor Austral, 2003.

[18] Artigos de Ugarte, nesta perspectiva, podem ser consultados nas seguintes coletâneas, ambas organizadas por Norberto Galasso (e que incluem praticamente os mesmos textos): Manuel Ugarte, *La nación latinoamericana*, Caracas, Biblioteca Ayacucho, 1978; Manuel Ugarte, *Hacia la unidad latinoamericana*, Buenos Aires, Editorial Punto de Encuentro, 2013.

[19] Cf.: Víctor Raúl Haya de la Torre, *El antiimperialismo y el APRA [1935]*, Lima, Fondo Editorial del Congreso del Perú, 2010, pp. 97-105.

[20] No original, "*oligarquías infidentes*". Cf.: Manuel Ugarte, Sólo Sandino representa a Nicaragua (1928), em *Hacia la unidad latinoamericana*, Buenos Aires, Editorial Punto de Encuentro, 2013, p. 140.

A DIMENSÃO LATINO-AMERICANA NO PROJETO DO CEBRAP

José Luis Beired

Fundado em 1969, no auge da ditadura militar, o Centro Brasileiro de Análise e Planejamento (Cebrap) tornou-se em poucos anos a principal referência em ciências sociais no Brasil e uma das mais importantes da América Latina. O Cebrap estabeleceu um novo modelo de instituição de pesquisa independente, com vocação pública e dedicado a desenvolver conhecimentos para a compreensão e a mudança da realidade brasileira. Promoveu um pensamento crítico que rompeu paradigmas estabelecidos e renovou a agenda de trabalho das ciências humanas em relação a temáticas, métodos e interpretações. Nos anos 1970, quando os intelectuais adquiriram a função de porta-vozes da sociedade diante da censura e da repressão, o Centro destacou-se pela influência sobre amplos setores da vida intelectual, política e cultural do país.

Apesar de o Brasil constituir a prioridade do Cebrap, tanto sua gênese como sua trajetória não podem ser entendidas sem levar em conta o papel da América Latina. Foi notável o esforço no sentido de analisar o país enquanto parte de um continente unido pelas raízes culturais ibéricas e pela condição capitalista periférica. A análise das sociedades latino-americanas mostrou-se fundamental para a comparação com o Brasil, fosse para buscar elementos comuns ou apontar diferenças.

Para a organização do Cebrap foi decisiva a experiência acadêmica de um grupo de intelectuais brasileiros junto à Faculdade Latino-Americana de Ciências Sociais (FLACSO) e à Comissão Econômica para a América Latina e o Caribe (Cepal), órgão vinculado à ONU, destinado a promover o desenvolvimento, com sede em Santiago do Chile. Na qualidade de principal órgão de pesquisa sobre assuntos econômico-sociais do continente, a Cepal congregou importantes estudiosos, a exemplo de Celso Furtado, Aníbal Quijano, José Medina Echavarría e seu criador, o argentino Raúl Prebisch. Foi nesse ambiente intelectual favorável ao conhecimento recíproco dos países latino-americanos que três exilados brasileiros – Fernando Henrique Cardoso, Carlos Estevam Martins e Vilmar Faria – começaram a discutir, em 1966, a criação de um centro de investigação no Brasil. Dois anos depois, as reuniões continuaram em São Paulo, e, com a intensificação da repressão, a sua fundação foi acelerada para abrigar os professores aposentados compulsoriamente pelo AI-5.[1]

O núcleo principal de pesquisadores foi composto inicialmente por Fernando Henrique Cardoso, Paul Singer, Elza Berquó, José Arthur Giannotti, que haviam sido cassados, além de Juarez Brandão Lopes e Cândido Procópio Ferreira Camargo, que mantiveram seus cargos universitários.[2] Como a sobrevivência material do Cebrap dependia da contratação de pesquisas, nos primeiros anos foi essencial o financiamento da Fundação Ford, que estava interessada em fomentar o desenvolvimento das ciências sociais, em especial, os estudos sobre demografia brasileira. Por outro lado, o apoio de setores liberais do empresariado, da política, da Igreja Católica e do meio intelectual foi essencial para garantir a própria existência do Centro durante o auge repressivo que vigorou até meados dos anos 1970.

A maioria dos membros tinha vinculações com a Universidade de São Paulo, onde se fazia uma estrita separação entre análise acadêmica e intervenção política. Com um aparato conceitual marxista não dogmático e aberto às correntes analíticas internacionais, eles se afastaram do ensaísmo praticado pelos intelectuais tradicionais, em nome dos mecanismos modernos de reconhecimento científico. Apesar de situados no campo da esquerda, rejeitaram tanto as teses nacional-populistas do Instituto Superior de Estudos Brasileiros[3] (Iseb), como as interpretações do Partido Comunista Brasileiro, ambas dominantes no ambiente intelectual. Em resumo, o Cebrap buscou refundar a interpretação do Brasil por meio de uma prática de trabalho que aliava rigor acadêmico, interdisciplinaridade e pesquisa empírica.

O Cebrap constituiu uma ponte intelectual entre o Brasil e o entorno latino-americano, possibilitando a circulação de autores e debates, assim como a reflexão sobre a América Latina a partir desse país. Para isso, foram essenciais os laços acadêmicos construídos durante o exílio político de seus membros. Até a queda do governo de Salvador Allende, o Chile foi o destino preferencial dos exilados brasileiros que buscavam um refúgio seguro. Com um ambiente democrático e progressista, a capital chilena era um lugar de fermentação intelectual, com inúmeras instituições de ensino e de pesquisa de âmbito latino-americano pelas quais passaram os membros do Centro. Por exemplo, com o Golpe de 1964, Fernando Henrique Cardoso partiu para o exílio e foi convidado a trabalhar na Cepal, onde realizou com Enzo Faletto a pesquisa que resultou no livro *Dependência e desenvolvimento na América Latina*.

Por meio das relações estabelecidas no exterior, o Cebrap esteve à frente da formação de uma rede acadêmica internacional composta por instituições da América Latina tais como FLACSO, CLACSO, Cepal, Ilpes, Cedes e Instituto Torcuato di Tella, às quais se agregaram outras do Brasil, Europa e Estados Unidos. Além disso, a bem sucedida experiência do Cebrap o tornou um modelo para a criação de outras instituições independentes de pesquisa nos países latino-americanos atingidos pelo autoritarismo.

O Centro contribuiu à renovação dos estudos sobre desenvolvimento econômico, autoritarismo, democracia, urbanização, demografia, pobreza, movimentos sociais, e religião, entre outros assuntos. Para difundir suas pesquisas, inicialmente foram publicados os *Cadernos Cebrap*, de restrita circulação e, para alcançar um maior público, foi criada uma revista – *Estudos Cebrap* – que, após uma reformulação editorial, passou a se denominar *Novos Estudos Cebrap*, em 1981.[4]

DA CRÍTICA DOS MODELOS
AOS NOVOS TEMAS E INTERPRETAÇÕES

A América Latina foi especialmente relevante no rol de preocupações dos pesquisadores do Centro. Isso se baseava na percepção de que havia problemas estruturais similares entre o Brasil e os demais países latino-americanos, bem como na experiência comum do autoritarismo e na urgência de responder com os instrumentos disponíveis aos intelectuais – a resistência por meio da investigação científica e da reflexão crítica.

As situações de perseguição foram vividas diretamente, com maior ou menor dramaticidade, por todos os membros do Cebrap – não faltaram prisões, interrogatórios e ameaças –, assim como pela rede de contatos intelectuais e acadêmicos mantidos nos países latino-americanos. O golpe de 1964 foi um marco da emergência de um novo autoritarismo na América Latina. Os militares não mais intervinham em caráter pessoal, provisório ou como braço armado de setores civis, mas enquanto instituição dotada de projeto próprio e de longo prazo. Os direitos políticos e civis foram atingidos, traduzindo-se na supressão de eleições, no fechamento dos partidos, na perseguição dos opositores e na instauração da vigilância nas universidades.

A despeito das medidas repressivas, as transformações socioeconômicas operadas no Brasil durante o regime militar estimularam o desenvolvimento científico e a expansão do sistema de ensino. Eram os tempos do "milagre econômico" e do projeto de converter o país em uma grande potência. Assistiu-se ao crescimento das ciências sociais e das humanidades, paralelamente à profissionalização e especialização de cada área do conhecimento. Expressão disso foi a criação de universidades e de cursos de pós-graduação com o apoio do governo federal e dos estados. Ou seja, o surgimento e a consolidação do Cebrap foram favorecidos pela modernização geral do país, em especial dos órgãos públicos de planejamento, do sistema educacional e de pesquisa.[5] No entanto, as atividades acadêmicas, culturais e editoriais apenas foram toleradas desde que não confrontassem diretamente o regime militar. Em vista disso, foi dentro de limites bastante estreitos que as atividades do Cebrap puderam se desenrolar nos anos mais severos do regime militar, o que incluiu o afastamento dos seus membros das organizações políticas para evitar represálias.

Todos os principais temas da sociologia latino-americana e do debate brasileiro se cruzaram no Cebrap nos anos 1970. As pesquisas eram discutidas em seminários internos – os famosos "mesões" – com a presença de convidados do Brasil e da América Latina, então algo raro na universidade. Um conjunto de autores nacionais sobressaiu-se nas análises sobre o continente: Fernando Henrique Cardoso, Luiz Carlos Bresser Pereira, Francisco Weffort, Gláucio Dillon Soares, Lúcio Kowarick, Francisco de Oliveira, José Serra, Luciano Martins e Vinicius Caldeira Brant, além de latino-americanos, tal qual Guillermo O'Donnell, Aníbal Quijano e Juan Carlos Portantiero, e norte-americanos, como Richard Morse e Albert Hirschman.

Três eixos temáticos articulavam a produção do Centro sobre a América Latina. Um deles era focado na economia, buscando explicar a dinâmica do capitalismo, seus impasses e possibilidades. Outro era voltado para a compreensão dos regimes autoritários e as possibilidades de sua superação. E um terceiro, interessado nas classes sociais e na ação política. O questionamento dos modelos explicativos hegemônicos se traduziu na crítica a uma série de perspectivas do debate intelectual – a visão dualista, as teses nacionalistas, a teoria da estagnação do capitalismo, a concepção etapista da história e a utilização acrítica dos conceitos tomados da experiência histórica europeia.

O enfoque dualista dividia de forma binária as estruturas socioeconômicas dos países latino-americanos, contrapondo um setor moderno, urbano e dinâmico, a outro – arcaico, rural e estagnado. Para o Cebrap, ao invés de separados e antagônicos, tais polos eram interligados e complementavam-se: em outros termos, o "atraso" não só não representava um obstáculo, como podia ser funcional para a existência e o crescimento da parte "moderna". Tais argumentos ficaram consagrados em um texto, "A economia brasileira: crítica à razão dualista", de Francisco de Oliveira, ao colocar em dúvida a tese de que o subdesenvolvimento seria inevitavelmente eliminado pelo avanço da modernização.[6]

Por sua vez, as perspectivas nacional-populistas sustentavam que a plena autonomia da nação apenas seria alcançada por meio da industrialização. Mentores desse projeto, os intelectuais do Iseb e de outros países latino-americanos buscaram elaborar ideologias nacionalistas com o objetivo de conscientizar e mobilizar as forças sociais para a transformação da realidade. Apontava-se para a convergência entre os interesses agroexportadores e o capital estrangeiro como o principal obstáculo à conquista da soberania nacional, a qual apenas seria alcançada por meio da união de classes modernas e setores avançados sob a direção do Estado – burguesia industrial, operariado, intelectuais e quadros técnicos. Ao contrário, os estudos do Cebrap contestavam tanto a divisão entre latifundiários e industriais quanto entre patriotas e "entreguistas". Ou seja, não passava de ilusão o sucesso de uma aliança progressista e anti-imperialista entre empresários e trabalhadores sob a condução de um líder nacionalista e com o apoio das forças armadas.

Tais questionamentos faziam parte das análises apresentadas em *Dependência e desenvolvimento na América Latina*, de Cardoso e Faletto. Um marco das ciências sociais latino-americanas, o livro foi traduzido para inúmeras línguas, tornando-se referência obrigatória para os estudiosos da região: propunha uma revisão crítica da teoria cepalina do desenvolvimento – por etapas universais sucessivas – e da esquerda marxista, ao demonstrar que o crescimento na periferia do capitalismo era uma possibilidade real. Por meio de uma abordagem histórico-estrutural, a obra examinava um conjunto de variáveis econômicas e sociais dos países latino-americanos, dividindo-os em dois grupos: aqueles com sistema produtivo sob controle nacional e os de economia de enclave. Os primeiros, com economias diversificadas e grandes mercados internos eram capazes de tomar decisões por si próprios com base nos interesses das burguesias locais; ao passo que os segundos, exportadores de bens primários produzidos por empresas de capital estrangeiro, dependiam de decisões tomadas no exterior. Diferentemente das visões convencionais, as classes sociais e os processos políticos eram considerados elementos essenciais para explicar o desenvolvimento, que não sendo homogêneo, variava conforme as condições de cada país.[7]

Conforme o título do livro sugeria, o Cebrap nasceu sob o signo da teoria da dependência, que na época polarizava as discussões das ciências humanas e da esquerda na América Latina. A publicação de dois artigos a respeito do assunto, logo no número de estreia de *Estudos Cebrap*, ilustrava o teor das polêmicas em pauta, tendo como autores Fernando Henrique Cardoso e Francisco Weffort. Este último questionava a interpretação de Cardoso e Faletto, indagando provocativamente se ela continha uma teoria de classes ou uma ideologia nacional. Para Weffort, a obra não enfatizava suficientemente o conceito de classe, ao situá-lo no mesmo nível que o de nação: ele argumentava que as relações de classe é que determinavam o caráter do problema nacional e por isso a teoria da dependência não oferecia de fato uma análise global consistente das sociedades latino-americanas. Em resposta, Cardoso alegava que o objetivo do livro não era apresentar uma teoria geral e abstrata, mas analisar situações concretas de dependência, nas quais, apesar das limitações, o desenvolvimento era uma realidade ao mesmo tempo diversa e contraditória. Ao pôr em dúvida a separação entre a dimensão interna e externa, buscava-se compreender a teia de relações que ligavam a periferia ao centro do capitalismo em um único processo que envolvia não só as economias nacionais, mas também as classes sociais e o processo político.

Essas apreciações foram ampliadas no exame das contradições do "desenvolvimento associado". Fernando Henrique Cardoso contestava as teses "catastrofistas" da dependência de Ruy Mauro Marini e André Gunder Frank, apontando seu reducionismo econômico e voluntarismo político. Para estes dois autores, o capitalismo era inviável na América Latina devido à carência de burguesias nacionais, à superexploração dos trabalhadores e ao reduzido mercado de consumo: em vista de suas contradições, a democracia liberal era impossível e a economia de mercado não tinha como sobreviver senão por meio da implantação do fascismo, contra o qual a única alternativa progressista seria responder com a imediata revolução socialista. Tais argumentos eram questionados com base em estudos que demonstravam a existência de efetivo crescimento econômico na América Latina e sua paradoxal compatibilidade com a manutenção da desigualdade social. Para Cardoso, era necessário elaborar novas explicações a respeito das peculiaridades do capitalismo latino-americano, que longe de ser impraticável, havia gerado elevados níveis de industrialização, com a integração do capital privado, estatal e internacional. Foi com esse intuito que ele propôs conceitos tais como "burguesia de Estado", "anéis burocráticos" e "capitalismo dependente-associado".

A tese da estagnação do capitalismo latino-americano passou a ser contestada por diversos analistas. Em meados dos anos 1970, o setor industrial conquistara enorme importância por meio do processo de substituição de importações, mas as dúvidas quanto ao seu futuro alimentavam as análises sobre a dinâmica da economia regional. Maria da Conceição Tavares via condições para que as três maiores economias – Brasil, Argentina e México – pudessem negociar as condições da dependência em vista da concorrência das multinacionais. Mas em contraponto, Luiz Carlos Bresser-Pereira não se mostrava tão otimista, uma vez que o modelo "tecnocrático-capitalista" padecia de limites para superar o subdesenvolvimento em razão do insuficiente investimento estatal, da baixa taxa de poupança e da produção voltada a um reduzido mercado de bens sofisticados.

Outra frente de discussão era dedicada aos regimes autoritários, de maneira a explicar suas origens e características na América Latina. Se, por um lado, a direita invocava o combate ao comunismo e a necessidade de resguardar os valores cristãos e ocidentais, para a esquerda, tais regimes eram a prova do caráter ilusório da democracia liberal e da submissão ao imperialismo dos Estados Unidos. Já para as interpretações baseadas na teoria da modernização, as ditaduras resultavam da insuficiência do desenvolvimento econômico, da força dos setores rurais e dos valores da herança ibérica e católica. Em contraponto, o Cebrap indicava a necessidade de pensar essas questões fora dos esquemas preestabelecidos. De acordo com Gláucio Dillon Soares, a ciência política da América Latina era caudatária de teorias que não explicavam adequadamente a sua realidade – a evolução do Estado nos países subdesenvolvidos não era de forma alguma a simples reprodução do que ocorrera nos desenvolvidos em função de fatores históricos, econômicos e sociais.

Coube a Fernando Henrique Cardoso apontar os principais rumos do debate em torno do Estado autoritário, tornando-se a principal referência acadêmica no Brasil e na América Latina, por meio de análises que transitaram do estruturalismo econômico-social para a valorização crescente da política e dos atores sociais. Ele entendia ser simplista a dicotomia do pensamento político latino-americano que concebia Estado e sociedade enquanto entidades opostas: o aparelho de Estado seria controlado ou pelos grupos burocráticos ou pelo polo antagônico, funcionando como comitê executivo das classes dominantes. Em contrapartida, Cardoso passou a considerar o Estado como um espaço de articulação das classes e como aliança contraditória de grupos que formavam facções em luta, cada qual ligada a diferentes interesses sociais. O Estado autoritário teria originado um novo fenômeno que ele denominava "anéis burocráticos", os quais ligavam os altos funcionários públicos, a burocracia das estatais e do grande capital, evidenciando a fusão dos interesses públicos e privados. A singularidade disso é que tal arranjo era dinâmico, uma vez que o aparelho de Estado era poroso e maleável, podendo ser reorganizado em função das pressões da sociedade civil. Ao indagar qual seria o "Estado futuro" que se contraporia à situação autoritária, o sociólogo defendia o questionamento da tecnocracia, a mobilização social e a bandeira dos direitos humanos na direção da retomada da democracia.[8]

Por sua vez, o conceito de Estado burocrático-autoritário, elaborado por Guillermo O'Donnell, tornou-se o centro de uma importante discussão internacional. Buscava explicar o surgimento e a natureza de um novo tipo de autoritarismo na América do Sul, diferente tanto do fascismo quanto do corporativismo europeu dos anos 1930. Questionava ainda o paradigma otimista de Seymour Lipset, segundo o qual o desenvolvimento socioeconômico tendia a favorecer a democracia política. Para O'Donnell, justamente nos países mais modernos e industrializados – Brasil, Argentina, Chile e Uruguai –, a implantação do Estado burocrático-autoritário destinava-se a aprofundar a modernização mediante ações que por um lado favoreciam o grande capital nacional e estrangeiro, e, por outro, implicavam a repressão aos setores populares. Essa interpretação levantou críticas de autores como Albert Hirschman e José Serra, por seu economicismo, uma vez que se deduzia o tipo de Estado a partir da estrutura econômica do capitalismo em sua fase monopolista. Em vista das objeções, nos anos seguintes, O'Donnell reelaborou sua formulação por meio da introdução de componentes políticos e sociais, alinhando-se assim a uma tendência também visível nos membros do Cebrap, ao qual se incorporaria nos anos 1980, coordenando pesquisas sobre a transição democrática na América Latina.

O terceiro eixo de discussão, voltado ao papel das classes sociais e à ação política, foi alimentado basicamente por um conjunto de autores brasileiros e latino-americanos. A publicação das suas pesquisas, em geral mais dedicadas ao estudo de casos concretos que de problemas teóricos, contribuiu não só para o conhecimento da América Latina no Brasil, mas também para reforçar a agenda de pesquisa que interessava ao Centro. Foram tratados assuntos como a sociabilidade política nas cidades latino-americanas, a situação dos libertos nas sociedades escravistas, a americanização da cultura, a percepção social da desigualdade, o Estado patrimonialista, a Revolução Peruana de 1968 e as relações entre o Estado e a burguesia mexicana.

Dos países latino-americanos, a Argentina merecia especial atenção do Cebrap, fosse pelos laços intelectuais, fosse pela sua importância no contexto regional. Desde o advento do peronismo, o país havia sido marcado por um conjunto de mudanças acompanhadas de forte polarização e instabilidade política, em que as Forças Armadas, sindicatos e estudantes possuíam elevado protagonismo. Além disso, havia paralelismos históricos e fenômenos políticos semelhantes entre o Brasil e a Argentina, a exemplo da industrialização, do populismo e do poder militar. Juan Carlos Torre e Louise Doyon apontaram que os sindicatos de trabalhadores haviam sido decisivos para a criação do peronismo, atuando autonomamente até se subordinarem ao Estado peronista nos anos 1950. Por sua vez, Juan Carlos Portantiero, vinculado à revista *Pasado y Presente*, analisou a crise institucional entre o final dos governos militares da "Revolução Argentina" e o início da presidência do peronista Héctor Cámpora. Afirmando que a política ocupava o comando da conjuntura histórica, ele via uma situação de empate entre vários projetos que se enfrentavam: um reformista dos partidos e da burocracia sindical, e outro de conciliação que unia militares e burguesia, além do revolucionário apoiado pela esquerda armada e a juventude peronista. Salta à vista a comparação do autor com a conjuntura brasileira, análoga em vários aspectos, entre os quais a derrota do projeto militar nacionalista em ambos os países.

Os conflitos da Argentina envolviam dilemas políticos que dividiam os membros do Cebrap. De um lado, alinharam-se aqueles que apostavam em uma coalizão de vários setores da sociedade contra a ditadura – Cardoso, Brandão Lopes, Serra, Estevam Martins e Berquó –, e, de outro, os defensores de uma força política capaz de reunir a classe operária e os movimentos populares – Weffort, Singer, Brant e Francisco de Oliveira. Tais posições se traduziriam mais adiante na divisão do grupo entre a participação em um partido de massa – o Movimento Democrático Brasileiro (MDB) – e a busca por um partido de classe – o Partido dos Trabalhadores (PT).[9]

Ao examinar a produção do Cebrap dos anos 1970 pode-se observar duas fases. Uma preocupada com aspectos de natureza estrutural e com as mudanças socioeconômicas, dominante até meados dessa década. E, em seguida, outra marcada pelo surgimento de novos temas – eleições, democracia, empresas estatais e movimentos sociais – estimulados pelas mudanças da conjuntura política brasileira e internacional. De acordo com Bernardo Sorj, enquanto na primeira fase havia uma problemática unificadora e maior consenso entre os membros do Centro, na segunda fase surgem divergências em torno de temas emergentes com maior conteúdo ideológico.[10] Mostra disso foi a saída de membros para formar seus próprios institutos de pesquisa: Francisco Weffort funda o Centro de Estudos de Cultura Contemporânea (Cedec) – voltado aos movimentos sociais – e Bolívar Lamounier constitui o Instituto de Estudos Econômicos, Sociais e Políticos de São Paulo (Idesp), dedicado às instituições políticas e processos eleitorais.

Ao longo da década, o Cebrap ajudou a consagrar a figura do intelectual de oposição, ganhando notoriedade não apenas pela sua produção científica, mas também pela participação de seus membros nos movimentos que contestavam a ditadura. Em 1974, a convite de Ulisses Guimarães, os membros do Centro atualizaram o programa do MDB, e quatro anos depois Fernando Henrique Cardoso disputaria uma vaga de senador pelo partido, obtendo um milhão de votos e tornando-se um dos líderes da oposição política.

DEMOCRACIA E NOVOS DESAFIOS

Nos anos 1980, abre-se uma nova etapa na trajetória do Cebrap. As circunstâncias de sua criação não mais existiam, exigindo a redefinição de propósitos. O crescimento econômico havia ampliado as classes sociais emergentes, estimulado a adoção de novas referências culturais e a constituição de uma sociedade de massas. A reorganização partidária, o fim da censura, a mobilização social e a perspectiva de eleições livres eram a expressão do processo de democratização que avançava.

Os membros do Centro aproximaram-se dos partidos políticos e da vida institucional, conquistando posições nos órgãos governamentais e nas universidades, que, após a Lei da Anistia, readmitiram os professores cassados e exilados. Paralelamente, ocorreu uma mudança geracional com o ingresso de outros pesquisadores à medida que os mais antigos dividiam seu tempo com as novas atividades políticas e institucionais. Era o caso de Fernando Henrique Cardoso, que assumiu a vaga de senador em 1983.

As preocupações do grupo também sofreram um deslocamento, com uma nova agenda de temas e problemas. A questão democrática tornou-se central, ensejando a valorização de temas como instituições, processo político, cidadania e direitos humanos. Mas também havia um conjunto de problemas emergentes para os quais a formação acadêmica dos membros fundadores não oferecia respostas prontas: alguns vinculados à ordem internacional – crise do socialismo real, globalização, função do mercado – e outros específicos do Brasil – macroeconomia, corrupção, violência, políticas sociais, entre outros. Por sua vez, antes quase ausente, o campo da cultura passou a ganhar espaço permanente nas edições de *Novos Estudos Cebrap*.

A América Latina continuou sendo objeto de grande interesse do Centro. Apesar dos novos ventos, os regimes militares ainda persistiam no início da década, não havendo clareza quanto ao desfecho da passagem do autoritarismo para a democracia. A transição democrática encontrava resistências não só das forças armadas, mas também de diversos setores sociais, sob o risco das conquistas darem lugar ao retrocesso.

Tais impasses foram debatidos no seminário "Estilos de desenvolvimento econômico e regimes políticos na América Latina", realizado no Cebrap com a presença de estudiosos de vários países do continente, em 1981. Uma das participantes, Maria Hermínia Tavares de Almeida, assinalava os desafios da transição, lembrando que anteriormente acreditava-se que industrialização e democracia eram projetos inseparáveis, de modo que o avanço da primeira levaria à consolidação da segunda. Pensava-se que a democracia era frágil pelo atraso econômico, mas a pesquisadora constatava que ela também tinha dificuldades pelo que havia de moderno no capitalismo latino-americano. A democracia tinha muitos partidários ocasionais, porém poucos defensores fiéis, os quais caminhavam sobre o fio da navalha. Por que a democracia latino-americana era tão vulnerável, perguntava-se.

Entre outros aspectos, pela fragilidade das alianças em favor da democracia e pelas diferentes concepções em torno do significado desse conceito. As forças opositoras dos regimes militares possuíam divergências consideráveis entre si, como os democratas-cristãos, socialistas e comunistas no Chile; as fileiras do MDB, do PT e do trabalhismo no Brasil; ou então o peronismo e o radicalismo, na Argentina. Uma das referências do Cebrap era Norbert Lechner, da FLACSO-Chile. Ele argumentava em favor do estabelecimento de um pacto entre trabalhadores, empresários e Estado, que fixaria regras de convivência política e social – dependeria de compromissos e de renúncias recíprocas, que, embora não fossem capazes de resolver todos os assuntos pendentes, abririam um caminho para o futuro. Ao propor o caráter fundacional desse pacto, sinalizava que não se tratava simplesmente de voltar a uma situação anterior, uma vez que no presente havia novas demandas relacionadas aos direitos humanos, à ecologia e aos movimentos sociais.[11]

Utopias latino-americanas

Outra particularidade é que as novas democracias na América Latina seriam baseadas em elementos diferentes das europeias e dos Estados Unidos: a resistência democrática, até que ocorresse a liberalização dos regimes, teria de conviver com o autoritarismo; além disso, os partidos eram socialmente heterogêneos e ideologicamente pouco diferenciados. Ao analisar a perspectivas da democracia no continente, Fernando Henrique Cardoso argumentava que tal regime teria um caráter original com relação às experiências do passado em vista da modernização operada sob as ditaduras. De modo contraditório, as mudanças se traduziam positivamente na ampliação das classes médias, trabalhadoras e empresariais, bem como no aumento da urbanização e da escolarização, abrindo os horizontes políticos e culturais em uma direção plural e cosmopolita. O surgimento de novos atores sociais e de movimentos de massa que se entrelaçavam com os partidos, setores do empresariado e da igreja progressista, eram elementos indicativos da vitalidade da sociedade civil emergente que desejava participar da construção do futuro.[12]

A democracia deixava de ser mero recurso tático e passava a ganhar relevância como um valor em si mesmo e como uma conquista civilizatória inarredável. Propunha-se, assim, a formação de um novo tipo de regime democrático na América Latina, no qual o Estado teria o papel de agente regulador diante do capital, do trabalho e da cidadania. Em outras palavras, uma alternativa tanto ao estatismo dirigista dos regimes autoritários quanto à ideologia liberal-democrática dos tradicionais opositores. Do otimismo de Cardoso quanto às possibilidades da transição transparecia a visão de um sociólogo que se tornara um dos artífices políticos da democratização no Brasil. Ele construíra uma contra ideologia de Estado capaz de atrair um leque heterogêneo e amplo de facções da oposição que iam da esquerda à direita, de acordo com David Lehmann.[13] Apesar de hegemônico no Centro, não significa, no entanto, que o ponto de vista de Cardoso fosse compartilhado por todos os membros, especialmente por aqueles que, com uma posição mais à esquerda, defendiam a autonomia e o protagonismo político do sindicalismo e dos movimentos populares, em detrimento da política institucional e de alianças, tal qual Francisco Weffort.

De qualquer maneira, a perspectiva negociadora e reformista encontrava respaldo dos estudiosos hispano-americanos veiculados na revista do Cebrap. Para o chileno Rolando Franco, a realidade do continente exigia a organização de uma nova articulação entre partidos, Estado e sociedade civil, pois esta havia mudado e não mais se reconhecia nos modelos políticos convencionais. No caso do Uruguai, Alberto Curiel e Octavio Rodriguez apontavam a desestruturação do país sob o regime militar e viam ser necessário um acordo entre diferentes grupos e classes para reconstruir a economia e a democracia. Mesmo na Nicarágua, que havia passado por uma guerra civil para depor o ditador Anastasio Somoza, buscava-se um caminho de negociação entre classes e forças de oposição, como sustentava o centro-americano Edelberto Torres-Rivas – a Frente Sandinista de Libertação Nacional (FSLN) almejava construir uma democracia de novo tipo, pluralista e aberta ao socialismo com liberdade.

As expectativas positivas arrefeceram com o tempo diante dos obstáculos para superar tanto os novos quanto os velhos problemas. Guillermo O'Donnell indicou com precisão os riscos de retrocesso autoritário que rondavam as jovens democracias. Na Argentina, a dificuldade do governo radical de Raúl Alfonsín de lidar com a recessão econômica, a hiperinflação e a desobediência dos militares desembocou no quase desaparecimento do Estado na véspera da posse presidencial do peronista Carlos Menem, em 1989. Para explicar a presença do autoritarismo com nova roupagem, O'Donnell propôs o conceito de "democracia delegativa" – para diferenciá-la da "representativa" –, na qual os presidentes têm poderes amplos, encarnam a nação e se apresentam como salvadores. Isso expressava um quadro de não institucionalização da democracia, em que as leis e a cidadania não haviam se tornado universais, pois estavam apenas circunscritas a certas zonas geográficas e grupos sociais dentro de cada país latino-americano. Com a exceção do Uruguai e da Costa Rica, as situações de extrema pobreza e desigualdade limitavam a realização dos direitos políticos e civis, tornando as leis sem efetividade e pondo em xeque o próprio sistema democrático, afirmava O'Donnell.

Por sua vez, o debate dos temas econômicos passou das análises sobre a natureza do capitalismo dependente para o esgotamento da industrialização por substituição de importações e a reconfiguração do sistema econômico internacional. Foram pesquisados e discutidos assuntos novos em relação aos anos 1970 – inflação, dívida, recessão, desemprego, previdência, trabalho informal, abertura comercial e blocos econômicos. As visões se dividiram entre a defesa da adaptação à globalização, mas resguardando a função reguladora do Estado, como Bresser-Pereira e Mônica Bauer; e a oposição integral a tais reformas em nome da autonomia nacional, do Estado interventor e de alternativas de organização econômica popular, como Paul Singer. A despeito de tais divergências, para Gilberto Dupas, apresentava-se o desafio da viabilidade das políticas soberanas dos países diante da criação de blocos regionais e das pressões de liberalização comercial sob o ditame das empresas e dos governos dos países desenvolvidos.

Na passagem do século, o mal-estar e o desalento tornam-se a marca do olhar sobre a conjuntura latino-americana. Mais que à esperança e às potencialidades, o foco das preocupações se dirigia às limitações dos países para alcançar níveis satisfatórios de desenvolvimento institucional, de crescimento econômico e de melhoria das condições sociais da população. Diante da crise econômico-social que levou à renúncia do presidente Fernando de la Rúa em 2001 e à rejeição aos políticos, os observadores mostraram-se desconcertados diante de uma Argentina em dissolução. Para Beatriz Sarlo, aquela situação-limite pusera em dúvida a própria identidade do ser argentino, baseada no direito à educação, na capacidade de exercer a cidadania e de ter o trabalho assegurado. Era o corolário de um longo processo de divisão, que, além de socioeconômica, era também cultural, resultando na formação de duas "nações" dentro de um só país. Do outro lado dos Andes, Norbert Lechner alertava que as mudanças culturais na sociedade impunham novos desafios à democracia: o sentimento de insegurança e impotência dos cidadãos era o resultado da privatização da vida cotidiana, do enfraquecimento das relações comunitárias e da incerteza quanto ao futuro. Até mesmo a transição democrática do Chile estaria em questão por não ter conseguido criar uma narrativa que ajudasse os cidadãos a criar um sentido de coletividade diante do rompimento dos vínculos que uniam a identidade individual e a memória histórica do país.

Em que medida tais diagnósticos não espelhavam problemas que se desdobrariam futuramente no restante da América Latina?

UMA UTOPIA LATINO-AMERICANA

O papel da América Latina junto ao Cebrap envolveu um conjunto de experiências acadêmicas, intelectuais e políticas alimentadas pela expectativa da mudança. Expressão da modernização das ciências sociais no Brasil, o Centro contestou interpretações consagradas ao propor novas análises para o estudo do país e do espaço latino-americano. Apoiado no discurso científico, questionou as concepções nacionalistas e populistas, assim como as versões dogmáticas do marxismo. Enquanto nos anos 1960 o eixo do debate intelectual no continente girava em torno da revolução, o Cebrap promoveu o seu deslocamento inicialmente para a questão do autoritarismo e depois para o tema da democracia, nos anos 1980.

A experiência acadêmica e a vivência dos seus membros nos países da América Latina mostraram-se essenciais para a valorização da região como objeto de estudo e para a compreensão do Brasil enquanto parte de um conjunto mais amplo. Por meio de suas inúmeras atividades, o Cebrap foi um exemplo, além de elo científico e intelectual do Brasil com os demais países do continente. A sua relação com a tradição da Cepal foi dialética. Questionou as limitações da sua teoria do desenvolvimento, mas incorporou aspectos da escola cepalina tais como o esforço em compreender a natureza do capitalismo periférico, o reconhecimento da função do Estado no processo econômico e social e a aposta na cooperação internacional para superar os desafios. Contribuiu, em suma, para ampliar e renovar a percepção da realidade e da história latino-americana nas várias áreas das ciências humanas praticadas no país.

Conforme afirmou José de Arthur Giannotti, o Cebrap foi um importante lugar de contestação ideológica e intelectual na América Latina.[14] Foi portador de uma utopia que transcendeu o Brasil e que deve ser entendida em sua dimensão latino-americana. Uma utopia apoiada no conhecimento e na aspiração de um futuro melhor – moderno, desenvolvido, justo e democrático.

Notas

[1] Paula Montero e Flávio Moura (orgs.), *Retrato de grupo – 40 anos do Cebrap*, São Paulo, Cosac Naify, 2009.

[2] Em seguida, foram integrados Octávio Ianni, Francisco de Oliveira, Bolívar Lamounier, Francisco Weffort, Boris Fausto, Carlos E. Martins, Ruth Cardoso, Lúcio Kowarick, Regis de C. Andrade, Leôncio Martins Rodrigues, Vilmar Faria, Luciano Martins, Luiz Werneck Vianna, Maria Hermínia T. de Almeida e José Reginaldo Prandi, entre outros. Depois, Vinícius Caldeira Brant, em 1974, e José Serra, em 1978.

[3] Órgão do Ministério de Educação e Cultura, o Iseb funcionou entre 1955 e 1964. Produziu um ideário que transitou do nacional-desenvolvimentismo para o radical-populismo ao longo do tempo.

[4] As duas revistas veicularam um amplo elenco de artigos sobre a América Latina que embasam esta reflexão. Para *Estudos Cebrap* (1971-1981), consultar <http://bibliotecavirtual.cebrap.org.br/>; e para *Novos Estudos Cebrap*, <http://novosestudos.uol.com.br/>.

[5] Daniel Pécaut, *Os intelectuais e a política no Brasil*, São Paulo, Ática, 1990.

[6] Francisco de Oliveira, "A economia brasileira: crítica à razão dualista", em *Estudos Cebrap*, n. 2, pp. 3-82, out. 1972.

[7] Fernando Henrique Cardoso e Enzo Faletto, *Dependência e desenvolvimento na América Latina: ensaio de interpretação sociológica*, Rio de Janeiro, Zahar, 1970.

[8] Fernando Henrique Cardoso, *Autoritarismo e democratização*, Rio de Janeiro, Paz e Terra, 1975.

[9] Milton Lahuerta, "Intelectuais e resistência democrática: vida acadêmica, marxismo e política no Brasil", em *Cadernos AEL*, Campinas, v. 8, n. 14/15, pp. 55-97, 2001.

[10] Bernardo Sorj, *A construção intelectual do Brasil contemporâneo: da resistência à ditadura ao governo FHC*, Rio de Janeiro, Jorge Zahar, 2001.

[11] Norbert Lechner, "Pacto social nos processos de democratização: a experiência latino-americana", em *Novos Estudos Cebrap*, n. 13, pp. 29-44, out. 1985.

[12] Fernando Henrique Cardoso, "A democracia na América Latina", em *Novos Estudos Cebrap*, n. 10, pp. 45-56, out. 1984.

[13] David Lehmann, "Cardoso: da dependência à democracia", em *Novos Estudos Cebrap*, n. 14, pp. 31-36, 1986.

[14] José de Arthur Giannotti, "Cebrap 30 anos", em *Novos Estudos Cebrap*, n. 55, p. 3, nov. 1999.

PROJETOS DE INTEGRAÇÃO DO BRASIL NA AMÉRICA LATINA: REALIDADE OU UTOPIA?

Regina Aída Crespo

No dia 22 de março de 2019, por inciativa dos presidentes do Chile (Sebastián Piñera) e da Colômbia (Iván Duque), surgiu o Foro para o Progresso da América do Sul (PROSUL), com a assinatura da "Declaração Presidencial sobre a Renovação e o Fortalecimento da Integração na América do Sul", conhecida como "Declaração de Santiago". Também firmaram o documento os presidentes da Argentina (Mauricio Macri), do Equador (Lenín Moreno), do Paraguai (Mario Abdo Benítez), do Peru (Martín Vizcarra) e do Brasil (Jair Messias Bolsonaro), além do embaixador da Guiana (George Talbot).

Na reunião de Santiago, também estiveram presentes representantes dos governos da Bolívia, do Uruguai e do

Suriname, que não assinaram a declaração, mas se manifestaram dispostos ao diálogo.

Esse novo organismo surgiu num momento simultâneo de consolidação da direita e queda da centro-esquerda na América Latina. É importante observar que, na assinatura do acordo, a Bolívia ainda era presidida por Evo Morales e o Uruguai, por Tabaré Vázquez, o que explica o posicionamento reticente de ambos os países a esse organismo ideologicamente distinto ao que o antecedeu, a União de Nações Sul-Americanas (UNASUL).

Essa mudança na rota política no continente plasmou-se no triunfalismo retórico dos idealizadores do novo fórum, evidente na "Declaração de Santiago". Entre seus propósitos, os oito chefes de Estado signatários declararam sua

> vontade de construir e consolidar espaço regional de coordenação e cooperação, *sem exclusões*, para avançar em direção a uma integração mais efetiva que permita contribuir para o crescimento, o progresso e o desenvolvimento dos países da América do Sul.

Quanto aos requisitos de participação no novo organismo, os signatários foram taxativos ao declarar que seriam "essenciais *a plena vigência da democracia* e das respectivas ordens constitucionais".[1]

Saltam aos olhos de qualquer observador que os dois organismos foram estruturados a partir de princípios opostos, os quais, de certa maneira, refletem-se em seus próprios nomes. A UNASUL surgiu em 2004, na cúpula dos 12 Estados sul-americanos de Cuzco, inicialmente como Comunidade Sul-Americana de Nações (Casa), fruto, em grade parte, de um claro esforço do governo do presidente Luís Inácio Lula da Silva. As bases para a formalização do organismo foram lançadas no mesmo ano fundamentadas nos critérios do entendimento político e da integração econômica e social dos povos da região. Em 2007, os signatários decidiram modificar o nome do bloco, que passou a chamar-se União de Nações Sul-Americanas (UNASUL). Finalmente, em maio de 2008, na Cúpula de Brasília, o bloco consolidou-se institucionalmente com o seu Tratado Constitutivo (meticuloso e extenso documento que consta de um preâmbulo e 27 artigos, redigidos em nome dos 12 Estados nacionais e não de seus respectivos chefes de Estado). Com esse tratado, a UNASUL passou a ser um organismo internacional. Como podemos ver, o seu processo de criação foi longo e planejado, resultando numa organização dotada de personalidade jurídica internacional e de uma estrutura operativa hierarquizada com funções claras dividida em quatro órgãos: Conselho de Chefas e Chefes de Estado e Governo; Conselho de Ministras e Ministros de relações Exteriores; Conselho de Delegadas e Delegados e Secretaria Geral; mais o Conselho de Defesa Sul-Americano (CDS), um órgão criado por sugestão do Brasil para que os países membros analisassem questões políticas e estratégicas de maneira conjunta e sob uma ótica sul-americana.[2]

O PROSUL não dispõe de uma estrutura operativa e, como esclarece o seu breve documento de fundação, não está em seus propósitos construí-la. Como seu próprio nome diz, trata-se de um fórum, cujo funcionamento flexível obedece às necessidades de reunião que indiquem os seus participantes. Apesar de colocar como meta um hipotético e genérico "progresso" para a América do Sul e ainda que seus propósitos de cooperação propugnem consolidar o espaço regional "sem exclusões", a "plena vigência da democracia" colocada como condição para poder integrar o organismo serviu como critério de julgamento e foi utilizada para romper o princípio da unidade continental, fundamental na UNASUL. Poderíamos dizer que o pecado original do PROSUL foi excluir a Venezuela e que com tal pecado finalmente decretou-se o fim do grande projeto de integração que os governos de esquerda e de centro-esquerda quiseram implementar na América do Sul. O PROSUL representa também, no caso específico do Brasil, a derrota do seu protagonismo regional, tão meticulosamente construído por Luís Inácio Lula da Silva durante seus dois períodos presidenciais (2003-2010).

A substituição de uma ambiciosa união de países por um fórum de discussão circunstancial entre chefes de Estado e de governo possui um forte peso simbólico e abre espaço para pensar sobre os rumos da integração na América Latina e, em especial, na América do Sul. Com o fim da UNASUL, ainda será possível tentar reunir integração econômica e cooperação político-social, desenvolvendo projetos de colaboração numa perspectiva de longo prazo e de alcance mais amplo e inclusivo, procurando respeitar especificidades nacionais e perspectivas ideológicas distintas? A substituição da UNASUL pelo PROSUL parece indicar algo mais do que o regresso às regras da cartilha neoliberal.

Quanto ao Brasil, com o golpe parlamentar que destituiu Dilma Rousseff em agosto de 2016, os brasileiros assistiram à oficialização do neoliberalismo como plano de governo. A vitória do ex-capitão Jair Messias Bolsonaro nas eleições de 2018 atrelou a política exterior brasileira à norte-americana e abandonou qualquer projeto autonomista. Como pensar a inserção do Brasil nos projetos integracionistas da região nesse novo contexto?

Para refletir sobre essas questões, em primeiro lugar, analisarei brevemente a UNASUL como uma nova proposta de integração criada pelos governos de esquerda e centro-esquerda na América do Sul. Em segundo lugar, apresentarei alguns aspectos da política exterior do governo Lula da Silva, do lugar da América do Sul em seu projeto e do papel desempenhado pelo Brasil nas políticas de integração da região. Finalmente, comentarei sobre o fim do chamado ciclo dos governos progressistas na América do Sul e o futuro da integração.

UNASUL: UMA PROPOSTA GENEROSA DE INTEGRAÇÃO

A partir do ano 2000, os países latino-americanos entraram em um novo ciclo político e econômico, depois de uma década completa dedicada à implementação de políticas neoliberais, em adesão ao Consenso de Washington e em obediência às regras da governança global. Num contexto marcado pelas críticas crescentes ao neoliberalismo e pelo protagonismo dos movimentos sociais que exigiam novas agendas políticas, as lideranças de esquerda se expandiram. Essa "virada à esquerda" interferiu na concepção e aplicação das políticas de integração regional. Como sabemos, as iniciativas de cooperação multilaterais possuem uma longa história no interior do subcontinente. Algumas longevas, outras não, algumas mais bem sucedidas, outras menos, várias delas têm sido importantes canais de integração regional e projeção externa e foram elementos-chave durante a primeira década do século XXI. A UNASUL surgiu para somar-se, entre outras, ao Mercosul,[3] à Comunidade Andina (CAN),[4] e à Aliança Bolivariana para os Povos de Nossa América (ALBA).[5]

Podemos relacionar a decisão de seus membros de reduzir o âmbito regional do latino ao sul-americano a um movimento simultâneo de busca de autonomia e operacionalidade dos países sul-americanos, já que a maioria dos centro-americanos, além do México, já possuía como principal campo de ação as suas relações com os Estados Unidos. Ao firmar o Tratado de Livre Comércio da América do Norte como os Estados Unidos e o Canadá, em 1994 (o tratado entrou em vigência em janeiro de 1995), o México foi o primeiro país latino-americano a ser parte de um acordo dessa natureza com dois países com um nível de desenvolvimento maior que o seu, rompendo a tradição dos tratados de integração e cooperação comercial realizados na América Latina.[6] Até então, tais acordos mantinham-se dentro de uma ótica sul-sul, entre países com um nível similar de desenvolvimento econômico, seja no âmbito multilateral latino-americano, sob os auspícios da Associação Latino-Americana de Integração (ALADI),[7] seja nos espaços sub-regionais.

A característica mais notória da UNASUL se relaciona ao fato de que sua origem se deu na arena política e de que foi a partir dela que se buscou impulsionar a cooperação entre seus membros. Em matéria especificamente econômica, o grande objetivo desse organismo estaria em atuar em convergência com os demais projetos de integração regional (Mercosul e CAN), acordos bilaterais entre ambos projetos e também com outros países da América Latina e do Caribe.[8] A construção da UNASUL partiu da perspectiva de que os objetivos econômicos estariam diretamente ligados às iniciativas políticas, voltadas, por sua vez, ao reforço da autonomia dos países e de sua estabilidade política.

A elaboração de estratégias de ação comuns entre países dotados de assimetrias econômicas, agendas domésticas próprias e prioridades não necessariamente compartilhadas levou os articuladores da UNASUL a buscarem um ponto de intersecção possível que transcendesse objetivos imediatos e pragmáticos. Como podemos ler no Preâmbulo de seu Tratado Constitutivo, as 12 repúblicas signatárias apoiaram-se "na *história compartilhada e solidária de nossas nações*, multiétnicas, plurilíngues e multiculturais, que lutaram pela emancipação e unidade sul-americanas [...]", e afirmaram sua "determinação de construir uma *identidade e cidadania sul-americanas* e desenvolver um espaço regional integrado no âmbito político, econômico, social, cultural, ambiental, energético e de infraestrutura [...], convencidas de que a integração e a união sul-americanas são necessárias para avançar rumo ao desenvolvimento sustentável e o bem-estar de *nossos povos*, assim como para contribuir para resolver os problemas que ainda afetam a região, como a pobreza, a exclusão e a desigualdade social persistentes" (grifo nosso).[9]

Uma breve análise desse discurso descortina esse ponto de intersecção: a consciência presente entre os membros da UNASUL de compartilharem uma história comum e solidária (ainda que múltipla, em termos étnicos, linguísticos e culturais), capaz de servir de cimento para a construção de uma identidade e de uma cidadania sul-americanas, a partir das quais o espaço regional pudesse ser integrado e fortalecido, social, política e economicamente.[10] Aqui, a integração e a união vão muito além do que sugerem os tratados estritamente econômicos, já que são apresentadas como ferramentas generosas para a conquista do desenvolvimento sustentável e do bem-estar de um "nós" sul-americano, resolvendo os seus problemas estruturais de exclusão e desigualdade.

O propósito de construir uma identidade sul-americana – marco diferencial deste organismo – tropeçaria em vários obstáculos, começando pela própria configuração ideológica dos Estados membros do organismo. Se pensamos, por exemplo, na Colômbia de Álvaro Uribe, tradicionalmente aliada aos Estados Unidos, em contraposição ao Equador de Rafael Correa e à Venezuela de Hugo Chávez (cujo projeto anti-imperialista já o havia levado a afastar-se da CAN, a criar a ALBA e a solicitar o ingresso de seu país ao Mercosul), podemos ter uma ideia da complexidade de interesses envolvidos na UNASUL e as dificuldades existentes para o estabelecimento de uma agenda comum. No entanto, a UNASUL foi ativa durante pouco mais de uma década e capaz de responder a muitas demandas de seus membros. Recordemos, por exemplo, a importante ação do organismo na mediação e resolução de conflitos como nos casos da crise institucional da Bolívia em 2008, da reação à utilização de bases militares dos Estados Unidos na Colômbia, e da tensão entre Colômbia e a Venezuela, em 2010, além da tentativa de golpe de Estado no Equador, em 2010. Pensemos, também, na preocupação do organismo com os temas relacionados com a segurança e a defesa, analisados no seio do Conselho de Defesa Sul-americano (CDS), em que o Brasil sempre teve uma influência significativa.

COM OS OLHOS POSTOS NA AMÉRICA DO SUL: A POLÍTICA EXTERNA DE LULA DA SILVA

O neoliberalismo produziu vários efeitos negativos para o Brasil e suas relações internacionais durante os dois períodos presidenciais de Fernando Henrique Cardoso (1995-2002): endividamento, abertura do mercado de consumo interno sem contrapartida, privatizações de empresas públicas e estatais, submissão a consensos do centro do capitalismo, subserviência ao primeiro mundo e perda de poder do país sobre o cenário internacional. Como contrapartida, a abertura econômica implementada por Cardoso gerou uma modernização das plantas industriais e um aumento da competitividade sistêmica da economia brasileira. Lula assumiu a presidência do Brasil quando as assimetrias globais se evidenciavam e as disparidades políticas e econômicas entre o núcleo formado pela União Europeia e os Estados Unidos, de um lado, e dos países emergentes, de outro, impulsionaram os segundos a buscar estratégias de mudança. Lula, crítico do neoliberalismo, tomou o país que recebeu de Cardoso e, segundo Amado Cervo, "deixou para trás mecanismos de inserção dependente para situar o Brasil entre as nações que andam por si em busca de seu destino, tendo porém o apoio de seus governos, convertidos em agentes logísticos".[11] O governo de Lula da Silva assumiu o papel de intermediário entre os segmentos sociais internos e operou no âmbito externo em defesa dos interesses nacionais, equalizando objetivos de produtores e consumidores, empresários e assalariados. No âmbito interno, elementos como o incentivo às parcerias público-privadas e a inclusão no mercado de consumo dos grandes setores desfavorecidos da sociedade brasileira – histórica e estruturalmente desigual – foram importantes para a expansão da economia. Essas transformações evidenciaram, também em termos mundiais, a capacidade do Brasil em buscar, de maneira concomitante, crescimento econômico e justiça social.

Ao assumir a presidência, Lula da Silva tomou um caminho próativo que, ao longo de seus oito anos de governo, materializou-se na integração do Brasil aos Brics (Brasil, Rússia, Índia, China e África do Sul), ao fórum de diálogo Ibas (Índia, Brasil e África do Sul) e ao G20 comercial e financeiro, onde desempenhou um papel-chave ao defender e conseguir uma presença mais incisiva dos países emergentes nas decisões econômicas e financeiras mundiais. Lula da Silva estabeleceu uma política de aproximação com países árabes, da qual resultaram encontros de cúpula e acordos entre eles e o Mercosul, e com a África, da qual resultou o estabelecimento de dezessete novas embaixadas e o estabelecimento de uma associação institucionalizada entre o Mercosul e a União Aduaneira da África Austral (Sacu, em inglês), a área de integração nucleada pela África do Sul na parte meridional do continente. Na África, o Brasil se tornou um novo ator de peso, ao lado da China e da Índia.[12]

No âmbito continental, o interesse de Lula em ampliar o espaço geopolítico do país evidenciou-se no longo trabalho do corpo diplomático para o apoio na criação não só da UNASUL como também da Comunidade de Estados Latino-Americanos e do Caribe (CELAC).[13] O presidente foi enérgico na batalha vitoriosa contra a Aliança de Livre Comércio das Américas (ALCA), na Cúpula das Américas, em Mar del Plata, em 2005, e no projeto que seu governo elaborou para "refundar" o Mercosul, como um bloco não limitado apenas a acordos comerciais. No caso do Mercosul, sua aliança com Néstor Kirchner foi fundamental para o redimensionamento do organismo, com novas metas nos âmbitos político, social e produtivo, inclusive a de diminuir as assimetrias entre os membros do bloco. Sob essas novas diretrizes, em 2004, criou-se o Fundo para a Convergência Estrutural do Mercosul (FOCEM).[14]

É necessário enfatizar que a América do Sul em específico (mais que a América Latina, num sentido abrangente) ocupou um papel central na agenda político-econômica do governo Lula. Segundo alguns analistas, a percepção de que o regionalismo poderia ser utilizado como ferramenta estratégica para potenciar a liderança do Brasil no subcontinente e, a partir daí, reforçar a importância do país como ator político nos fóruns mundiais já estaria presente no final do segundo governo de Cardoso. Recordemos que foi sua a iniciativa da Primeira Reunião de

Presidentes da América do Sul, em Brasília, em 2000, onde se discutiu a necessidade de uma agenda comum para a integração regional, principalmente em termos de infraestrutura, tema que se repetiu na Segunda Reunião em Guayaquil, em 2002.[15] De qualquer maneira, só se potencializou e expandiu com o governo de Lula da Silva.

Entre os elementos que poderiam explicar os movimentos do presidente, o mais notório estaria na "onda" de governos de centro-esquerda que "varreu" a América do Sul, junto com a chegada de Lula ao poder: Néstor Kirchner foi vitorioso na Argentina e, como o brasileiro, assumiu a presidência em 2003. Evo Morales triunfou na Bolívia, em 2004, Rafael Correa, no Equador, em 2006. No Uruguai, ganhou a Frente Ampla, com Tabaré Vázquez, em 2006. Michelle Bachellet se elegeu presidenta do Chile, também em 2006. Fernando Lugo ganhou as eleições no Paraguai, em 2008. E, finalmente, o anti-imperialista Hugo Chávez, figura ruidosa e potente, já era presidente da Venezuela desde 1999. A interlocução de Lula – um político oriundo da centro-esquerda sindical, fundador do Partido dos Trabalhadores e defensor de seu programa – com pares majoritariamente identificados com a sua linha ideológica seria fluida. Principalmente num contexto como o do início do milênio, quando a crítica ao neoliberalismo conduzia à busca de uma integração regional definida como pós-liberal, ou pós-hegemônica, baseada em temas sociais, na integração produtiva, na cooperação financeira, na questão energética, em problemas de segurança e defesa.[16]

Nesse sentido, outro elemento – de origem econômica – que nos ajuda não só a compreender a política exterior de Lula, como a explicar o que poderíamos definir como a hegemonia do progressismo no subcontinente estaria no chamado *boom das commodities* (minérios, grãos e petróleo) que ocorreu durante o período. Na primeira década do século, as economias latino-americanas foram favorecidas pelos altos preços dos produtos primários que exportavam, e isso se refletiu positivamente em suas balanças comerciais e, consequentemente, na estabilidade de seus governos. A entrada da China como parceiro comercial no continente representou a possibilidade de diminuir a hegemonia dos Estados Unidos sobre a região e ampliar a sua autonomia frente à política econômica do vizinho. No caso específico do Brasil, as condições econômicas favoráveis decorrentes das grandes exportações permitiram ao governo investir numa significativa diminuição da pobreza. Além disso, a descoberta de novas reservas na camada pré-sal, em 2006, anunciadas pelo governo como as responsáveis pela autossuficiência energética do país, angariou-lhe um enorme destaque internacional e lhe propiciou mais força dentro da política regional.

O terceiro elemento se relaciona tanto à personalidade carismática de Lula, como à efetividade da diplomacia brasileira e à linha que o próprio presidente lhe imprimiu. Com o apoio de dois embaixadores da ala nacionalista do Itamaraty, Celso Amorin como ministro das Relações Exteriores, e Samuel Pinheiro Guimarães como secretário-geral do ministério, além do historiador e fundador do PT, Marco Aurélio Garcia, como assessor especial da presidência para assuntos internacionais, Lula construiu um programa que seus opositores, inclusive dentro do próprio Itamaraty, não tardariam em taxar de ideológico e partidarizado. Nele, volto a insistir, a América do Sul teve um papel fundamental. A aposta na construção de uma agenda de desenvolvimento para o Brasil e na defesa de seus interesses nos fóruns internacionais, a partir de uma postura proporcional à importância da economia brasileira nos mercados mundial e regional, levou o governo brasileiro ao exercício de uma diplomacia diferente, na expressão de Amorin, "ativa e altiva", além de criativa.[17] Nessa agenda, a estratégia de diálogo sul-sul adotou um papel fundamental, a partir do reforço da posição do Brasil como líder regional no subcontinente.

Em minha opinião, o que existe de pragmático nessa política não se opõe ao conteúdo simbólico e ideológico que possui e que é inerente à busca do fortalecimento de uma unidade sul-americana. E, nesse sentido, explicam-se e justificam-se a intensa diplomacia presidencial adotada por Lula desde o início de seu mandato e a sua clara opção preferencial pelo sul do hemisfério e, em particular, de sua vizinhança mais próxima.

O projeto inaugurado durante a chamada "Era Lula" possuía uma agenda de longo prazo. A rota de diálogos e acordos marcada a partir do posicionamento mais incisivo do governo brasileiro no cenário internacional requereu também um investimento na articulação com os setores políticos e econômicos do próprio país e do subcontinente.

A diplomacia brasileira teve que lidar com os custos da integração, da cooperação e da governança regionais e, como acabo de afirmar, um projeto de longo prazo implicava apostas e – por que não dizê-lo? – riscos. As assimetrias existentes entre os países e o medo de uma possível ameaça do Brasil, compartilhado entre eles, não faziam da aceitação da sua liderança algo automático e natural.[18] Nesse sentido, os testemunhos de Celso Amorin e de Marco Aurélio Garcia são bastante eloquentes. Amorin recordaria a surpresa de Lula ao comentar o temor dos capitalistas colombianos, peruanos ou equatorianos frente ao Brasil e não frente aos Estados Unidos, algo que o ex-ministro reputava mais à estrutura ideológica das pessoas que ao seu raciocínio econômico. No período, a preocupação do governo brasileiro (apesar de sua tradicional imagem de imperialista ou subimperialista) foi sempre buscar, segundo Amorin "uma integração que beneficie a todos [com] investimentos brasileiros que sejam produtivos e que respeitem as legislações locais".[19] Assim, recordaria que foi com um grande esforço diplomático que o governo brasileiro conseguiu assinar um acordo envolvendo a Comunidade Andina e o Mercosul, em 2004, e logrou o avanço da própria UNASUL. Marco Aurélio Garcia também seria enfático ao afirmar a existência de uma solidariedade maior do Brasil com os vizinhos: "Não queremos que o país seja uma ilha de prosperidade em meio a um bando de miseráveis. Temos que ajudá-los, sim. Essa é uma visão pragmática. Temos superávits comerciais com todos eles."[20]

Não resta dúvida de que as estratégias de negociação da diplomacia brasileira do governo Lula da Silva marcaram um ponto de inflexão importante, com seu propósito de colaborar na estruturação de um cenário multipolar e anti-hegemônico (por isso, a ênfase na importância dos países emergentes e na sua estratégica união em blocos; por isso seu investimento a longo prazo e seu exercício conciliador no plano regional). No entanto, não podemos negar que os seus alcances não foram tão amplos como poderiam haver sido. Por um lado, as condições internacionais e também internas não foram favoráveis à continuidade do projeto impulsionado por Lula. Por outro lado, teríamos que pensar nas variáveis envolvidas na aposta pela integração regional materializada em organismos como a UNASUL. Considerando a situação estrutural e urgente das assimetrias regionais e a evidente superioridade do Brasil, em termos de recursos materiais, financeiros, tecnológicos etc., com relação a todos os seus vizinhos, podemos entender e explicar os temores, reticências e expectativas gerados entre eles pelas iniciativas dos brasileiros em assumir a liderança na região.

Projetar o Brasil internacionalmente, defendendo uma agenda de desenvolvimento econômico-social própria, constituiu um projeto arrojado que o governo Lula da Silva buscou impulsionar através de um trabalho diplomático potente e de mecanismos chamativos, como as viagens em busca da consolidação de alianças sul-sul e os grandes apelos por mudanças estruturais que realizou nos fóruns e cúpulas aos quais compareceu. Como sabemos, o Brasil, como potência emergente, não poderia privar-se do apoio regional para projetar-se de maneira global. A UNASUL poderia funcionar como uma arena importante para a construção desse apoio. Como disse Garcia, o auxílio à região constituía uma ferramenta pragmática. Tal ferramenta precisava ser bem usada, principalmente se pensarmos em termos do respaldo e da legitimidade que seriam necessários para a continuidade do projeto político iniciado no governo Lula, não só em termos regionais, como inclusive domésticos.

Durante os primeiros 10 anos do século XXI, em que o regionalismo de Lula, Kirchner e Chávez se destacava, os países do Pacífico sul-americano (Chile, Colômbia e Peru), embora participassem da UNASUL e houvessem firmado sua pauta de cooperação política, nunca se comprometeram em iniciativas econômicas pós-liberais, como, por exemplo, o Banco do Sul, proposto pela Argentina e Venezuela. Continuaram negociando contratos bilaterais com os Estados Unidos, a exemplo de países centro-americanos e caribenhos. Em 2007, formaram um novo bloco, o Fórum do Arco do Pacífico (a futura Aliança do Pacífico, formalizada e ampliada, em 2011), na companhia de Costa Rica, El Salvador, Honduras, México, Nicarágua e, inclusive, Equador – único país que nesse momento não havia firmado um acordo de livre comércio com os Estados Unidos e a União Europeia.[21] Nota-se nessa iniciativa um movimento com princípios distintos, por exemplo, aos da ALBA, explicitamente anti-imperialista. Também se percebe nele a preocupação estratégica de recuperar uma posição de equilíbrio diante da forte influência econômica exercida pelo

Brasil na América do Sul. Ora, decidiu-se pela criação de um novo organismo na região, o que também parece denotar a incapacidade ou o desinteresse entre os seus países em buscar o diálogo e a construção de acordos para potenciar e unir esforços em torno de objetivos comuns. O mesmo se pode dizer – e voltamos ao tema que abriu este capítulo, para poder entrar em sua última parte – da criação abrupta e em certo sentido visceral do PROSUL.

UM PANORAMA SOMBRIO?

Embora os convênios estritamente comerciais nunca houvessem deixado de existir, mesmo durante a euforia gerada pelo funcionamento de organismos como a ALBA, a CELAC e, principalmente, a UNASUL, a morte de Néstor Kirchner, em 2010, a doença e a morte de Hugo Chávez, em 2013, e o fim da "Era Lula" no Brasil, em 2011, representaram um grande desestímulo às iniciativas integracionistas em que esses três líderes tanto apostaram. No caso da Venezuela, Chávez não encontrou em Nicolás Maduro um sucessor à sua altura. Sob a sua presidência, a partir de 2013, o país entrou em uma profunda crise econômica, política e social e em uma inegável e crescente escalada autoritária. Envolvido em sua própria crise, o país deixou de ter capacidade de interferir e opinar em projetos regionais, como a UNASUL e o Mercosul, do qual está suspenso desde 2017, pelo não cumprimento de protocolos indicados pelo conjunto dos membros do bloco. No caso da Argentina, em 2015, depois do governo de Cristina Kirchner, Mauricio Macri ganhou as eleições, numa "virada" conservadora de estímulo à globalização e à reinserção da Argentina na economia internacional fora das restrições, segundo Macri, protecionistas, dos períodos presidenciais anteriores. Sua meta – compartilhada por Michel Temer, quem ocuparia a presidência do Brasil depois do golpe que depôs Dilma Rousseff – seria enfatizar o caráter comercial do Mercosul e flexibilizá-lo, inclusive possibilitando a negociação de acordos com terceiros países de forma unilateral.

Finalmente, quanto ao Brasil, ao assumir a presidência em 2011, Dilma Rousseff procurou manter a América do Sul em sua agenda com a mesma importância que lhe dava seu antecessor. No entanto, não podemos esquecer que, se Lula conseguiu contornar os efeitos da crise econômica de 2008, o mesmo não sucedeu com Rousseff. Ao iniciar seu governo, as condições econômicas nacionais e internacionais já se deterioravam e o preço das *commodities* agrícolas e minerais que o Brasil exportava diminuía. As exigências domésticas ocuparam uma presidenta com um poder de negociação menor que a do antecessor. No que se refere à agenda regional, muitos dos acordos que Lula formulou no âmbito da UNASUL, especialmente nos seus três eixos mais complexos – defesa, infraestrutura e financiamento da cooperação –, passaram à fase de implementação durante o governo de Rousseff. Muitas medidas operativas foram tímidas, outras foram proteladas. A ausência de uma institucionalidade mais sólida no interior da UNASUL dificultava a tomada de decisões entre os membros e a própria operacionalidade do organismo. No entanto, o governo de Rousseff pouco contribuiu para solucionar esse problema, como tampouco conseguiu a constituição do Banco do Sul, que teria sido uma peça-chave para os propósitos da UNASUL, funcionando como um banco de financiamento e investimento nos moldes do BNDES. Dilma Rousseff acabou preferindo dar maior ênfase a tratativas em torno dos Brics e a acordos bilaterais.[22] O grande projeto integracionista de Lula não era o mesmo projeto de Dilma Rousseff.

Não podemos esquecer também que, a partir de junho de 2013, com as manifestações de protesto que se espalharam pelo país, potencializadas pela mídia, os problemas de governabilidade aumentaram. Apesar da vitória nas eleições de 2014, o segundo mandato de Dilma Rousseff iniciou-se em um clima de franca hostilidade por parte de toda a oposição. Os desdobramentos midiáticos, políticos e institucionais das atividades da Operação Lava Jato e a campanha ostensiva contra a presidenta, entre outros fatores, acabaram levando ao processo de *impeachment*. Desde então, a crise política, econômica e social do país só vem se aprofundando. Michel Temer reinstituiu oficialmente a agenda neoliberal no país, e o ultradireitista Jair Bolsonaro torna cada vez mais nefastos os seus efeitos, com uma política de desmonte do Estado e de todas as políticas sociais. Nesse novo contexto, o espaço para apoiar projetos integracionistas com as características da UNASUL praticamente desapareceu. Por isso, Bolsonaro se juntou ao primeiro grupo de países que abandonou o organismo, apoiou a fundação do PROSUL, deixou a CELAC e tem mantido uma postura errática em relação ao Mercosul, e de franca tensão com Alberto Fernández (o único presidente de centro-esquerda de todo o subcontinente).

O que representa esse fim do ciclo dos governos progressistas para a América do Sul? E para o Brasil, que sempre tem ocupado um lugar tão ambíguo entre os vizinhos? Com o desmantelamento da UNASUL se desperdiçam quase duas décadas de concertação política e de esforço para a construção de um projeto coletivo, com institucionalidade e com uma possibilidade concreta de projetar os países sul-americanos como um núcleo importante na arena política internacional. Não deixa de ser curioso notar que durante sua existência a UNASUL sempre buscou mecanismos para equacionar as diferenças ideológicas em seu interior, aplanando divergências e procurando consensos. E é preciso recordar que um dos problemas que comprometiam o funcionamento da UNASUL era a sua, já aludida, insuficiente institucionalidade. Ora, os articuladores de PROSUL destruíram a UNASUL para criar, nas palavras do presidente chileno Sebastián Piñera, "um fórum *sem ideologia nem burocracia*, mas com total compromisso com a liberdade, democracia e DDHH, para que os países da América do Sul possam dialogar, colaborar e fazer ouvir sua voz e avançar juntos em direção a uma maior liberdade, integração e desenvolvimento".[23]

Entre os órgãos da UNASUL, estava o Conselho Sul-Americano de Saúde (criado em 2008), responsável por promover políticas sanitárias comuns para todos os países do subcontinente. Seria a instituição idônea para enfrentar a pandemia de Covid-19 na região, se não houvesse sido extinta. Os membros do PROSUL, críticos ferrenhos da "ideologia" e da "burocracia" da UNASUL "bolivariana", tiveram que se reunir de maneira remota para tentar manejar os danos desse desastre inusitado sem maiores recursos que os que cada país fosse capaz de oferecer e sem nenhuma estrutura comum com a qual pudessem contar.

Nesse novo (velho) contexto, em que a maioria dos países do continente parece regressar aos anos 1990, o Brasil perde qualquer possibilidade de recuperar o protagonismo que teve com Lula da Silva. Mas, na realidade, isso não parece interessar ao presidente Bolsonaro, que nem sequer participou das reuniões convocadas pelo PROSUL para tratar do tema da Covid-19.

Todos os elementos anteriores indicam um caminho – nada otimista, por sinal – para responder a pergunta que apresentei na introdução deste capítulo: reunir integração econômica e cooperação político-social no desenvolvimento de projetos de colaboração numa perspectiva de longo prazo e de alcance mais amplo e inclusivo, respeitando especificidades nacionais e perspectivas ideológicas distintas não parece ser uma possibilidade viável na América Latina hoje. O fechamento do ciclo dos governos progressistas no sul do continente faz das iniciativas de integração fora do projeto neoliberal uma distante utopia.

Notas

[1] Brasil, Ministério das Relações Exteriores, "Declaração Presidencial sobre a Renovação e o Fortalecimento da Integração da América do Sul – Santiago, Governo Federal, Ministério das Relações Exteriores, 22 mar. 2019, grifo nosso, disponível em: https://www.gov.br/mre/pt-br/canais_atendimento/imprensa/notas-a-imprensa/declaracao-presidencial-sobre-a-renovacao-e-o-fortalecimento-da-integracao-da-america-do-sul-santiago-22-de-marco-de-2019, acesso em 22 nov. 2020.

[2] Unasur, Tratado Constitutivo da União de Nações Sul-Americanas, Brasília, Ministério das Relações Exteriores do Brasil, 23 maio 2008, disponível em: http://www.itamaraty.gov.br/images/ed_integracao/docs_UNASUL/TRAT_CONST_PORT.pdf, acesso em: 22 nov. 2020.

[3] O Mercado Comum do Sul (Mercosul) foi fundado em 1991. O bloco está composto por Argentina, Brasil, Paraguai e Uruguai. A Venezuela atualmente se encontra suspensa, e a Bolívia aguarda a ratificação parlamentar de seu protocolo de adesão como membro pleno.

[4] A Comunidade Andina surgiu em 1969, como Pacto Andino. Tem quatro países membros: Bolívia, Colômbia, Peru e Equador e cinco associados: Brasil, Argentina, Chile, Paraguai e Uruguai, além da Espanha, como país observador.

[5] A Aliança Bolivariana para os Povos de Nossa América foi criada em 2004 por Hugo Chávez e Fidel Castro. Atualmente, conta com os seguintes países: Antigua y Barbuda, Cuba, Dominica, Granada, Nicarágua, São Vicente y Granadinas, São Cristóvão e Neves e Venezuela. O Equador se retirou em 2018 e a Bolívia, em 2019.

[6] José Briceño Ruiz, "¿Un nuevo ciclo regionalista en América Latina? Debates conceptuales, modelos y realidades", em *Cuadernos Americanos*, n. 3, México, 2017, p. 26.

[7] A Associação Latino-Americana de Integração foi criada em 1960, inicialmente como Associação Latino-americana de Livre Comércio (ALALC), com sete membros (Argentina, Brasil, México, Chile, Paraguai, Peru e Uruguai) aos que depois se incorporaram Bolívia, Colômbia, Equador e Venezuela. Em 1980, a ALALC passou a se chamar ALADI e recebeu como membros Cuba e Panamá.

[8] Leandro Gavião e Míriam Gomes Saraiva, "América del Sur en la política exterior brasileña de Lula da Silva", em *América Latina Hoy*, n. 82, Salamanca, Ediciones Universidad Salamanca, 2019, pp. 63-83.

[9] Tratado Constitutivo da União de Nações Sul-Americanas, op. cit.

[10] Isabel Meunier, Marcelo de Almeida Medeiros, "Construindo a América do Sul: Identidades e Interesses na Formação Discursiva da UNASUL" em DADOS. *Revista de Ciências Sociais*, Rio de Janeiro, v. 56, n. 3, 2013, pp. 673-712, disponível em: https://www.scielo.br/scielo.php?pid=S0011-52582013000300007&script=sci_abstract, acesso em 4 jul.2020.

[11] Cervo, "A inserção global no século XXI", em Amado Luiz Cervo e Clodoaldo Bueno, *História da política exterior do Brasil*, 3ª ed. revista e ampliada, Brasília. Editora UnB, 2008, p. 492.

[12] Paulo Fagundes Visentini, "O Brasil de Lula: uma diplomacia global e afirmativa (2003-2010)", em *Iberoamérica*, n. 4, 2011, p. 64, disponível em http://www.ilaran.ru/pdf/2011/Iberoamerica/IbA_2011_4/Visentini.pdf, acesso em 4 jul. 2020.

[13] A Comunidade de Estados Latino-americanos e Caribenhos foi criada em 2010, como organismo sucessor do Grupo do Rio e da Cúpula da América Latina e do Caribe sobre Integração e Desenvolvimento

(CALC). Fazem parte da CELAC: Antigua y Barbuda, Argentina, Bahamas, Barbados, Belice, Bolívia, Chile, Colômbia, Costa Rica, Cuba, Dominica, Equador, El Salvador, Granada, Guatemala, Guiana, Honduras, Jamaica, México, Nicaragua, Panamá, Paraguai, Perú, República Dominicana, Santa Lúcia, São Cristóvão e Neves, São Vicente e Granadinas, Trinidad e Tobago. Uruguai e, Venezuela.

[14] O FOCEM, segundo sua página oficial, "é o primeiro mecanismo solidário de financiamento próprio dos países do Mercosur e tem como objetivo reduzir as assimetrias do bloco". O Fundo entrou em funcionamento em 2006, foi renovado em 2015 e financiou mais de 50 projetos. E 70% do financiamento provêm do Brasil. Ver: http://www.mercosul.gov.br/fundo-para-a-convergencia-estrutural-do-mercosul-focem.

[15] Na realidade, as primeiras iniciativas brasileiras contemporâneas para a integração sul-americana ocorreram na presidência de Itamar Franco. Em 1993, durante a VII Cúpula do Grupo do Rio, discutiu-se a ideia da Associação de Livre Comércio Sul-Americana (Alcsa). Tullo Vigevani e Haroldo Ramanzini Júnior, "Autonomia, Integração Regional e Política Externa Brasileira: Mercosul e Unasul", em Dados. *Revista de Ciências Sociais*, Rio de Janeiro, v. 57, n. 2, 2014, p. 519, em disponível em: https://www.scielo.br/scielo. php?pid=S0011-52582014000200008&script=sci_abstract&tlng=pt, acesso em 22 nov. 2020.

[16] José Briceño Ruiz, op. cit., p. 33.

[17] Celso Amorin, *Ciclo de palestras: Política externa*, Brasília, Presidência da República, Secretaria de Assuntos Estrategicos - SAE, 2010, pp. 14, 16 e 25.

[18] Carolina Silva Pedroso, "O Brasil de Lula da Silva: entre o regional e o global. O caso da UNASUL", em *Monções. Revista de Relações Internacionais de Dourados*, v. 2, n. 3, jan./jun., 2013, disponível em https:// ojs.ufgd.edu.br/index.php/moncoes/article/view/2388, acesso em 04 jul. 2020.

[19] Amorin, op. cit., pp. 18-20.

[20] Marco Aurélio Garcia, O formulador emotivo. (Entrevista dada a Consuelo Dieguez), em *Piauí*, edição 30, mar. 2009, disponível em: https://piaui.folha.uol.com.br/materia/marco-aurelio-garcia/, acesso em 9 abr. 2019.

[21] José Briceño Ruiz, "La iniciativa del Arco del Pacífico Latinoamericano. Un nuevo actor en el escenario de la integración regional", em *Nueva Sociedad*, n. 228, jul.-ago. 2010, disponível em: https://nuso. org/articulo/la-iniciativa-del-arco-del-pacifico-latinoamericano-un-nuevo-actor-en-el-escenario-de-la-integracion-regional/, acesso em 22 nov. 2020.

[22] Alexandre Fuccille, et al., "O governo Dilma Rousseff e a América do Sul: a atuação brasileira na Unasul (2011-2014)", em *Colombia* Internacional, n. 92, 2017, p. 47. Segundo os autores, o governo não conseguiu que o Congresso Nacional aprovasse a tramitação do Convênio Constitutivo do Banco do Sul, mas observam que o Executivo só enviou o pedido de ratificação da proposta mais de dois anos depois da assinatura do Convênio, o que denota uma posição de cautela, ou simplesmente protelatória (p. 64).

[23] Tweet de Cancillería Chile (@Minrel_Chile) de 22 mar. 2019, em EFE, "Unasur se hunde: presidentes firman declaración para crear el Prosur", *Panam Post*, 22 mar. 2019, disponível em: https://panampost. com/efe-panampost/2019/03/22/unasur-se-hunde-presidentes-firman-declaracion-para-crear-el-pro-sur/, acesso em 22 nov. 2020.

OS AUTORES

Maria Ligia Prado é professora emérita da Faculdade de Filosofia, Letras e Ciências Humanas da Universidade de São Paulo (USP). Autora, entre outros, de *América Latina no século XIX: tramas, telas e textos* (2014). Pela Contexto, é coautora dos livros *Nova História das Mulheres no Brasil* e *História da América Latina*.

Barbara Weinstein é professora de História na New York University. Autora, entre outros, de *The Color of Modernity: São Paulo and the Making of Race and Nation in Brazil* (2015). Atualmente, escreve uma biografia intelectual do historiador e criminologista Frank Tannenbaum.

Camilo de Mello Vasconcellos é docente do Museu de Arqueologia e Etnologia da Universidade de São Paulo (USP). Participa dos Programas de Pós-graduação em Museologia da Universidade Nacional da Colômbia e da Universidade Andina Simón Bolívar do Equador. Líder do Laboratório de Pesquisas sobre Museus da América Latina, CNPq. É coautor do livro *O saber histórico na sala de aula*, publicado pela Contexto.

Carlos Alberto Sampaio Barbosa é mestre pela Pontifícia Universidade Católica de São Paulo (PUC/SP) e doutor pela Universidade de São Paulo (USP). É professor de História da América na Universidade Estadual Paulista (Unesp/Assis). Publicou *A fotografia a serviço de Clio: uma interpretação da história visual da Revolução Mexicana* e *A Revolução Mexicana*.

Fabiana de Souza Fredrigo é doutora em História pela Universidade Estadual Paulista (Unesp/Franca). Realizou pós-doutoramento na Universidade de São Paulo (USP). Desde 1998, é professora da Universidade Federal de Goiás (UFG). Suas atividades de pesquisa direcionam-se às áreas de História da América e História Contemporânea.

Flavio Thales Ribeiro Francisco é professor dos bacharelados de Ciências Humanas e Relações Internacionais da Universidade Federal do ABC (UFABC). Trabalha com História dos Estados Unidos e as conexões transnacionais de intelectuais e organizações negras.

Gabriel Passetti é doutor em História Social pela Universidade de São Paulo (USP). Professor de História das Relações Internacionais na Universidade Federal Fluminense (UFF), autor do livro *Indígenas e criollos: política, guerra e traição nas lutas no sul da Argentina (1852-1885)* (2012). Bolsista Produtividade CNPq e JCNE Faperj.

Os autores

Gabriela Pellegrino Soares é professora livre-docente de História da América Independente da Universidade de São Paulo (USP), pesquisadora do CNPq e coordenadora, no Brasil, do projeto *Transatlantic Cultures* (Fapesp/ANR). É autora de livros e artigos sobre História latino-americana. Pela Contexto, é coautora do livro *História da América Latina*.

José Luis Beired é professor livre-docente do Departamento de História da Universidade Estadual Paulista (Unesp/Assis). Autor, entre outros, de *Sob o signo da nova ordem: intelectuais autoritários no Brasil e na Argentina (1914-1945)* (1999).

Júlio Pimentel Pinto é professor no Departamento de História da Universidade de São Paulo (USP) e autor, entre outros, de *A pista e a razão: uma história fragmentária da narrativa policial* (2019).

Kátia Gerab Baggio é professora do Departamento de História da Universidade Federal de Minas Gerais (UFMG). Doutora pela Universidade de São Paulo (USP). Realizou estágios de pós-doutorado na USP, Universidade Federal do Estado do Rio de Janeiro (Unirio) e Universidade Nacional Autónoma do México (Unam). Possui publicações sobre história política e intelectual latino-americana.

Luiz Felipe Viel Moreira é doutor em História Social pela Universidade de São Paulo (USP). Professor de América no curso de História e na pós-graduação da Universidade Estadual de Maringá (UEM). Atualmente, estuda a interseção entre História e Literatura da América Central contemporânea.

Marcos Cueto é doutor em História pela Universidade de Columbia de Nova York e coautor de *Medicina e Saúde Pública na América Latina* (2016). Atualmente, é editor científico da revista *História, Ciências, Saúde - Manguinhos*, da Casa de Oswaldo Cruz, Fiocruz.

Maria Helena Capelato é professora titular no Departamento de História da Universidade de São Paulo (USP). Autora, entre outros, de *Multidões em cena: propaganda política no varguismo e peronismo* (2009).

Marta de Almeida é doutora em História Social pela Universidade de São Paulo (USP). É pesquisadora do Museu de Astronomia e Ciências Afins/MCTI e professora da pós-graduação em História da Universidade Federal do Estado do Rio de Janeiro (Unirio). Desenvolve trabalhos sobre a História da Ciência no Brasil e na América Latina.

Os autores

Mary Anne Junqueira é professora no Departamento de História e no Instituto de Relações Internacionais da Universidade de São Paulo (USP) e autora, entre outros, de *Velas ao mar: U.S. Exploring Expedition (1838-1842)* (2015).

Patricia Funes é doutora em História. Professora titular de História Latino-americana na Faculdade de Ciências Sociais da Universidad de Buenos Aires. Pesquisadora do Conicet.

Regina Aída Crespo é doutora em História Social pela Universidade de São Paulo (USP). Pesquisadora do Centro de Investigaciones sobre América Latina y el Caribe e professora da pós-graduação em Estudos Latino-Americanos da Universidade Nacional Autónoma do México (Unam).

Romilda Costa Motta é doutora pela Universidade de São Paulo (USP) com a tese *Práticas Políticas e representações de si: os escritos autobiográficos de Antonieta Rivas Mercado e de Patrícia Galvão/Pagu*. Autora de *José Vasconcelos: as memórias de um "profeta rejeitado"* (2016).

Sílvia Cezar Miskulin é doutora e em História pela Universidade de São Paulo (USP) e tem pós-doutorado pela mesma instituição. Professora da Universidade de Mogi das Cruzes. Publicou, entre outros, *Os intelectuais cubanos e a política cultural da Revolução* (2009).

Stella Maris Scatena Franco é professora de História da América Independente no Departamento de História da Universidade de São Paulo (USP). Estuda a formação dos Estados nacionais, as viagens e viajantes e as relações de gênero no século XIX latino-americano. Pela Contexto, é coautora do livro *Nova História das Mulheres no Brasil*.

Sylvia Colombo é jornalista da *Folha de S. Paulo*, foi editora da Ilustrada e correspondente em Londres. É correspondente para a América Latina e vive em Buenos Aires. Participou do programa Knight Wallace da Universidade de Michigan.

Tânia da Costa Garcia é professora no Departamento de História da Universidade Estadual Paulista (Unesp). Autora de *The Latin American Songbook in the Twentieth Century: From Folklore to Militancy* (2019) e de *O "it verde e amarelo" de Carmen Miranda* (2005).

Os autores

Tereza Maria Spyer Dulci é doutora em História Social pela Universidade de São Paulo (USP). Pós-doutorado no Centro de Investigaciones sobre América Latina y el Caribe, da Universidad Nacional Autónoma de México. Desde 2011, é professora da Universidade Federal da Integração Latino-Americana (Unila).

Valdir Santos é doutor em História pela Universidade de São Paulo (USP) e professor do Instituto Federal de São Paulo (IFSP). É autor de *A trama das ideias: intelectuais, ensaios e construção de identidades na América Latina* (2016).

William Alfonso López Rosas é doutor em História da Arte pela Universidade Nacional da Colômbia, onde é docente e coordenador do mestrado em Museologia. Membro do grupo de pesquisa Museologia Crítica e Estudos do Patrimônio Cultural e da Rede Conceptualismos del Sur.